Sozialwissenschaftliche Forschungen

Herausgegeben von der

Sozialwissenschaftlichen Arbeitsgemeinschaft

Abteilung III – Heft 6

Berlin und Leipzig 1926

Walter de Gruyter & Co.

vormals G. J. Göschen'sche Verlagshandlung — J. Guttentag, Verlagsbuchhandlung
Georg Reimer — Karl J. Trübner — Veit & Comp.

Das
Betriebsräteproblem

von

Dr. Kurt Brigl-Matthiaß

Berlin und Leipzig 1926

Walter de Gruyter & Co.

vormals G. J. Göschen'sche Verlagshandlung — J. Guttentag, Verlagsbuchhandlung
Georg Reimer — Karl J. Trübner — Veit & Comp.

Angenommen auf Antrag von Prof. Dr. L. Bernhard durch den Abteilungsvorsteher Prof. Dr. Herkner

Inhaltsübersicht

Grundlegung

Erster Teil:

Der Einfluß des Betriebsrätewesens auf die Gewerkschaftsbewegung.

Zweiter Teil:

Der Einfluß des Betriebsrätewesens auf die private Unternehmung.

Grundlegung.

§ 1.

Die soziologischen Grundlagen des Betriebsrätegesetzes.

Wie alle organisch gewordenen, d. h. vor ihrem Erlaß als Bedürfnis empfundenen Gesetze ist auch das Betriebsrätegesetz der Niederschlag bestimmter gesellschaftlicher Bedürfnisse und daran anknüpfender Ideologien.

Die gesellschaftlichen Bedürfnisse, die für die Schaffung eines derartigen Gesetzes maßgebend sind, und die Ideen, die bei der Entstehung des Gesetzes um ihre Verwirklichung ringen, sind jedoch selten so eindeutig, daß sie durch den Vorgang der Gesetzgebung, wenn auch zunächst nur formal, so doch einheitlich befriedigt werden können. Das Gesetz selbst stellt vielmehr durchschnittlich nur die resultierende, aus mannigfachen, nach Art und Intensität differenzierten Bestrebungen dar, es befriedigt am vollkommensten die machtpolitisch am wirksamsten vertretenen Ideen, während es die übrigen Ideen teils nur in abgeschwächter oder verzerrter Form legalisiert, teils sie überhaupt unberücksichtigt läßt. Diese in dem Gesetz nur unvollkommen oder gar nicht berücksichtigten Ideen bleiben dessen ungeachtet nach wie vor bestehen. Die von ihnen ausgehenden gesellschaftlichen Energien kämpfen meist weiter um ihre gesetzliche Anerkennung. Stets streben diese Energien jedoch danach, die praktische Anwendung des Gesetzes in ihrem Sinne zu gestalten und die auslegungsfähigen Bestimmungen des Gesetzes, die vielen im Gesetz latent vorhandenen Möglichkeiten, für ihre Zwecke auszunutzen.

Für die praktische Wirksamkeit, d. h. für die typische Dynamik eines Gesetzes sind daher nicht nur diejenigen Ideen und Bestrebungen maßgebend, die in dem Gesetz selbst ihre Anerkennung und formale Befriedigung gefunden haben, sondern annähernd dieselbe Bedeutung kommt denjenigen Ideen und Bestrebungen zu, die in dem Kampf um ihre gesetzliche Anerkennung ganz oder teilweise unterlegen sind. Jede Untersuchung, die sich mit der praktischen Wirksamkeit eines organisch gewordenen Gesetzes befaßt, muß daher notwendig auf die soziologischen Wurzeln dieses

Gesetzes zurückgehen und die gesellschaftlichen Komponenten, die zu der Schaffung dieses Gesetzes geführt haben, bloßlegen. Eine soziologische Betrachtungsweise wird dabei unterschiedlich zu einer historischen, nicht die zeitlich aufeinanderfolgenden Erscheinungen, sondern die gleichzeitig wirkenden Faktoren eines gegebenen Zustandes in wechselseitige Beziehung setzen [1]).

Historisch zwar die jüngste, soziologisch jedoch die einflußreichste der zum Betriebsrätegesetz führenden Entwicklungslinien ist die Rätebewegung. Die Rätebewegung ist für die Entstehung des Betriebsrätegesetzes deshalb von so entscheidender Bedeutung, weil sie gleichsam die dynamische Kraft ist, die die Gesetzwerdung des Betriebsrätegedankens immer wieder vorwärts treibt, die den anfänglich heftigen Widerstand der herrschenden gesellschaftlichen Gruppen bricht [2]) und die die auseinanderstrebenden Parteien trotz aller Gegensätze hinsichtlich der Gestaltung des Betriebsrätegesetzes immer wieder zusammenzwingt. Der Druck der von der Räteidee fanatisierten Arbeitermassen ist in jedem Stadium des Gesetzgebungsprozesses zu spüren. Der Gedanke, durch das Betriebsrätegesetz ein Ventil für das räterevolutionäre Drängen der Arbeitermassen zu schaffen, durchzieht als leitendes Motiv alle Beratungen des Gesetzes [3]), und dient den herrschenden Gruppen als Begründung und Entschuldigung, den opponierenden als Vorwurf und Anklage. Es kommt hinzu, daß die Rätebewegung in den politischen Arbeiterräten und den revolutionären Betriebsräten bereits ihren praktischen Niederschlag gefunden hat, und daß speziell die revolutionären Betriebsräte, die sich in wichtigen Industriegebieten [4]) weitgehend durchgesetzt haben, ein Faktum darstellen, das weder übergangen noch rückgängig gemacht werden kann, ein Faktum, an dem sich die gesellschaftlichen Gruppen in ihrer Stellung zum Räteproblem vielmehr notgedrungen orientieren müssen.

Die Räteproblematik selbst zeigt vielfach verwandte Gedankengänge mit den andern zum Betriebsrätegesetz füh-

---

[1]) Vgl. auch Wundt, Die sozialen Gesetze in Logik der Geisteswissenschaften (Logik 3. Bd.) Stuttgart 1908. S. 648 ff.

[2]) Noch am 26. 2. 19 versprach die Reichsregierung, daß „kein Mitglied des Kabinetts daran denke, das Rätesystem in irgend einer Form in die Verfassung aufzunehmen". Reichsanzeiger v. 1. 3. 19. Das Korr.-Bl. d. ADGB. nimmt ebenfalls am 8. 3. 19 noch eine scharf ablehnende Stellung gegen ein wirtschaftliches Rätesystem ein. Nr. 10 v. 8. 3. 19.

[3]) Vgl. Brauns, Das Betriebsrätegesetz, München-Gladbach 1920, S. 18 ff.

[4]) So besonders im Ruhrbergbau.

renden Entwicklungslinien, sie weist zahlreiche Berührungspunkte mit den Ideologien und Bestrebungen auf, durch die diese Entwicklungslinien gekennzeichnet werden. Diese Ideologien empfangen von der Räteproblematik teils konstruktiv neue Anregungen, teils werden sie durch die Rätebewegung aus der Ebene theoretischer Spekulation in die Ebene unmittelbar praktischer Bedeutung erhoben, sie werden von der vorwärts drängenden Kraft der Rätebewegung gleichsam mitgerissen und können diese Kraft ihren eigenen Zwecken und Zielen dienstbar machen. Die Rätebewegung ist auf die Entstehung des BRG.[1]) daher direkt wie indirekt von großem Einfluß gewesen, ungeachtet dessen, daß im BRG. selbst von dem ursprünglichen Rätegedanken nur ein karger Rest verwirklicht ist.

Der Rätegedanke ist in seiner ursprünglichen Form ein typischer Ausdruck der Führerrevolution. Er ist herausgewachsen aus der Auflehnung der Masse gegen den Zustand des Beherrschtseins, und er richtet sich gegen jede Erscheinungsform dieses Zustandes, d. h. gegen das Führertum und die Herrschaft als solche wie gegen die formale Verwaltungsbürokratie, die im Dienste dieses Führertums stehend, die Form der Herrschaftsausübung noch verschärft. Dementsprechend ist das Grundprinzip des Rätesystems, eine Organisation zu schaffen, die die Selbstherrschaft der Masse, d. h. des Proletariats, in möglichst vollkommener Weise verwirklicht, die den Willen der proletarischen Massen unmittelbar und ungehemmt zur Geltung kommen läßt, die den autoritativen Abstand zwischen dem unvermeidbaren Führertum und der Masse auf ein Minimum reduziert und die allen oligarchischen Gefahren wirksam vorbeugt[2]). Welche konstruktiven Verschiedenheiten die mannigfachen Spielarten des Rätesystems im einzelnen auch aufweisen, an diesem Ziel sind sie alle einheitlich orientiert. Die Herrschaft des Proletariats konstituiert in den Räten, die Räte eine rein proletarische Klassenorganisation[3]), hervorgegangen aus den organischen Wahlkörperschaften des Betriebes und des begrenzten örtlichen Bezirkes, für kurze Zeit gewählt, jederzeit abberufbar, starr an die Beschlüsse

[1]) Im folgenden als Abkürzung für Betriebsrätegesetz gebraucht.

[2]) Vgl. hierzu u. a. die Artikelreihen im Arbeiterrat, Jahrg. 1; ferner Alfred Friters, Räte, Selbstorganisation und Reichsverfassung und: Alle Macht den Räten, herausgegeben v. d. K. P. D.; vor allem Gutmann, Das Rätesystem, seine Verfechter und seine Probleme. Drei Masken Verlag, München 1922.

[3]) Über die Bedeutung der Räte-Klassenorganisation, vgl. bes. Brandler, Durch die Räte zur Einheit der Arbeiterklasse.

der Masse gebunden, so einen unverfälschten Ausdruck des Massenwillens verbürgend, Legislative und Exekutive in ihrer Hand vereinigend und dadurch die berufsmäßige Verwaltungsbürokratie beseitigend, das sind die organisatorischen Grundsätze, die in allen proletarischen Räteideologien zu finden sind[1]). Der politischen entspricht die wirtschaftliche Herrschaft der Räte: „Ökonomisch besteht die Aufgabe des Rätesystems darin, eine Organisation zu schaffen, in der die proletarischen Kräfte die ganze Wirtschaft des Gemeinwesens in den Händen haben, leiten und regulieren"[2]).

Die Grundlage der wirtschaftlichen Räteherrschaft ist der Betrieb. Durch die Räte soll der Gedanke der proletarischen Selbstverwaltung unmittelbar innerhalb des Betriebes und nicht nur mittelbar auf dem Wege über die Leitung des Staates verwirklicht werden. Auch hier ist die Auflehnung gegen den Zustand des Beherrschtseins das treibende Motiv, die soziologische Struktur des Betriebes, vor allem des Großbetriebes, ist das unmittelbare Angriffsobjekt der wirtschaftlichen Rätebewegung. Die Stellung des Arbeiters als Produzent, seine Eingliederung in den Produktionsprozeß und den Betriebsverband, die Umwandlung des Betriebsverbandes aus einem Herrschaftsverband in einen genossenschaftlichen Verband, steht im Mittelpunkt der Räteproblematik. Die Räteproblematik zeigt damit bedeutsame Abweichungen zu der ursprünglichen und überlieferten Problematik des Sozialismus[3]), die primär verteilungs- und konsumorientiert ist und an der soziologischen Struktur des Betriebsverbandes kaum etwas zu ändern verspricht[4]). Vor allem aber steht die Räteproblematik mit ihrer ausgesprochen revolutionären Einstellung und ihrer starken Betonung des Willensmomentes im Gegensatz zu der evolutionären Einstellung des Sozialismus. Da in dem Rätesystem eine Organisationsform gefunden zu sein scheint, die das Proletariat befähigt, die Leitung des Wirtschaftslebens zu einem Zeitpunkt zu übernehmen, der keineswegs die Bedingungen des von Marx analysierten Zeitpunkts „der Ex-

---

[1]) Vgl. Gutmann, a. a. O.

[2]) Däumig, Auf dem Parteitag der USPD 1919, entn. aus „Die Parteien und das Rätesystem", S. 26.

[3]) Unter „Sozialismus" wird in Analogie zu der Sombartschen Auffassung der theoretische Niederschlag der Emanzipationsbewegung des Proletariats verstanden. Sombart, Sozialismus und soziale Bewegung, 9. Aufl. S. 15.

[4]) Die unvermeidbare „Herrschaftsstruktur" des betrieblichen Arbeitsverbandes betont Marx wiederholt, z. B. in seinem Kapital,V olksausg. v. Kautsky, 1. Bd. S. 278.

propriation der Expropriateure“ aufzuweisen braucht, so erscheint das Abwarten der vorgezeichneten wirtschaftlichen Entwicklung unnötig, und nicht die wirtschaftliche Entwicklung, sondern die machtpolitische Durchsetzung des Rätesystems wird die primäre Vorbedingung für die Verwirklichung des Sozialismus. Für das Stadium der Vorbereitung gewinnt damit die Intensität und Aktionskraft des revolutionären proletarischen Willens ausschlaggebende Bedeutung. Die Intensität und Aktionskraft dieses Willens zu stärken, wird im Stadium der Vorbereitung zur wichtigsten Aufgabe des Rätesystems.

Die Auflehnung gegen das gewerkschaftliche Führertum ist daher in doppelter Beziehung in der Gedankenwelt und Problematik der Rätebewegung verankert. Es ist nicht nur die Auflehnung gegen das Führertum als solches, gegen die Unterordnung überhaupt, sondern es ist vor allem die Auflehnung gegen die opportunistische Einstellung dieses Führertums, das dem revolutionären Willen der Massen keine Geltung trägt und diesen Willen zu schwächen und abzulenken sucht[1]). Unter dem Gesichtspunkt der Aktionskraft des revolutionären Massenwillens wird von der Räteproblematik auch die Berufsorganisation der Arbeiterschaft verworfen, sie schwächt das Klassenbewußtsein der Arbeiterschaft und ist eine taktisch ungünstige Form für den revolutionären Klassenkampf. Der Betrieb, der Konzern, die Industrie, nicht der Beruf ist die Grundlage der proletarischen Organisation, auf dieser Organisationsgrundlage baut die Kampftaktik der Rätebewegung auf[2]). Die willensmäßige und organisatorische Zusammenfassung der Angehörigen eines Betriebes, die Zurückdrängung des Unternehmers aus der Leitung des Betriebes und das Vordringen der proletarischen Selbstverwaltung durch die Übertragung immer weitergehender Funktionen auf die Betriebsräte, das ist neben politisch-revollutionären Methoden die Kampftaktik der Rätebewegung.

In der Auflehnung gegen das Herrschaftsverhältnis und die soziologische Struktur des Betriebes, in der Hervorhebung des Produzentenproblems im Leben des Arbeiters, in der starken Betonung psychologischer Gesichtspunkte,

---

[1]) Vgl. z. B. Wolfsheim, Betrieborganisation und Gewerkschaften.

[2]) Auch hier charakteristisch Däumigs Worte: „Das Rätesystem ergibt sich aus der brennenden Notwendigkeit, ernst zu machen mit der Verwirklichung des Sozialismus, mit den Methoden der alten Partei, der alten Gewerkschaftsorganisation ist dieses Ziel nicht zu erfüllen,“ a. a. O. S. 24.

in der willensmäßigen Vorbereitung einer andern Wirtschaftsverfassung und in der Organisationsform des Proletariats tritt die geistige Verwandtschaft der Räteproblematik mit der Problematik der andern zum Betriebsrätegesetz führenden Entwicklungslinien deutlich zutage. Am sichtbarsten ist diese geistige Verwandtschaft zwischen der Räteproblematik und der Problematik des modernen Sozialismus[1]) ausgeprägt, naturgemäß, denn das Rätesystem ist ja nur eine spezifische Ausdrucksform des Sozialismus, die Rätebewegung ist ja nur eine Teilbewegung der sozialistischen Bewegung.

Die Problematik des modernen Sozialismus ist gekennzeichnet durch eine mehr oder weniger bewußte Abkehr von orthodox marxistischen Gedankengängen, sie ist gekennzeichnet durch ein abnehmendes Interesse an der formalen Regelung des Eigentumsproblems, durch ein gewisses Zurücktreten der konsumorientierten Gesichtspunkte und durch starke Betonung soziologischer und organisatorischer Momente. Den geistigen Ausgangspunkt für diese Wandlung in der Problematik des Sozialismus bildet der revolutionäre Syndikalismus. Syndikalistische Gedankengänge sind es, die zum ersten Male das Produzentenideal in den Mittelpunkt ihrer Problematik stellen. Im Syndikalismus wächst das sozialistische Problem hinaus über ein Problem der Ökonomie, das sich in der Frage zusammenfassen läßt, ob und inwieweit eine gerechtere Distribution des Reichtums realisierbar sei, und wird zu einem Problem der Demokratie im psychologischen und verwaltungstechnischen Sinn. „In diesem individualistischen Problem liegt der härteste Kern des Aufgabenkomplexes eingeschlossen, dessen Lösung der Sozialismus sich zum Ziel gesetzt hat[2])." Der Syndikalismus ist es, der zuerst darauf hinweist, daß durch die Verstaatlichung der Produktionsmittel keiner der vorhandenen Übelstände aus der Welt geschafft werden würde, und der zugleich in zersetzender Kritik an der evolutionistischen Degeneration des orthodoxen Sozialismus[3]) das Willensmoment wieder in den Vordergrund schiebt. In dem gleichen Maß, in dem die industrielle Entwicklung die Herrschaftsstruktur speziell des Großbetriebes immer schärfer ausprägt, in dem die Form der Herrschaft durch die Auflösung der persönlichen Beziehungen zwischen Unternehmer und Arbeiter immer drückender wird, in dem gleichen Maße, in

---

[1]) Hinsichtlich der hier gebrauchten Bedeutung des Wortes „Sozialismus" vgl. Anm. 3 S. 4.

[2]) Vgl. Michels, Zur Soziologie des Parteiwesens in der modernen Demokratie, Leipzig 1910 S. 374.

[3]) Sombart, a. a O. S. 111; ferner Lederer im Arch. f. Sozialw. u. Sozialpol. Bd. 34, 35 u. 36.

dem sich die Auflehnung der Arbeitermassen primär gegen ihre soziale Abhängigkeit richtet und in dem die Unzufriedenheit der Arbeitermassen mit den bisherigen Methoden zu ihrer Befreiung wächst, gewinnen diese syndikalistischen Gedankengänge an Bedeutung. Es tritt dies teils darin hervor, daß die syndikalistische, bezw. die revolutionäre Richtung innerhalb des Sozialismus stark anwächst und verwandte Ideologien und Bewegungen, wie z. B. die Rätebewegung, auslöst, teils ist die wachsende Bedeutung syndikalistischer und revolutionärer Gedankengänge darin zu spüren, daß diese Gedankengänge gleichsam einen Gärungsprozeß innerhalb des Alt-Marxismus hervorrufen und die sozialistische Problemstellung in ihrem Sinn beeinflussen.

Obwohl von grundsätzlich andern Gesichtspunkten ausgehend, beeinflußt der Revisionismus die sozialistische Problematik in derselben Richtung. Auch der Revisionismus legt das Schwergewicht seiner Problematik auf die Stellung des Arbeiters als Produzenten, auch der Revisionismus schaltet das Willensmoment in seine Problematik ein und legt das Schwergewicht nicht auf die von Marx vorgezeichnete wirtschaftliche Entwicklung, sondern auf die organisatorische Vorbereitung des Sozialismus, d. h. auf den sukzessiven Abbau der Unternehmerfunktionen.

So wird zum gemeinsamen Kennzeichen der modernen sozialistischen Problematik eine Behandlungsweise der wirtschaftlichen Fragen, die im Gegensatze zu früher auf die Erfassung der organisatorisch-soziologischen Seite des Sozialismus den Hauptwert legt und sich in gesteigertem Maße mit den Möglichkeiten zu der bewußten Herbeiführung des Sozialismus beschäftigt [1]). Das soziologische Problem des Sozialismus zeichnet Kautzky charakteristisch: „Der Sozialismus, den wir erstreben, bedeutet Ersetzung des kapitalistischen Absolutismus in der Fabrik durch die proletarische Selbstverwaltung und nicht durch den Absolutismus der Staatsbürokratie,“ Ähnlich Hilferding: „Die Frage des Sozialismus ist nicht nur eine Frage des Einkommens, sondern eine Frage der Befreiung aus der Unterwürfigkeit, eine Frage der Persönlichkeit [2]).“ Charakteristisch sind auch die Gedankengänge und Konstruktionen der Wissel'schen Planwirtschaft und des Gildensozialismus, in denen die theoretisch schärfste Formulierung dieser modernen sozialistischen Problematik zu finden ist [3]).

[1]) Vgl. hierzu: Kautsky, Die Proletarische Revolution und ihr Programm, Berlin 1922; ferner Steinmann-Bucher, Sozialisierung, Berlin 1919; ferner Wege und Ziele der Sozialisierung, Verlag v. Beck S. 20.

[2]) Essener Arbeiterzeitung v. 9. 4. 1921; Freiheit Nr. 576 v. 7. 12. 1921 ähnlich in der Freiheit Nr. 492 v. 21. 12. 1920.

[3]) Vgl. Gildensozialismus von GDH. Cole, deutsch von Eva Schumann, Verlag von Kaden & Co., Dresden.

Die organisatorische Vorbereitung und Durchführung der sozialistischen Wirtschaft erstrebt der moderne Sozialismus in erster Linie durch die Zurückdrängung des Unternehmers aus der Leitung des Betriebes und durch das Vordringen der proletarischen Selbstverwaltung. Die Übertragung des Eigentums an den Produktionsmitteln wird zwar keineswegs aus dem sozialistischen Forderungskomplex ausgeschlossen, aber die Frage der Eigentumsänderung wird nur zu einer Teilfrage der Sozialisierung, und in den Vordergrund tritt der Abbau der Unternehmerfunktionen durch die proletarische Selbstverwaltung: „Auf Jahrzehnte hinaus ist der Sozialismus nur durch Demokratisierung des autokratischen Kapitalismus möglich"[1]), sagt Kautsky und analoge Ideen vertreten nicht nur Otto Bauer, Wilbrandt, Stampfer und andere Exponenten des modernen Sozialismus[2]), sondern auch „die bürgerliche Nationalökonomie" sieht die Möglichkeit einer sozialistischen Entwicklung wesentlich auf diesem Wege des Abbaus der Unternehmerfunktionen und des allmählichen Vordringens der proletarischen Selbstverwaltung[3]).

Auch die nicht unmittelbar an der Räteidee orientierte sozialistische Bewegung tendiert daher in wesentlichen Punkten in derselben Richtung wie die Rätebewegung. Auch sie ist gezwungen, nach einer Organisationsform der Arbeiterbewegung zu suchen, die die Arbeiterschaft unter dem Gesichtspunkt ihrer Zugehörigkeit zu einem bestimmten Betrieb zusammenfaßt, nach einer Organisationsform, auf der die proletarische Selbstverwaltung der Produktion organisch aufbauen kann, nach einer Organisationsform, die die Lücken der bisherigen Organisation der Arbeiterschaft in Partei und Gewerkschaft ausfüllt[4]).

Neben der revolutionären Rätebewegung und der modernen sozialistischen Bewegung steht als dritte der zum Betriebsrätegesetz führenden Entwicklungslinien die sozialreformatorische Bewegung.

Die Problematik der sozial-reformatorischen Bewegung unterscheidet sich von der Problematik der beiden andern Bewegungen grundsätzlich dadurch, daß sie nicht wie diese an der Beseitigung der bestehenden Wirtschafts- und Gesellschaftsordnung orientiert ist, sondern daß sie die Lage

---

1) Kautsky, a. a. O. S. 138 ff.

2) Otto Bauer, Der Weg zum Sozialismus; Wilbrandt, Sozialismus, Stampfer, z. B. in der Volksstimme Nr. 236 v. 8. 10. 20.

3) Vgl. z. B. Schumpeter im Arch. v. Sozialw. u. Sozialpol. Bd. 48, 2. Heft, S. 338; Ammon, Hauptprobleme der Sozialisierung S. 22 ff.

4) Vgl. Kautsky, Sozialisierung und die Arbeiterräte, Soz. Bücherei Heft 5; ferner Kalisky in den Soz. Monatsh. Jahrgang 1919 Heft 6 u. 7; ähnlich Cohen in den Soz. Monatsh. Jahrg. 1919 Heft 25/26.

der Arbeiterschaft unter prinzipieller Aufrechterhaltung der bestehenden Wirtschaftsordnung zu verbessern trachtet. Von dieser grundsätzlichen Unterscheidung abgesehen, zeigt die Problematik der sozial-reformatorischen Bewegung jedoch vielfache Analogien zu der Problematik der Rätebewegung und der des modernen Sozialismus. Auch in der Problematik der sozialreformatorischen Bewegung hat sich die typische Wandlung von einer überwiegend materiell und konsumorientierten Einstellung zu einer überwiegend psychologisch und produktionsorientierten Einstellung vollzogen.

Neben den Fragen des Arbeiterschutzes und der Fürsorge für Arbeitslose und Invalide, neben der Sicherung angemessener Arbeitsbedingungen und eines auskömmlichen Lohnniveaus, neben dem Problem der Arbeiterkoalitionen und dem Problem kollektiver Arbeitsverträge ist mit der zunehmenden Entwicklung zum Großbetrieb das Problem der sozial-psychischen Stellung des Arbeiters, die Frage der organisatorischen Eingliederung des Arbeiters in den Produktionsprozeß, die Frage der Betriebsverfassung mehr und mehr in den Vordergrund der sozial-reformatorischen Problematik getreten. Die ersten Anfänge dieser Problematik reichen bereits in die Zeit der Frankfurter Nationalversammlung zurück. Damals wird zuerst eine Änderung der Fabrikverfassung und die Einführung von „Fabrikausschüssen“ gefordert: „Um das Interesse der Arbeiter an der Fabrikanstalt zu beleben und denjenigen, deren Lebensberuf auf industriellem Gebiet liegt, die wahre Freiheit und den rechten Erfolg ihrer Tätigkeit zu sichern [1].“ Diese der damaligen Zeit weit vorauseilende Forderungen gewinnen jedoch kaum irgendwelche Bedeutung, sie werden in der sozial-reformatorischen Problematik durch die weit wichtigeren Fragen des Arbeiterschutzes völlig in den Hintergrund gedrängt. Erst das rasche Anwachsen der Industrie und speziell der Großbetriebe und der sich ständig verschärfende Gegensatz zwischen Kapital und Arbeit lassen die Frage der Fabrikverfassung etwa von 1880 ab, in der sozial-reformatorischen Problematik und teilweise auch in der Praxis wieder lebendig werden.

Das gemeinsame Kennzeichen der in dieser Zeit einsetzenden theoretischen und praktischen Versuche, die Fabrikverfassung durch die Einführung von „Arbeiterausschüssen“ und „Ältestenkollegien“ zu ergänzen und sozial zu vervollkommnen, ist die mehr oder minder bewußte Orientierung an dem Ideal der kleinbetrieblichen Arbeitsverfassung mit ihren persönlichen und stark patriarchalisch

---

[1] Vgl. Koch, Arbeiterausschüsse, München-Gladbach 1907 S. 2—3.

gestalteten Beziehungen zwischen Fabrikherrn und Arbeiterschaft. Die persönliche Beziehung, das Gefühl der familienhaften Gemeinsamkeit zwischen Fabrikherrn und Arbeiterschaft wieder herzustellen wird als der vornehmste Zweck der Ausschüsse angesehen. So heißt es in dem von Hitze redigierten Arbeiterwohl[1]): „Der Grundgedanke der Ältestenkollegien ist eine lebendige, eine gegenseitig gebende und empfangende Verbindung zu schaffen zwischen Fabrikherrn und Arbeiterschaft, daß sie sich verstehen, zusammen raten und taten und als Zusammengehörige sich fühlen lernen", und von demselben Gedanken sind in der Hauptsache die verschiedenen Versuche getragen, die von dem Arbeiterausschuß Franz Brandts in München-Gladbach bis zu Freeses konstitutioneller Fabrik mit der freiwilligen Einführung von Arbeiterausschüssen gemacht worden sind. Die meisten dieser Versuche stellen sich als die Auswirkung eines „humanen Wohlwollens" für die Arbeiterschaft dar, die meisten dieser Versuche zeigen ein stark patriarchalisches Gepräge[2]), sie sind gleichsam nur die spezifische und fortgeschrittene Ausdrucksform einer patriarchalischen Fürsorgepolitik, die kennzeichnend für die sozial empfindenden Unternehmer der Vorkriegszeit ist.

Der Gedanke, daß es der Zwang der Unterordnung, daß es das großbetriebliche Herrschaftsverhältnis als solches ist, gegen das die Arbeiterschaft sich auflehnt, wird erst allmählich von der sozial-reformatorischen Problematik aufgenommen[3]). Als ausdrückliche Begründung für die Notwendigkeit einer Umwandlung der Betriebsverfassung findet sich dieser Gedanke wohl erstmalig bei Schmoller, der es als die wesentlichste Aufgabe der Arbeiterausschüsse bezeichnet: „Ein Kompromiß herbeizuführen zwischen den Herrschaftsverhältnissen der Unternehmer und dem Ideal der Gleichheit, wie es den Arbeitern vorschwebt[4])".

Das Problem der Betriebsverfassung erfährt damit inhaltlich eine gewisse Wandlung und Erweiterung. Zwar spielt der Gesichtspunkt, durch die Einführung von Arbeiterausschüssen ein persönliches Vertrauensverhältnis zwischen Unternehmer und Arbeiterschaft herzustellen, in diesem Zusammenhange nach wie vor eine Rolle, als maßgebender Gesichtspunkt für die Forderung nach Arbeiter-

---

[1]) Jahrg. 1 (1881) Heft 5.

[2]) Eine gewisse Ausnahme bildet in dieser Beziehung allerdings die von Abbe verwirklichte Form der Betriebsdemokratie.

[3]) Vgl. z. B. Frd. Naumann, Neudeutsche Wirtschaftspolitik 1906. ferner Steinbach, Genossenschaftliche und herrschaftliche Verbände, Wien 1901. Ferner Otto v. Gierke, Die Wurzeln des Dienstvertrages Berlin 1914.

[4]) In einem Vortrage am 30. 12. 1889 mitget. bei Brauns, Das Betriebsrätegesetz S. 23.

ausschüssen tritt jedoch mehr und mehr die Frage einer demokratischen Umbildung des betrieblichen Herrschaftsverbandes, die Frage einer positiv und rechtlich gesicherten Mitbestimmung der Arbeiterschaft hervor. Je stärker der Arbeiter politisch als Subjekt in Erscheinung tritt, und je drückender er infolgedessen sein wirtschaftliches und betriebliches Unterordnungsverhältnis empfindet[1]), um so drängender wird das Problem, die autokratischen Formen der großbetrieblichen Produktion zu mildern und nicht nur eine patriarchalische und vorwiegend materiell orientierte Fürsorgepolitik zu treiben, sondern auch dem psychischen Verlangen der Arbeitermassen nach Befreiung von ihrer Abhängigkeit Rechnung zu tragen. Durch die staatliche Sozialpolitik, wie durch die Machtpolitik der Gewerkschaften wird die Herrschaftssphäre des Unternehmers zwar in vieler Beziehung eingeschränkt und der Arbeiterschaft auf dem Wege über die Gesetzgebung und über die Gewerkschaften ein indirekter Einfluß auf die Gestaltung des Arbeitsverhältnisses gegeben[2]). Was die Arbeiterschaft jedoch zunehmend erstrebt, das ist der direkte Einfluß auf die Gestaltung des betrieblichen Arbeitsverhältnisses, das ist der direkte Einfluß auf die Willensbildung des Unternehmers durch den Willensfaktor der im Betriebsverbande zusammengefaßten Belegschaften.

Das soziologische Entwicklungsgesetz aller Herrschaftsverbände, daß gemeinsame Beherrschung Vieler gemeinsame Interessen der Beherrschaften hervorruft, die nach Zusammenschluß und genossenschaftlicher Willensbildung streben, beginnt sich in wachendem Maße auch in dem Herrschaftsverbande des Betriebes und speziell des Großbetriebes durchzusetzen, und in demselben Maße wird die zozialreformatische Bewegung gezwungen, ihre Problematik an der Frage einer rechtlich gesicherten Mitbestimmung der Arbeiterschaft, an der Frage einer demokratischen Umbildung des betrieblichen Herrschaftsverbandes zu orientieren[3]).

Das Problem dieser demokratischen Umbildung ist inhaltlich zunächst auf eine Demokratisierung des Arbeitsverhältnisses beschränkt. Naturgemäß, denn in dem Arbeitsverhältnis findet die Herrschaftsstruktur des Betriebes für die Arbeiterschaft ihren fühlbarsten und unmittelbarsten Ausdruck, zudem erscheint die Demokratisierung des Arbeitsverhältnisses als das real leichter erreichbare Ziel.

---

[1]) Vgl. hierzu auch Herkner, Arbeiterfrage, 7. Aufl. Berlin 1921 S. 94 ff. S. 36 ff.

[2]) Über die Bedeutung dieses Einflusses vgl. z. B. Leubuscher, Sozialismus und Sozialisierung in England, Jena 1921 S. 42 ff.

[3]) Vgl. auch Sinzheimer, Grundzüge des Arbeitsrechts, Jena 1921 S. 30 ff.

Eine grundsätzliche Erweiterung und Vertiefung erfährt der Gedanke der Betriebsdemokratie erst dadurch, daß neben dem Problem, die autokratischen Formen der großbetrieblichen Produktion zu mildern, die Frage der seelischen Beziehungen des Arbeiters zu seiner Arbeit, die Frage der geistigen Belebung des Arbeitsverhältnisses mehr und mehr in den Vordergrund der sozial-reformatorischen Problematik tritt [1]). Wenn diese Fragen auch vielfach losgelöst von dem Problem der Betriebsdemokratie behandelt werden und zunächst nur vereinzelt mit der Forderung nach einer inhaltlichen Erweiterung der Betriebsdemokratie verknüpft erscheinen, so ist ihre innerliche Ausrichtung auf denselben Grundgedanken, den Arbeiter als Persönlichkeit und als lebendiges Glied in den Organismus des Betriebes einzuordnen, doch unverkennbar.

Es handelt sich für die sozial-reformatorische Problematik darum, den Gegensatz zwischen der wirtschaftlichen Notwendigkeit höchster Rationalität und der ethischen Forderung, die im Menschen den höchsten Zweck sieht, zu überbrücken, es handelt sich für sie darum, die seelisch-psychischen Wirkungen der arbeitsteiligen großbetrieblichen Produktion zu mildern und den Zusammenhang der Einzelarbeiten untereinander, der nach der persönlichen Seite hin aufgegeben werden mußte, wenigstens im Bewußtsein des Arbeiters wieder herzustellen, es handelt sich für sie darum, den Arbeiter wieder in ein persönliches Verhältnis zu dem Produkt seiner Arbeit zu setzen und dadurch seiner Arbeit wieder einen positiv geistigen Inhalt zu geben. In dieser Problematik liegt der Gedanke einer inhaltlich erweiterten Betriebsdemokratie, der Gedanke, dem Arbeiter auch auf die wirtschaftliche und organisatorische Leitung des Betriebes einen gewissen Einfluß zu gewähren, ihm einen Einblick in die wirtschaftlichen Zusammenhänge des Produktionsprozesses zu geben, gleichsam latent begründet.

Akute Bedeutung und konkret konstruktive Gestalt gewinnt dieser Gedanke jedoch wesentlich erst unter dem Einfluß der Rätebewegung und unter dem unmittelbaren Zwang, den von der Räteidee und von dem Drange nach Selbstbestimmung beseelten Arbeitermassen eine sofortige Befriedigung zu verschaffen [2]). Erst jetzt wird die Frage der In-

[1]) Vgl. z. B. Lederer, Zum sozial-psychischen Habitus der Gegenwart, Arch. f. Sozialw. u. Sozialpol. Bd. 46 Heft 1; ferner Herkner, Probleme der Arbeiterpsychologie, Schriften des Vereins f. Sozialpol. Bd. 138; Derselbe, Die Arbeiterfrage, a. a. O.; ferner Willichs, Die Psychologie des Arbeiters und seine Stellung im industriellen Arbeitsprozeß, Berlin 1917; ferner Potthoff, Die sozialen Probleme des Betriebes. Berlin 1925 S. 11 ff.

[2]) Vgl. z. B. Erkelenz, Unternehmer und Arbeitnehmer in der neuen Wirtschaft, Berlin 1921, bes. S. 30 ff.; Curtius, Demokratie und Rätesystem; ferner Hitze, in der Kölnischen Volkszeitung Nr. 19 v. 8. 1. 1920; ferner

dustrie- und Betriebsverfassung wirklich zu dem beherrschenden Problem der Sozialreform, erst jetzt verdichtet sich der Gedanke einer über den Rahmen des Arbeitsverhältnisses hinaus erweiterten Betriebsdemokratie zur positiven Forderung, erst jetzt sind die machtpolitischen Bedingungen für die Erfüllung dieser Forderung gegeben.

Die Entwicklung der sozial-reformatorischen Problematik ist also gekennzeichnet durch eine immer stärker hervortretende Orientierung an dem Problem der Betriebsverfassung, das mit der fortschreitenden industriellen Entwicklung zum Kernproblem der Sozialreform wird und durch eine gleichzeitige inhaltliche Erweiterung dieses Problems. In der Demokratisierung der Betriebsverfassung und darauf aufbauend in der Demokratisierung der Wirtschaftsverfassung sieht die moderne sozial-reformatorische Problematik das bedeutsamste Mittel, um die Arbeiterschaft organisch in den Produktionsprozeß einzugliedern, um den Gegensatz zwischen Kapital und Arbeit zu mildern und um dadurch die bestehende Wirtschaftsordnung in ihrer grundsätzlichen Struktur zu erhalten. Das Problem der Betriebsdemokratie umschließt in der modernen Ausprägung dabei sowohl die Demokratisierung des Arbeitsverhältnisses, als auch die Demokratisierung der technischen und wirtschaftlichen Leitung des Betriebes.

Die praktischen Erfolge der sozial-reformatorischen Bewegung sind hinter ihrer diesbezüglichen Problematik erheblich zurückgeblieben. Die freiwillige Einführung und graduelle Verwirklichung der Betriebsdemokratie in Form von Arbeiterausschüssen sucht zwar gewisse Gedanken dieser Problematik zu verwirklichen, sie trägt jedoch, wie dargelegt, zu stark den Charakter einer patriarchalischen und vorwiegend materiell orientierten Fürsorgepolitik, um sozial-psychisch wirksam zu sein und sie ist zahlenmäßig zu begrenzt, um nennenswerte Bedeutung zu erlangen.

Die obligatorische Einführung von Arbeiterausschüssen im Bergbau[1]) zeigt zwar eine zahlenmäßig breitere Grundlage und vermöge ihres Zwangscharakters auch den tatsächlichen Ansatz, in die Herrschaftssphäre des Unternehmers einzugreifen, über einen Ansatz ist diese gesetzliche Regelung jedoch nicht hinausgekommen; denn die Befugnisse der Ausschüsse beschränken sich wesentlich auf das Vorbringen von Belegschaftswünschen, und die Befugnisabgrenzung ist außerordentlich strittig. Zudem sind die damaligen machtpolitischen Bedingungen mit dem zweifachen

---

Sinzheimer, Das Rätesystem, Frankfurt 1919. Herfahrd, Das Problem der berufsständischen Vertretung, Stuttgart 1921.

[1]) Durch die Novellen zum preußischen Berggesetz von 1905 und 1909.

Widerstande der Unternehmer und der sozialdemokratischen Partei für die Entwicklung der Ausschüsse wenig günstig.

Erst die Arbeiterausschüsse des Hilfsdienstgesetzes tragen dem Gedanken einer demokratischen Umwandlung des betrieblichen Herrschaftsverbandes auf breiter Grundlage Rechnung. Daß neben den rein materiellen Aufgaben der Interessenvertretung für diese Ausschüsse vor allem der Gedanke einer Umwandlung des betrieblichen Herrschaftsverhältnisses maßgebend ist, zeigt charakteristisch die Begründung, mit der sie von gewerkschaftlicher Seite gefordert werden: „Um den Arbeitern einen Gegenwert für die durch den Hilfsdienst eintretende Beschränkung ihrer persönlichen Freiheit zu gewähren[1]).“

Über diese Zwecksetzung sind aber auch die Arbeiterausschüsse des Hilfsdienstgesetzes nicht hinausgekommen, auch sie sind bei der Demokratisierung des Arbeitsverhältnisses stehen geblieben, auch sie tragen dem Gedanken einer inhaltlich erweiterten Betriebsdemokratie und der diesbezüglichen sozial-reformatorischen Problematik keine Rechnung.

Die unter dem Einfluß der Rätebewegung und der Revolution gebildeten Betriebsräte zeigen dann eine plötzliche und gewaltsame Erweiterung der Betriebsdemokratie. Sie verwirklichen, wenigstens was ihre formalen Befugnisse angeht, die weitestgehenden Forderungen der Sozial-Reform, aber sie sind nach Ursprung und Zwecksetzung weit mehr als verdünnter Niederschlag der Rätebewegung, denn als Ausläufer der sozial-reformatorischen Bewegung anzusehen. Die sozial-reformatorische Bewegung tendiert vielmehr auf eine Rückbildung dieser revolutionären Form der Betriebsdemokratie und auf die organische Weiterentwicklung der gesetzlichen Arbeiterausschüsse, wobei allerdings zu berücksichtigen ist, daß die sozial-reformatorische Bewegung selbst in ihrer Problematik und in der Intensität ihrer Forderungen bereits stark durch die Rätebewegung beeinflußt ist.

Die machtpolitische Kräfteverschiebung der Revolution und die zu erwartende gesetzliche Regelung des Räteproblems wie des Problems einer demokratischen Wirtschaftsverfassung rückt für diese Bewegungen die Möglichkeit, ihre Ideen zu verwirklichen in unmittelbare Nähe und läßt zwischen ihnen den Kampf um die gesetzliche Gestaltung der Wirtschaftsverfassung entbrennen.

Der Entstehungsprozeß des Betriebsrätegesetzes, der ersten Grundlage dieser Gestaltung, ist daher gekennzeichnet durch das Miteinanderringen der Rätebewegung, der nicht an der Räteidee orientierten sozialistischen Bewegung

---

[1]) Mitgeteilt bei Winschuh, Betriebsrat oder Gewerkschaft Essen 1922 S. 22.

und der sozial-reformatorischen Bewegung, die sämtlich bestrebt sind, das Betriebsrätegesetz in ihrem Sinn zu formen und ihren Zwecken dienstbar zu machen.

Das Betriebsrätegesetz ist die machtpolitische Resultante dieses Ringens, in dem die Rätebewegung als solche unterliegt und in dem sich die von den freien Gewerkschaften maßgebend beeinflußte sozialistische Bewegung und die sozial-reformatorische Bewegung auf der Basis ihrer gemeinsamen Gegnerschaft gegen die Rätebewegung und ihrer gemeinsamen Sorge für die Vormachtstellung der Gewerkschaften zu einem Kompromiß zusammenschließen.

Das Kompromißergebnis ist die weitgehende gesetzliche Anerkennung des Vorranges der Gewerkschaften[1]) und die überwiegende Verwirklichung der sozial-reformatorischen Tendenzen, während die sozialistischen Tendenzen, im Text des Gesetzes gleichsam nur verschämt durchschimmern[2]) und mehr in der Tatsache des Gesetzes als solchem, in der Befugnisabgrenzung des Betriebsrats und in der Auffassung über die Befugnisse des Betriebsrats, als in dem Wortlaut der gesetzlichen Bestimmungen zum Ausdruck kommen[3]).

Durch den Vorgang der Gesetzgebung ist die Materie des Betriebsrätewesens aus der Ebene des theoretischen Streits und der Kämpfe um den Inhalt des Gesetzes in die beherrschende Ebene des geltenden Rechts erhoben und die zum Betriebsrätegesetz führenden Entwicklungslinien und Bewegungen haben damit einen formalen Abschluß gefunden. Dieser Abschluß ist jedoch lediglich ein formaler, denn auch die Ideen und Kräfte der Rätebewegung und der sozialistischen Bewegung, die im BRG. nicht ihre gesetzliche Sanktionierung gefunden haben, bleiben weiterhin wirksam und treten nunmehr in den Kampf um die praktische Durchführung und Anwendung bezw. um die Erweiterung und

---

[1]) Vgl. z. B. die grundlegende Bestimmung des § 8 BRG., daß die Befugnisse der Gewerkschaften durch das Betriebsrätegesetz nicht berührt werden. Ferner das wiederholt festgelegte Primat des Tarifvertrages und die Ausprägung des Betriebsrats zum Organ des Tarifvertrages, so z. B. § 62, 63, 64, 66, [3], 78, [5], 78, 1 BRG.

[2]) So z. B. charakteristisch in der Tatsache, daß man den Untern. in die Körperschaft des Betriebsrats nicht mit hineingenommen hat. Die sozialistische Bewegung wollte den Klassencharakter des Betriebsrats erhalten, ferner in der Bestimmung des § 68 u. a.

[3]) Charakteristisch für diese Auffassung sind auch die Worte, mit denen die Chemnitzer Volksstimme die Verabschiedung des BRG. begleitet: „Das Betriebsrätegesetz bedeutet einen Weg zur Sozialisierung der Wirtschaft, das allerdings nicht so sehr durch die in seinen Paragraphen niedergelegten Bestimmungen als vielmehr dadurch, daß eben jener Schritt der kapitalistischen Entwicklung schon durch sich selbst die Entwicklung zum Sozialismus zwangsläufig aufweist.“ Nr. 29 v. 5. 2. 1920.

Änderung des Gesetzes. Charakteristisch ist der Aufruf, mit dem die Freiheit[1]) die Verabschiedung des Gesetzes begleitet: „Das Betriebsrätegesetz ist, wie es auf dem Papier steht, ein grundschlechtes Gesetz, aber es unterscheidet sich von den andern Gesetzen dadurch, daß seine Anwendung in der Hand der Arbeiter liegt und darin liegen die Möglichkeiten, die das Proletariat nicht aus den Augen verlieren darf, denn alle Gesetze bekommen erst durch ihre Anwendung Leben.“

Im Betriebsrätegesetz sind also aus seinem soziologischen Entstehungsprozeß übernommen ganz verschiedene und teilweise heterogene Tendenzen wirksam. Mit diesen Tendenzen als einem unbelebten Komplex von Möglichkeiten belastet, tritt das Betriebsrätegesetz ins Leben, um nunmehr in der praktischen Wirksamkeit zu zeigen, welche der ihm innewohnenden Tendenzen sich als lebensfähig erweisen und durchzusetzen vermögen.

§ 2.
Problemstellung und Aufbau der Arbeit.

Die Problemstellung der Arbeit ist aus dem soziologischen Entstehungsprozeß des BRG. abgeleitet.

Es ist die Aufgabe der Arbeit, die praktische Wirksamkeit des BRG .zu untersuchen und die Entwicklungstendenzen des Betriebsrätewesens[2]) aufzuzeigen. Den drei großen Kraftlinien entsprechend, die das Betriebsrätewesen durchziehen, hat sich die Untersuchung dabei in dreifacher Richtung zu erstrecken.

Es ist in erster Linie zu untersuchen, ob die sozialreformatorischen Tendenzen, die im BRG. selbst ihren Ausdruck finden, sich praktisch durchzusetzen vermögen. Diese Untersuchung schließt eine dreifache Aufgabe in sich:

Sie hat darzulegen, wie die persönlichen Beziehungen zwischen Unternehmer und Arbeiterschaft durch das Betriebsrätewesen beeinflußt werden, sie hat darzulegen, bis zu welchem Grade die Demokratisierung des betrieblichen Herrschaftsverbandes materiell verwirklicht ist, d. h. wie weit und in welcher Beziehung die Funktionen des Unternehmers durch das Betriebsrätewesen eingeschränkt sind, und in welchem Ausmaß und in welcher Beziehung der Einfluß der Arbeiterschaft durch das Betriebsrätewesen

[1]) Nr. 34 v. 15. 2. 1920.

[2]) Der Begriff des Betriebsrätewesens ist im Gegensatz zu dem Begriff des BRG. ein dynamischer Begriff. Unter ihm wird die Gesamtheit der sozialen Erscheinungen verstanden, die durch das BRG. beabsichtigt oder unbeabsichtigt ausgelöst sind, und die sich um das BRG. als Zentrum schichten.

positiv erweitert ist, und sie hat darzulegen, ob das Betriebsrätewesen sich praktisch als ein geeigneter Weg erweist, um die Härten der großbetrieblichen Produktion zu mildern, um die Arbeiterschaft wieder innerlich mit dem Betrieb und mit ihrer Arbeit zu verbinden und um dadurch eine Annäherung von Kapital und Arbeit herbeizuführen.

Neben diesem Hauptuntersuchungsgebiet der sozialreformatorischen Wirksamkeit des Betriebsrätewesens ist sekundär auch die Wirksamkeit des Betriebsrätewesens im Sinne der sozialistischen Tendenzen in den Bereich der Untersuchung zu ziehen.

Es ist einmal zu untersuchen, ob und inwieweit es der Rätebewegung gelungen ist, ihre Tendenzen durch das Betriebsrätewesen zu verwirklichen und ihren Geist in das Betriebsrätegesetz hineinzutragen, und es ist zum andern zu untersuchen, ob und inwieweit es der nicht an der Räteidee orientierten sozialistischen Bewegung gelungen ist, das Betriebsrätewesen in die bisherigen Formen der Bewegung einzugliedern und der Vorbereitung der sozialistischen Wirtschaftsordnung dienstbar zu machen.

Die dargelegten Probleme kristallisieren sich einerseits um die private Unternehmung, und zwar speziell um die industrielle Unternehmung, andererseits um die Gewerkschaftsbewegung.

Das BRG. erstreckt sich zwar auch auf die privaten Unternehmungen des Handels und Verkehrs, es erstreckt sich ebenso auf die privaten wie auf die öffentlichen Unternehmungen, die typischen Probleme und Wirkungen des BRG. sind jedoch an die private Industrieunternehmung gebunden. Sie sind an die private Unternehmung gebunden, weil diese die Organisationsform der bestehenden Wirtschaftsordnung ist, und weil die Tendenzen des Betriebsrätegesetzes gerade an der bestehenden Wirtschaftsordnung, sei es positiv, sei es negativ, orientiert sind. Sie sind an die industrielle Unternehmung gebunden, weil die Wirkungen der arbeitsteiligen, großbetrieblichen Produktion und die Probleme der Betriebsverfassung spezifisch in der industriellen Unternehmung auftreten, und weil die industrielle Lohnarbeiterschaft im Mittelpunkt der Betriebsräteproblematik steht[1]).

[1]) In diesem Zusammenhange ist darauf hinzuweisen, daß in der vorliegenden Arbeit unter dem Begriff des Betriebsrats stets die Belegschaftsvertretung als solche verstanden wird, d. h. daß auch der Arbeiter- und Angestelltenrat unter dem Begriff des Betriebsrats fallen und mit dieser Bezeichnung gedeckt werden. Die formale Unterscheidung zwischen den drei Arten der Betriebsvertretung kann in der vorliegenden Arbeit ohne Bedenken fallen gelassen werden, da das Betriebsrätewesen nur in Bezug auf die industrielle

Die dargelegten Probleme kristallisieren sich um die Gewerkschaftsbewegung, weil das Betriebsrätewesen so zahlreiche Berührungspunkte und Reibungsflächen mit der Gewerkschaftsbewegung aufweist, weil das BRG. selbst eine so enge Verbindung zwischen Betriebsrat und Gewerkschaft herstellt, und weil die Funktionen von Betriebsrat und Gewerkschaft so vielfach ineinandergreifen, daß die Entwicklung des Betriebsrätewesens nur im Zusammenhang mit der Gewerkschaftsbewegung untersucht werden kann. Für die Wirksamkeit des Betriebsrätewesens innerhalb der Unternehmung ist es von entscheidender Bedeutung, welchen geistigen und machtpolitischen Rückhalt die junge und lose gefügte Organisationsform des Betriebsrats an der bewährten und festgefügten Organisation der Gewerkschaften findet. Für die Arbeiterbewegung und ihre Stärke im ökonomischen Kampf wie im Kampf um eine neue Wirtschaftsordnung ist es von entscheidender Bedeutung, ob in dem Betriebsrätewesen eine neue selbständige Organisationsform der Arbeiterbewegung ersteht, bezw. welchen Einfluß das Betriebsrätewesen auf die Gewerkschaften, als die bisherige Organisationsform der Arbeiterbewegung, ausübt. Es kommt hinzu, daß die Rätetendenzen des Betriebsrätewesens sich in starkem Maße gegen die Gewerkschaften richten, und daß die Entwicklung dieser Tendenzen nur innerhalb der Gewerkschaftsbewegung verfolgt werden kann.

Der Aufbau der Arbeit ergibt sich aus der Problemstellung. Die Entwicklung des Betriebsrätewesens ist einmal im Rahmen und unter dem Gesichtspunkt der privaten Industrieunternehmung, zum andern im Rahmen und unter dem Gesichtspunkt der Gewerkschaftsbewegung zu untersuchen. Die Untersuchung des Betriebsrätewesens im Rahmen der Gewerkschaftsbewegung ist dabei zweckmäßig voranzustellen, denn die Beziehungen zwischen Betriebsrätewesen und Gewerkschaftsbewegung sind von maßgebendem Einfluß auf die Wirksamkeit des Betriebsrätewesens im Rahmen der Unternehmung. Beide Untersuchungsgebiete stehen in unmittelbarer Wechselbeziehung miteinander, nur beide Untersuchungsgebiete zusammen ergeben ein Bild über die Entwicklung und die Wirksamkeit des Betriebsrätewesens.

Die praktische Entwicklung des Betriebsrätewesens ist naturgemäß nicht völlig einheitlich verlaufen, sondern weist

---

Lohnarbeiterschaft untersucht wird und die Begriffe Arbeiterrat und Betriebsrat soziologisch identich erscheinen.

Die Bedeutung der Angestelltenschaft und damit des Angestelltenrates wird in der Arbeit nur soweit zur Untersuchung herangezogen, als sie subsidär für die behandelten Probleme von Wichtigkeit ist.

trotz der feststehenden Grundlage des Gesetzes und trotz der zentralen Regelungsversuche von Arbeitgeberverbänden und Gewerkschaften Sonderfärbungen auf, die sowohl durch den Charakter der jeweiligen industriellen Bezirke, als auch durch den Charakter der jeweiligen Industrie bedingt sind.

Soweit sich die Untersuchung des Betriebsrätewesens daher auf bestimmte industrielle Bezirke und auf bestimmte Industrien erstreckt, müssen diese Bezirke und Industrien die Annahme rechtfertigen, daß der Verlauf des Betriebsrätewesens in ihnen ein typischer genannt werden kann.

Die vorliegende Arbeit hat regional insbesondere das Industriegebiet von Groß-Berlin und das rheinisch-westfälische Industriegebiet, fachlich insbesondere die Großeisenindustrie, den Bergbau und die Metallindustrie in den Bereich der Untersuchung gezogen. Das Industriegebiet von Groß-Berlin ist soziologisch dadurch charakterisiert, daß der Streit um gewerkschaftliche und politische Ideen hier einen besonders starken Resonanzboden findet, und daß die entscheidenden Prinzipienkämpfe um derartige Ideen regelmäßig durch die Groß-Berliner Arbeiterschaft ausgefochten werden. Diese Erscheinung liegt teils darin begründet, daß die gewerkschaftlichen und politischen Spitzeninstanzen in Berlin zentralisiert sind und teilweise in unmittelbarer Fühlung mit den Groß-Berliner Belegschaften stehen, teilweise erklärt sich diese Erscheinung aus den Eigenarten des Berliner Arbeiters, der, aufgeweckt und straff organisiert, dafür aber auch leicht erregbar und von starkem Klassengefühl beseelt, einen besonders qualifizierten Typus der deutschen Arbeiterschaft darstellt. Diesem Typus der Arbeiterschaft steht ein ebenfalls besonders qualifiziertes und straff organisiertes Unternehmertum gegenüber, das auf der einen Seite nicht in sozial-politischer Rückständigkeit verharrt, und das auf der andern Seite die Machtmittel und die Energie besitzt, um diejenigen Positionen, die es für wichtig hält, auch dem Drängen der Masse gegenüber nicht preiszugeben. Die Vorbedingungen für einen typischen Verlauf des Betriebsrätewesens sind im Groß-Berliner Industriegebiet damit in hohem Maße gegeben.

Eine, wenn auch aus andern Ursachen, ebenso wichtige Rolle für die Entwicklung des Betriebsrätewesens spielt das rheinisch-westfälische Industriegebiet. Neben der soziologisch bedeutsamen Tatsache der Konzentration großer Arbeitermassen auf räumlich eng begrenzten Gebieten liegen die soziologischen Besonderheiten des rheinisch-westfälischen Industriegebiets vor allem in der starken gewerkschaftlichen Zersplitterung der dortigen Arbeiterschaft. Für das Betriebsrätewesen ergibt sich daraus, daß die aufgerollten gewerkschaftlichen Probleme hier nicht nur innerhalb der Gewerkschaften ausgefochten werden, sondern daß sich diese Probleme auch in dem Kampf der einzelnen gewerkschaftlichen Richtungen bezw. in dem Kampf der verschiedenen Organisationsformen der Arbeiterbewegungen gegeneinander ausprägen und dadurch besonders scharf in Erscheinung treten. In engem Zusammenhange hiermit steht, daß Rheinland-Westfalen fast das einizige Industriegebiet ist, aus dem praktische Erfahrungen auch der nicht freien Gewerkschaften mit dem Betriebsrätewesen in größerem Umfange vorliegen, was gleicher Weise für die christlichen und die politisch rechts orientierten Gewerkschaften, wie für die syndikalistischen und unionistischen Organisationen zutrifft.

Der Arbeiterschaft des rheinisch-westfälischen Industriegebiets steht ein Unternehmertum gegenüber, welches in sozial-politischer Hinsicht zwar vielfach einseitig orientiert ist, welches aber ebenfalls als besonders qualifiziert bezeichnet werden muß, und welches teils vorbildlich straff organisiert ist wie im Bergbau, teils durch die Größe der eigenen Unternehmungen starke Machtfaktoren darstellt, wie die Schwerindustrie. Auch das rheinisch-westfälische Industriegebiet erscheint somit als ein für die Untersuchung des Betriebsrätewesens besonders geeignetes Entwicklungsfeld, auch hier sind die Vorbedingungen für eine charakteristische Entwicklung des Betriebsrätewesens in besonderem Maße gegeben.

Die Sonderfärbungen in der Entwicklung des Betriebsrätewesens sind nicht nur regional, sondern auch fachlich bedingt.

Fachlich sind die Vorbedingungen für einen typischen Verlauf des Betriebsrätewesens insbesondere in den Industrien gegeben, in denen sich einerseits die soziologische Struktur der modernen Produktionsorganisation am schärfsten ausprägt, und die andererseits vermöge ihrer Machtstellung im Wirtschaftsleben und ihrer Kapitalzusammenballung von der Arbeiterschaft als „kapitalistische“ Industrien par excellence angesehen werden.

Diese Vorbedingungen sind in weitgehendem Maße bei der Groß-Eisenindustrie und in weiterem Sinn bei der Metallindustrie überhaupt erfüllt. Die Groß-Eisenindustrie und die verarbeitende Metallindustrie sind gekennzeichnet durch die Vereinigung großer Arbeitermassen, durch die Zerlegung des Arbeits- und Produktionsprozesses in zahlreiche Teilfunktionen und durch eine ausgesprochen autoritative Gestaltung ihres Arbeitsverhältnisses. In beiden

Industrien hat sich demgemäß die Arbeiterbewegung, wie das Beispiel des deutschen Metallarbeiterverbandes es zeigt, in ihren qualifizierten Formen herausgebildet. Beiden Industrien kommt nach der Wichtigkeit ihrer Produktion, wie nach der Größe ihrer Kapitalien ausschlaggebende Bedeutung im Wirtschaftsleben zu.

Neben der Groß-Eisenindustrie und der verarbeitenden Metallindustrie erscheint der Bergbau für die Untersuchung des Betriebsrätewesens besonders geeignet. Der Bergbau zeigt zwar weder die Vereinigung großer Arbeitermassen, noch ist er durch eine besonders weitgehende Zerlegung und Mechanisierung des Produktionsprozesses gekennzeichnet. Der Zusammenhang des Arbeitsprozesses in der Person des Arbeiters und die Beziehung zu dem fertigen Produkt sind im Bergbau vielmehr noch in starkem Maße gegeben. Dem steht auf der andern Seite jedoch gegenüber, daß der Bergbau vermöge seiner Eigenarten stets in besonderem Maße sozialpolitisches Fürsorgeobjekt gewesen ist und in dieser Beziehung gleichsam ein schon beackertes Entwicklungsfeld darstellt, daß die disziplinaren Verhältnisse im Bergbau spezifisch scharf ausgeprägt sind und damit gerade die Tendenzen des Betriebsrätewesens vor schwierige Probleme stellen, und daß der Gegensatz zwischen der körperlichen Untertagearbeit und der geistigen Arbeit in der gefahrlosen Zone von dem Bergarbeiter besonders kraß empfunden wird und in besonders starkem Maße einer Überbrückung bedarf.

Unter den dargelegten Gesichtspunkten können daher das rheinisch-westfälische Industriegebiet mit seiner Groß-Eisen- und Bergbauindustrie und das Groß-Berliner Industriegebiet mit seiner Metallindustrie sowohl regional, als auch fachlich als charakteristische Entwicklungsfelder des Betriebsrätewesens angesehen und dort gemachte Erfahrungen als typisch gewertet werden.

Soweit die vorliegende Arbeit daher nicht nur Material benutzt, welches Anspruch auf eine gewisse Allgemeingültigkeit erheben kann, sondern die speziellen Verhältnisse bestimmter Industrien und Bezirke zur Untersuchung heranzieht, sind die Groß-Eisenindustrie Rheinland-Westfalens und die Berliner Metallindustrie Objekt der Untersuchung.

Erster Teil.

Der Einfluß des Betriebsrätewesens auf die Gewerkschaftsbewegung.

§ 1.

Die Gefahren des Betriebsrätewesens für die Gewerkschaftsbewegung.

I.

Die Gefahren des revolutionären Betriebsrätewesens.

Wie der soziologische Entstehungsprozeß des Betriebsrätegesetzes bereits erkennen läßt, stellt dieses als herbes Kompromißergebnis nur eine formale Lösung der aufgerollten Fragen dar und läßt vorhandene gesellschaftliche Bedürfnisse vielfach unbefriedigt. Die Folge davon ist, daß die Kämpfe um die praktische Gestaltung des Betriebsrätewesens nunmehr auf der Plattform des Gesetzes mit gesteigerter Schärfe ausgefochten werden.

In ganz besonderem Maße trifft dies für die Kämpfe innerhalb der Arbeiterschaft und speziell innerhalb der Gewerkschaftsbewegung zu, denn hier sind neben den neu aufgetauchten Fragen und Gestaltungsmöglichkeiten auch zahlreiche Probleme, die sich schon vor dem Kriege in einem Zustand latenter Gärung befanden, durch Räteideologien und Betriebsrätewesen zu einer akuten Krise gebracht worden. Diese soziologische Verknüpfung des Betriebsrätewesens mit internen gewerkschaftlichen Spannungsverhältnissen tritt am schärfsten bei dem sogenannten Führerproblem der Gewerkschaftsbewegung in Erscheinung und hat hier speziell innerhalb der freien Gewerkschaften schwerwiegende Komplikationen hervorgerufen.

Die christlichen und Hirsch-Dunker'schen Verbände sind in eine Führerkrise so gut wie gar nicht hineingezogen worden. Einerseits ist bei ihnen vermöge ihres begrenzten Umfanges und ihres stark betonten Solidaritätsprinzips die persönliche Fühlung zwischen Führer und Masse bis jetzt in höherem Maße bestehen geblieben, als bei den mechanisierten freien Gewerkschaften, andererseits verleiht ihre weltanschauliche Einstellung gerade den Momenten der Tradition und der Autorität größeres Gewicht, so daß ihre gewerkschaftliche Führersuprematie durch das Betriebsrätewesen kaum bedroht gewesen ist[1]). Die vorliegenden Untersuchungen sind daher primär dem Führerproblem der freien Gewerkschaften und den sich um dieses kristallisierenden Auswirkungen des Betriebsrätewesens gewidmet.

Soweit große Linien in Betracht kommen, liegen dem gewerkschaftlichen Führerproblem folgende soziologische Entwicklungserscheinungen zugrunde[2]). Die Masse der Arbeiterschaft fühlt sich in ihrem Gewerkschaftsverhältnis unter der Herrschaft einer bürokratischen Führerschicht und verlangt nach Einrichtungen, die es ihr ermöglichen, bei der Gestaltung der Arbeitsbedingungen und der Durchführung wirtschaftspolitischer Forderungen selbst wieder eine aktive Rolle zu spielen. Tatsächlich liegt hierin mancherlei Richtiges eingekapselt. Mit dem Wachstum der Gewerkschaften und der Zentralisierung ihres Systems ist ein berufsmäßiges und beamtetes Führertum entstanden, das die unmittelbare Fühlung mit den arbeitenden Belegschaften notwendig stark verliert. Diese aus ihrem Arbeitsverhältnis herausgehobene Führerschicht erweitert ihren Gesichtskreis und lernt die Schwierigkeiten einer einseitig starren Programmpolitik persönlich kennen. Infolgedessen ist sie je weiter nach oben um so stärker geneigt, rationalistische Opportunitätspolitik zu treiben. Es kommt hinzu, daß die moderne Arbeiterbewegung unmittelbar als Persönlichkeit auf die Massen wirkende Führergestalten kaum noch aufzuweisen hat und im übrigen auch auf derartige irrational romantische Einflüsse immer schwächer reagiert[3]). So ist die Autoritätsbasis des gewerkschaftlichen Führertums vielfach nicht nur recht schmal, sondern dem revolutionären Drängen der Massen erscheint die Gewerkschaftsbürokratie und das „Bonzentum" häufig geradezu als zu beseitigendes Hindernis.

Eine wesentliche Verschärfung erfährt diese Entwicklung einmal durch den Zuwachs an jugendlichen und ungelernten Arbeitern, der etwa von 1915 an sich progressiv steigernd einsetzt und eine starke Radikalisierung breiter Mitgliederschichten zur Folge hat[4]), zum andern durch

---

[1]) Anläßlich des Betriebsrätekongresses der christlichen Metallarbeiter konnte der „deutsche Metallarbeiter" Nr. 29 v. 16. 7. 21 z. B. schreiben: „Im christlichen Arbeiterlager hat nie ein Zweifel darüber bestanden, daß Betriebsräte und Gewerkschaften zusammengehören".

[2]) Vgl. hierzu auch Koller, Das Massen- und Führerproblem in den freien Gewerkschaften 1920; ferner Herkner, Die Arbeiterfrage, 1. Bd. S. 27 9 ff.; ferner Weber, Der Kampf zwischen Kapital und Arbeit, 2. Teil S. 207 ff.

[3]) Vgl. auch Michels, a. a. O.

[4]) Dieser Gegensatz zwischen dem Radikalismus der Massen und der Realpolitik der Führer tritt charakteristisch schon auf der Generalversammlung des deutschen Metallarbeiterverbandes im Jahre 1917 zutage. Dort erklärte der Führer der Opposition u. a.: „Das Vertrauen der Arbeiter zu ihren offiziellen Führern ist zum wesentlichen Teil geschwunden." Prot. der 13. ord. Gen. Vers. d. dtsch. Metallarbeiterverbandes.

das geradezu krankhafte Mißtrauen, das als Folge des vierjährigen Kriegszwanges und einer skrupellosen Agitation in den Massen gegen jede Art positiven Führertums erregt ist.

Unter diesen soziologischen Bedingtheiten müssen die Ideen und Gestaltungsversuche des Rätesystems und seiner in den revolutionären Formen des Betriebsrätewesens fortlebenden geistigen und organisatorischen Restbestände auf fruchtbaren Boden fallen.

Die Arbeiter- und Soldatenräte, auf die der Schwerpunkt aktiven Handelns zeitweise übergegangen war, sind als typische Ausdrucksform der Führerrevolution anzusprechen und haben das Führerniveau als solches vorübergehend stark eingeebnet. In seinen gesetzlichen Formen trägt das Betriebsrätewesen der Führerrevolution bewußt zwar keine Rechnung, aber die Tatsache, daß sich die Betriebsräte durch den relativen Ausleseprozeß ihres Wahlverfahrens und vermöge der ihnen übertragenen Befugnisse in gewisser Weise aus der Masse herausheben ohne eine Führerhierarchie wie das gewerkschaftliche Führertum darzustellen, läßt das Betriebsrätewesen ganz allgemein als Tragfläche für eine neue, wenn auch stark eingeebnete Führerschaft der Arbeiterbewegung erscheinen. Darüber hinaus bieten Auslese und Aufbau dieser Führerschicht auch im einzelnen mancherlei Möglichkeiten, die objektiv vorhandenen und subjektiv empfundenen Fehler und Schwächen eines beamteten Berufsführertums zu vermeiden. Durch das Verbleiben im Betrieb und die weiterlaufende produktive Arbeit kann der persönliche Konnex mit den arbeitenden Belegschaften ein fortlaufender und enger sein. Der direkte Einfluß der Belegschaften, die kurze Wahlperiode, die radikal politische Auslese und der Ehrgeiz der jungen Betriebsräte scheinen den ersehnten revolutionären Elan zu verbürgen und das Zurückgreifen auf breite, noch nicht gesiebte Massen bei der Führerauslese läßt auch die Aussicht, starke Führerpersönlichkeiten zu finden, in günstigerem Lichte erscheinen, als dies bei dem hierarchisch aufgebauten Instanzenzuge der Gewerkschaftsbürokratie der Fall ist. Die positive Auswirkungsmöglichkeit einer Führerschaft der Betriebsräte ist jedoch an die Voraussetzung gebunden, daß es gelingt, die Betriebsräte zu einem von den Gewerkschaften losgelösten und trotzdem handlungsfähigen Führerorganismus zusammenzuschweißen.

Die Gesamtheit dieser Möglichkeiten teils instinktiv ahnend, teils bewußt erfassend, gewinnen die aus dem Rätesystem übernommenen Strömungen, die den Schwerpunkt des Führergewichts von den Gewerkschaften auf die Betriebsräte übertragen und diese organisatorisch zusammenfassen wollen, in der ersten Entwicklungsperiode des Betriebsrätewesens erhebliche Bedeutung. Allenthalben treten die Betriebsräte bestimmter Industriegruppen zu sogenannten Vollversammlungen zusammen, formulieren ihre Forderungen und kündigen den Gewerkschaften die Fehde an. Die Vollversammlung der Betriebsräte von Halle und Leipzig erklärt z. B. im Juli 1920: „Die Richtlinien des ADGB. bezüglich der Betriebsräte werden abgelehnt, vielmehr verpflichtet sich die Konferenz zu schärfstem Kampf gegen die Gewerkschaftsbürokratie [1]).

Jede der Versammlungen fordert eine selbständige Organisation der Betriebsräte „die unter keinen Umständen zu einer Filiale des ADGB. herabsinken dürften" [2]) und überall tritt als treibender Faktor das Mißtrauen gegen die Gewerkschaftsbürokratie hervor. Resigniert gibt der Vorwärts [3]) damals die Stimmung der Arbeitermassen wieder: „Die Gewerkschaften, durch einen riesigen Apparat zu schwerfälligem Verhalten verurteilt, sind völlig unfähig, die großen Aufgaben der Revolutionszeit zu bewältigen." Noch typischer, weil nicht so einseitig, geht die Hoffnung auf das kommende Führertum der Betriebsräte aus den Kreisen der Arbeiterschaft hervor, die, obwohl sie den gewerkschaftlichen Charakter der Betriebsräte anerkennen, trotzdem die Zusammenfassung der Betriebsräte zu einem selbständigen Führerorganismus fordern. So faßt die Generalversammlung der Berliner Betriebsräte im Juli 1920 den Beschluß, eine selbständige Organisation der Betriebsräte zu verlangen, um die Interessen der Arbeiter besser wahrzunehmen, als dies unter gewerkschaftlicher Führung bisher geschah, sie erkennt aber an, daß auch die Gewerkschaften ihre Betriebsräte zusammenfassen müssen, um die rein gewerkschaftlichen Aufgaben zu erfüllen [4]).

Die Betriebsrätebewegung drängt also in ihren führerrevolutionären und gewerkschaftsfeindlichen Formen intensiv auf eine selbständige organisatorische Zusammenfassung der Betriebsräte und auf beiden Seiten ist man sich dessen bewußt, daß die praktische Auswirkungsmöglichkeit der bis jetzt nur willensmäßig vorhandenen Führerschicht der Betriebsräte von der Verwirklichung dieser organisatorischen Gestaltungsversuche abhängig ist.

Zu der Auflehnung gegen die Führersuprematie der Gewerkschaften treten andere gewerkschaftsfeindliche Tendenzen, die sich ebenfalls um das Betriebsrätewesen kristallisieren, und die durch ihre vielfach mit der Führerrevo-

---

[1]) Freiheit Nr. 230 v. 17. 6. 20.
[2]) Freiheit Nr. 267 v. 8. 7. 20.
[3]) Nr. 316 v. 24. 8. 20.
[4]) Freiheit Nr. 244 v. 25. 6. 20.

lution verschmolzenen Lösungsversuche den herrschenden Typus der Gewerkschaftsbewegung vorübergehend ebenfalls stark gefährden.

Der revolutionäre Sozialismus und in ihm vor allem der Syndikalismus greift ebenso die Taktik, wie die Organisationsform [1], der Gewerkschaften an und findet auch für letztere Angriffe im Betriebsrätewesen in doppelter Hinsicht Anklammerungspunkte.

Auf der einen Seite verwirklicht die nunmehr legitim vorhandene und gegliederte Betriebsorganisation, durch welche die Belegschaft zu einem handlungsfähigen Organismus zusammengefaßt wird, in gewissem Sinn das dezentralistische Koalitionsprinzip. Damit wird einer der historischen Gegensätze der Gewerkschaftsbewegung, der auf dem Halberstädter Kongreß endgültig zu Gunsten der Zentralgewerkschaften entschieden war, wieder akut, und damit gewinnt gleichzeitig die in Deutschland bisher völlig bedeutungslose syndikalistische Bewegung wieder neue Anregung, da sie in den Betriebsräten eine wahlverwandte Organisationsform findet.

Auf der andern Seite ist es der Koalitionsgedanke, der Betriebs- und Industriezugehörigkeit, der den gewerkschaftsfeindlichen Tendenzen neue Anklammerungspunkte bietet. Durch die organisatorische Zusammenfassung der verschiedensten Berufsarten lediglich unter dem Gesichtspunkt ihrer Zugehörigkeit zu derselben Unternehmung trägt das Betriebsrätegesetz dem Gedanken des Industrieverbandes in starkem Maße Rechnung und führt damit zu einer Verschärfung des zweiten historischen Gegensatzes der Gewerkschaftsbewegung. Der Gegensatz von Industrieverband und Berufsverband, der formell ausschließlich zu Gunsten des Berufsverbandes entschieden war, lebte zwar als Folge der industriellen Entwicklung in der modernen Gewerkschaftsbewegung verschiedentlich wieder auf, zu einer akuten Krise und Gefahr für den bisherigen Typus der Gewerkschaftsbewegung hat sich dieser Gegensatz jedoch erst unter der Einwirkung des Betriebsrätewesens ausgewachsen. Die Gefährdung der Gewerkschaften liegt dabei nicht so sehr in dem Prinzip der Betriebszugehörigkeit an sich, denn eine diesbezügliche Umwandlung maßgebender Gewerkschaften hatte inhaltlich bereits begonnen, sondern die Gefahr liegt vor allem in der Tatsache, daß der Gedanke des Industrieverbandes nunmehr mit revolutionären und gewerkschaftsfeindlichen Tendenzen verquickt wird [2]). Diesen Ten-

---

[1]) Vgl. Lederer i. Arch. f. Sozialw. Bd. 34, 35. 36.

[2]) Die Argumentation des revolutionären Sozialismus ist dabei, daß der Berufsverband den Kastengeist fördere, der Industrieverband aber das

denzen bietet das Betriebsrätewesen insofern die notwendige organisatorische Grundlage, als die selbständigen Betriebsrätevereinigungen imstande sind, Keimzellen für die Bildung revolutionärer Industrieverbände abzugeben.

Auf diesen beiden, dem herrschenden Typus der Gewerkschaften, heterogenen Koalitionsmöglichkeiten des Betriebsrätewesens baut der Unionismus[1]) auf. Die Freie Arbeiterunion[2]) als Oragnisation der syndikalistischen Bewegung fußt auf dem Prinzip dezentralistischer Lokalorganisation und betätigt sich programmgemäß „durch direkte Aktion in den Betrieben und Stärkung des Massenwillens". Die Allgemeine Arbeiterunion als Organisationsform der kommunistischen Bewegung fußt auf dem Prinzip der Betriebszugehörigkeit und sucht durch die Betriebsrätevereinigungen revolutionäre Betriebsverbände zu bilden. In der praktischen Entwicklung haben sich diese theoretischen Unterschiede jedoch stark verwischt und beide Richtungen des Unionismus finden sich in mehr oder minder lose gefügten revolutionären Betriebsräteorganisationen zum Kampf gegen die verhaßten Gewerkschaften zusammen.

So wird für die Führerrevolution, wie für den Kampf um eine neue Organisationsform der Gewerkschaftsbewegung die organisatorische Zusammenfassung der Betriebsräte gleicher Weise zu einer Lebensbedingung, und die revolutionären Betriebsräteorganisationen schießen unter diesem Einfluß zunächst wie Pilze aus der Erde.

Sehr bald jedoch bilden sich bestimmte soziologische Kraftfelder heraus, die sich jeweils um einzelne Städte konzentrieren. Zu Zentren des unionistischen Betriebsrätewesens, das in der Hauptsache auf das westliche Industriegebiet beschränkt ist, werden Hamborn, Solingen und Remscheid[3]), während die Führerkonkurrenz des Betriebsrätewesens speziell in den Betriebsrätezentralen Düsseldorf, Halle, Berlin, ihren Ausdruck findet. Besonders ist es die sogenannte Berliner „Rumpfzentrale" in der Münzstraße, die unter der Leitung von Däumig und Richard Müller zeitweise erheblichen Einfluß auf die Arbeitermassen erlangt, und die zum Brennpunkt der Kämpfe um die Einheit der deutschen Gewerkschaftsbewegung wird[4]). Die langwierigen Verhandlungen zwischen der Berliner Gewerkschaftskommission[5])

Klassenbewußtsein, vgl. auch Brauer, Das Betriebsrätegesetz und die Gewerkschaften, Jena 1920.

[1]) Vgl. die Berichte der Vereing. Dtsch. Arbeitgeberverb. Heft 13.

[2]) Abarten sind die Förderation der Bergarbeiter und die Union der Hand- und Kopfarbeiter.

[3]) Wirtschaftliche Nachrichten aus dem Ruhrbezirk Nr. 9 v. 11. 3. 22.

[4]) Vgl. Metallarbeiter-Ztg. Nr. 12. v. 20. 3. 20.

[5]) Ist die örtliche Vertretung sämtlicher Berliner Gewerkschaften.

und der Zentrale Münzstr. einerseits und dem ADGB. andererseits, legen beredtes Zeugnis davon ab, welche Schwierigkeiten den Gewerkschaften speziell hinsichtlich ihrer wirtschaftlichen Führersuprematie durch das Betriebsrätewesen anfänglich erwachsen sind. Charakteristisch in diesem Zusammenhange ist, daß die Berliner Betriebsrätezentrale es als ihre Hauptaufgabe bezeichnet: „Alle Kräfte des werktätigen Volkes zu einer Kampforganisation zusammenzufassen und über die Notwendigkeit wirtschaftlicher und politischer Aktionen zu entscheiden [1]), so daß selbst ein dem revolutionären Rätegedanken so nahestehendes Blatt wie die Freiheit damals voller Besorgnis schreibt: „Diese neuen Organisationen bergen vor allem die Gefahr in sich, die wichtigsten Funktionen, die Leitung umfassender Wirtschaftskämpfe den Gewerkschaften aus der Hand zu winden [2]).“ Daß diese revolutionäre Führeridee und die zunächst ja nur in ihr praktisch zur Auswirkung kommenden unionistisch syndikalistischen Strömungen breite Schichten der Betriebsräte tatsächlich erfaßt haben, das beweisen die damals üblichen Zusammenschlüsse der Betriebsräte zu „Aktionsausschüssen“, die sich gleichsam als ausführende Organe der Rätezentralen bilden, und die sich sowohl intensiv mit lohnpolitischen Fragen beschäftigen, wie auch als Führer der gegen den Willen der Gewerkschaften ausbrechenden wilden Streiks auftreten [3]).

Diese Gefahren der revolutionären Betriebsräteentwicklung werden für die Gewerkschaften durch die damaligen allgemeinpolitischen und arbeitspolitischen Bedingungen noch verschärft, da die notwendige gewerkschaftliche Gegenwirkung infolge dieser Bedingungen gehemmt ist und sich nur langsam durchsetzen kann. Gerade in die erste und kritischste Wirkungszeit des BRG. fällt im März 1920 der Kapp-Putsch, der eine umfassende Abwehraktion der Gewerkschaften zeitigt, und der auch nach seiner Beendigung durch die im Anschluß daran erhobenen Forderungen die Aufmerksamkeit und die Tätigkeit der Gewerkschaften stark in Anspruch nimmt. Gewerkschaftspresse sowohl wie Führertum sind dadurch genötigt, die Beeinflussung des Betriebsrätewesens gerade in einer Zeit zu vernachlässigen, die umgekehrt dem revolutionären Betriebsrätewesen in jeder Weise zugute kommt. Der politische Radikalismus, der sich während der kommunistischen Putsche im Anschluß an die

---

[1]) Aus einem Bericht der Betriebsrätezentrale Groß-Berlin abgedr. i. d. Freiheit Nr. 190 v. 23. 5. 20.

[2]) Freiheit, Morgenausg. v. 20. 7. 20.

[3]) Es ist besonders auf den Bergbau hinzuweisen, wo während des Jahres 1920 ständig derartige wilde Streiks aufflackerten, vgl. auch Dtsch. Bergwerksztg. Nr. 108 v. 11. 5. 21.

Kapptage öffentlich auswirken konnte, ebbt naturgemäß nur langsam ab, und lebt vor allem in den sich als berufene Führerschicht fühlenden Betriebsräten fort, indem er hier sowohl das revolutionäre Willensmoment stärkt, als auch die organisatorische Zusammenfassung der Betriebsräte beschleunigt.

Gleichzeitig schlägt dieser neu auflebende Radikalismus auch in die Gewerkschaftsbewegung selbst hinein [1]). Hier erweitert er die vorhandene Spaltung zwischen „alter“ und „neuer“ Richtung und läßt eine grundsätzliche und einheitliche Haltung der Gewerkschaften dem Betriebsrätewesen gegenüber um so weniger aufkommen, als gerade die Stellung zu der Gestaltung des Betriebsrätewesens mehr und mehr zum scheidenden Kriterium der beiden gewerkschaftlichen Richtungen wird. So ist die Position der Gewerkschaften den revolutionären Betriebsräten gegenüber in der ersten Zeit der Entwicklung nicht nur eine uneinheitliche und geschwächte, sondern die revolutionären Betriebsräte beginnen sogar umgekehrt auch innerhalb der Gewerkschaften als spaltender Keil zu wirken. Welch ernstliche Form diese Spaltung bereits annimmt, erhellt die Tatsache, daß die Beschlüsse der revolutionär orientierten Berliner Gewerkschaftskommission, die auf eine selbständige Organisation des Betriebsrätewesens hinzielen, nur auf drohende disziplinarische Maßregelung des ADGB. aufgegeben werden [2]), und daß diese disziplinwidrigen Beschlüsse sich gleichzeitig mit den Richtlinien des Deutschen Metallarbeiterverbandes decken [3]), so daß also auch die stärkste deutsche Gewerkschaft sich nur widerstrebend den diesbezüglichen Forderungen des ADGB. unterwirft.

Die ursprünglichen Befürchtungen der Gewerkschaften hinsichtlich des Betriebsrätewesens erweisen sich also in der ersten Entwicklungszeit als durchaus gerechtfertigt, und die in der Bildung begriffenen Räteorganisationen sowohl als auch die Spaltung in den eigenen Reihen gefährden die gewerkschaftliche Führerstellung und Organisationsform zeitweise ganz beträchtlich. Diese drohende Gefahr des völligen Zerfalls führt dem Widerstande der Gewerkschaften jedoch neue Energien zu, und die allmähliche Beruhigung der politischen Lage, wie die durch die Niederwerfung des Kapp-Putsches errungene Machtstellung, setzen die Gewerkschaften in den Stand, etwa vom September 1920 ab ihre ganze Energie auf die Erfassung der Betriebsräte und vor allem

---

[1]) Über die „kommunistische Zellenbildung“, die darauf berechnet war, die Gewerkschaften planmäßig zu unterminieren, vgl. auch den Geschäftsbericht 1920, d. Vereinig. Dtsch. Arbeitgeberverbände S. 84 ff.

[2]) Metallarbeiterztg. Nr. 12 v. 20. 3. 20.

[3]) Niedergelegt in den Stuttgarter Verbandsbeschlüssen von 1920.

die Bekämpfung der selbständigen Betriebsrätezentralen einzustellen. Von Ende 1920 ab läßt sich unter dem Einfluß der planmäßigen gewerkschaftlichen Tätigkeit die langsame aber sichere Vergewerkschaftlichung des Betriebsrätewesens deutlich beobachten. Gleichsam den äußern Markstein dieser Entwicklung bildet der erste freigewerkschaftliche Betriebsrätekongreß im Oktober 1920, auf dem auch die formale Entscheidung mit $^{3}/_{4}$ Mehrheit zu Gunsten einer Eingliederung der Betriebsräte in den Rahmen der Gewerkschaften fällt [1]).

Bevor jedoch der tatsächliche Erfolg, die Ursachen und die Auswirkungen dieser Eingliederung im einzelnen dargelegt werden, ist es notwendig, noch kurz einer andern Gefahrengruppe Erwähnung zu tun, die das BRG. in sich birgt, und die ebenfalls geeignet ist, den Gewerkschaften erhebliche Schwierigkeiten zu bereiten.

II.
Die betriebsegoistischen Gefahren des Betriebsrätewesens.

Als Legien im Februar 1919 vor den Hauptvorständen der gewerkschaftlichen Verbände sein Mißtrauen gegen das BRG. in die Worte zusammenfaßte: „Die Betriebsräte sind keine leistungsfähige Organisation, sie zersplittern die Einheit des Berufszweiges" und hinzufügte „alle bisherigen Gesetze der Solidarität hören hier auf, jeder nehme für sich was er kriegen kann" [2]), verlieh er damit einer Befürchtung Ausdruck, die die Gewerkschaften bei der Vorbereitung des Gesetzes fast intensiver bewegte als der Gedanke an die Gefährdung durch den zu erwartenden Radikalismus der Betriebsräte. Diese Gefahr, daß durch die betriebsorganisatorische Grundlage des Gesetzes sowohl, als auch durch seine psychologischen Auswirkungen, die das Wollen der Arbeiter auf den Betriebszweck konzentrieren [3]), der Belegschaftsegoismus auf Kosten der Verbandssolidarität stark gefährdet wird, ist zweifellos im Betriebsrätewesen vorhanden und kann das gewerkschaftliche Prinzip auf die verschiedenste Weise treffen.

In erster Linie liegt für den Unternehmer der Gedanke nahe, auf der gegebenen Organisation aufzubauen und mittels der Betriebsräte die gelbe Werkvereinsbewegung wieder hochzupäppeln. Der Verwirklichung dieser Idee, mit

---

[1]) Vgl. Protokoll d. Verhandlg. d. ersten Reichsbetriebsrätekongresses der freien Gewerkschaften, Verlag d. ADGB.

[2]) Soziale Praxis Nr. 27 v. 3. 4. 19.

[3]) Vgl. BRG. § 1 „Zur Unterstützung des Arbeitgebers in der Erfüllung des Betriebszwecks."

der in Unternehmerkreisen in berechtigter Wahrnehmung ihrer Interessen zweifellos vielfach geliebäugelt wird, stehen jedoch erhebliche Schwierigkeiten entgegen. Einmal verhindert der Gründungsvertrag der Reichsarbeitsgemeinschaft den organisierten Unternehmer schon formell daran, den gelben Werkvereinen öffentlich Vorschub zu leisten oder ihnen gar finanzielle Unterstützung zu gewähren, dann aber ist der Unternehmer unter der heutigen tarif- und arbeitspolitischen Konstellation meist so stark auf ein reibungsloses Arbeiten mit den Gewerkschaften angewiesen, daß er es auch abgesehen von seiner arbeitsgemeinschaftlichen Bindung nach Möglichkeit unterläßt, offen eine gewerkschaftsfeindliche Agitation zu Gunsten der gelben Werkvereine zu treiben.

Auf der andern Seite sind auch auf seiten der Belegschaften und der Betriebsräte die Vorbedingungen für eine Bildung von Werkvereinen durchschnittlich wenig günstig, und die Mehrzahl der Betriebsräte unterliegt weit eher den Gefahren eines syndikalistischen Betriebsegoismus als der Gefahr eines gelben Betriebsegoismus.

Unter diesen Umständen hat sich eine gelbe Werkvereinsbewegung mit bewußt gewerkschaftsfeindlichem Einschlag auch unter dem Einfluß des Betriebsrätewesens kaum entwickeln können und selbst Unternehmungen, die auf diesem Gebiete vor dem Kriege wesentliche Erfolge aufzuweisen hatten [1]), haben den gewonnenen Boden zum großen Teil wieder verloren. Die aufgezeigten Schwierigkeiten, mittels der Betriebsräte systematisch auf die Bildung von Werkvereinen hinzuwirken, schließen naturgemäß für den Unternehmer die Möglichkeit nicht aus, den Betriebsrat als Beeinflußungsinstrument in bezug auf die Belegschaft zu benutzen [2]). Da diese Versuche jedoch nur selten bewußt gewerkschaftsfeindlichen Charakter tragen und das gewerkschaftliche Prinzip als solches kaum tangieren, werden sie zweckmäßig an anderer Stelle zu behandeln sein.

Dagegen muß hier eine Gefahr Erwähnung finden, die den eigentlichen Kampfgewerkschaften aus dem Charakter des BRG. erwachsen kann, ohne daß diese Gefahr direkt unter den Begriff des Belegschaftsegoismus zu rechnen wäre. Gemeint ist die Gefahr der sogenannten wirtschaftsfriedlichen Verbände. Diese Verbände unterscheiden sich von den Werkvereinen dadurch, daß sie nicht auf die Einheit der Unternehmung begrenzt sind, sondern daß sie sich in

---

[1]) Bahnbrechend waren z. B. die Siemenswerke.

[2]) Gerade in letzter Zeit macht sich bei vielen Unternehmungen wieder das lebhafte Bestreben bemerkbar durch die Betriebsräte im Sinne der Werksgemeinschaft auf die Belegschaft zu wirken. vgl. auch: Die sozialen Probleme des Betriebes, Berlin 1925. S. 14 ff.

ihrer Organisation gewerkschaftlichen Prinzipien nähern. Ihrem innern Wesen nach sind die wirtschaftsfriedlichen Verbände den Kampfgewerkschaften jedoch grundsätzlich heterogen, da sie den Streik praktisch verwerfen und auf dem Gedanken der bestehenden Harmonie zwischen Kapital und Arbeit aufgebaut sind. Der Charakter des BRG. sucht diesen Gedanken innerhalb der Arbeiterbewegung stark zu fördern [1]), und bei geschickter Unterstützung für diese nicht unter die Behinderung des Arbeitsgemeinschaftsvertrages fallenden Verbände, seitens des Unternehmers sind durch das BRG. immerhin gewisse Grundlagen für ein Wachstum der wirtschaftsfriedlichen Bewegung gegeben. Typisch ist z. B., daß der Nationalverband deutscher Berufsverbände als Hauptträger der wirtschaftsfriedlichen Bewegung in den zahlreichen Fällen, in denen er bei Behörden und Gewerkschaften um seine Anerkennung zu ringen hat, immer wieder auf dem Wortlaut des BRG. fußt, da dieser gerade seine gewerkschaftlichen Prinzipien legalisiere. Trotz dieser möglichen Unterstützung durch das Betriebsrätewesen hat sich die wirtschaftsfriedliche Arbeiterbewegung in nennenswertem Umfange nicht durchzusetzen vermocht.

Im Jahre 1921 sind alles in allem nur rund 165 000 Arbeiter wirtschaftsfriedlich organisiert [2]) und noch ungünstiger ist das Ergebnis der Betriebsrätewahlen zu werten, um so mehr als die wirtschaftsfriedlichen Verbände den Schwerpunkt ihrer Agitation naturgemäß auf dieses Gebiet legen. Im westfälischen Bergbau [3]) entfällt im Jahre 1922 auf 2866 gewählte Arbeiterbetriebsräte nur ein wirtschaftsfriedliches Mitglied und in der dortigen Schwerindustrie[4]) gehört unter 1687 Arbeiterbetriebsräten nur ein Mitglied wirtschaftsfriedlichen Verbänden an, während diese z. B. im Siemenskonzern [5]) 1922 überhaupt keinen Sitz im Betriebsrat zu erringen vermochten. Unter dem Einfluß der allgemeinen politischen Entwicklung, die speziell im Jahre 1924 zu einer Stärkung der politischen Flügelparteien geführt hat, hat sich auch das Stärkeverhältnis der wirtschaftsfriedlichen Bewegung zu deren Gunsten verschoben. Die Betriebsrätewahlen im Ruhrbergbau zeigen im Jahre 1924 z. B. für Unorganisierte und Wirtschaftsfriedliche zu-

---

[1]) Vgl. z. B. BRG. 66,1 „Den Betrieb vor Erschütterung zu bewahren", § 66,3 „Das Einvernehmen zwischen der Arbeitnehmerschaft und dem Arbeitgeber zu fördern" usw.

[2]) Vgl. RABl. Jahrg. 1922 Nr. 1.

[3]) Aus den Mitteilungen d. Vereins f. d. bergbaulichen Interessen im Oberbergamts-Bezirk Dortmund v. 6. 8. 22.

[4]) Aus einer Zusammenstellung des Arbeitgeberverbandes der nordwestlichen Gruppe deutscher Eisen- u. Stahlindustrieller.

[5]) Aus einer Statistik der Siemenswerke.

sammen 55 Mandate [1]), wovon man auf die Wirtschaftsfriedlichen ca. 1/3, also etwa 18 Mandate rechnen kann. Diese Entwicklung muß jedoch lediglich als Ausfluß der allgemeinen politischen Entwicklung gewertet werden. Ein geistiger und organisatorischer Zusammenhang mit dem Betriebsrätewesen ist nirgends erkennbar.

Speziell für die freien Gewerkschaften ergibt sich aus dem Betriebsrätewesen außerdem noch die Gefahr einer ungünstigen Beeinflussung ihres Mitgliederbestandes zu Gunsten der christlichen und Hirsch Dunker'schen Gewerkschaften. Da letztere weltanschaulich sowohl als auch wirtschaftspolitisch Träger des demokratischen Gedankens sind, decken sich ihre Auffassungen mit der beabsichtigten Auswirkung des BRG. — weit mehr als dies bei den sozialistischen freien Gewerkschaften der Fall ist. Treten die beabsichtigten Auswirkungen des BRG. in Gestalt einer allmählichen Annäherung von Unternehmertum und Arbeiterschaft also ein, muß sich dies mit Wahrscheinlichkeit auch in einer diesbezüglichen Verschiebung des Stärkeverhältnisses der einzelnen Gewerkschaften zueinander ausdrücken und vor allem bei den Ergebnissen der Betriebsrätewahlen in Erscheinung treten. In letzterer Beziehung lassen die gemachten Beobachtungen in einzelnen Industriebezirken eine geringe Verschiebung innerhalb der Betriebsrätemitgliederzahl zu Gunsten der christlichen und minimal auch zu Gunsten der Hirsch Dunker'schen Gewerkschaften erkennen. Diese Verschiebung ist jedoch zu gering und zeigt ebenfallls einen so geringen geistigen und organisatorischen Zusammenhang mit dem Betriebsrätewesen, als daß sich positive Rückschlüsse hinsichtlich der Auswirkung des Betriebsrätewesens daraus ziehen ließen.

Zusammenfassend muß daher der Einfluß des Betriebsrätewesens auf die gelbe und wirtschaftsfriedliche Arbeiterbewegung als äußerst gering bezeichnet werden, und die gemachten Erfahrungen sprechen dafür, daß den Gewerkschaften auch in Zukunft von dieser Seite keine ernstliche Gefahr drohen wird.

Einen weniger passiven Einfluß hat das Betriebsrätewesen dagegen auf einen andern Gefahrenkomplex des Belegschaftsegoismus ausgeübt, der vornehmlich auf lohn- und tarifpolitischem Gebiet liegt. Der sich auf diesem Gebiet geltend machende Belegschaftsegoismus berührt sich zudem vielfach mit syndikalistischen Ideen und ist schon aus diesem Grunde aktivistischer eingestellt, als die wirtschaftsfriedliche Bewegung. Sachlich handelt es sich hierbei um eine doppelte Erscheinungsform des durch die Be-

[1]) Vgl. Der Tag v. 3. 4. 24.

triebsräte vielfach vertretenen lohnpolitischen Betriebsegoismus. Der Betriebsrat kann einmal versuchen, bei dem Abschluß von Tarifverträgen die Gewerkschaften gänzlich auszuschalten und als autorisiertes Organ der Belegschaft selbständige Lohnabkommen mit dem Unternehmer abzuschließen, Lohnabkommen, die dann gleichsam den Charakter von Werkstarifen tragen [1]), und die sowohl auf eine materielle Bevorzugung der Belegschaft hinzielen als auch ihre Spitze bewußt gegen die Gewerkschaften richten. Derartige Versuche sind in der ersten Entwicklungsperiode des Betriebsrätewesens in den tariflich nur lose geeinten Großunternehmungen Rheinland-Westfalens von den Betriebsräten nicht selten unternommen worden [2]). Damals sind diese Versuche an dem vereinten Widerstande der Unternehmungen und der Gewerkschaften gescheitert, denn auch die Unternehmungen hatten kein Interesse daran, Sondervereinbarungen mit dem Betriebsrat zu schließen, die in der Zeit der Inflationskonjunktur für den Betriebsrat nur Sinn hatten, wenn sie die allgemeine gewerkschaftliche Tarifbasis überschritten.

In der Zeit der rückläufigen Konjunktur und der Wirtschaftskrisis, wie sie z. B. im Jahre 1924 eingesetzt hat, gewinnt die Möglichkeit, Betriebsvereinbarungen mit dem Betriebsrat abzuschließen, die den Charakter von Werkstarifen tragen, jedoch erhöhte Bedeutung. Unter dem Einfluß der rückläufigen Konjunktur geht der lohnpolitische Einfluß, wie überhaupt der Bestand und die finanzielle Kraft der Gewerkschaften zwangsläufig zurück, und bei der Arbeiterschaft wächst die Bereitwilligkeit, um den Preis der Arbeitsmöglichkeit, Sondervereinbarungen mit den einzelnen Unternehmungen zu schließen. In demselben Maße drängen auch die Unternehmungen dahin, von der Fessel des Tarifvertrages loszukommen und den Produktions- und Absatzbedingungen des einzelnen Werks angepaßte Lohnvereinbarung zu schließen [3]).

Dieselbe Erscheinung, die in der Abkehr von den wirtschaftlichen Kartellen und den diesbezüglichen Auflösungsbestrebungen ihren Ausdruck findet, setzt auch bezüglich der Kartellierung des Arbeitsmarktes ein und läßt diese

---

[1]) Der Betriebsrat hat zwar formell nicht das Recht, namens der Belegschaft einen Tarifvertrag abzuschließen, da diese nach § 1 der Verordnung v. 23. 12. 18 keine „Vereinigung von Arbeitnehmern" ist. Tatsächlich jedoch sind Betriebsvereinbarungen über die Regelung der Lohn- und Arbeitsbedingungen rechtlich wirksam. Vgl. auch Flatow, Betriebsvereinbarung und Arbeitsordnung 1921 S. 7 ff.

[2]) Vgl. hierüber z. B. den Geschäftsbericht der Vereinig. Dtsch-Arbeitgeberverb. 1921 S. 70 ff.

[3]) Vgl. a. a. O. 1922 S. 125 ff., ferner, Die sozialen Probleme des Betriebes, Berlin 1925 S. 14 ff. u. Störzel daselbst S. 84 ff.

Seite der betriebsegoistischen Gefahren für die Gewerkschaften akut werden.

Der Betriebsrat kann zum andern versuchen, seine mangelnde Mitwirkungsmöglichkeit beim Abschluß zentraler Tarifverträge durch Sonderabkommen mit der Werksleitung zu korrigieren. Derartige Versuche, trotz bestehender tariflicher Regelung zu Spezialvereinbarungen für den betreffenten Betrieb zu gelangen, beziehen sich vielfach auf die Leistung von Überstunden, die Regelung von Pausen, die Verlegung der Arbeitszeit u. a., in der Mehrzahl der Fälle liegen diese Versuche jedoch auf lohnpolitischem Gebiet, indem der Betriebsrat hier für einzelne Arbeitergruppen besondere Zulagen, bessere Akkordbedingungen usw. durchzusetzen trachtet[1]). Teilweise macht er sich hierbei nur die Forderungen dieser Gruppen zu eigen, teilweise gehen derartige Forderungen aber auch von ihm selbst aus, da er in gekränktem Ehrgeiz der Gewerkschaftsbürokratie zu zeigen beabsichtigt, was er auf diesem Gebiet zu leisten vermag. Es wird unter anderm Gesichtspunkt auf diese Tätigkeit des Betriebsrats noch eingehender zurückzukommen sein. In bezug auf die gewerkschaftliche Auswirkung einer derartigen lohnpolitischen Tätigkeit des Betriebsrats ist zu sagen, daß die Gefahr eines hierdurch vermehrt auftretenden Gruppenegoismus nicht von der Hand zu weisen ist und daß den Gewerkschaften bei einem Gelingen derartiger Sonderaktionen erhebliche Unannehmlichkeiten erwachsen können, insofern als dann sie und ihre Tarifvertragspraxis den Belegschaften als verbürokratisiert und unzulänglich erscheinen. Von einer systematisch gewerkschaftsfeindlichen Betriebsrätepolitik kann dessen ungeachtet auf diesem Gebiet kaum gesprochen werden, um so weniger, als die Betriebsräte häufig ihre Forderungen ausdrücklich mit dem gewerkschaftlichen Grundsatz motivieren, daß Tariflöhne nur Mindestlöhne seien, und dadurch zu erkennen geben, daß sie sich nicht in prinzipiellen Gegensatz zu den Gewerkschaften setzen wollen.

Gewisse Reibungsflächen zwischen Betriebsrat und Gewerkschaft werden gerade in dieser Richtung aber immer vorhanden sein und die Gewerkschaften gegen eine Kompetenzerweiterung der Betriebsräte nach wie vor mißtrauisch stimmen. Insgesamt kann das Urteil über die belegschaftsegoistischen Gefahren des Betriebsrätewesens dahin zusammengefaßt werden, daß diese Gefahren das gewerkschaftliche Prinzip nicht annähernd so bedroht haben und

---

[1]) Die Rheinische Zeitung Nr. 110 v. 11. 5. 22 schreibt z. B.: „Wir erleben es heute noch, daß die Betriebsräte sich mit dem Unternehmer an einen Tisch setzen, um auf den Schultern der breiten Massen für eine beschränkte Zahl von Lohnarbeitern bessere Lohnbedingungen zu schaffen."

bedrohen, wie das seitens der revolutionär-syndikalistischen Gefahren des Betriebsrätewesens der Fall war und zum Teil noch ist. Der Abwehrkampf der Gewerkschaften gilt daher, wie bereits erwähnt, in erster Linie dem revolutionären Betriebsrätewesen.

§ 2.
Die Eingliederung des Betriebsrätewesens in die Gewerkschaftsbewegung.

I.
Die Ursachen der Eingliederung.

Bei ihrem Kampf um die geistige und organisatorische Erfassung der Betriebsräte werden die Gewerkschaften durch eine Reihe soziologischer Bedingungen unterstützt, auf die es in der Hauptsache zurückzuführen ist, wenn dieser gewerkschaftliche Kampf ein in wesentlichen Teilen erfolgreicher gewesen ist.

Der in der zweiten Hälfte des Jahres 1920 einsetzende Abwehrkampf gegen die kommunistische Zellenbildung bewirkt einen Klärungsprozeß innerhalb der Gewerkschaften und hat fast durchweg eine mehr oder minder deutliche Absage an die Kommunisten im Gefolge [1].

Die anläßlich der Niederwerfung des Kapp-Putsches getroffenen Vereinbarungen haben den Gewerkschaften maßgeblichen politischen Einfluß verschafft und damit ihre Stellung innerhalb des gesamten Wirtschaftslebens wesentlich gestärkt. Als drittes Moment kommt hinzu, daß die tarifrechtliche Entwicklung der Nachkriegszeit allmählich von selbst einen starken Organisationszwang zu Gunsten der maßgebenden Tarifverbände ausübt [2]. Diese drei Umstände wirken auf die Widerstandskraft der Gewerkschaften günstig ein, und ermöglichen es, daß Führertum wie Presse sich der Lösung innergewerkschaftlicher Aufgaben wieder in vermehrtem Umfange zuwenden können. Unter den zu lösenden Aufgaben steht die Eingliederung des Betriebsrätewesens weitaus an erster Stelle, denn auch abgesehen von den geschilderten Gefahren einer organisatorisch selbständigen Betriebsrätebewegung drängen schon die den Betriebsräten gesetzlich zugewiesenen Aufgaben auf die gewerkschaftliche Erfassung der Betriebsräte. Der ADGB. verteidigt die aktive Betriebsrätepolitik der Gewerkschaften damals folgendermaßen: „Die Gewerkschaften haben an

---

[1] Vgl. auch den Geschäftsber. d. Vereinig. Dtsch. Arbeitgeberverb. 1920 S. 84 ff.

[2] Hierüber vgl. auch Soziale Praxis Nr. 6 v. 15. 2. 22.

der Organisation und Erziehung der Betriebsräte ein lebendiges Interesse, denn es sind gewerkschaftliche Angelegenheiten, um die sich die Betriebsräte kümmern müssen und es kann den Gewerkschaften nicht gleichgültig sein, von wem und wie diese Angelegenheiten besorgt werden[1])." Damit ist in der Tat neben dem Streben, auch weiter die einzige Organisationsform der Arbeiterbewegung zu bleiben, die andere treibende Ursache einer positiven gewerkschaftlichen Betriebsrätepolitik in ihrem Kern gekennzeichnet.

Die dargelegten Umstände tragen wesentlich dazu bei, den Intensitätsgrad der gewerkschaftlichen Beeinflussungswelle zu stärken und führen in ihrer Auswirkung um so eher zu einer wachsenden Vergewerkschaftlichung des Betriebsrätewesens, als die soziologischen Entwicklungsbedingungen auf seiten der Betriebsräte in derselben Richtung drängen.

Von einer positiven Arbeitspolitik zunächst abgesehen, ist der Betriebsrat schon aus Gründen der Selbsterhaltung gezwungen, Rückhalt bei einer Organisation zu suchen, die ihn vor eventuellen Maßregelungen seitens des Unternehmers zu schützen vermag. Besitzt der Betriebsrat diesen Rückhalt nicht, und ist er lediglich auf die Unterstützung der, zudem meist zersplitterten, Belegschaft angewiesen, erscheint seine Position trotz der formalen Schutzbestimmungen des Gesetzes recht unsicher, denn naturgemäß ist der Unternehmer nicht selten versucht, die Betriebsrätebewegung, deren gegen sich gerichtete Spitze er nur allzu häufig fühlen muß, seinerseits zu paralysieren und mißliebige Betriebsräte zu entfernen.

Die revolutionären Betriebsräte suchen sich diesen Rückhalt ursprünglich durch den Zusammenschluß zu selbständigen Betriebsräteorganisationen zu schaffen. Vermöge ihrer finanziellen Schwäche und der mangelnden organisatorischen Auswirkungsmöglichkeit erweisen sich diese Organisationen zur wirksamen Durchführung kollektiver Kampfaktionen jedoch in hohem Maße als ungeeignet und da auch die Gewerkschaften kein Interesse daran zeigen, sich für die syndikalistischen Betriebsräte einzusetzen, gehen diese vielfach sowohl ihrer Betriebsratseigenschaft als auch ihrer Arbeitsstelle verlustig, ein Umstand, der auf das Ansehen und die Zugkraft der Rätezentralen nicht gerade günstig einwirkt. Es kommt hinzu, daß auch die von den Betriebsräten in revolutionärem Führerehrgeiz vielfach angezettelten wilden Streiks in den meisten Fällen ungünstig ausgehen[2]), da die Unternehmer diese Kämpfe fast überall

---

[1]) Vgl. Korr.-Bl. Nr. 23 v. 5. 6. 20.

[2]) Im Winter 1920/21 z. B. bei den Gelsenkirchener Gußstahlwerken, bei Thyssen-Mühlheim, Krupp-Rheinhausen, Bayer u. Co.-Leverkusen u. a., vgl. Wirtschaftl. Nachr. a. d. Ruhrbezirk Nr. 9. v. 11. 3. 22.

energisch durchfechten [1]). Hierbei werden die Unternehmer von den Gewerkschaften wirksam unterstützt; denn die Gewerkschaften tragen durch ihr passives Verhalten und die Verweigerung von Streikunterstützungen stark zum Zusammenbruch der Kämpfe bei. In diesen Fällen löst die mangelnde Aktionsfähigkeit der selbständigen Betriebsräteorganisationen nicht nur bei den beteiligten Betriebsräten, sondern vor allem bei den geschädigten Belegschaften Rückwirkungen aus. Für die Gewerkschaften ergibt sich, da sie die Niederlage deutlich von sich abwälzen und agitatorisch für sich ausnutzen können, eine Wiederherstellung ihrer erschütterten Autorität.

Dem gemeinsamen Abwehrkampf von Unternehmer und Gewerkschaften stehen als dritte Instanz die amtlichen Schlichtungsausschüsse zur Seite. Diese Schlichtungsausschüsse sind besonders dort, wo sich für bestimmte Industriegebiete eine einheitliche Spruchpraxis entwickelt hat, sehr wohl in der Lage, auf die Gestaltung des Betriebsrätewesens im Sinne des Gesetzes einzuwirken. So skeptisch die Wirksamkeit der Schlichtungsausschüsse im allgemeinen auch zu beurteilen ist, in bezug auf die radikalen Auswüchse des Betriebsrätewesens haben sie ohne Frage einen versachlichenden und vor allem die gewerkschaftliche Autorität stützenden Einfluß ausgeübt [2]).

Schließlich kommt den Gewerkschaften der Umstand zugute, daß die Betriebsräte, je mehr sie sich vor die Notwendigkeit gestellt sehen, ihr anfängliches Tätigkeitsgebiet der revolutionären Phraseologie und der gewerkschaftsfeindlichen Agitation zu verlassen und sachliche, greifbare Erfolge aufweisende Arbeit in den Betrieben zu leisten, um so weniger der gewerkschaftlichen Hilfe entbehren können. Das BRG. hat den gewerkschaftlichen Charakter des Betriebsrätewesens formal festzulegen versucht, und die tatsächliche Entwicklung hat diesen Charakter dann materiell bestätigt, denn ohne gewerkschaftliche Unterstützung ist der Betriebsrat nicht in der Lage, auch nur einen Bruchteil der ihm gestellten Aufgaben zu erfüllen, weder auf arbeitsrechtlichem noch auf wirtschaftspolitischem Gebiet. Er bedarf zur Ausübung seiner Tätigkeit ebensosehr der gewerkschaftlichen Richtlinien und Verhaltungsmaßregeln, wie der gewerkschaftlichen Kommentare und Auslegungen

[1]) Der Geschäftsbericht der Vereinig. Dtsch. Arbeitgeberverb. schreibt z. B.: „Die Arbeitgeberschaft hat sich sämtlichen Forderungen der roten Betriebsrätezentralen gegenüber nach jeder Richtung hin ablehnend verhalten" 1921 S. 19 ff.

[2]) Besonders deutlich is dies in der Politik des Reichskommissars in Dortmund, gleichsam einer Filiale des Reichsarbeitsministeriums zutage getreten.

des Gesetzes, er ist ebenso sehr auf die persönliche Unterstützung durch erfahrene Gewerkschaftssekretäre angewiesen, wie er selbst die gewerkschaftliche Schulung benötigt, er braucht vor allem aber die organisierte Kraft der Gewerkschaften, sobald er im Dienste der Arbeiterbewegung, d. h. über seine gesetzlichen Aufgaben hinaus, tätig werden will. In letzterer Beziehung charakteristisch schreibt die Betriebsräte-Zeitung des ADGB.[1]: „Alles was die Betriebsräte über den Rahmen des Betriebsrätegesetzes tun wollen, können sie immer nur in ihrer Eigenschaft als Gewerkschaftsmitglieder durchführen . . . . , überall, wo dies anders gehandhabt worden ist, hat dies mit einem Mißerfolg für die Betriebsräte und in Verbindung damit leider auch für die betreffenden Belegschaften geendet[2]."

Sowohl auf seiten der Gewerkschaften, als auch auf seiten der Betriebsräte und Belegschaften sind also gewichtige Momente wirksam, die den gewerkschaftlichen Eingliederungsprozeß unterstützen und beschleunigen und ein organisatorisches Versagen der revolutionären Betriebsrätebewegung im Gefolge haben.

II.

Der Umfang und die Bedeutung der Eingliederung.

Der Umfang des gewerkschaftlichen Eingliederungsprozesses macht sich teils in einem Abrücken bisher schwankender Gewerkschaftsinstanzen von den revolutionären Räteorganisationen und in einem Eingehen dieser Organisation bemerkbar, teils ist er aus der Haltung von Gewerkschaftsführertum und Presse, aus der wachsenden Bedeutung der gewerkschaftlichen Betriebsräteorganisationen und den Ergebnissen der Betriebsrätewahlen zu erkennen.

Im November 1920 beschließt die Plenarversammlung der Berliner Gewerkschaftskommission, also dieselbe Körperschaft, die sich wenige Monate früher nur auf Grund drohender disziplinarischer Maßregelung den Forderungen des ADGB. unterwirft, mit 93 gegen 30 Stimmen die noch vorhandenen Beziehungen zur „Rumpfzentrale" in der Münzstr. gänzlich zu lösen[3]. Damit rückt auch die gewerkschaftliche Instanz, die bisher am meisten zur Betriebsrätezentrale hingeneigt und ihr die nachhaltigste Unterstützung gewährt hatte, von dieser ab, und die Einflußsphäre der „Rumpfzentrale" schrumpft rapide zusammen. Charakteristisch ist, daß denn auch bereits im Januar 1921 das Organ

---

[1]) Jahrg. 1922 Nr. 1.

[2]) Vgl. Betriebsrätezeitung Jahrg. 1922 Nr. 1.

[3]) Vgl. Vorwärts Nr. 226 vom 12. 5. 21.

der Berliner Zentrale und zugleich das bedeutsamste Organ der selbständigen Rätebewegung überhaupt „der Arbeiterrat“ eingeht.

Ihren zweiten wesentlichen Stützpunkt verliert die revolutionäre Betriebsrätebewegung durch die ebenfalls Anfang 1921 erfolgende Auflösung der wirtschaftlichen „Rätezentrale“ in Halle. Diese Rätezentrale besaß im mitteldeutschen Industriegebiet starke Anhängerschaft und gehörte zu den besten Domänen kommunistischer Gewerkschaftszertrümmerer, um so bemerkenswerter ist es, daß die neugewählten Betriebsräte dieses Industriebezirks sich sogar schriftlich verpflichten, die Richtlinien des ADGB. anzuerkennen [1].

Bis auf das rheinisch-westfälische Industriegebiet, in dem Unionismus und Rätezentralen sich nach wie vor zu halten vermögen, verliert die selbständige Betriebsrätebewegung mit dem Zusammenbruch dieser beiden Hauptpfeiler zusehends an Bedeutung und bereits Anfang 1921 ist die Mehrzahl der Betriebsräte in den freigewerkschaftlichen Betriebsrätezentralen organisiert und erfaßt.

Der Jahresbericht des Deutschen Holzarbeiterverbandes führt darüber aus: „Die selbständigen Rätezentralen sind immer bedeutungsloser geworden .... lediglich in 13 Orten bestehen keine gewerkschaftlichen Betriebsrätekörperschaften, sondern hier dominieren noch die selbständigen Betriebsrätevereinigungen [2].“ Auf der ersten Tagung des Reichsbeirats der Betriebsräte des Deutschen Metallarbeiterverbandes [3]) kann Dißmann sagen: „Die Entwicklung hat uns Recht gegeben, die selbständigen Räteorganisationen sind heute beinahe restlos verschwunden.“ Für die gesamte Gewerkschaftsbewegung skizziert Nörpel, der offizielle Referent des ADGB. auf dem 11. Deutschen Gewerkschaftskongreß die Lage in gleichem Sinn [4]): „Auf dem Nürnberger Kongreß hat die Frage der selbständigen Betriebsrätebewegung noch eine erhebliche Rolle gespielt. Der Zustand ist überwunden, heute können wir feststellen, daß nach den Richtlinien des ADGB. einheitlich in ganz Deutschland gearbeitet wird und daß die Betriebsräte sich den Gewerkschaften wieder als Funktionäre angegliedert haben.“ Und trotz der auf andern Gebieten sehr lebhaften Opposition ist der Kongreß in bezug auf das Betriebsrätewesen einheitlich mit dem Referenten Nörpel der Meinung, daß die Betriebsräte nur wirken könnten, wenn sie sich als Organ der Gewerkschaften fühlen. Schließlich bestätigt

---

1) a. a. O. Vorwärts Nr. 226 vom 12. 5. 21.
2) Vgl. Jahresbericht 1920.
3) Metallarbeiterzeitung Nr. 16, v. 5. 3. 21.
4) Betriebsrätezeitung Nr. 7 v. 15. 7. 1922.

dieses Urteil noch von objektiver Warte aus Prof. Heyde in der Sozialen Praxis [1]): „Das Betriebsräteproblem . . . . . macht den Gewerkschaften heute kein Kopfzerbrechen mehr, sie haben die Betriebsräte endgültig fest in die Hand bekommen."

Soweit Zahlen soziologische Erscheinungen widerspiegeln können, lassen auch die Betriebsrätewahlen der Jahre 1921/22, der beiden Jahre, in denen um die gewerkschaftliche Erfassung der Betriebsräte am heftigsten gekämpft wird, das Übergewicht der Gewerkschaften über die revolutionäre Rätebewegung erkennen. Es folgt eine Zusammenstellung über die Ergebnisse der Betriebsrätewahlen in den Jahren 1921/22 und zwar für den Ruhrbergbau [2]), für die rheinisch-westfälische Schwerindustrie [3]) und für einen Großbetrieb der Berliner Metallindustrie, der ca. 30000 Arbeiter beschäftigt [4]).

I. Im Ruhrbergbau.

Gewerkschaftliche Verbände	Betriebsrats-Mitglieder 1921	Betriebsrats-Mitglieder 1922	Prozent von der Summe 1921	Prozent von der Summe 1922
1. Freie Gewerkschaften	1223	1195	45,67	41,70
2. Christliche Gewerkschaften	459	590	17,14	20,59
3. Hirsch-Dunkersche Gewerkschaften	18	38	0,67	1,33
4. Wirtschaftsfriedliche	—	1	—	0,03
5. syndikalistisch-kommunistisch. . .	850	942	31,74	32,87
6. andere Verbände poln. u. unorgan.	128	100	4,78	3,48
Summa:	2678	2866	100	100

II. In der rheinisch-westfälischen Schwerindustrie.

Gewerkschaftliche Verbände	Betriebsrats-Mitglieder 1921	Betriebsrats-Mitglieder 1922	Prozent von der Summe 1921	Prozent von der Summe 1922
1. Freie Gewerkschaften	920	1014	60,80	60,11
2. Christliche Gewerkschaften	360	399	23,78	23,64
3. Hirsch-Dunkersche Gewerkschaft .	82	116	5,45	6,87
4. Wirtschaftsfriedliche	1	1	0,06	0,08
5. syndikalistisch-kommunistisch. . .	61	103	4,03	6,10
6. andere Verbände poln. u. unorgan. .	89	54	5,88	3,20
Summa:	1513	1687	100	100

[1]) Nr. 27 v. 5. 7. 22.

[2]) Entnommen aus den Mitt. d. Vereins für die bergbaulichen Interessen im Oberbergamtsbezirk Dortmund v. 15. 6. 1921 und v. 6. 7. 1922.

[3]) Entnommen aus einer Statistik des Arbeitgeberverbandes der nordwestlichen Gruppe d. Vereins Deutscher Eisen- und Stahlindustrieller.

[4]) Der Siemenswerke Berlin.

III. Im Siemenskonzern.

Gewerkschaftliche Verbände	Betriebsrats-Mitglieder 1921	1922	Prozent von der Summe 1921	1922
1. Freie Gewerkschaften	141	155	78,77	82,01
2. Christliche Gewerkschaften . . .	—	—	—	—
3. Auf der freigewerkschaftl. Liste gewählte Kommunisten	31	32	17,31	16,98
4. Hirsch-Dunkersche Gew.	3	2	1,63	10,1
5. Wirtschaftsfriedliche	4	—	2,23	—
Summa:	179	139	100	100

Aus dieser Zusammenstellung ergibt sich, daß die freien Gewerkschaften in den kritischen Jahren 1921/22 selbst im Ruhrbergbau, der Hochburg der Unionisten, mit 45,67 % und 41,70 % freigewerkschaftlich organisierter Betriebsräte gegen 31,74 % und 32,87 % unionistisch organisierter Betriebsräte ein gewisses Übergewicht besitzen. Wesentlich günstiger liegen die Stärkeverhältnisse für die freien Gewerkschaften in der rheinisch-westfälischen Schwerindustrie, in der die unionistisch-organisierten Betriebsräte mit 4,03 % und 6,10 % gegen 60 % freigewerkschaftliche Betriebsräte absolut unterlegen sind. In den andern Industriegebieten hat sich die revolutionäre Rätebewegung als selbständige organisatorische Bewegung nicht zu halten vermocht, und die Gewerkschaften haben großenteils gar nicht mit einer unionistischen Räteliste zu kämpfen. Auch die gesinnungsmäßig unionistisch-kommunistisch orientierten Betriebsräte haben sich vielmehr aus taktischen Gründen der freigewerkschaftlichen Erfassung unterworfen. Es muß hierbei jedoch berücksichtigt werden, daß diese Erfassung größtenteils nur eine äußerliche ist, und daß die revolutionäre Räteidee in diesen Schichten nach wie vor lebendig ist[1]). Der Prozentsatz freigewerkschaftlich organisierter, aber kommunistisch gesinnter Betriebsräte in einem führenden und belegschaftssoziologisch gemäßigt zusammengesetzten Werk der Berliner Metallindustrie erhellt aus obiger Zusammenstellung. Er ist mit 14 % und 15 % kommunistischer Betriebsräte ein deutliches Zeichen für das latente Fortbestehen revolutionärer Tendenzen innerhalb des Betriebsrätewesens.

Wenn die Betriebsrätewahlen der kritischen Jahre 1921 bis 1922 auch ein zweifelloses Übergewicht der freien Ge-

[1]) Die Rote Fahne schreibt z. B.: „Unsere Stellungnahme zu den Betriebsrätewahlen ist keine prinzipielle, sondern eine taktische Frage, darum dürfen wir in der gegenwärtigen Situation keine eigene Listen aufstellen". Nr. 554 v. 3. 12. 21.

werkschaften ergeben, so tritt in diesen Wahlen doch andererseits die Tatsache bereits deutlich hervor, daß in den unionistisch-kommunistischen Betriebsräteschichten auch zahlenmäßig beträchtliche Restbestände der revolutionären Betriebsrätebewegung erhalten geblieben sind. Daß die revolutionäre Betriebsrätebewegung auch organisatorisch nicht völlig überwunden ist, zeigt u. a. folgender Passus aus dem Geschäftsbericht der Vereinigung Deutscher Arbeitgeberverbände[1]: ‚Von verschiedenen Mitgliedern wurde uns im Laufe des Jahres von sogenannten roten Rätezentralen berichtet, die im scharfen Radikalismus gegen Arbeitgeberverbände und Gewerkschaften vorgingen[2].“ Der Stand des gewerkschaftlichen Eingliederungsprozesses stellt sich Mitte des Jahres 1922, d. h. in dem Zeitpunkt, in dem der Kampf zwischen Gewerkschaftsbewegung und revolutionärer Betriebsrätebewegung allmählich aus einem akuten in ein latentes Stadium tritt, also folgendermaßen dar:

III.
Die latenten Restbestände des revolutionären Betriebsrätewesens.

Die Gewerkschaften sind in dem Kampf um die Eingliederung des Betriebsrätewesens insofern Sieger geblieben, als sie die Frage der zukünftigen Organisationsform der Arbeiterbewegung zu ihren Gunsten entschieden haben und das Betriebsrätewesen als selbständige Organisationsform der Arbeiterbewegung in der Hauptsache zusammengebrochen ist. Die überwiegende Mehrzahl der Betriebsräte ist in den freigewerkschaftlichen Betriebsräteorganisationen zusammengefaßt und in den Dienst der Gewerkschaftsbewegung gestellt. Der Sieg der Gewerkschaften ist jedoch insofern unvollständig, als die unionistische Bewegung weder zahlenmäßig, noch organisatorisch überwunden ist und speziell im Ruhrbergbau den zweitstärksten Prozentsatz der Betriebsräte stellt, und als auch innerhalb breiter Schichten freigewerkschaftlich organisierter Betriebsräte, die revolutionäre Rädeidee und die Führerkonkurrenz zu den Gewerkschaften nach wie vor lebendig ist. Diese beiden, gleichsam latenten Restbestände des revolutionären Betriebsrätewesens, sind nach wie vor eine Gefahr für die Gewerkschaften, in ihnen schlagen sich alle radikalen, gewerkschaftsfeindlichen Tendenzen nieder, in

---

[1]) 1921 S. 19.

[2]) Bemerkenswert ist auch das Bestehenbleiben eines eigenen Organs: „Der Union“, Zentralorgan der Räteorganisation und Mitglied der roten Gewerkschaftsinternationale.

ihnen ist die revolutionäre Führerplattform des Betriebsrätewesens sporadisch wieder hergestellt.

Charakteristisch hierfür sind die sogenannten wilden Betriebsrätekonferenzen, die in politisch oder wirtschaftlich krisenhaften Zeiten trotz aller gewerkschaftlichen Unterdrückungsversuche immer wieder auftauchen, und deren Tagesordnung meist in der Forderung nach der Einberufung eines Reichsbetriebsrätekongresses als der neuen Führerplattform der Arbeiterbewegung gipfelt.

So tritt zum Beispiel anläßlich der lohnpolitischen Schwierigkeiten im Bergbau im Juli 1922 ein wilder Betriebsrätekongreß in Leipzig zusammen, dessen Umfang und Bedeutung am besten durch folgenden Aufruf der freien Gewerkschaften erhellt[1]): „An dieser Konferenz haben leider wieder Mitglieder der freien Gewerkschaften teilgenommen . . . . gegenüber diesen Beschlüssen und Bestrebungen muß gesagt werden, daß die Leipziger Konferenz eine Veranstaltung von unionistisch-kommunistischer Seite war, und daß den Betriebsräten nicht das Recht zuerkannt werden kann, über die Annahme oder Ablehnung von Lohnabkommen und Tarifverträgen allein zu entscheiden." Und drohend heißt es am Schluß: „Nach den Gießener Beschlüssen stellen sich die Teilnehmer einer solchen Konferenz außerhalb des Verbandes." Unter dem Einfluß der als wachsende Teuerung empfundenen Geldentwertung und der Agitation gegen das Stinnesabkommen bildet sich Ende 1922 ein „Reichsausschuß der Betriebsräte Deutschlands", der die Einberufung eines Reichsbetriebsrätekongresses fordert und überall diesbezügliche Demonstrationen und Versammlungen abhält. Die gewerkschaftlich gut orientierte Deutsche Allgemeine Zeitung schreibt anläßlich dieser Versammlungen[2]): „Die Lage der Gewerkschaften ist ernst, Tausende von Betriebsräten, darunter Unabhängige und Mehrheitssozialisten, haben dem Ruf „Los von den Gewerkschaften" begeistert zugestimmt."

In Rheinland-Westfalen werden durch den „23er Ausschuß" der dortigen Betriebsräte im Jahre 1923 wiederholt wilde Betriebsrätekongresse einberufen[3]), die ausgesprochen unionistischen und gewerkschaftsfeindlichen Charakter tragen und durchweg stark besucht sind. Ähnlich liegen die Verhältnisse in Groß-Berlin mit seinem „15er Ausschuß der Betriebsräte" und in Sachsen.

---

[1]) Bergarbeiterzeitung Nr. 26 v. 1. 7. 22.
[2]) Abgedruckt in der Täglichen Rundschau Nr. 463 v. 29. 9. 22.
[3]) Über den bedeutsamsten dieser Kongresse am 11. 3. 23 in Essen vgl. auch den Bericht der sozialen Praxis Nr. 15 v. 12. 4. 23.

Bei den zahlreichen wilden Streiks des Jahres 1923 spielen die Betriebsräte und speziell die als Führerplattform prädestinierten Betriebsrätevereinigungen größerer Konzerne durchweg eine führende Rolle, und kraß tritt hervor, daß die Führerkonkurrenz zwischen Betriebsrat und Gewerkschaft nach wie vor besteht.

Mit welcher Sorge die Gewerkschaften diese Entwicklung betrachten, und wie sehr sie sich entgegen ihrem anfänglichen Optimismus der ständigen Gefahren des Betriebsrätewesens bewußt sind, geht aus zahlreichen Äußerungen der Gewerkschaftspresse hervor. Bezeichnend schreibt z. B. die Betriebsrätezeitung des ADGB.[1]) im September 1923: „Gegenwärtig befinden sich, wie offen von uns zugegeben werden muß, auch nicht mehr alle freigewerkschaftlich organisierten Betriebsräte fest in der Hand der Gewerkschaften, eine nicht unerhebliche Minderheit der Betriebsräte läuft vielmehr kommunistischen Phrasen nach ..... Hoffentlich gelingt es den Gewerkschaften, diesen Zustand schnellstens zu beheben."

Auch in der ersten Hälfte des Jahres 1924, ist deutlich zu erkennen, daß die wachsende Radikalisierung der Arbeiterschaft sich in erster Linie um das Betriebsrätewesen kristallisiert und im Betriebsrätewesen ihren zahlenmäßigen und organisatorischen Niederschlag findet. Die auf dem Betriebsrätewesen basierende „Union der Hand- und Kopfarbeiter" hat im Ruhrgebiet ca. die Hälfte aller Betriebsrätemandate auf sich vereinigt[2]), von ihr ist der aktivistische Widerstand gegen die Durchbrechung des Achtstundentages im wesentlichen organisiert, ein Widerstand, der auch in den andern Industriegebieten primär von den radikalen Betriebsräteschichten getragen wird und vielfach im Gegensatz zu der Absicht der Gewerkschaften steht. Bezeichnend dafür, daß das Betriebsrätewesen nach wie vor den Anklammerungspunkt für die revolutionären Tendenzen innerhalb der Arbeiterschaft bildet, ist auch das Rundschreiben, das die KPD. zu den Betriebsrätewahlen im März 1924 herausgibt[3]):. „Die diesjährigen Betriebsrätewahlen haben neben den Reichstagswahlen die wichtigste Bedeutung für den revolutionären Klassenkampf. Die Wahlen müssen dazu ausgenützt werden, die Rolle der Betriebsräte und des Rätegedankens überhaupt in den Arbeitermassen wieder lebendig zu machen. Die Betriebsräte und die Räte sind Klassenorgane des Proletariats."

So ist es unverkennbar, daß das Betriebsrätewesen trotz des formalen gewerkschaftlichen Sieges und trotz

---

[1]) Nr. 9 vom September 1923.

[2]) Vgl. Bericht des Tag vom 30. 4. 24.

[3]) Abgedr. im Arbeitgeber Nr. 10 v. Mai 1924.

der zahlreichen Vorteile, die den Gewerkschaften aus dem Betriebsrätewesen erwachsen, eine latente Gefahrenquelle für die Gewerkschaften darstellt[1]).

Zugleich aber wirken die revolutionären Bestandteile des Betriebsrätewesens und die ständige Gefahr einer Führerkonkurrenz der revolutionären Betriebsräte als außerordentlich starker Druck auf die Gewerkschaften, durch den diese gezwungen werden, ihre Politik weitgehend an den Forderungen der Betriebsräte zu orientieren.

Auf diese Wechselbeziehungen zwischen Betriebsrätewesen und Gewerkschaftsbewegung wird im folgenden einzugehen sein.

§ 3.

Die Rückwirkungen des Betriebsrätewesens auf die Gewerkschaftsbewegung.

I.

Die Rückwirkungen auf den Jnhalt der Gewerkschaftsbewegung.

Die Auswirkungen des Betriebsrätewesens machen sich innerhalb der Gewerkschaftsbewegung in dreifacher Richtung bemerkbar, da das Betriebsrätewesen den Inhalt, die Struktur und den Mechanismus der Gewerkschaftsbewegung maßgebend beeinflußt.

Der Inhalt einer sozialen Bewegung umfaßt die Gesamtheit der geistigen Strömungen und abstrakten Ideen, aus denen die Bewegung ihre Zwecksetzung ableitet, und deren konkreter Verwirklichung Struktur und Mechanismus angepaßt sind.

Es ist unzweifelhaft, daß sich bezüglich des geistigen Inhalts der Gewerkschaftsbewegung, besonders in der nachrevolutionären Entwicklungsperiode bedeutsame Umwandlungen vollzogen haben, und daß der ursprüngliche Typus der Gewerkschaft, die sich unter taktischer Anerkennung der bestehenden Wirtschaftsordnung fast ausschließlich auf die wirtschaftliche Interessenvertretung der Arbeiterschaft beschränkte, mehr und mehr einem bewußt weltanschauungsmäßig orientierten Typus der Gewerkschaft gewichen ist. Dadurch ist die Zwecksetzung der Gewerkschaftsbewegung wesentlich erweitert, sie umschließt nunmehr neben der wirtschaftlichen Interessenvertretung ein aktives Eingreifen in die Politik und die Gesetzgebung des Staates[2]) und ist

[1]) Derselben Ansicht ist auch Potthoff in, die sozialen Probleme des Betriebes, Berlin 1925. S. 15 ff.

[2]) Dies trifft in gewissem Umfange auch für die nicht freien Gewerkschaften zu. Die Rede Stegerwalds auf dem 10. Gewerkschaftskongreß

innerhalb der freien Gewerkschaften auf grundsätzliche Beseitigung der bestehenden Wirtschaftsordnung gerichtet[1]).

Unter diesem Gesichtspunkt werden die zu behandelnden Fragen auch auf dem Gebiet des eigentlichen Arbeitsverhältnisses vielfach politisch-weltanschauungsmäßig gesehen, und die freien Gewerkschaften entwickeln sich zu ausgesprochenen Trägern des Klassenkampfes[2]) und einer aktiv-sozialistischen Politik.

Ein typisches Beispiel hierfür ist der wesentlich durch die freien Gewerkschaften herbeigeführte Zerfall der Reichsarbeitsgemeinschaft und für den politischen Charakter der freien Gewerkschaften die Kette der politischen Aktionen, mit denen die freien Gewerkschaften von den Vereinbarungen im Anschluß an den Kapp-Putsch über die bekannten „zehn Forderungen des ADGB." bis zu der gewerkschaftlichen Stellungnahme anläßlich der Ermordung Rathenaus und den gewerkschaftlichen Einflußversuchen bei Regierungsbildungen immer wieder versucht haben, die Leitung des Staates in ihrem Sinn zu gestalten.

Es ist zu untersuchen, ob und inwieweit das Betriebsrätewesen auf diese Orientierung und erweiterte Zwecksetzung der Gewerkschaften von Einfluß gewesen ist.

Innerhalb des Komplexes von Kausalerscheinungen, die in derselben Richtung tendieren, läßt sich der Einfluß des Betriebsrätewesens naturgemäß anteilsmäßig genau nicht feststellen. Die Untersuchung hat sich deshalb darauf zu beschränken, die jeweilige, soziologische Wahrscheinlichkeit dieses Einflusses darzulegen. Im Anschluß an die im vorigen Kapitel gemachten Ausführungen ist zunächst an der bemerkenswerten Tatsache festzuhalten, daß in den unionistischen Formen des Betriebsrätewesens noch heute eine jederzeit aktionsbereite revolutionäre Führerschicht organisiert ist, die sich zudem sporadisch durch starke Bestandteile freigewerkschaftlicher Betriebsräte ergänzt. Daß die Gewerkschaften auf diese aktivistische Betriebsräteschicht in ihrem Verhalten und in ihren Forderungen Rücksicht nehmen müssen, ist unzweifelhaft, denn in ganz anderem Maße als früher besteht nunmehr die Gefahr, daß die mit einer nüchternen Realpolitik der Gewerkschaften unzufriedenen Kreise der Arbeiterschaft zu den vorhandenen

---

klang z. B. in der Forderung aus, daß sich die christlichen Gewerkschaften nicht auf wirtschaftliche Tätigkeit beschränken durften, sondern große politische Aufgaben zu erfüllen hätten, vgl. Geschäftsbericht d. Vereinig. Dtsch. Arbeitgeberverb. 1920 S. 8 ff.

[1]) Vgl. hierzu auch Prof. Hirsch im Berl. Tageblatt Nr. 410 vom 30. VIII. 25: „Über der stärksten der drei Arbeitnehmerorganisationen (den freien Gewerkschaften) wehte von Anbeginn an die Fahne des Marxismus".

[2]) Vgl. Alfred Weber in Kapital und Arbeit S. 430 ff.

syndikalistischen Betriebsräteorganisationen abschwenken [1]). Den revolutionären Bestandteilen des Betriebsrätewesens kommt damit noch auf lange Zeit hinaus die Bedeutung von Anklammerungspunkten zu, an denen sich alle den Gewerkschaften und ihrer Führersuprematie feindlichen Tendenzen gegebenenfalls zu konkreter Gestalt verdichten, und die so einen ständigen Druck auf die inhaltliche Orientierung der Gewerkschaftsbewegung ausüben. Verstärkt wird dieser gleichsam von außen her wirkende Druck dadurch, daß auch die innerhalb der Gewerkschaften organisierten Betriebsräte zum großen Teil Vertreter einer aktivistischen Gewerkschaftspolitik sind und sich gegenüber der alten Gewerkschaftsbürokratie als das verjüngende und den herkömmlichen Rahmen gewerkschaftlicher Tätigkeit sprengende Element fühlen [2]). Es ist bezeichnend für die primär politische Einstellung dieser Betriebsräteschichten, daß in einer freigewerkschaftlich einberufenen Betriebsräteversammlung als einziger Punkt: „die politische Lage und Bayern“ auf der Tagesordnung steht, und daß dieselbe Versammlung trotz Widerspruchs der anwesenden Gewerkschaftsbeamten beschließt, in eine Debatte „über den Prozeß gegen die russischen Sozialrevolutionäre einzutreten“ [3]). Bemerkenswert in diesem Zusammenhange ist ferner die Tatsache, daß sich eine wachsende, parteipolitische Durchdringung der Gewerkschaften beobachten läßt. Fast jede der gewerkschaftlichen Tagesordnungen mit ihren fraktionsweise abgehaltenen Sitzungen und fraktionsweise gefaßten Beschlüssen legt Zeugnis dafür ab [4]). Da die Betriebsräte bei Berücksichtigung der Gesichtspunkte, unter denen ihre Auslese erfolgt, als zu parteipolitischer Betätigung und Agitation vorzüglich geeignete Mitgliederschicht innerhalb der freien Gewerkschaften anzusehen sind, wird man den Einfluß des Betriebsrätewesens auf die Parteipolitisierung

---

[1]) Anläßlich der kritischen Lage im Bergbau im Juni 1922 schreibt die soziale Praxis z. B.: „Die radikale Strömung dokumentiert sich in einem Wachstum der syndikalistischen Bewegung unter gleichzeitiger Mitgliederabnahme im alten Verbande“ Nr. 29 v. 9. 7. 22. Charakteristisch tritt der Druck der unionistischen Betriebsräteschichten auf die freien Gewerkschaften auch anläßlich des großen Bergarbeiterstreiks im Mai 1924 zutage.

[2]) „Die Aufgabe der Betriebsräte besteht darin, die Gewerkschaften für die Arbeiter zu mobilisieren und die großen Arbeitnehmerorganisationen zu zwingen, Kämpfe zu führen.“ Der Klassenkampf Nr. 291 v. 13. 12. 21.

[3]) Vgl. Tägliche Rundschau Nr. 345 v. 8. 8. 22. Über die politische Einstellung breiter Betriebsräteschichten, ferner den Gewerbeaufsichtsbericht 1922, abgedr. i. d. Sozialen Praxis Nr. 35 v. 30. 8. 23.

[4]) Bezeichnend sind die diesbezüglichen Klagen des Korr.-Bl. z. B. in Nr. 26 v. 8. 8. 20, Prof. Heyde schreibt anläßlich d. 11. Dtsch.-Gew.-Kongr.: „Die politische Fraktionsbildung der freien Gewerkschaften ist soziologische Tatsache, auch wenn man sie in Worten noch verabscheuen mag.“ Soz. Praxis Nr. 27 v. 5. 7. 22.

der Gewerkschaftsbewegung als nicht unbedeutend zu werten haben [1]).

Die Rückwirkungen des Betriebsrätewesens auf den Inhalt der Gewerkschaftsbewegung liegen jedoch nicht lediglich in einer aktiven Betätigung der Betriebsräte begründet in dem Sinn, daß die Gewerkschaften zum Objekt dieser Betätigung werden, sondern in vielleicht noch stärkerem Maße haben die Betriebsräte als Bestandteil und Instrument der Gewerkschaftsbewegung auf die inhaltliche Veränderung derselben eingewirkt. Es ist dabei zu berücksichtigen, daß jede soziale Bewegung in ihrem abstrakten Ideengehalt bis zu einem gewissen Grade an die konkreten Durchsetzungsmöglichkeiten dieser Ideen gefesselt ist, und daß eine Erweiterung ihres Mechanismus auch eine Ausweitung ihres geistigen Inhalts zur Folge zu haben pflegt.

Das Betriebsrätewesen enthält neben seinen sozialreformatorischen Tendenzen und seinen diesbezüglichen Bestimmungen mancherlei Möglichkeiten, im Sinn einer bewußten Umwandlung der bestehenden Wirtschaftsordnung zu wirken, zumal es gerade mit den Entwicklungstendenzen des modernen Sozialismus in derselben Ebene liegt. Unter dem Gesichtspunkt einer Umwandlung der bestehenden Wirtschaftsordnung ist das Betriebsrätewesen innerhalb der sozialistischen Arbeiterschaft, denn auch von Anfang an bewertet und praktisch anzuwenden versucht worden. Damit beeinflußt das Betriebsrätewesen die sozialistische Orientierung der Gewerkschaftsbewegung sowohl durch den aktiven Druck, der von seinen revolutionären Bestandteilen ausgeht, als auch durch die Möglichkeit und die planmäßig unternommenen Versuche, die Betriebsräte zu qualifizierten Organen der sozialistischen Bewegung heranzubilden.

Der behauptete Zusammenhang ist deutlich daraus ersichtlich, daß die Frage einer aktiv sozialistischen Betätigung der Gewerkschaften stets in spezifischer Verbindung mit dem Betriebsrätewesen erscheint. So formuliert anläßlich des ersten Reichsbetriebsrätekongresses [2]) im Oktober 1920 der ADGB. seine diesbezügliche Stellungnahme zum Betriebsrätewesen folgendermaßen: „Die Betriebsräte werden unter Berücksichtigung aller in Betracht kommender

[1]) Das gilt naturgemäß in erster Linie in bezug auf die komm. Partei, deren Handlung an der roten Gewerkschaftsinternationale orientiert sind. Dort heißt es im § 33: „Der Taktik“: „Die Aktionseinheit zwischen der kommunistischen Partei und den Gewerkschaften ist die Vorbedingung des Erfolges im Kampf gegen den Kapitalismus.“ Korr.-Bl. Nr. 31 v 12. 8. 22.

[2]) Charakteristisch ist schon die Tagesordnung dieses Kongresses mit dem Hauptreferat Hilferdings „Über die politischen und ökonomischen Machtverhältnisse der Sozialisierung“.

Faktoren zu entscheiden haben, was auf dem Gebiet der Wirtschaft zu unternehmen ist, um die Sozialisierung vorzubereiten [1]).“ Auf demselben Kongreß stellt Dißmann für die Tätigkeit der Betriebsräte folgende Richtlinien auf: „Dabei aber nicht versinken in dem Wust von Kleinarbeit, nicht befangen sein vom Betriebszweck, sondern Sozialist und Kämpfer bleiben bis zum Endziel [2]).“ Bezeichnend ist ferner die Parole, die der ADGB. für die Betriebsrätewahlen 1921 und fast identisch 1922 herausgibt: „Die Betriebsräte der freien Gewerkschaften haben zu wirken für die Durchführung der Sozialisierung des Kohlenbergbaus . . . für die Kontrolle der Produktion . . . für die Überführung der kapitalistischen Profitwirtschaft in die sozialistische Gemeinwirtschaft [3]).“ Ebenso bezeichnend ist die Stellungnahme des 11. Deutschen Gewerkschaftskongresses: „Das Betriebsrätegesetz ist nur eine Etappe auf dem Wege von der Privatwirtschaft zur Gemeinwirtschaft, mit dem Endziel und der Grundtendenz, die Unternehmer, die heute noch die Wirtschaft in den Händen haben, zu beseitigen [4]).“

Die konkreten Versuche, die Betriebsräte zu Organen einer sozialistischen Gewerkschaftspolitik heranzubilden, werden an einschlägiger Stelle näher darzulegen sein, hier kam es nur darauf an, auf den grundsätzlichen Zusammenhang zwischen dem Betriebsrätewesen und dem sozialistischen Inhalt der Gewerkschaftsbewegung hinzuweisen.

II.
Die Rückwirkungen auf die Struktur der Gewerkschaftsbewegung.

In enger Verbindung mit der Beeinflussung und Erweiterung des Inhalts der Gewerkschaftsbewegung steht die allmähliche Wandlung der soziologischen Struktur der Gewerkschaften.

Das Betriebsrätewesen tangiert diese Struktur, wie bereits erwähnt, in doppelter Hinsicht, einmal durch seine dezentralistischen Keime, zum andern durch sein Koalitionsprinzip der Industrie- und Betriebszugehörigkeit. Während die Wirksamkeit der dezentralistischen Organisationsgrundlagen des Betriebsrätewesens in der Hauptsache darauf beschränkt geblieben ist, gewerkschaftsfeindlichen Tendenzen Vorschub zu leisten [5]), hat das Prinzip der Industrieorgani-

---

[1]) Korr.-Bl. Nr. 40 v. 2. 10. 21.

[2]) Prot. d. Verhandlungen, Verlag ADGB. S. 188 ff.

[3]) Metallarbeiter-Zeitung Nr. 7 v. 12. 2. 21.

[4]) Betriebsrätezeitung Nr. 7 v. 15. 8. 22.

[5]) Es trifft dies zunächst für die syndikalistischen Bestrebungen zu, darüber hinaus aber ist charakteristisch, daß gerade die örtlichen Generalversammlungen der Betriebsräte häufig eine gewerkschaftsfeindliche Hal-

sation auch innerhalb der Gewerkschaftsbewegung Auswirkungen gezeitigt und ist daher unter diesem Gesichtspunkt nochmals in den Kreis der Untersuchung zu ziehen. Auch in bezug auf die Beeinflussung der gewerkschaftlichen Struktur kommt dem Betriebsrätewesen keine selbständige und ausschließliche Bedeutung zu, sondern das Betriebsrätewesen ist nur als homogene Erscheinung einer Entwicklung zu werten, die, durch mannigfache Ursachen beeinflußt, in derselben Richtung tendiert.

Die Voraussetzungen des bisherigen Koalitionsprinzips der Berufszugehörigkeit haben sich für die Gewerkschaften sowohl in bezug auf ihre Eigenschaft als Zweckverband, als auch in bezug auf ihre Eigenschaft als Gesinnungsgemeinschaft teilweise grundlegend verändert. In erster Linie trifft dies für die Lohnpolitik, also für das Hauptgebiet gewerkschaftlicher Betätigung zu. Der Aufbau des modernen Tarifvertrages pflegt eine einheitliche Lohnregelung für alle in der gleichen Industrie beschäftigten Arbeiter zu bringen und an die Stelle der fachberuflichen Entlohnung die Entlohnung nach Maßgabe des Betriebszwecks zu setzen. Damit tritt die Berufseinteilung zu Gunsten von Arbeitskategorien zurück, die, in Lohnklassen eingeteilt, das Gerippe des tariflichen Schemas bilden [1]. Es kommt hinzu, daß einer fachberuflichen Lohnpolitik mit der Konzentration der Betriebe auch wachsende, verbandstechnische Schwierigkeiten im Wege stehen, da nach Maßgabe der beschäftigten Arbeiterkategorien unter Umständen zehn und mehr Gewerkschaftsverbände an den Lohnverhandlungen teilzunehmen haben. Nächst dieser tarifpolitischen Entwicklung, die die Lohnpolitik maßgebender Gewerkschaften grundlegend verändert hat, erhält der Industrieverbandsgedanke vor allem dadurch neue Anregungen, daß die Gewerkschaften aus Gründen der Kräfteverteilung bemüht sind, sich dem wirtschaftlichen Konzentrationsprozeß anzupassen und den Industriekonzernen und Arbeitgeberverbänden adäquate Kampforganisationen zu schaffen [2]. Da auch die psychischen Hemmungen des Berufsethos und Standesgefühls für den modernen Industriearbeiter kaum noch vorhanden sind, und dieser sich in wachsendem Maße nicht mehr mit seinem Beruf, sondern nur noch interessen-

---

tung zeigen, trotzdem sie Bestandteile der gewerkschaftlichen Betriebsräteorganisation sind.

[1]) Vgl. z. B. den Tarifvertrag der Berliner Metallindustrie, in dem sämtliche Arbeiterkategorien vom Metall- und Holzarbeiter bis zum Lederarbeiter, optischen Feinmechaniker und Bauarbeiter aufgenommen und in fünf Lohnklassen eingeteilt sind. Die Entlohnung nach dem Betriebszweck tritt scharf hervor dadurch, daß die zu l e i s t e n d e A r b e i t eingeteilt ist, also: Fräsen, Drehen, Schleifen usw.

[1]) Vgl. hierzu z. B. Dißmann im Korr.-Bl. Nr. 24 v. 17. 6. 22.

politisch mit seinem Arbeitsverhältnis und seiner Klasse verbunden fühlt, sind die sachlichen und persönlichen Voraussetzungen für die Bildung von Industrieverbänden heute tatsächlich in weitgehendem Maße erfüllt. Die großen Verbände der Metallarbeiter, Bergarbeiter, Transportarbeiter usw. haben sich dieser Entwicklung bereits weitgehend angepaßt[1]). Die formale Bestätigung und programmatische Erweiterung für die gesamte Gewerkschaftsbewegung bringt der 11. Deutsche Gewerkschaftskongreß, auf dem mit 4 854 225 Stimmen gegen 1 925 927 Stimmen der Antrag auf Umwandlung zu Industrieverbänden angenommen wird[2]). Auch diese Entwicklung macht sich naturgemäß vor allem innerhalb der freien Gewerkschaften geltend[3]), denn die übrigen Gewerkschaften sind weltanschauungsmäßig viel stärker an irrational-ethischen Motiven orientiert und vermögen infolgedessen der völligen Nivellierung und Proletarisierung des Industriearbeiters erfolgreicheren Widerstand entgegenzusetzen. Ob sich diese Verbände allerdings den auch für sie wirksamen, sachlichen Bedingtheiten auf die Dauer werden entziehen können, erscheint zum mindesten fraglich.

Das Betriebsrätewesen gewährt der gewerkschaftlichen Entwicklung zum Industrieverband zweifellos starke Anregungen und trägt erheblich zur Überwindung der taktisch und organisatorisch noch vorhandenen Hemmungen bei. Die diesbezüglichen Auswirkungen des Betriebsrätewesens stehen teilweise im Zusammenhang mit seinen revolutionärunionistischen Tendenzen und deren inhaltlichem Einfluß auf die Gewerkschaftsbewegung. Der Unionismus versucht, wie erwähnt, auf der Grundlage des Betriebsrätewesens revolutionäre Industrieverbände aufzubauen. Das Branchen-Koalitionsprinzip der Gewerkschaften liefert ihm, speziell hinsichtlich der Betriebsräte, dabei sein wirkungsvollstes Agitationsmaterial, da die Betriebsräte im Rahmen wahlverwandter Industrieverbände gesteigerte Einfluß- und Be-

---

[1]) Vgl. auch Herkner, a. a. O. S. 262 ff.

[2]) Korr.-Bl. Nr. 26 v. 1. 7. 22.

[3]) Wenn der Streit um die Organisationsform der Gewerkschaften auch gerade anläßlich des 12. Deutschen Gewerkschaftskongresses wieder besonders heftig tobt, so ist doch andererseits nicht zu verkennen, daß die Entwicklung zum Industrieverband seit dem 11. Deutschen Gewerkschaftskongreß nur geringe Fortschritte gemacht hat. Dies liegt zum großen Teil in der wirtschaftlichen Entwicklung begründet. Der Zufall der industriellen Konzerne mußte notwendig auch die organisatorische Entwicklung der Gewerkschaften beeinflussen. Je mehr jedoch der äußere Anreiz zur Industrieverbandsbildung fortfällt, um so stärker kristallisieren sich die noch wie vor sehr aktiven Tendenzen zum Industrieverband um das Betriebsrätewesen, das so mehr und mehr zur Keimzelle dieser Entwicklung wird. Vergl. auch die sozialen Probleme des Betriebes Berlin 1925, S. 14 ff.

tätigungsmöglichkeiten für sich selbst erwarten [1]). Schon um dieser Agitation die Spitze abzubrechen und ihres mühsam erkämpften Einflusses auf die Betriebsräte nicht wieder verlustig zu gehen, sind die Gewerkschaften gezwungen, den Industrieverbandsgedanken auch ihrerseits zu propagieren und offiziell zu betonen. Die revolutionären Bestandteile des Betriebsrätewesens zeitigen damit, in bezug auf den Inhalt und in bezug auf die soziologische Struktur der Gewerkschaftsbewegung vielfach analoge Auswirkungen. Diese Erscheinung kommt auch darin zum Ausdruck, daß der wachsende Klassenkampfcharakter der freien Gewerkschaften mit auf den Einfluß des Betriebsrätewesens zurückzuführen ist, und daß hierdurch wieder das Klassenbewußtsein der Arbeiterschaft gestärkt, das Berufsgefühl geschwächt und somit der Tendenz zum Industrieverband Vorschub geleistet wird.

Von diesen revolutionär-unionistischen Bestandteilen abgesehen, weist das Betriebsrätewesen als solches aber auch seiner ganzen Struktur und Tendenz nach vielfache Berührungspunkte mit der Organisationsform des Industrieverbandes auf. In ganz besonderem Maße gilt das für alle organisatorischen Zusammenfassungen der Betriebsräte, die, abgesehen von den syndikalistisch-unionistischen Organisationen, hauptsächlich in zweifacher Form vorkommen. Einmal in der Form der Betriebsrätevereinigungen größerer Konzerne, zum andern in der Form einer organisatorischen Zusammenfassung der Betriebsräte innerhalb der Gewerkschaften. Mit dieser gewerkschaftlichen Organisation und Gliederung, die die Betriebsräte unter dem Gesichtspunkt ihrer Zugehörigkeit zu bestimmten Industriegruppen zusammenfaßt, haben die Gewerkschaften selbst eine bedeutsame Bresche in ihr berufliches Koalitionsprinzip geschlagen, und in Verbindung mit den Konzernbetriebsräten stellen diese Organisationen gleichsam Keime dar, welche die Entwicklung der Gewerkschaften zum Industrieverband von innen heraus vorbereiten und beschleunigen [2]).

[1]) Diese Auffassung ist mir in zahlreichen persönlichen Gesprächen mit Betriebsräten stets aufs neue entgegengetreten.

[2]) Es sind 15 Industriegruppen gebildet. Die Organe dieser Gruppen sind: a) die Vollversammlung einer Industriegruppe, b) der Gruppenrat, der Handlungskörper dieser Gruppe. dem Gruppenrat sind Gewerkschaftsbeamte beigegeben, die die offizielle Verbindung mit der Gewerkschaftspolitik herzustellen haben. c) Der Zentralrat, gebildet aus zwei Mitgliedern der Industriegruppe plus Gewerkschaftsvertretern. d) Der Vollzugsrat, gebildet aus fünf Mitgliedern des Zentralrats und fünf Mitgliedern des ADGB. Die örtliche Organisation fußt auf den Generalversammlungen der örtlichen Betriebsräte und den freigewerkschaftlichen Betriebsrätezentralen, deren Spitze in Berlin sitzt und unmittelbar an den ADGB. angegliedert ist Vgl. die Richtlinien der Betriebszentrale, Verlag des ADGB.

Es geschieht dies zunächst durch die Tatsache als solche, daß eine so exponierte und teilweise führende Mitgliederschicht der Gewerkschaften, wie die Betriebsräte es sind, nach ihrer Industriezugehörigkeit organisiert ist und damit gleichsam einen geistigen und organisatorischen Querschnitt durch die bisherige Struktur der Gewerkschaften legt. Dazu kommt dann die inhaltliche Betätigung dieser Betriebsräteorganisationen, die die zu behandelnden Fragen vielfach unter anderm Gesichtspunkt sehen als der Berufsverband, die in bezug auf die arbeits- und streikpolitische Taktik für den Industrieverband wichtige Erfahrungen sammeln, die in den einzelnen Belegschaften das Zusammengehörigkeitsgefühl nach Maßgabe der gemeinsamem Wirtschaftseinheit stärken, die in die industriellen Konjunkturzusammenhänge einen gewissen Einblick gewinnen, und die schließlich auch hinsichtlich der sozialistischen Funktionen den diesbezüglichen Tendenzen des Industrieverbandes in gewisser Weise Vorschub leisten.

Innerhalb der Gewerkschaftsbewegung sind diese Auswirkungen des Betriebsrätewesens mehr oder minder instinktiv erkannt, teilweise versucht man sogar bewußt, sie der Vorbereitung von Industrieverbänden dienstbar zu machen und die Gewerkschaftsbewegung an der Struktur und den Aufgaben des Betriebsrätewesens zu orientieren. So faßt der Verbandstag des Metallarbeiter z. B. folgende Resolution[1]: „Die gewerkschaftlichen Organisationen müssen sich zu gewaltigen Industrieverbänden zusammenschließen, um dadurch zum Fundament eines sich organisch entwickelnden Rätesystems zu werden.“ Charakteristisch ist auch die Begründung, mit der auf dem 11. Deutschen Gewerkschaftskongreß die Umwandlung zu Industrieverbänden beschlossen wird[2]: „Die Aufgaben der Betriebsräte . . . . sowie die mit allen Kräften anzustrebende Sozialisierung können nicht genügend auf der Grundlage des einzelnen Berufsverbandes gefördert werden.“

Zusammenfassend ist festzustellen, daß das Betriebsrätewesen sowohl auf den geistigen Inhalt als auch auf die soziologische Struktur der Gewerkschaftsbewegung einen nicht unerheblichen Einfluß ausgeübt hat. Es bleibt übrig zu untersuchen, wie weit auch der Mechanismus und die Methodik der Gewerkschaftsbewegung durch das Betriebsrätewesen beeinflußt werden.

---

[1]) Metallarbeiter-Ztg. Nr. 23 v. 5. 6. 20.
[2]) Korr.-Bl. Nr. 28. v. 22. 7. 22.

III.
Die Rückwirkungen auf den Mechanismus der Gewerkschaftsbewegung.

Unter dem Mechanismus der Gewerkschaftsbewegung wird der Inbegriff aller Vorgänge verstanden, die die Gewerkschaftsbewegung zum Ziel führen sollen.

Eine Untersuchung der Wechselbeziehungen zwischen dem Betriebsrätewesen und dem Mechanismus der Gewerkschaftsbewegung hat sich daher an den beiden Zielen der Gewerkschaftsbewegung zu orientieren und unter diesem Gesichtspunkt die Wirksamkeit des Betriebsrätewesens sowohl in bezug auf den reformistischen Typus, als auch in bezug auf den sozialistischen Typus der Gewerkschaftsbewegung darzulegen.

In den Mechanismus der reformistischen Gewerkschaftsbewegung eingeschaltet, stellen die Betriebsräte zunächst allgemein gesehen ein wichtiges Bindeglied zwischen den Gewerkschaften und den eigentlichen Lebenszentren der Arbeiterschaft, den Betrieben, dar. Der arbeitspolitischen Struktur und der Kräfteverteilung der bestehenden Wirtschaftsordnung entsprechend haben die Gewerkschaften den Schwerpunkt ihres Organisations- und Verwaltungsapparates bewußt außerhalb der Betriebe verlegt, um in der empfindlichsten Stelle ihres Verbandslebens der Machtsphäre des Unternehmers entrückt zu sein und den taktischen Kampf gegen ihn in voller Unabhängigkeit führen zu können. Die notwendige Verbindung zwischen der gewerkschaftlichen Verwaltungsbürokratie und den unter jeweils verschiedenen Betriebsverhältnissen arbeitenden Belegschaften wurde dabei vermittels der Vertrauensleute und Gewerkschaftsfunktionäre hergestellt. Durch die Eingliederung des Betriebsrätewesens ist dieses gewerkschaftlliche Verbindungssystem wesentlich erweitert und vor allem auf eine gesicherte Grundlage gestellt worden. Waren die Funktionäre bislang gezwungen, sich hinsichtlich einer allzu intensiven gewerkschaftlichen Agitation und Betätigung Reserve aufzuerlegen, um nicht der Gefahr einer Maßregelung seitens des Unternehmers ausgesetzt zu sein, so sind die Betriebsräte infolge der weitgehenden gesetzlichen Schutzbestimmungen [1]) viel eher in der Lage, rein gewerkschaftliche Interessenpolitik zu treiben. Es ist naturgemäß, daß die Gewerkschaften die Aufgaben der Betriebsräte

---

[1]) Vgl. die §§ 95—97 BRG., die die ungehinderte Tätigkeit der Betriebsvertretung sicherstellen und die Kündigung oder auch nur die Versetzung von Betriebsratsmitgliedern außerordentlich erschweren. In Gewerkschaftskreisen werden diese Bestimmungen vielfach als die wichtigsten des ganzen BRG. angesehen.

primär unter diesem und nicht unter „betriebsdemokratischem“ Gesichtspunkt sehen.

Typisch hierfür sind folgende Ausführungen der Betriebsrätezeitung des ADGB.[1]): „Vor der gewerkschaftlichen Frontlinie liegen die Betriebe, aber auch in diese Betriebe sind auf Grund des BRG. Vorposten geschoben worden, mit Waffen ausgestattet, die einen wirksamen Schutz der Gewerkschaftsinteressen ermöglichen.“ Zu diesen gewerkschaftlichen Waffen gehört neben dem Kündigungsschutz vor allem die Freistellung eines beträchtlichen Teils der Betriebsräte von der beruflichen Arbeit bei weiterlaufender voller Lohnzahlung seitens des Unternehmers[2]). Die Gewerkschaften gewinnen damit innerhalb der Betriebe Organe, die einen großen Teil ihrer täglichen Arbeitszeit und -kraft, wie die praktischen Erfahrungen stets aufs neue erweisen, dem Interesse der Gewerkschaften widmen, ohne die Gewerkschaften finanziell zu belasten, und ohne von vornherein das Odium einer neuen Gewerkschaftsbürokratie auf sich zu laden. Teilweise gehen so die Aufgaben der bisherigen Funktionäre vollständig auf die Betriebsräte über, meist aber stellt das Betriebsrätewesen nur eine rationelle Ergänzung zu dem gewerkschaftlichen Vertrauensmännersystem dar, eine Ergänzung, die insofern von Bedeutung ist, als die Betriebsräte vermöge ihres meist vorhandenen Büroapparates und vermöge ihrer teilweisen Freistellung von der Arbeit, in ganz anderem Maße als die Gewerkschaftsfunktionäre in der Lage sind, notwendige statistische Erhebungen vorzunehmen und andere büromäßige Arbeit erfordernde Unterlagen zu beschaffen.

Während die Betriebsräte auf lohn- und tarif-politischem Gebiet im Verhältnis zu den gewerkschaftlichen Funktionären meist nur eine subsidiäre Rolle spielen, haben sie die Aufgaben der gewerkschaftlichen Funktionäre auf andern Gebieten fast ganz übernommen. Die Aufgaben der gewerkschaftlichen Propaganda und Agitation[3]), die Sorge für die Bekanntmachung und Durchführung gewerkschaftlicher Beschlüsse, das Ausfüllen umlaufender Fragebogen, die Entgegennahme und Vertretung von Belegschaftsbeschwerden, kurz die ganze Fülle der Kleinarbeit, die den gewerkschaftlichen Vertrauensleuten gewöhnlich zufällt, sind

[1]) Jahrgang 1921 Nr. 19. Fast analog ist die Auffassung der christlichen Gewerkschaften im Deutschen Metallarbeiter Nr. 10 v. 5. 3. 21.

[2]) Vgl. § 35 ff. BRG.

[3]) Bezeichnend in dieser Beziehung ist die Resolution des 11. Deutschen Gewerkschaftskongresses: „Die Betriebsräte müssen die Belegschaften aufklären und als Gewerkschaftsfunktionäre dafür eintreten, daß alle Arbeitnehmer Mitglieder der Gewerkschaften werden.“ Korr.-Bl. Nr. 27 v. 15. 7. 23.

nunmehr fast ausschließlich auf die Betriebsräte übergegangen und können von diesen unter dem Schutz ihres Amtes, vermöge ihrer Freistellung und unter teilweiser Benutzung der vom Unternehmer zur Verfügung gestellten technischen Hilfsmittel weit intensiver wahrgenommen werden. Speziell hinsichtlich des Koalitionszwanges zu Gunsten der vom Betriebsrat vertretenen Gewerkschaftsrichtung ist dies nochmals ausdrücklich hervorzuheben. Die praktische Entwicklung hat gezeigt, daß dem Betriebsrat für seine diesbezügliche Tätigkeit wirksame Mittel zur Verfügung stehen, und daß er von diesen Mitteln weitgehenden Gebrauch macht.[1]).

Teils versucht der Betriebsrat sich auf Grund des § 78 ein kontinuierliches Mitbestimmungsrecht bei der Einstellung zu sichern, teils bereitet er im Einzelfall der Einstellung Anders- und Nichtorganisierter Schwierigkeiten, die sich stellenweise bis zu wilden Streiks und Terrorakten steigern. Nicht selten auch steht der freigestellte Betriebsrat mit seinen Gewerkschaftskollegen vom Arbeitsnachweis und mit dem Pförtner des Fabrikgrundstücks sowie mit den unteren Organen der Arbeiterannahmestellen in ständiger Verbindung und versucht seinen Einfluß auf diese Weise mehr inoffiziell und präventiv durchzusetzen. Beliebt sind ferner die bekannten Druckmittel der Bücherkontrolle und drohender Anschläge am schwarzen Brett, die zum befristeten Eintritt in die betreffende Gewerkschaft auffordern. In beiden Fällen kommen dem Betriebsrat seine gesetzlichen und gewohnheitsrechtlichen Befugnisse zustatten, da die Werksleitungen meist nur nachträglich einschreiten können, falls sie es nicht überhaupt vorziehen, diese sie ja nicht unmittelbar berührende Tätigkeit des Betriebsrats zu ignorieren.

Es kommt schließlich hinzu, daß auch das Gesetz selbst dem Betriebsrat in dieser Beziehung ungewollte Handhaben bietet, indem es ihn zur entscheidenden Instanz darüber macht, ob ein Kündigungseinspruch seitens eines Arbeitnehmers abzuweisen ist oder weiterzugeben ist[2]), eine Handhabe, die sich der Betriebsrat bei der Kündigung miß-

[1]) Vergl. hierzu auch Nörpel in die sozialen Probleme des Betriebes Berlin 1925, S. 89: „Die Bedeutung liegt darin, daß die Betriebsräte gerade in dieser Zeit in den meisten Betrieben sich als feste Zelle eines Kerns von Getreuen betätigen, als Organisatoren einer führenden Gruppe von bewußten Anhängern der Bewegung." Vergl. hierzu ferner Seidel Aufstieg und Krise der Gewerkschaftsbewegung. Die Gesellschaft Jahrg. 1924 S. 81.

[2]) Vgl. § 86 BRG. Feig & Sitzler kommentieren: „Kommt der Arbeiterrat zu dem Ergebnis, daß der Einspruch und begründet ist. . ist der Einspruch endgültig erledigt".

liebiger Gewerkschaftsangehöriger oder Unorganisierter selten entgehen läßt[1]).

Soweit die Betriebsräte also in den Mechanismus der Gewerkschaftsbewegung eingeschaltet sind, stellen sie innerhalb desselben sowohl in bezug auf ihre arbeitsrechtliche Wirksamkeit und ihre taktische Unterstützung der gewerkschaftlichen Position dem Unternehmer gegenüber, als auch durch ihre verbandspolitische Propaganda unter den Belegschaften wertvolle gewerkschaftliche Organe dar.

Wesentlich ungünstiger dagegen ist die tatsächliche Einflußnahme der Betriebsräte auf die technische und wirtschaftliche Gestaltung des Produktionsprozesses zu werten. Wenn die Gewerkschaften gehofft hatten, ihr Mitbestimmungsrecht im Produktionsprozeß gerade vermittels der Betriebsräte zu festigen und zu erweitern[2]), so haben die bisherigen Erfahrungen diese Hoffnung ohne Frage stark herabgemindert, und auf dem Wege über die Arbeitsgemeinschaften und die Gesetzgebung haben die Gewerkschaften zweifellos mehr Einfluß auf den Produktionsprozeß erlangt. Die Ursachen für diese mangelnde Auswirkungsmöglichkeit der Betriebsräte in wirtschaftlicher und produktionstechnischer Hinsicht sind einerseits in ihrem persönlichen Versagen, andererseits in der ablehnenden Haltung der Werksleitung zu suchen. Hierauf wird an einschlägiger Stelle der Arbeit zurückzukommen sein.

Der Einfluß des Betriebsrätewesens auf den Mechanismus der Gewerkschaftsbewegung muß jedoch noch unter einem andern Gesichtspunkt als dem der gesteigerten gewerkschaftlichen Auswirkungsmöglichkeit innerhalb der Unternehmungen betrachtet werden.

Als eine durch typische Merkmale einheitlich bestimmte Schicht heben sich die Betriebsräte aus der Masse neuer und ungeschulter Gewerkschaftsmitglieder in mehrfacher Beziehung heraus und gewinnen damit die Bedeutung einer relativ qualifizierten Mitgliederschicht, die prädestiniert dafür scheint, das gewerkschaftliche Berufsführertum zu ergänzen[3]) und den Nachwuchs dieses Führertums zu stellen.

---

[1]) Typische Beispiele hierfür sind u. a. in dem Mitteilungsblatt des Schlichtungsausschusses Gr.-Berlin zu finden. Besonders in Nr. 20 v. 30. 4. 21.

[2]) Neben der Gewerkschaftspresse vgl. z. B. Karl Zwing, Gewerkschaftliche Probleme, Beiträge zu den neuen Aufgaben der Gewerkschaften, Stuttgart 1921 S. 18 ff.

[3]) Daß die Gewerkschaften gewillt sind, ihre Selbstverwaltung durch die Betriebsräte zu ergänzen, zeigt die Rede Nörpels auf dem 11. Deutschen Gewerkschaftskongreß: „In dem Maße, wie die Betriebsräte sich durch Tüchtigkeit und Energie auszeichnen, wird man ihnen Posten übertragen, von denen aus sie in der Lage sind, die Gewerkschaftsbewegung als Ganzes zu beeinflussen". Betr.-R.-Ztg. Nr. 7 v. 15. 7. 22.

Zunächst ist schon das Wahlverfahren an sich als ein zwar unvollkommener, aber doch immerhin vorhandener Ausleseprozeß zu werten, der bewirkt, daß sich die Betriebsräte und vor allem die Betriebsausschußmitglieder[1]) meist aus über den Durchschnitt begabten und ehrgeizigen Arbeitern rekrutieren.

Zu dieser relativen Auslese tritt als verstärkendes Moment die günstige Möglichkeit für die Betriebsräte, sich während ihrer Amtszeit Erfahrungen und Kenntnisse anzueignen, die dem sonstigen Gewerkschaftler teilweise gar nicht, teilweise erst in der gewerkschaftlichen Spitzenverwaltung zugänglich sind. Die praktische Ausbildungsmöglichkeit der Betriebsräte liegt, vom gewerkschaftstaktischen Standpunkt aus gesehen, dabei in der Hauptsache auf dem Gebiet der Verhandlungsdiplomatie und des Einfühlens in die durch privatwirtschaftliche Erwägungen beeinflußte Arbeitspolitik der Betriebe. Gerade in letzterer Beziehung kann der aufmerksame Betriebsrat sehr wertvolle Erfahrung sammeln[2]) und zur Heranbildung eines gewerkschaftlichen Führertypus beitragen, der die Konjunkturzusammenhänge der kapitalistischen Wirtschaft und ihre arbeits- und streikpolitischen Auswirkungen klarer erkennt und stärker berücksichtigt, als der durchschnittliche Gewerkschaftsführer, dessen ganzer Bildungsgang auf organisatorische, versicherungstechnische und politische Momente abgestellt war, das bisher tun konnte[3]). Damit ist gleichzeitig die Möglichkeit gegeben, im Betriebsrätewesen die privatwirtschaftlich-betriebswirtschaftliche Ausbildungsbasis des gewerkschaftlichen Führertums zu schaffen. Auf den in der Betriebsrätepraxis erworbenen Kenntnissen aufbauend, kann der befähigte Gewerkschaftsführer allmählich lernen, dem Unternehmer auch auf sein eigentliches Tätigkeitsgebiet der wirtschaftlich spekulativen Funktionen zu folgen und ihn hier mit seinen eigenen Waffen zu bekämpfen.

Vorläufig ist diese Ausbildungs- und Führerbasis jedoch recht schmal, und trotz der intensiven gewerkschaftlichen Schulungsversuche kommen als wirtschaftlich relativ vorgebildete Führerschicht allenfalls die von der Arbeit freigestellten Betriebsratsvorsitzenden größerer Werke, die Ausschußmitglieder der Gesamt- und Konzernbetriebsräte

---

[1]) Da diese in zweimaliger Wahl gesiebt werden BRG. § 27.

[2]) Es trifft dies bes. f. d. Vorsitzenden, f. d. Betriebsaussch. u. d. Gesamtbetriebsrat zu, die durchschnittl. in ständiger Fühlung mit den verschiedenen Abteilungen der Werksleitung stehen und die Wechselwirkung zwischen der kaufmännischen Abteilung und der arbeitspolitischen Haltung der sozialpolitischen Abteilung meist gut beobachten können.

[3]) Vergl. hierzu auch Nörpel in: Die sozialen Probleme des Betriebes Berlin 1925, S. 90 ff.

und die Betriebsratdelegierten im Aufsichtsrat in Betracht. Die große Masse der Betriebsräte erschöpft sich in gewerkschaftlicher und arbeitsrechtlicher [1]) Kleinarbeit und kommt mit den eigentlichen wirtschaftlichen Abteilungen der Werksleitung selten in fruchtbare Berührung. Zudem betrachten die sozialistischen Betriebsräte ihre Tätigkeit häufig so ausschließlich unter dem Gesichtspunkt des Klassenkampfes, daß sie die Fähigkeit für das Erkennen und produktive Verarbeiten realer wirtschaftlicher Zusammenhänge in starkem Maße eingebüßt haben [2]).

Von der Heranbildung wirtschaftlich führender Köpfe abgesehen, verbreitert sich die Ausbildungsbasis des Betriebsrätewesens allerdings erheblich und für den Typus des landläufigen Gewerkschaftssekretärs mit seinem begrenzten arbeitsrechtlichen und sozialpolitischen Wirkungskreis ist die Betriebsrätepraxis als ausgezeichnete Vorbereitung anzusehen. Damit wird das unter der heutigen Gesetzesflut auch für die Gewerkschaften kritisch werdende Problem der praktischen Ausbildung ihres unteren Beamtentums teilweise gelöst und das Beamtentum selbst stark entlastet.

Die Gewerkschaften haben die im Betriebsrätewesen liegenden Möglichkeiten einer planmäßigen Führerausbildung klar erkannt und umfassende Maßnahmen getroffen, um die praktischen Erfahrungen der Betriebsräte durch theoretische Schulung zu fundieren und zu erweitern. Man wird diese Schulungsversuche allerdings nicht lediglich unter dem Gesichtspunkt des Führerproblems zu betrachten haben, sondern gleichzeitig berücksichtigen müssen, daß auch die unmittelbar gesetzlichen Aufgaben der Betriebsräte gebieterisch auf ihre Schulung drängen, und daß den Gewerkschaften auf dem Wege über die Schulung der Betriebsräte die Möglichkeit gegeben ist, die Betriebsräte in ihrem Sinn zu beeinflussen und sie mit gewerkschaftlichem Geist zu durchsetzen. Die praktische Gestaltung der Betriebsräteschulung ist zwar nicht ausschließlich in der Hand der Gewerkschaften blieben, diese besitzen jedoch naturgemäß auch bei den nicht formell gewerkschaftlichen Einrichtungen maß-

---

[1]) Die diesbezüglichen lebhaften Klagen der gewerkschaftlichen Betriebsrätezentralen sind mir bei meinen Untersuchungen wiederholt entgegengetreten, so z. B. bei der Betriebsrätezentrale in Essen und der Zentrale des ADGB. in Berlin, vgl. im übrigen auch Karl Zwing, a. a. O. S. 17 ff.

[2]) Bezeichnend sind die Ausführungen Nörpels auf dem 11. Dtsch. Gew.-Kongreß: „. . . . . aber in dem Augenblick, wo sie als Betriebsräte gewählt werden, geht eine besondere Veränderung mit ihnen vor, sie meinen nunmehr auf Grund des BRG. sich auf einer sozialistischen Insel zu befinden.“ Vgl. Betriebsrätezeitung Nr. 7 v. 15. 7. 22.

gebenden Einfluß auf die Auswahl des Unterrichtsstoffes und die Systematik des Lehrplans [1]).

Unter methodischem und erfolgkritischem Gesichtspunkt betrachtet, lassen sich vier typische Formen der Betriebsräteausbildung unterscheiden. Zunächst die Form der kontinuierlich vorhandenen Betriebsräteschule, die mehr oder weniger akademischen Charakter trägt und bestrebt ist, neben der unmittelbaren Ausbildung für die Praxis auch allgemeine wirtschafts-wissenschaftliche Kenntnisse zu vermitteln. Es sind hierzu in erster Linie die mit einer Universität verbundenen Schulungseinrichtungen, wie die Betriebsrätekurse an der Universität Münster, das freigewerkschaftliche Seminar der Universität Köln und die der Frankfurter Universität angeschlossene Akademie der Arbeit zu rechnen. Die vortragenden Lehrer sind hauptsächlich Privatdozenten, die Behandlung des Stoffes erfolgt nach akademischem Muster teils in Vorlesungen, teils in Seminarübungen, der behandelte Stoff selbst umfaßt durchschnittlich die Hauptgebiete des Arbeitsrechts, der Privat- und Volkswirtschaftslehre. So wurden z. B. 1920/21 in Köln Kurse über die Kalkulation, das Wesen der Bilanz, die Entstehung und Organisation der Weltwirtschaft, die Unternehmungsformen und über Arbeitsrecht abgehalten. Ähnlich umfassend ist beispielsweise der Lehrplan in Münster, der Vortragsthemen über die Wirtschaftsstufen, die Funktionen des Geldes, das Valutaproblem, die amerikanische Volkswirtschaft u. a. enthält [2]). Es ist naturgemäß nicht leicht, die Auswirkungen dieser akademischen Betriebsrätekurse kritisch zu beurteilen, da gerade derartige Einrichtungen eine jahrelange Wirksamkeitsdauer beanspruchen. Vor einer allzu optimistischen Wertung wird man sich indes zu hüten haben.

Den Betriebsräten und Gewerkschaftsfunktionären wird hier in der kurzen Zeit von dreimonatlichen Kursen ein konzentrierter Bildungsstoff dargeboten, der die schwierigsten Probleme in sich schließt, und für dessen fruchtbare Aufnahme und Verarbeitung den Betriebsräten meist die nötige Vorbildung und geistige Schulung fehlt [3]). Dazu kommen die Hemmungen eines persönlichen Kontaktes zwischen Lehrer und Schüler. Einerseits steht besonders der sozialistische Gewerkschaftspraktiker dem „bürgerlichen“ Gelehrten vielfach mit begreiflicher Reserviert-

---

[1]) In einem Bericht über die Betriebsrätekuise an der Universität Münster heißt es z. B.: „In gemeinsamer Zusammenarbeit mit den Vertretern der gewerkschaftl. Spitzenverbände werden alle Lehrpläne vereinbart.“ Vgl. Woldt, wirtschaftliche Schulungsarbeit und gewerkschaftliches Führertum, Leipzig 1921, S. 84 ff.

[2]) Woldt, a. a. O. S. 55 und S. 80 ff.

[3]) Vgl. auch Betriebsrätezeitung Nr. 6 v. Juli 1923.

heit gegenüber, andererseits sind für den Lehrenden die Schwierigkeiten nicht gering, den Aufbau seines Stoffes und seiner Ausdrucksweise dem ungewohnten Niveau des geistig nicht geschulten Gewerkschaftlers und Betriebsrats anzupassen.

Die Wirksamkeit dieser wissenschaftlichen Betriebsräteschulen wird daher aus technischen und soziologischen Gründen voraussichtlich auf einen kleinen Kreis von Gewerkschaftsmitgliedern beschränkt bleiben. Daß sich diese Einrichtungen speziell innerhalb der Betriebsräte zunächst keiner sehr großen Beliebtheit erfreuen, deutet etwas verschämt ein Bericht des Kölner Seminars an. Es heißt dort[1]): „Es wäre dringend zu wünschen, daß mehr noch als bisher auch die Betriebsräte an diesen Kursen teilnehmen."

Günstiger sind dagegen vom Standpunkt der Gewerkschaften aus die von diesen selbst ins Leben gerufenen Betriebsräteschulen zu beurteilen, vor allem weil hier die persönlichen Hemmungen des Mißtrauens und der Unsicherheit wegfallen. Die Vortragenden, die zum großen Teil selbst aus der Arbeiterbewegung hervorgegangen sind, stehen naturgemäß in viel engerem persönlichen Konnex mit ihren Schülern, ein Konnex, der um so enger ist, als sie mit ihren Schülern meist durch die gemeinsame weltanschauliche Grundlage des Sozialismus auch innerlich verbunden sind. Bezüglich der Einteilung und Behandlungsart des Stoffes haben sich die gewerkschaftlichen Betriebsräteschulen ebenfalls akademische Methoden mit Vorträgen und stufenweiser Seminarausbildung zu eigen gemacht, es trifft dies besonders für die in ihrer Art vorbildliche Einrichtung der freigewerkschaftlichen Betriebsräteschule von Groß-Berlin zu. Auch hier sind aber die Bedenken einer zu weit greifenden Auswahl des Stoffes nicht von der Hand zu weisen, denn selbst in einem Kursus von neun Monaten läßt sich eine gründliche Ausbildung im Arbeitsrecht, in der Privatwirtschaft, einschließlich der Kalkulation, Bilanzkunde und Selbstkostenberechnung und in der Volkswirtschaft einschließlich der Marx'schen Theorien und Sozialisierungsprobleme selbst bei einem besser vorgebildeten Menschenmaterial, als der Durchschnitt der Teilnehmer es darstellt, kaum erreichen. Die Gefahr der Halbbildung liegt vermöge des umfassenden Zieles jedenfalls auch bei diesen an sich hochstehenden gewerkschaftlichen Bildungseinrichtungen nahe. Im übrigen ist darauf hinzuweisen, daß die

[1]) Entnommen aus Woldt, a. a. O. S. 57 ff. Über Münster heißt es in den Wirtschaftlichen Nachrichten aus dem Ruhrbezirk: „Zudem weisen die Besuchsstatistiken nach, daß nur jeweils ein Bruchteil der Teilnehmer Betriebsräte sind." Nr. 9 v. 11. 3. 22.

Betriebsräteschule Groß-Berlin weit über ihren spezifischen Charakter als Betriebsräteschule hinauswächst und sich zu einer Art selbstgeschaffener Hochschule der Gewerkschaftsbewegung entwickelt [1]).

Wie alle gewerkschaftlichen Einrichtungen, so stehen auch die gewerkschaftlichen Bildungseinrichtungen naturgemäß in unmittelbarer Abhängigkeit zu der jeweiligen finanziellen Stärke der Gewerkschaften und damit in unmittelbarer Abhängigkeit zu den jeweiligen industriellen Konjunktur-Verhältnissen. Unter dem Einfluß dieser Verhältnisse läßt sich in der wirtschaftlichen Krisenzeit Ende 1923, Anfang 1924 eine starke Einschränkung auch der gewerkschaftlichen Bildungseinrichtungen und Betriebsräteschulen beobachten. Wenn auch anzunehmen ist, daß diese Einschränkung nur vorübergehender Natur ist, so muß die starke Abhängigkeit der gewerkschaftlichen Schulungseinrichtungen von den Schwankungen der Konjunktur doch als schwerwiegender Nachteil gewertet werden. Die Ausbildungsmöglichkeit der Betriebsräte ist hierdurch qualitativ und quantitativ unberechenbaren Veränderungen unterworfen, und die ganze gewerkschaftliche Betriebsräteschulung erhält auf diese Weise ein stark sporadisches Gepräge.

Die zweite typische Form der Betriebsräteausbildung ist ihre Angliederung an das Volkshochschulwesen. Soweit hier Spezialkurse für Betriebsräte abgehalten werden, geschieht dies nur sekundär und vor allem selten in der Form einer systematischen Ausbildung. Häufig beschränkt sich die Schulung der Betriebsräte auf allgemeinbildende Vorlesungen. Aus einem den Betriebsräten in besonderem Flugblatt [2]) empfohlenen Lehrgang der Volkshochschule Essen seien z. B. folgende Vorlesungen herausgehoben: „Einführung in die neue Romanliteratur, von Seele und Persönlichkeit, Wedekind und das moderne Drama, Das Fortpflanzungsproblem u. a.“ Unter insgesamt dreißig Vorlesungen sind nur sechs zu finden, die das engere Interessengebiet der Betriebsräte berühren und in logische Verbindung miteinander zu bringen sind.

Abgesehen von dem immer geringer werdenden Widerhall, den das anfänglich mit so großen Erwartungen begrüßte Volkshochschulwesen innerhalb der Arbeiterschaft und damit auch innerhalb der Betriebsräte findet [3]), ist die Auswirkung dieser Schulungseinrichtungen auch aus pädagogischen Gründen sehr skeptisch zu beurteilen. In

---

[1]) Vgl. hierzu auch Betriebsrätezeitung Nr. 8 v. 15. 8. 22.

[2]) Verlag der Essener Arbeiterzeitung 1921.

[3]) Sehr charakteristische Ausführungen hierüber enthalten die Wirtschaftlichen Nachrichten aus dem Ruhrbezirk Nr. 9 v. 11. 3. 22 und der Deutsche Metallarbeiter Nr. 44 v. 29. 10. 21.

sehr vielen Fällen fehlt der systematische Aufbau des Lehrplanes, und man begnügt sich mit einer Reihe unzusammenhängender Vorträge aus den verschiedensten Wissensgebieten. Die Wahrscheinlichkeit, daß das vermittelte Wissen überwiegend fragmentarischen Charakter trägt, ist jedenfalls sehr groß, und einen Vergleich mit den systematischen Betriebsräteschulen vermögen diese Bildungseinrichtungen kaum auszuhalten.

Ähnliche Bedenken stehen auch der dritten Form der Betriebsräteschulung, den von den einzelnen Gewerkschaften improvisierten Betriebsrätekursen und -abenden entgegen. Erschwerend fallen hier außerdem noch folgende Umstände ins Gewicht. Soweit diese Kurse nämlich von örtlichen Gewerkschaftsbeamten oder gar von im Arbeitsverhältnis stehenden Kollegen abgehalten werden, ist die persönliche Distanz zwischen Lehrer und Schüler auf ein derartiges Minimum reduziert, daß der autoritative Einfluß des Lehrers oft ganz geschwunden ist, eine Erscheinung, die sich infolge des gesteigerten Selbstgefühls der Betriebsräte vielfach in unliebsamen Reibungen und Besserwissen äußert. Soweit nichtgewerkschaftliche oder auswärtige Kräfte für diese Kurse herangezogen werden, ist dies wegen der hohen Kosten nur für kurze Zeit möglich, und die persönliche Einwirkungsmöglichkeit ist fast ausschließlich auf den Vortrag als solchen beschränkt. Im großen ganzen scheiden diese interngewerkschaftlichen Kurse aus dem Problem der eigentlichen Führerheranbildung ziemlich aus, und ihre Bedeutung ist mehr auf dem Gebiet der unmittelbar praktisch-taktischen Ausbildung der Betriebsräte und in einer Elementarvorbereitung für die Hochschulen des Betriebsrätewesens zu suchen.

Dem naheliegenden Gedanken, eine systematische Verbindung zwischen den drei vorhandenen Schulungseinrichtungen herzustellen, dergestalt, daß von den freigewerkschaftlichen Kursen über die Volkshochschulen bis zu den akademisch-wissenschaftlichen Einrichtungen eine zusammenhängende und aufsteigende Ausbildungslinie führt, steht die kurze Amtszeit der Betriebsräte und ihre starke Fluktuation entgegen. Die Mehrzahl der Betriebsräte würde die höheren, und erst nach gewisser Zeit erreichbaren, Ausbildungsstufen schon nicht mehr in ihrer Eigenschaft als Betriebsrat betreten. Damit ist zunächst die Möglichkeit verringert, dem Betriebsrätewesen selbst, in fortschreitender Ausbildung, geschulte Kräfte zuzuführen, die ihre gewonnenen Kenntnisse unmittelbar praktisch in der Betriebsrätebewegung verwerten können. Damit ist es den Gewerkschaften aber auch gleichzeitig sehr erschwert, sich etwa vermittels einer Art Krümpersystem einen Stamm systematisch geschulter und dabei doch im Arbeitsverhältnis stehender Gewerkschaftsbeamter heranzuziehen, denn ohne die Erleichterungen, die dem Arbeiter seine Betriebsratseigenschaft gewährt, ist eine wirklich ernsthafte Schulung neben der vollen Berufstätigkeit nur in den seltensten Fällen durchzuführen. Diese Erwägungen haben nunmehr auch innerhalb der Gewerkschaften in weitem Umfange Platz gegriffen [1]). Und nicht selten vereinigen sich hier die Bemühungen von Unternehmer und Gewerkschaften, die beide aus interessenpolitischen Rücksichten bestrebt sind, ein kontinuierliches Moment in die starke persönliche Fluktuation des Betriebsrätewesens zu bringen.

Als vierte typische Form der Betriebsräteschulung ist schließlich die Gewerkschafts- und speziell die Betriebsrätepresse in Betracht zu ziehen. Im Gegensatz zu den behandelten Formen ist dieser Art der Schulung eigentümlich das fehlende Moment der persönlichen Einwirkung, der breite Kreis der erfaßten Schüler und auf beiden Seiten wesentliche Kosten- und Zeitersparnis. Das Niveau der eigentlichen Fachbetriebsrätepresse ist, wenigstens soweit die bedeutenderen Organe in Betracht kommen, durchweg ein recht hohes, die Betriebsrätezeitung des ADGB. und noch mehr die Betriebsrätezeitschrift für Funktionäre der Metallindustrie können in ihrem sachlichen Inhalt geradezu als vorbildlich bezeichnet werden [2]). In klaren, dem Niveau des Arbeiters angepaßten Artikeln wird hier zu den schwebenden wirtschaftlichen Fragen Stellung genommen und zwar bemerkenswerter Weise durchschnittlich mehr unter darstellendem und erklärendem, als unter politisch-beeinflussendem Gesichtspunkt. Man gewinnt jedenfalls den Eindruck, daß die Aufgaben der Betriebsräteschulung versachlichend auf den Inhalt der Gewerkschaftspresse eingewirkt haben. Ganz charakteristisch ist die im Gegensatz zu früher stark hervortretende Beschäftigung mit praktischen Problemen der Privat- und Volkswirtschaft, wie sie in Aufsätzen über die Kalkulation, die Buchführung, die Grundlagen des Bank- und Börsenwesens, die Konzentrationsbewegung u. a. zum Ausdruck kommt. Es ist schwer festzustellen, wieweit diesen

---

[1]) Noch bei der Beratung des BRG. traten die Gewerkschaften eifrig für die einjährige Wahlperiode ein, heute schreibt z. B. die Metallarbeiterztg.: „Stellen die Betriebsräte sich nicht wieder zur Wahl, . . . geht das vorhandene Maß von Wissen der gesamten Bewegung unmittelbar verloren, ein Verlust, der nicht so schnell zu ersetzen ist“. Nr. 9 v. 26. 2. 21.

[2]) Unter den Einwirkungen der Wirtschaftskrise 1923/24 ist inzwischen auch die Betriebsräetzeitg. d. ADGB. eingegangen bezw. m. d. Korr.-Bl. verschmolzen. Vgl. Betr. Ztg. Nr. 12 v. Dez. 23. Ähnlich ist es mit mehreren anderen Betriebsrätezeitschriften gegangen. Es wird zwar eine diesbezügliche Erweiterung des Inhalts der Gewerkschaftspresse angekündigt, doch ist kaum mit einem wirklich vollwertigen Ersatz zu rechnen.

umfangreichen Darbietungen ein produktives Verarbeiten auf seiten der Betriebsräte entspricht, persönliche Beobachtungen haben jedoch wiederholt bestätigt, daß die Fachpresse gleichsam zum Rückgrat der Betriebsrätetätigkeit geworden ist, und daß die Betriebsräte sich in den Verhandlungen mit der Werksleitung meist auf die Auslegungen ihrer Presse zu berufen und zu stützen pflegen.

Diese unmittelbare Verwendbarkeit für die Praxis, die Möglichkeit des Durcharbeitens während der Arbeitszeit, die durchschnittlich dem Unternehmer zufallenden Kosten der Haltung und die breite Schicht der erfaßten Schüler fallen bei einer gewerkschaftlichen Wertung der Betriebsrätepresse jedenfalls stark zu deren Gunsten ins Gewicht und lassen diese Form der Schulung als verhältnismäßig wirksam erscheinen.

Zusammenfassend ist über die Aussichten des Betriebsrätewesens die hohe Schule des gewerkschaftlichen Führertums zu werden, folgendes zu sagen: Der Ausleseprozeß, die praktischen Erfahrungen im Verkehr mit dem Unternehmer, Behörden und Belegschaften und die relativen Einblicksmöglichkeiten in die wirtschaftlichen Zusammenhänge lassen im Verein mit den theoretischen Schulungsversuchen diese Aussichten in bezug auf eine ganz begrenzte Schicht der Betriebsräte als nicht ungünstig erscheinen. Abgesehen von persönlichen Qualitätsdifferenzierungen ist diese Schicht aus sachlichen Gründen auf die Betrietsausschußmitglieder, die Betriebsratdelegierten des Aufsichtsrats und die Gesamtbetriebsräte größerer Industrieunternehmungen sowie auf den Bruchteil systematisch geschulter und mehrfach gewählter Betriebsräte begrenzt. Als Ganzes genommen hat das Betriebsrätewesen eine intensivere Einstellung der Gewerkschaften auf diese Schulungsaufgaben im Gefolge gehabt, und um die speziell für die Betriebsräte geschaffenen Einrichtungen kristallisiert sich nunmehr die gewerkschaftliche Führerschulung als solche. Diese Wechselbeziehungen zwischen dem Betriebsrätewesen und der Führerschulung sind jedoch nicht nur innerhalb des reformistischen Typus der Gewerkschaftsbewegung vorhanden, sondern diese Wechselbeziehungen gewinnen gerade innerhalb einer sozialistisch orientierten Gewerkschaftspolitik gesteigerte Bedeutung.

Es ist bereits darauf hingewiesen worden, daß die sozialistische Problematik im Gegensatz zu früher den Hauptwert auf die organisatorische Seite des Sozialismus legt und sich in gesteigertem Maße mit den Möglichkeiten zu der bewußten Herbeiführung des Sozialismus beschäftigt.

Das organisatorische Problem des modernen Sozialismus ist die Durchführung der proletarischen Selbstverwaltung, an diesem Ziel ist das Handeln der sozialistischen Gewerkschaftsbewegung orientiert und primär unter diesem Gesichtspunkt ist das Betriebsrätewesen in die sozialistische Gewerkschaftsbewegung eingeschaltet. Die Durchführung der proletarischen Selbstverwaltung hat als conditio sine qua non die Heranbildung einer wirtschaftlichen Führerschicht zur Voraussetzung, die es gegebenenfalls ermöglicht, die bisherigen Funktionen des Unternehmers und seines Verwaltungsstabes auf qualifizierte proletarische Organe zu übertragen.

Soweit die Gewerkschaften die Schulung proletarischer Wirtschaftsführer systematisch in die Hand genommen haben, kristallisieren sich die Bestrebungen naturgemäß in erster Linie um die vorhandene Ausbildungsbasis des Betriebsrätewesens. Die Schulungseinrichtungen werden bezüglich der Auswahl des Stoffes und der Lehrkräfte planmäßig auf diese Aufgabe eingestellt, und den Betriebsräten selbst wird ihre Bedeutung als zukünftige sozialistische Wirtschaftsführer immer wieder eingeimpft. Über die programmatische Stellungnahme des ADGB. zur Betriebsräteschulung schreibt das Korrespondenzblatt[1]): „Das BRG. muß aber auch dazu benutzt werden, um geschulte Kräfte heranzubilden für den Zeitpunkt, in dem das Wirtschaftsleben reif ist, in die sozialistische Gemeinwirtschaft überführt zu werden.“ Ganz ähnlich nimmt der Deutsche Metallarbeiterverband Stellung[2]): „Das BRG. ermöglicht es, eine Avantgarde von Arbeitern zu schulen, sie für den Produktionsprozeß befähigt zu machen und, sollte die Arbeiterschaft zur Macht gelangen, werden die Betriebsräte die Garantie für die Erhaltung und Festigung der proletarischen Macht sein.“ Diesen programmatischen Tendenzen entsprechend sind die freigewerkschaftlichen Betriebsräteschulen und -kurse in ihrer überwiegenden Mehrzahl auf dem Prinzip aufgebaut, den Betriebsräten neben reinem Tatsachenmaterial eine konsequent sozialistische Weltanschauung zu vermitteln[3]). Charakteristisch heißt es in einem Unterrichtsverzeichnis der Groß-Berliner Betriebsräteschule, daß „eine Klassenkampfschule,“ eine „Kriegsakademie der Groß-Berliner Arbeiterschaft“ geschaffen werden soll[4]). Die Anleitung zum Studium in der Betriebsräteschule stellt folgende Grundsätze auf[5]): „Um ein wirklich klassenbewußtes Handeln zu ermöglichen, ist eine dreifache Erkenntnis

---

[1]) Nr. 26 v. 26. 6. 20.

[2]) Metallarbeiter-Ztg. Nr. 42 v. 16. 10. 20.

[3]) „Für neutrale, d. h. weltanschauungsmäßig nicht bestimmte Bildungsarbeit ist in den Gewerkschaften kein Raum.“ Der Betriebsrat, Jahrg. 1921 Nr. 12.

[4]) Unterrichtsverzeichnis f. Februar/April 1921. Verlag d. ADGB.

[5]) Abgedruckt bei Woldt, a. a. O. S. 33.

erforderlich . . . . . die Kenntnis des gegenwärtigen Wirtschaftslebens, die Kenntnis der sozialistischen Theorie und die Kenntnis von der Umformung der heutigen Wirtschaft in die sozialistische Wirtschaft." Wo geeignete Lehrkräfte zur Verfügung stehen, ist der Lehrplan der freigewerkschaftlichen Schulungseinrichtungen diesem Grundgedanken entsprechend aufgebaut, und nur in den seltensten Fällen pflegen Vorlesungen und Übungen über sozialistische Theorien, insbesondere den Marxismus zu fehlen [1]).

Unabhängig von dieser bewußt weltanschauungsmäßigen Beeinflussung ist es letzten Endes die Tatsache der wirtschaftlichen Schulung an sich, die die Betriebsräte in den Augen der Gewerkschaften zu wichtigen Organen des Sozialismus stempelt. Bezeichnend hierfür ist, daß das Korrespondenz-Blatt auch über die nichtsozialistische, weil intergewerkschaftliche Betriebsräteschule Münster schreibt: „Durch diese Einrichtungen werden die Sozialisierungsbestrebungen am besten auf das Gebiet der Praxis übertragen [2])."

Bei einer kritischen Würdigung dieser Versuche, in den Betriebsräten die kommenden proletarischen Wirtschaftsführer heranzuziehen, kann großenteils auf gemachte Ausführungen zurückgegriffen werden, da die tatsächlichen Gestaltungsbedingungen des Schulungs- und Führerproblems bei beiden Typen der Gewerkschaftsbewegung vielfach parallel laufen und denselben Hemmungen unterworfen sind. Man wird auch hier zu unterscheiden haben zwischen der Aussicht, eine Schicht wirtschaftlich führender Köpfe heranzubilden und der Möglichkeit, in den Betriebsräten einen neuen Typus industrieller Verwaltungsbeamter zu schaffen.

In ersterer Beziehung sind die Aussichten des Betriebsrätewesens recht skeptisch zu beurteilen, und die schon anläßlich der Ausbildung des gewerkschaftlichen Führertums geltend gemachten Bedenken treffen hier noch in erhöhtem Maße zu. Die praktische Amtszeit gewährt nur einer verschwindend kleinen Schicht von Betriebsräten fruchtbare Einblicke in die Zusammenhänge der Wirtschaft, und die theoretische Schulung ist häufig viel zu lückenhaft und unsystematisch, stets jedoch viel zu kurz, um ein gründliches und produktiv verarbeitetes Wissen zu vermitteln. Dazu kommt, daß auch bei günstigeren sachlichen Gestaltungsbedingungen die persönliche Qualifizierung des Großteils der Betriebsräte zur Ausübung leitender Wirtschaftsfunktionen kaum ausreichen würde, und daß schließlich diese leitenden Funktionen bis jetzt noch im wesentlichen nicht erlernbar sind, sondern angeborene Begabung voraussetzen. Gewisse An-

---

[1]) Vgl. hierüber auch Soziale Praxis Nr. 18 v. 4. 5. 21.
[2]) Korr.-Bl. Nr. 36 v. 4. 9. 20.

zeichen der Entwicklung deuten allerdings auf die Möglichkeit hin, daß die fortschreitende Rationalisierung dazu führen wird, daß auch die schöpferische Arbeit sich nicht mehr in Führerpersönlichkeiten kristallisiert, sondern zu einer besonders qualifizierten Form systematischer Büroarbeit werden soll[1]).

Bei einer derartigen Entwicklung würden die Aussichten des Betriebsrätewesens proletarische Kräfte für die Übernahme leitender wirtschaftlicher Positionen zu schulen, in günstigerem Lichte erscheinen, denn für die Heranbildung qualifizierter Verwaltungsbeamter bietet das Betriebsrätewesen in der Tat mancherlei Möglichkeiten. Auf diesem Gebiet sind die Betriebsräte sehr wohl in der Lage, sich in den komplizierten Verwaltungsapparat großer Industrieunternehmungen einzuarbeiten und sich verwaltungstechnische Kenntnisse und praktische Routine anzueignen. Unter ähnlichem Gesichtspunkt wird man die Ausbildung der Betriebsräte zu unteren und mittleren industriellen Verwaltungsbeamten zu beurteilen haben, nur daß für diese Durchschnittsfunktionen die Schicht der in Betracht kommenden Betriebsräte sich naturgemäß stark erweitert.

Vielfach eng verbunden mit dieser Tendenz, proletarische Wirtschaftsführer heranzubilden, erscheint die Forderung nach „Kontrolle der Produktion“. In dem von der Arbeiterbewegung gebrauchten Sinn umschließt der Begriff der Kontrolle neben reinen Aufsichtsfunktionen die Gesamtheit der Maßnahmen, die erforderlich sind, um der Arbeiterschaft weitgehenden Einblick in die Zusammenhänge des kapitalistischen Produktionsprozesses zu verschaffen und sie in den Stand zu setzen, diesen selbst maßgebend zu beeinflussen[2]). Innerhalb der sozialistischen Gewerkschaftsbewegung ist die Produktionskontrolle naturgemäß primär an gemeinwirtschaftlichen Gesichtspunkten orientiert[3]). Einerseits soll der erlangte Einfluß der Arbeiterschaft aktiv in gemeinwirtschaftlichem Sinn geltend gemacht werden, andererseits sollen die gewonnenen Einblicke und Kenntnisse systematisch gesammelt und verwertet werden, um als wirtschaftliches Schulungsmaterial zu dienen, den Agitationsstoff“ gegen die „Planlosigkeit“ und das „Gewinnstreben“ der kapitalistischen Wirtschaft zu beschaffen und gleichzeitig die konkreten Unterlagen für eine bedarfsdeckungsorientierte Produktion vorzubereiten.

---

[1]) Vgl. Schumpeter i. Arch. Soc. Wiss. u. Soz. Pol. Bd. 48 Heft 1, S. 318.

[2]) Vgl. auch Leubuscher, Sozialismus und Sozialisierung in England a. a. O. S. 9 ff.

[3]) Über den Standpunkt der freien Gewerkschaften schreibt z. B. die Freiheit: „Kontrolle der Produktion bedeutet Beeinflussung der Produktion nach gemeinwirtschaftlichen Gesichtspunkten.“ Nr. 135 v. 22. 3. 21.

Das Betriebsrätewesen ist das geborene Instrument dieser Produktionskontrolle, und insbesondere jene Bestimmungen, die den Betriebsräten über den Rahmen von Arbeiterausschüssen hinausgehende Aufgaben zuweisen, wie die Bilanzeinsicht [1]), die Aufsichtsratsmitgliedschaft und nicht zuletzt die Unterstützung der Betriebsleitung bei der Erfüllung des Betriebszwecks werden von den Gewerkschaften in den Dienst dieser Aufgabe zu stellen versucht. Der erste Reichsbetriebsrätekongreß gibt gleichsam die allgemeinen Richtlinien hierfür aus [2]): „Die Betriebsräte müssen dafür sorgen, daß sie in die Geheimnisse der kapitalistischen Produktion eindringen, daß sie über das BRG. hinaus sich die notwendigen Bedingungen schaffen, um eine wirkliche Produktionskontrolle zu erringen.“ Die näheren Ausführungsbestimmungen stellen dann die einzelnen gewerkschaftlichen Kongresse auf. So heißt es in dem Hauptreferat des Betriebsrätekongresses für den Bergbau [3]): „Wichtig ist, daß das in der Tätigkeit der Betriebsräte gewonnene Material und die gemachten Beobachtungen den Bezirksleitungen zugesandt werden, von diesen wird es dann an die Zentrale geleitet, wo es entsprechend verarbeitet und zusammengestellt wird.“ Als systematische Ergänzung zu dieser mehr oder minder lückenhaften Materialsammlung lassen die größeren Gewerkschaftsverbände und Betriebsrätezentralen den Betriebsräten Fragebogen zugehen, die in vielen Punkten weit über den Rahmen einer die Arbeitsverhältnisse betreffenden Umfrage zu statistischen Zwecken hinausgehen. So wird unter anderem gefragt, wie hoch sich der Absatz im Verhältnis zur Gesamtproduktion stelle, welcher Teil des Absatzes nach dem Inland, welcher nach dem Ausland gehe, woher der Betrieb seine Rohmaterialien bezöge, ob die in der Bilanz erscheinenden Posten über- oder unterbewertet seien, woraus der Betriebsgewinn sich zusammensetze und ähnliches [4]).

Derartige Versuche der Produktionskontrolle durch Fragebogen und zusammengefaßte Materialsammlung sind nicht etwa auf Einzelfälle beschränkt geblieben, sondern wie z. B. auch aus dem Geschäftsbericht der Vereinigung Deutscher Arbeitgeberverbände hervorgeht, planmäßig un-

---

[1]) Über den Zweck der Bilanzvorlage äußert sich Nörpel auf dem 11. Deutschen Gewerkschaftskongreß: „Durch das Bilanzgesetz sind wir in die Lage gesetzt, unmittelbaren Einblick in die Geschäftsführung der einzelnen Betriebe zu nehmen und unsere Kenntnisse im Interesse der Arbeiterbewegung zu brauchen.“ Vgl. Betriebsräte-Ztg. Nr. 7 vom 15. 7. 22.

[2]) Protokoll d. Verhandlungen. Verlag des ADGB. S. 137.

[3]) Vgl. Bergarbeiterzeitung Nr. 47 vom 19. 11. 21.

[4]) Entnommen aus einer Anzahl mir persönlich vorliegender Fragebogen, vgl. im übrigen auch: Voss. Ztg. Abendausgabe von 6. 2. 22.

ternommen worden. Es heißt dort[1]): „Auch in dem bestimmungsgemäßen und regelmäßigen Verhalten der Betriebsrätezentralen ist das Bestreben bemerkbar geworden, die Befugnisse der Betriebsräte vor allem auf das rein wirtschaftliche Gebiet auszudehnen. Dies zeigt sich besonders in den sogenannten Fragebogen, die den einzelnen Betriebsräten formularmäßig von den Betriebsrätezentralen zugesandt werden.“ In diesem Zusammenhange müssen ferner die Versuche Erwähnung finden, die größeren Erfahrungen und Einblicksmöglichkeiten der Angestellten in das System der sozialistischen Produktionskontrolle einzuschalten, und den Betriebsrat zur sammelnden und verarbeitenden Zentrale des vermöge der arbeitsteiligen Verwaltungsorganisation im einzelnen wertlosen Materials zu machen. In einem diesbezüglichen Flugblatt der Afa findet sich zum Beispiel folgende charakteristische Aufforderung[2]): „Der Einblick der Betriebsräte in die Produktion ist durch die verklausulierten Bestimmungen des BRG. aufs äußerste erschwert, er kann in jedem Fall nur erzielt werden, durch die allseitige Mitwirkung der Angestellten, ... diese sind in der Lage, dem Betriebsrat Aufschlüsse über die Roh- und Hilfsstoffversorgung und über die Absatzverhältnisse zu geben, die Angestellten, die von allen Abschlüssen und Verbindlichkeiten nähere Kenntnis haben, müssen dem Betriebsrat beratend zur Seite stehen.“

Der Erfolg derartiger Kontrollversuche ist bis jetzt allerdings recht gering gewesen, da die eigentliche Geschäftsführung einer Unternehmung weder dem Betriebsrat noch den unteren Angestellten zugänglich ist und die Werksleitungen, argwöhnisch geworden, gerade in dieser Hinsicht große Vorsicht anzuwenden pflegen. Auch aus der Bilanzvorlage und ihrer Mitgliedschaft im Aufsichtsrat haben die Betriebsräte kaum Material entnehmen können, das der Arbeiterbewegung sonst nicht zugänglich wäre, denn einerseits pflegen die Werksleitungen sich hier ebenfalls starke Zurückhaltung aufzuerlegen, andererseits sind auch die Betriebsräte auf Grund ihrer Vorbildung nur selten in der Lage, auf diesen überaus schwierigen Gebieten eine wirkliche Kontrolle vorzunehmen[3]). Im übrigen ist die erfolgreiche Durchführung der Produktionskontrolle neben der persönlichen Befähigung der Betriebsräte in erster Linie durch die jeweilige gesellschaftliche Machtkonstellation bedingt, und die diesbezügliche Wirksamkeit der Betriebsräte, die im Augenblick noch stark paralysiert ist, kann durch

---

[1]) Jahrg. 1921 S. 19 ff.

[2]) Abgedr. i. d. Deutschen Arbeitgeberztg. Nr. 5 vom 29. 1. 22.

[3]) Näheres über die Erfahrungen und Aussichten des wirtschaftlichen Mitbestimmungsrechts vgl. im folgenden Abschnitt der Arbeit.

eine wesentliche Machtverschiebung unmittelbar zu gunsten des Proletariats beeinflußt werden.

Ob diese Wirksamkeit im Sinn einer willensmäßigen Herbeiführung des Sozialismus fruchtbare Möglichkeiten in sich birgt, und nicht lediglich der Idee des Klassenkampfes dienstbar gemacht werden wird, ist allerdings eine Frage, die recht zweifelhaft erscheint. Die bisherigen Erfahrungen haben gezeigt, daß bei einem Teil der Betriebsräte die Bekämpfung der privaten Unternehmung und eine Politik der Zermürbung und Behinderung der Werksleitung zum Selbstzweck des Handelns geworden ist[1]). Ganz besonders tritt dies dort hervor, wo die Betriebsräte versuchen, aktiv in die Leitung des Produktionsprozesses einzugreifen und gemäß ihrer gewerkschaftlichen Instruktionen die Unternehmerfunktionen einzuschränken. Diese Aufgabe liegt zwar in derselben Ebene mit den Tendenzen des modernen Sozialismus, solange ihr aber nicht eine erfolgreiche Übernahme positiver Funktionen entspricht, wird sie die Entwicklung der proletarischen Selbstverwaltung nicht wesentlich fördern.

Bis jetzt kann von diesbezüglichen Erfolgen des Betriebsrätewesens jedenfalls kaum gesprochen werden, und wie im folgenden zu zeigen sein wird, haben die Betriebsräte weder vermocht, die Unternehmerfunktionen absolut genommen einzuschränken, noch die proletarische Selbstverwaltung wesentlich vorzudrücken. Auch hier hängt aber naturgemäß viel von der zukünftigen persönlichen Qualifizierung der Betriebsräte und vor allem von der gesellschaftlichen Machtverteilung ab. Berücksichtigt man, daß die jetzige Gestaltung des Betriebsrätewesens nur als vorläufige Etappe aufgefaßt wird, und daß speziell die sozialistische Arbeiterbewegung intensiv auf die gesetzliche und tasächliche Erweiterung des Betriebsrätewesens drängt, wird man bei aller Skepsis der Beurteilung die im Betriebsrätewesen liegenden Möglichkeiten einer fortschreitenden proletarischen Selbstverwaltung nicht außer acht lassen dürfen[2]).

---

[1]) Vgl. hierzu auch Deutsche Bergarbeiterzeitung Nr. 109. vom 12. 5. 21.

[2]) Charakteristisch für die Erweiterungsabsichten der Arbeiterschaft ist z. B. folgende Resolution einer im Januar 22 in Essen tagenden Betriebsrätekonferenz des alten Bergarbeiterverbandes: „Der Verband wird aufgefordert, mit dem ADGB. dafür einzutreten, daß eine Revision des gänzlich unzulänglichen BRG. durch den Reichstag vorgenommen wird.“ Bergarbeiterzeitung Nr. 4 v. 28. 1. 22. ähnlich der Kongreß der Metallarbeiter: „Das BRG. genügt uns nicht, neben Verbeugungen vor dem Arbeiter finden sich in 106 Paragraphen Fußangeln, die die gewährten Rechte wieder illusorisch machen.“ „Es wird Aufgabe der Reichsbetriebsrätezentrale sein, zu geeigneter Zeit eine Novelle zum BRG. einzureichen.“ Freiheit Nr. 574 v. 9. 12. 21.

Zu diesen Funktionen der Schulung, der Kontrolle und der Selbstverwaltung tritt unter dem Gesichtspunkt einer willensmäßig beschleunigten Herbeiführung des Sozialismus als dritte Funktion des Betriebsrätewesens die Propaganda. Analog wie die Betriebsräte innerhalb des reformistischen Gewerkschaftstypus als qualifizierte Propaganda-Organe zu werten sind, bedeuten sie auch für die sozialistische Bewegung in dieser Hinsicht eine bemerkenswerte Erweiterung und Bereicherung. Durch ihre relativ gesicherte Position, ihre berufliche Freistellung und ihre häufige Berührung einerseits mit der Belegschaft, andererseits mit Partei- und Gewerkschaftsinstanzen, sind die Betriebsräte weit vollkommener als andere Belegschaftsangehörige oder betriebsfremde Agitatoren in der Lage, sozialistische Propaganda zu treiben. Daß sie diese für den proletarischen Emanzipationskampf außerordentlich bedeutsame Funktion tatsächlich weitgehend übernommen haben, wird eine analytische Betrachtung ihrer Tätigkeit erweisen.

Abschließend läßt sich folgendes feststellen: Das Betriebsrätewesen ist planmäßig in den Mechanismus der sozialistischen Gewerkschaftsbewegung eingeschaltet und zwar sowohl unter dem zukünftigen Gesichtspunkt der Heranbildung einer Schicht proletarischer Wirtschaftsführer, als auch unter dem gegenwärtigen Gesichtspunkt der Produktionskontrolle und Propaganda. Die sozialistische Produktionskontrolle umschließt die Funktionen der systematischen Materialsammlung, der Einarbeitung in die kapitalistische Geschäftsführung und der Durchführung der proletarischen Selbstverwaltung.

Die tatsächliche Bedeutung des Betriebsrätewesens für den sozialistischen Typus der Gewerkschaftsbewegung ist nicht einheitlich zu beurteilen. Im allgemeinen kann gesagt werden, daß die bisherigen Auswirkungen weit hinter den Erwartungen der Arbeiterschaft zurückgeblieben sind, daß sich die Tendenzen der sozialistischen Gewerkschaftsbewegung aber nach wie vor um das Betriebsrätewesen kristallisieren und auf diesem Gebiet speziell hinsichtlich einer verwaltungstechnischen Schulung und einer sukzessiven Zurückdrängung des Unternehmers gewisse Möglichkeiten für sich haben.

§ 4.

Zusammenfassung.

Zusammenfassend läßt sich über den Einfluß des Betriebsrätewesens auf die Gewerkschaftsbewegung folgendes feststellen:

Während der ersten Zeit seiner Wirksamkeit gefährdet das Betriebsrätewesen speziell die freien Gewerkschaften erheblich, da die gewerkschaftsfeindlichen Tendenzen sowohl des Rätewesens und der Führerrevolution, als auch des Betriebsegoismus und syndikalistisch unionistischer Organisationen im Betriebsrätewesen willfährige Unterstützung und eine wahlverwandte Organisationsform finden.

Mit ihrer zunehmenden Konsolidierung beginnen die Gewerkschaften systematisch an der Eingliederung und Erfassung des Betriebsrätewesens zu arbeiten, und unter dem Einfluß dieser Tätigkeit und der auch auf seiten der Betriebsräte zum Anschluß an die Gewerkschaft drängenden sachlichen Bedingtheiten ist von Ende 1920 ab eine wachsende Vergewerkschaftlichung des Betriebsrätewesens zu beobachten.

Die Vergewerkschaftlichung des Betriebsrätewesens umfaßt die überwiegende Mehrzahl der Betriebsräte, eine nähere Untersuchung zeigt jedoch, daß beachtenswerte Restbestände des revolutionären Betriebsrätewesens noch vorhanden sind und jeweils die Anklammerungspunkte für die bald stärker, bald schwächer in Erscheinung tretenden gewerkschaftsfeindlichen Tendenzen bilden.

Teils sind es diese selbständigen revolutionären, mehr aber noch die eingegliederten Bestandteile des Betriebsrätewesens, die die Gewerkschaften sowohl in ihrer inhaltlichen Zwecksetzung als auch in ihrer Struktur und in ihrem Mechanismus beeinflussen. Die inhaltliche Zwecksetzung wird nach der politischen und aktiv sozialistischen Seite hin erweitert. Die gewerkschaftliche Struktur wird in der Richtung zum Industrieverband gedrängt. Der Mechanismus der Gewerkschaftsbewegung erhält neue Auswirkungsmöglichkeiten.

Der reformistisch orientierte Typus erhält sie durch die Ergänzung des bisherigen Funktionärsystems, durch die Unterstützung des gewerkschaftlichen Beamtentums und durch die praktisch und theoretisch verbesserten Möglichkeiten einer gewerkschaftlichen Führerausbildung.

Der sozialistisch-orientierte Typus erhält sie zunächst ebenfalls durch die gesteigerte Möglichkeit, ein wirtschaftlich geschultes, sozialistisches Führertum heranzubilden; darüber hinaus durch die Erweiterung der Produktionskontrolle und die praktischen Versuche, die proletarische Selbstverwaltung durchzuführen.

Soweit die bisherigen Erfahrungen ein Urteil zulassen, ist die Gewerkschaftsbewegung durch das Betriebsrätewesen jedenfalls stark beeinflußt worden und hat speziell unter dem Gesichtspunkt der gesellschaftlichen und machtpolitischen Kräfteverteilung eine wesentliche Stärkung ihrer Position erfahren.

Es wird im folgenden zu zeigen sein, unter welchen Bedingungen sich die Wirksamkeit der Betriebsräte innerhalb der privaten Unternehmung abspielt.

Zweiter Teil.

Der Einfluß des Betriebsrätewesens auf die private Unternehmung.

Der vorliegende Abschnitt untersucht den Einfluß des Betriebsrätewesens auf die private, industrielle Unternehmung.

Da die soziologischen Probleme der modernen Industrieverfassung und mit ihnen auch die Gestaltungsbedingungen und Auswirkungen des Betriebsrätewesens vornehmlich unter großbetrieblichen Produktionsverhältnissen hervortreten, sind zu dieser Untersuchung nur mittlere und großbetriebliche Unternehmungen herangezogen worden [1].

Die dort gewonnenen Ergebnisse können als typisch gewertet werden, obwohl das Betriebsrätewesen in kleinen und mittleren Unternehmungen vielfach andere und nicht selten günstigere Auswirkungen gezeitigt hat. Diese kleinen und mittleren Unternehmungen besitzen aber einerseits für die soziologische Struktur der herrschenden Wirtschaftsordnung qualitativ gesehen nur nachgeordnete Bedeutung, andererseits treten die vielfachen Probleme des Betriebsrätewesens in ihnen teils gar nicht, teils nur verschwommen in Erscheinung.

Soweit das Betriebsrätewesen in seiner Einwirkung auf großbetriebliche Produktionsverhältnisse als solche untersucht wird, lassen sich dagegen vielfache Analogien auch zu den nicht kapitalistischen, großbetrieblichen Wirtschaftsformen ziehen, und die hierauf bezüglichen Teile der Arbeit können sinngemäß auch für diese Wirtschaftsformen eine gewisse Geltung beanspruchen.

Die Untersuchungen des vorliegenden Abschnitts beruhen zum großen Teil auf eingehenden persönlichen Studien in den Betrieben und stützen sich vielfach auf nicht veröffentlichtes Material. Es ist daher notwendig, die Methode der Materialsammlung und Untersuchung kurz zu skizzieren.

Abgesehen von der spärlich vorhandenen Spezialliteratur und den Notizen in der Tages- und Fachpresse ist zu-

---

[1] Analog auch Herkner in seiner Arbeiterfrage 8. Aufl. S. 6.

nächst das in irgend einer Form schriftlich fixierte Material der Betriebe und Verbände benutzt worden. Es kommen hier in Betracht:

1. Die Arbeitsordnungen, Dienstvorschriften, Tarifverträge und Richtlinien.

2. Die schriftlichen Berichte der einzelnen Abteilungen und Werke an die Zentralverwaltung, sowie umgekehrt die Anweisungen der Zentralverwaltung an die einzelnen Abteilungen und Werke.

3. Die Berichte der einzelnen Betriebsräte an den Gesamt- oder Konzernbetriebsrat.

4. Die Protokolle der Betriebsratsitzungen und der Verhandlungen mit der Werksleitung.

5. Die Jahresberichte der Unternehmungen.

6. Die vereinzelten Jahresberichte von Betriebsräten größerer Unternehmungen.

7. Die Erhebungen der sozialpolitischen und statistischen Abteilungen in den Werken.

8. Die Erhebungen und Akten der Arbeitgeberverbände und Gewerkschaften.

9. Die Akten der Schlichtungsausschüsse und Gewerbegerichte.

10. Die Berichte der Gewerbeaufsichtsbeamten.

Zur Ergänzung dieses schriftlichen Materials haben zahlreiche persönliche Rücksprachen mit leitenden Direktoren, Betriebsführern und Werkmeistern, sowie mit Betriebsräten, Belegschaftsmitgliedern und Gewerkschaftssekretären gedient.

Da das vorhandene Material von den Betrieben und Verbänden vielfach nur mit dem ausdrücklichen Vorbehalt keiner namentlichen Anführung zur Verfügung gestellt wurde, ist in diesen Fällen eine Chiffrebezeichnung gewählt worden.

§ 1.

Zur Soziologie der Beziehungen zwischen Betriebsrat und Unternehmer.

I.

Die Assimilierungspolitik der Werksleitung.

1. Das BRG. ist von der überwiegenden Mehrzahl des deutschen Unternehmertums mit starken Besorgnissen und unverhohlener Abneigung empfangen worden.

Die natürliche Folge davon ist, daß sich das Unternehmertum während der ersten Entwicklungsperiode des Betriebsrätewesens durchschnittlich in prinzipieller Abwehrstellung gegen den Betriebsrat[1]) befindet, und daß es den Schwerpunkt der Betriebsrätepolitik zunächst in die Kampforganisation der Arbeitgeberverbände legt.

Sehr bald jedoch versuchen die Werksleitungen das Gebiet der Betriebsrätepolitik aus der notwendig starren Führung der Arbeitgeberverbände herauszulösen und selbst aktive Betriebsrätepolitik[2]) zu treiben.

Es ist charakteristisch für die Intensität der der heutigen Wirtschaft immanenten Rationalisierungstendenzen, daß diese Betriebsrätepolitik der Werksleitungen trotz der starken, irrationalen Motive, die gerade auf dem Gebiet des Betriebsrätewesens zum Kampf um letzte Prinzipien drängen, heute in der Mehrzahl der Fälle durchaus elastisch und realpolitisch eingestellt ist. Das Betriebsrätewesen wird zwar nach wie vor für eine schädliche, zum mindesten überflüssige Einrichtung gehalten, aber als nun einmal vorhandener Faktor wird es in die Kalkulation mit eingestellt[3]). Die Werksleitung rechnet mit diesem Faktor, sie muß einen nicht unerheblichen Teil ihrer Maßnahmen am Betriebsrätewesen orientieren. Im Rahmen einer rationellen Betriebsführung ergibt sich daraus mit Notwendigkeit die Konsequenz, daß die Werksleitung zunächst bestrebt ist, das Betriebsrätewesen in ihren Wirtschaftsplan einzugliedern, es dem Betriebszweck dienstbar zu machen und so die ursprünglich als Fremdkörper empfundene Einrichtung des Betriebsrats der eigenen Unternehmung zu assimilieren.

---

[1]) Es ist hier nochmals darauf hinzuweisen, daß unter Betriebsrat stets die Belegschaftsvertretung als solche verstanden wird und daß die formale Unterscheidung zwischen den einzelnen Arten der Belegschaftsvertretung nicht berücksichtigt wird.

[2]) Unter Betriebsrätepolitik wird in der hier gebrauchten Bedeutung die planmäßige Behandlung der gesetzlichen Betriebsvertretung und der durch das Betriebsrätewesen aufgeworfenen Fragen und Streitigkeiten verstanden. Wenn in diesem Sinn von einer „Politik der Werksleitung" und späterhin in analogem Sinn von einer „Politik des Betriebsrats" gesprochen wird, so wird damit der Schwerpunkt der Untersuchung auf das typische Handeln bestimmter gesellschaftlicher Gruppen gelegt, während individual-psychologische Unterschiede nur sekundär berücksichtigt werden.

Diese soziologisch-typische Betrachtung ist aus doppeltem Grunde gerechtfertigt. Einmal weil sich innerhalb der behandelten Gruppen ein bestimmter Ablauf des Handelns und bestimmte Charakterzüge regelmäßig wiederholen, zum andern weil diese Homogenität des individuellen Handelns nicht durch zufällige persönliche Übereinstimmung, sondern durch spezifische gesellschaftliche Wechselwirkungen mit ihrem Erfolge der identischen Beeinflussung und einheitlichen Zwecksetzung hervorgerufen wird. Vgl. auch Simmel in seiner Sozialpsychologie, entn. aus Sombart, Soziologie, Berlin 1923, S. 158—160.

[3]) Über die diesbezügliche Auffassung des Unternehmertums, speziell im rheinisch-westfälischen Industriegebiet, vgl. auch die wirtschaftlichen Nachrichten aus dem Ruhrbezirk Nr. 9 v. 11. 3. 22.

Dem Grundgedanken des Gesetzes entsprechend ist gerade in den an sich rational durchbürokratisierten Großbetrieben anfänglich vielfach der Versuch gemacht worden, durch Wiederbelebung der persönlichen Fühlung in diesem Sinn auf den Betriebsrat einzuwirken. Unter Umgehung der üblichen, bürokratisch arbeitenden nachgeordneten Instanzen übernahmen Mitglieder der Direktion die täglichen Verhandlungen mit dem Betriebsrat, einerseits in dem Glauben, hierdurch soziale Versöhnungsarbeit zu leisten, andererseits in der Absicht, durch das Mittel persönlicher Überlegenheit, durch den, wenn auch schwachen, Rest von Autorität und durch das unmittelbare Einführen in privatwirtschaftliche Gedankengänge, den Betriebsrat allmählich zu erziehen und ihn privatwirtschaftlichen Erwägungen zugänglich zu machen.

Die Möglichkeiten einer derartigen Beeinflussung durch die Persönlichkeit des Unternehmers sind dabei im wesentlichen die gleichen, wie sie einer planmäßigen Assimilierungspolitik überhaupt zur Verfügung stehen, günstigenfalls nur verstärkt durch das Gewicht der Unternehmerpersönlichkeit.

2. Die Assimilierungspolitik der Werksleitung kann sich zunächst auf rein sachlicher Grundlage unter Heranziehung und Ausnutzung der Bestimmungen des BRG. vollziehen. In der gemeinsamen Sorge für die Wirtschaftlichkeit des Unternehmens und den ungestörten Fortgang der Produktion[1]) sollen Betriebsrat und Unternehmer sich treffen. Es liegt für die Werksleitung nahe, an diesen Bestimmungen einzuhaken und den Gedanken der gemeinsamen Interessenverknüpfung zwischen Unternehmung und Belegschaft theoretisch und praktisch immer wieder zu betonen. Theoretisch durch das Herausstellen volkswirtschaftlicher oder ideologischer Argumente, praktisch sowohl durch ein vertrauensvolles Entgegenkommen und den ernstlichen Versuch eines Hand-in-Hand-arbeitens mit der Belegschaft, als auch durch Ausnützung konkreter Einzelfälle, in denen die Interessenverknüpfung von Unternehmung und Belegschaft materiell greifbar hervortritt.

Die theoretischen Überzeugungsversuche haben sich meist in uferlose Diskussionen verloren und sind deshalb von den Werksleitungen durchschnittlich ganz aufgegeben worden. Die gerade in sozialpolitisch prominenten Unternehmungen vielfach unternommenen Versuche, durch großzügiges Entgegenkommen bei Betriebsrat und Belegschaft

---

[1]) Vgl. BRG. § 1 und noch schärfer, § 66,1.

das Werkszugehörigkeitsgefühl zu stärken[2]), sind auf dem Hintergrunde der scharfen sozialen Spannungsverhältnisse ebenfalls nur selten erfolgreich gewesen. Die relativ größten Erfolgsaussichten hat daher in dieser Beziehung die psychologisch geschickte Ausnützung einer im Einzelfall greifbar hervortretenden Interessengemeinsamkeit von Unternehmung und Belegschaft für sich.

So ist ein Zusammenarbeiten zwischen Werksleitung und Betriebsrat mit gemeinsamer Kampforientierung gegen dritte, hemmende Instanzen, z. B. anläßlich einer übertariflichen Bezahlung und daraus resultierender Schwierigkeiten mit den Verbänden, anläßlich großer Aufträge und notwendig werdender Überstunden und speziell anläßlich von Exportschwierigkeiten und Reibungen mit den Außenhandelsstellen[2]) wiederholt zutage getreten.

Neben der Hervorhebung gemeinsamer sachlicher Interessen und gemeinsamer wirtschaftlicher Grundlagen ziehen die Werksleitungen in weitgehendem Maße Beeinflussungsmomente heran, die auf die Persönlichkeit des Betriebsrats zugeschnitten sind.

Als ganz grobes, wenig aussichtsreiches und sehr zweischneidiges Mittel kommt hier zunächst das Gebiet der direkten Bestechungsversuche in Betracht. Dieses Gebiet wird von den Werksleitungen jedoch nur in den seltensten Fällen beschritten, denn einer direkten Bestechungspolitik stehen auch auf seiten sonst ethisch nicht übermäßig beschwerter Werksleitungen zweifellos starke moralische Hemmungen entgegen, vor allem aber löst eine derartige Politik meist den heftigen Widerstand des Betriebsrats aus und birgt infolgedessen das große Risiko einer öffentlichen Diskreditierung in sich. Häufiger scheint die verschleierte Form der Zuweisung angenehmerer Arbeit oder der Beförderung in bevorzugte, besser bezahlte Stellen gewählt worden zu sein. Da aber auch bei diesen Maßnahmen das Risiko einer gewissen Diskreditierung und auftretender Schwierigkeiten mit Betriebsrat und Belegschaft verhältnismäßig groß ist, bedienen sich die Werksleitungen derartiger Mittel ebenfalls nur in Ausnahmefällen.

Im Gegensatz zu den relativ selten unternommenen Versuchen, den Betriebsrat durch materielle Vergünstigungen zu beeinflussen, sind die vielfachen Möglichkeiten, durch

---

[1]) In weitgehendem Maße ist dieser Versuch z. B. bei Fr. K., in der G. H., bei den Dt. W. und im S.-Konzern unternommen worden.

[2]) Bekannt sind die gemeinsamen Proteste von Betriebsräten und Werksleitungen gegen die Höhe der Ausfuhrabgaben. Diese Proteste wurden mit mangelnder Absatzmöglichkeit und erschwerter Arbeitsbeschaffung begründet, vgl. auch Korr.-Bl. v. 25. 9. 1920 und Betriebsrätezeitung Nr. 9 v. September 23.

geschickte Persönlichkeitsbehandlung eine entgegenkommende und opportunistische Haltung des Betriebsrats herbeizuführen, weitgehend in die Politik der Werksleitungen eingeschaltet. Die liebenswürdige Behandlung einflußreicher Betriebsratmitglieder, das Anbieten von „Vorstandszigarren", ein jovialer Ton in der Unterhaltung, das Eingehen auf den Dialekt der Leute, übertriebene Betonung von Amt und Person des Betriebsrats und die scheinbar selbstverständliche Voraussetzung einer in Wirklichkeit selten vorhandenen Vorbildung und Intelligenz bei dem betreffenden Betriebsrat sind beliebte Mittel, um vorhandene Interessengegensätzlichkeiten zu dämpfen und sich auf sachlichem Gebiet ergebende Schwierigkeiten auf persönlichem Wege zu mildern.

Häufig nutzen die Werksleitungen auch die soziologisch differenzierte Struktur der Belegschaft aus, um Teile des Betriebsrats für sich zu gewinnen, so z. B. dann, wenn sie mit Betriebsratmitgliedern einer bestimmten Gewerkschaftsrichtung zusammenarbeiten, um eine mißliebige Richtung zu bekämpfen. Die jeweilige Unterstützung pflegt dabei beiderseits mit Konzessionen auf andern Gebieten verknüpft zu werden.

Machen sich innerhalb der Belegschaftsvertretung keinerlei sachlich begründete Differenzierungen bemerkbar, bleibt den Werksleitungen immer noch die Möglichkeit, die *persönlichen* Charaktereigenschaften und leicht erfaßbaren Schwächen der *einzelnen Mitglieder* des Betriebsrats in ihre Politik einzustellen. Bei der stark fluktuierenden noch wenig traditionellen und darum lockeren Zweckgemeinschaft des Betriebsrats sind es insbesondere die Motive des Egoismus und des Ehrgeizes, die einer diesbezüglichen Politik der Werksleitung mancherlei Anknüpfungspunkte bieten. *Ob* die Werksleitungen von den verschiedenen Möglichkeiten, die soziologische Differenzierung innerhalb der Arbeiterschaft für ihre Zwecke auszunutzen, Gebrauch machen, hängt naturgemäß ganz von der jeweiligen wirtschaftlichen und arbeitspolitischen Konstellation ab. Nicht selten werden die Werksleitungen gerade umgekehrt ein Interesse daran haben, bestehende Differenzierungen zu überbrücken, um so eine feste Basis für ihre Verhandhandlungen mit dem Betriebsrat zu gewinnen.

Eine gewisse Sonderstellung innerhalb der Assimilierungspolitik der Werksleitung nimmt schließlich eine Reihe von Maßnahmen ein, die unmittelbar an die Amtsführung des Betriebsrats anknüpfen und deren Zweck es ist, durch Entgegenkommen in formalen oder minderwichtigen Fragen auf andern Gebieten ein nachgiebiges Verhalten des Betriebsrats herbeizuführen. Persönliche und sachliche Beeinflussungsmomente erscheinen hier vielfach eng miteinander verknüpft, denn neben den arbeitspolitischen Vorteilen einer erleichterten Amtsführung und erweiterter Befugnisse pflegen mit einem derartigen Entgegenkommen der Werksleitung auch nicht zu unterschätzende subjektive Annehmlichkeiten für den Betriebsrat verbunden zu sein. Es ist dies vor allem dann der Fall, wenn Betriebsratsmitglieder über das gesetzlich vorgeschriebene Maß hinaus von der beruflichen Arbeit freigestellt werden [1]), oder wenn sonst dem Betriebsrat das Technische seiner Tätigkeit durch Entgegenkommen in Fragen der Raum- und Materialbeschaffung wesentlich erleichtert wird. Als Beispiel dafür, daß die Werksleitungen trotz der erheblichen Kosten in dieser Beziehung zum Teil recht großzügig vorgegangen sind, sei ein führender Konzern der Berliner Metallindustrie mit einer Gesamtbelegschaft von ca. 30 000 Arbeitern angeführt [2]). Dort standen im Jahre 1922 den Betriebsräten ausschließlich zur Erledigung ihrer Geschäftsführung und unabhängig von den besonders freigegebenen Sprechstunden wöchentlich über 2000 Stunden zur Verfügung, die trotzdem voll als produktive Arbeit bezahlt wurden. Bei einer durchschnittlichen Wochenarbeitszeit von auch nur 46 Stunden bedeutet das eine gänzliche Freistellung von 44 Betriebsratsmitgliedern oder 20 % der gesamten Betriebsräte des Konzerns. Tatsächlich lagen die Verhältnisse für den Betriebsrat noch günstiger, da er diese ipso jure freigegebene Stundenzahl nach Belieben auf die einzelnen Mitglieder verteilen konnte, unter der Bedingung der Rechenschaftslegung diese Stundenzahl jeweils überschreiten durfte und ihm außerdem für die Abhaltung von regelmäßigen Sprechstunden während der Arbeitszeit noch 260 Stunden wöchentlich zugebilligt waren.

In demselben Konzern standen den Betriebsräten im Jahre 1922 insgesamt 27, vom Lineal bis zum verschließbaren Aktenschrank, vollständig eingerichtete Büroräume, mit 4 eigenen Stenotypistinnen, 27 Haustelephonen und 7 Fernapparaten zu Verfügung. Neben 26 Textausgaben aller in Betracht kommenden Gesetze wurden außerdem sechs der wichtigsten Fachzeitschriften in zehnfacher Ausfertigung für die Betriebsräte gehalten.

Kann ein Entgegenkommen in derartigem Umfange auch nicht als Regelfall angesehen werden, so bewegt sich die diesbezügliche Politik der Werksleitungen, speziell in den

---

[1]) Der § 35 BRG. stempelt die Tätigkeit des Betriebsrates grundsätzlich zu einer ehrenamtlichen. Nur die in Ausnahmefällen „notwendige Versäumnis von Arbeitszeit" muß als produktive Arbeit bezahlt werden.

[2]) Entn. a. d. „Vereinbarungen zum BRG." beim S.-Konzern.

Großbetrieben der Schwer- und Metallindustrie doch vielfach in ähnlichen Grenzen. Der mehr oder minder zweckrationale Hintergrund dieser Maßnahmen tritt in ihrer Abhängigkeit von der „legalen" Haltung des Betriebsrats im allgemeinen und von seiner jeweiligen Stellungnahme im besonderen, häufig deutlich hervor [1]. Nachdem die praktischen Erfahrungen die Hoffnungen auf ein möglichst reibungsloses Arbeiten mit den Betriebsräten großenteils stark herabgemindert haben, versuchen die Werksleitungen häufig, wie z. B. auch in dem angezogenen Fall, das Maß ihres ursprünglichen Entgegenkommens nachträglich einzuschränken. Teils werden sie dabei von der Absicht geleitet, durch derartige Retorsionen einen Druck auf den Betriebsrat auszuüben, teils stellt die Zurücknahme gewährter Vergünstigungen auch nur den Abbau einer unrentabel erscheinenden Maßnahme dar. Bezeichnend in diesem Zusammenhange ist folgendes Schreiben der Dortmunder Union an ihren Betriebsrat [2]: „Die jüngsten Ereignisse haben den Beweis dafür erbracht, daß der Betriebsrat nicht in der Lage ist, den Betrieb vor Erschütterungen zu bewahren . . . . ., ferner ist uns nicht bekannt geworden, daß der Betriebsrat Wert darauf gelegt hätte, das Einvernehmen zwischen der Arbeiterschaft und dem Arbeitgeber zu fördern . . . . Wir sehen uns daher veranlaßt, die besonderen Vergünstigungen, die wir bisher dem Betriebsrat gewährt hatten, zurückzunehmen. Sämtliche Betriebsratmitglieder haben die ihnen zugewiesene Arbeit zu verrichten, jedes Betriebsratsmitglied geht von jetzt ab mit der Schicht, Freistellungen von Betriebsratsmitgliedern erfolgen nicht."

Mit einer Politik des Entgegenkommens auf dem Gebiete der Freistellung und sonstiger technischer Arbeitserleichterungen pflegt häufig das Zugeständnis erweiterter Befugnisse verbunden zu sein. Dieses Entgegenkommen ist teilweise lediglich ein formales und stellt gleichsam nur die sachliche Ergänzung einer persönlich liebenswürdigen Behandlung dar, z. B. wenn die Werksleitungen die Instanz des Betriebsrats auch dort berücksichtigen, wo sie gesetzlich nicht dazu gezwungen sind, indem sie Bekanntmachungen und Rundschreiben beispielsweise dem Betriebsrat zur Kenntnahme zustellen, oder indem sie die Meinung des Betriebsrats gutachtlich auch dann hören, wenn ihre diesbezüglichen

[1]) Charakteristisch ist z. B. folgender Passus eines Rundschreibens der Direktion der FA.H. an die Betriebsdirektoren: „Nachdem mit dem Betriebsrat eine Einigung in grundsätzlichen Fragen erzielt worden ist, machen wir Sie darauf aufmerksam, daß die Handhabung bezüglich der freigestellten Betriebsratsmitglieder nunmehr etwas elastischer zu gestalten ist, als dies in der Besprechung vom 18. August d. Js. festgelegt wurde."

[2]) Vgl. Dortmunder Zeitung Nr. 557 v. 29. 11. 1921.

Entschließungen bereits absolut feststehen. Teils tragen die Zugeständnisse der Werksleitung aber auch den Charakter nicht nur formell, sondern auch materiell erweiterter Befugnisse. So z. B. wenn der Betriebsrat fakultativ zur Verwaltung von Werkswohnungen und Wohlfahrtseinrichtungen herangezogen wird, oder wenn er über das vorgeschriebene Maß hinaus bei der Einstellung und Entlassung von Arbeitnehmern mitzuwirken hat[1]), oder wenn die Werksleitung mit dem Betriebsrat als autorisiertem Organ der Belegschaft, trotz bestehender tariflicher Regelung besondere Abmachungen trifft.

Vielfach wird eine derartige Politik allerdings nicht lediglich den Charakter bewußter Assimilierungsversuche tragen, sondern ganz oder teilweise von andern Motiven bestimmt sein. Die Heranziehung des Betriebsrats zur Ausübung sekundärer Verwaltungsfunktionen kann z. B. umgekehrt gerade in den Rahmen einer planmäßigen Paralysierungspolitik fallen, indem die Werksleitungen versuchen, den Betriebsrat zu beschäftigen, ihn festzulegen und von einer störenderen Betätigung abzulenken. Welche Orientierung die diesbezügliche Politik der Werksleitung jeweils einnimmt, ist im einzelnen durchaus Tatfrage.

Soweit die Werksleitung die Behandlung des Betriebsräteproblems planmäßig in die Hand genommen hat, werden diese auf die Beeinflussung des Betriebsrats gerichteten Maßnahmen durch eine Politik ergänzt, die auch das Verhältnis von Betriebsrat und Belegschaft unter dem Gesichtspunkt einer rationellen Betriebsführung zu gestalten sucht.

Meist ist diese Politik darauf abgestellt, die Autoritätsbasis des Betriebsrats zu erweitern und seinen Einfluß in der Belegschaft zu stärken. Erscheint der Betriebsrat nicht selbst als ausgesprochenes Zentrum des Belegschaftsradikalismus, liegt es durchaus im Interesse der Werksleitung, sich eine Arbeitervertretung heranzubilden, mit der Verhandlungen auf einigermaßen stabiler Grundlage möglich sind, und die gegenüber der vielköpfigen, schwankenden und nirgends greifbaren Masse der Belegschaft den Vorteil einer personal begrenzten, relativ beständigen und nicht ganz unverantwortlichen Verhandlungsinstanz bietet.

---

[1]) Bei Entlassungen zur Verminderung der Belegschaft wird dem Betriebsrat z. B. häufig die Aufstellung von Vorschlagslisten übertragen. Subjektiv wird hierdurch im Betriebsrat das Gefühl „mitwirkende Instanz" zu sein, gestärkt. Objektiv wird die Werksleitung in seiner sehr heiklen Aufgabe entlastet, ohne andererseits an die Vorschlagsliste des Betriebsrats gebunden zu sein.

Am schärfsten ist das Interesse der Werksleitung an einer autorisierten Organstellung des Betriebsrats naturgemäß dann ausgeprägt, wenn es ihrer Assimilierungspolitik gelungen ist, den Betriebsrat aus seiner mehr oder minder oppositionellen Haltung herauszulösen und ihn wenigstens einer begrenzten Mitarbeit im Dienste der Unternehmung zugänglich zu machen. Das weitergehende Ziel dieser Politik, durch den Betriebsrat auf die Haltung der Belegschaft einzuwirken [1]) und die Belegschaft mit Hilfe des Betriebsrats zu erziehen, setzt voraus, daß der Betriebsrat nicht nur autorisiertes Organ, sondern zugleich Führer der Belegschaft ist und ein gewisses Maß von Einfluß auf sie besitzt.

Da das BRG. selbst der Führerposition des Betriebsrats kaum stützende Momente bietet, und insbesondere die Regelung der Befugnisse zwischen Betriebsrat und Belegschaft eine sehr unvollkommene ist, so sind die Werksleitungen in ihrem Bestreben, dem Betriebsrat eine Führerstellung zu verschaffen, fast ausschließlich auf soziologische Einwirkungsmöglichkeiten angewiesen.

Als wirksamste Taktik hat sich in dieser Beziehung erwiesen, daß die Werksleitung es strikte ablehnt, mit irgend einer andern Belegschaftsvertretung als dem Betriebsrat zu verhandeln. Unter Umständen gehen die Werksleitungen diesbezüglich ganz schroff vor, indem sie auch kontinuierliche Spezialkommissionen wie z. B. Akkord-, Tarif- oder soziale Ausschüsse nach Möglichkeit zu unterbinden suchen. Stets jedoch sind die Werksleitungen bemüht, sogenannte wilde Kommissionen nicht durch Verhandlungen oder gar Zugeständnisse zu sanktionieren. Derartige wilde Kommissionen und Abordnungen werden z. B. häufig gebildet, wenn bestimmte Arbeiterkategorien ihre Interessen durch den Betriebsrat nicht genügend wahrgenommen glauben und von sich aus mit Forderungen an die Werksleitung herantreten, oder wenn eine radikale Belegschaft mit der Haltung des Betriebsrats nicht zufrieden ist und infolgedessen unmittelbar aus ihrer Mitte eine Kommission wählt, die die Vorbereitung von Arbeitsunruhen oder die Durchsetzung von ultimativen Forderungen übernehmen soll. Verhält sich die Werksleitung in diesen Fällen unbedingt ablehnend, läßt sie derartige wilde Kommissionen gar nicht vor, und weist sie immer wieder auf den Betriebsrat als die

---

[1]) Speziell die Betriebsversammlung, durch den Betriebsrat einberufen und durch ihn geleitet, bietet bei geschickter Verhandlungsdiplomatie mancherlei Möglichkeiten, die Belegschaftsstimmung durch den Betriebsrat zu beeinflussen. Vgl. hierzu auch Winschuh, Praktische Werkspolitik, Berlin 1923, S. 67 ff.

gegebene Instanz zur Vertretung von Belegschaftswünschen hin, kann sie die Stellung des Betriebsrats unter Umständen erheblich festigen, ganz besonders dann, wenn sie gleichzeitig dem Betriebsrat gewisse Zugeständnisse macht.

Dieses Zuspielen taktischer Erfolge, die der Betriebsrat der Belegschaft gegenüber vorweisen und zu seinen Gunsten auswerten kann, ist das andere wirksame Mittel, das die Werksleitungen anwenden, um die Führerautorität ihres Betriebsrates zu stärken[1]. Eine derartige Politik ist häufig darauf gerichtet, die Autorität des Betriebsrats in seiner Gesamtheit zu stärken, die kann sich aber auch darauf beschränken, nur einzelne Richtungen oder Mitglieder des Betriebsrats als besonders erfolgreich und zu Verhandlungen befähigt erscheinen zu lassen. Gerade im westlichen Industriegebiet, in dem die Rivalität der verschiedenen Gewerkschaftsrichtungen kraß hervortritt, haben die Werksleitungen z. B. nicht selten versucht, freigewerkschaftliche Betriebsräte gegenüber unionistischen oder christliche Betriebsräte gegenüber freigewerkschaftlichen durch entgegenkommendes Verhalten zu unterstützen.

Die Belegschaft reagiert im allgemeinen nur langsam auf diesbezügliche Maßnahmen, ganz unzugänglich pflegt sie ihnen aber selten zu sein, und ein Betriebsrat, dessen Tätigkeit greifbare Erfolge aufzuweisen hat, ist gegenüber einem, durch eine scharfe Paralysierungspolitik der Werksleitung lahmgelegten Betriebsrat auf die Länge der Zeit fast stets im Vorteil.

Auf diesem Wege ist der Werksleitung gleichzeitig ein Mittel in die Hand gegeben, mit dem sie ihrerseits auf die Wahl des Betriebsrats einen gewissen Einfluß ausüben kann. Meist wird sie diesen Einfluß in der Richtung einer Wiederwahl des alten Betriebsrats geltend machen, denn dort wo der Betriebsrat nicht ausgesprochen radikal ist und verhetzend innerhalb der Belegschaft wirkt, hat die Werksleitung an der Kontinuierlichkeit seiner Amtsführung ein starkes Interesse.

Der alte Betriebsrat hat sich meist in seinen Aufgabenkreis eingearbeitet, seine ursprünglich vielleicht ultraradikale Einstellung hat sich im Lauf seiner Tätigkeit mehr oder minder abgeschliffen, sein gewollt klassenbewußter Ton hat langsam einer korrekten Verhandlungsform Platz gemacht, kurz, Werksleitung und Betriebsrat haben sich

---

[1]) Es kommt hier vor allem die Gewährung zunächst verweigerter Lohnvergünstigungen und die Zurücknahme zu Recht erfolgter Entlassungen in Betracht. In einzelnen großen Werken, z. B. bei der G. H. geht diese Politik sogar soweit, daß mitunter bestimmte Maßnahmen von vornherein in der Absicht getroffen werden, sie nach Verhandlungen mit dem Betriebsrat zurückzuziehen.

nach Überwindung beiderseits vorhandener Hemmungen wenigstens persönlich relativ aufeinander eingespielt. Je länger dieser Zustand des Eingespieltseins dauert, je seltener sich der Vorgang des Einspielens wiederholt, um so reibungsloser geht naturgemäß die Betriebsführung vor sich.

Erscheint dagegen die Wiederwahl des alten Betriebsrats unerwünscht, etwa weil derselbe eine unverändert radikale Haltung einnimmt oder nicht möglich, weil der Betriebsrat selbst seine Wiederwahl ablehnt, kann die Werksleitung auf die Zusammensetzung des neuen Betriebsrats durchschnittlich nur einen verhältnismäßig geringen Einfluß ausüben. Ihre Politik ist in diesen Fällen darauf beschränkt, im Belegschaftsleben bedeutsame Persönlichkeiten für sich zu gewinnen, um mit deren Hilfe bestimmte Wahlkandidaten in der Belegschaft zu propagieren[1]).

Im allgemeinen läßt sich sagen, daß die Versuche der Werksleitungen, das Verhältnis zwischen Betriebsrat und Belegschaft in ihrem Sinn zu beeinflussen, nicht selten zum Ziel geführt haben, soweit taktische, der jeweiligen arbeitspolitischen Lage entsprechende Erfolge in Betracht kommen. Sehr skeptisch dagegen sind diese Versuche zu beurteilen, soweit sie bezwecken, durch den Betriebsrat allmählich im Sinn einer prinzipiell unternehmungsfreundlicheren Haltung auf die Belegschaft einzuwirken. Auch in den sehr seltenen Fällen, in denen es gelingt, den Betriebsrat selbst aus seiner politischen und gewerkschaftlichen Anschauungssphäre herauszulösen und ihn innerlich mit der bestehenden Wirtschaftsordnung zu versöhnen, stehen einem diesbezüglichen p o s i t i v e n F ü h r e r t u m des Betriebsrats außerordentliche Hemmungen entgegen.

Zunächst ist es die Gefahr jedes positiven und darum notwendig autokratisch autoritativen Führertums überhaupt, daß dieses die Fühlung mit der Masse zunehmend verliert und schließlich selbst in eine andere soziale Schicht aufrückt, wodurch sein nunmehr gegebenenfalls neu gegründetes Führertum lediglich den Charakter einer formalen Herrschaftsbeziehung trägt [2]). Sodann sind es die besonderen Hemmungen, die gerade einem positiven Führertum des B e t r i e b s r a t s erwachsen, und die ihre Ursache in den soziologischen Beziehungen zwischen Betriebsrat und Beleg-

[1]) Daß die Werksleitung stellenweise tatsächlich einen gewissen Einfluß auf die Wahl des Betriebsrats ausübt, zeigt der Gewerbeaufsichtsbericht 1921 für Württemberg; dort heißt es: „Vielfach haben es die Betriebsleitungen verstanden, einen für ihre Zwecke geeigneten Strohmann in den Betriebsrat zu schieben.“ Abgedruckt in der Soz. Praxis Nr. 31 v. 2. 8. 22.

[2]) Vgl. auch Kelsen, Vom Wesen und Wert der Demokratie, Archiv Bd. 47, 1. Heft S. 77 ff.

schaft haben. Auf sie wird an einschlägiger Stelle noch einzugehen sein. Und schließlich ist es das verschärfte Mißtrauen, von dem das Gros der sozialistischen Arbeiterschaft gegen Führerpersönlichkeiten beseelt ist, die die Idee des Klassenkampfes verneinen, die die gemeinsamen Interessen von Kapital und Arbeit betonen und die das Rückgrat haben, Forderungen ihrer eigenen Wählerschaft entgegenzutreten.

So löst sich das diesbezügliche Führerproblem des Betriebsrätewesens also mehr oder minder in die Möglichkeit auf, den Betriebsrat selbst zu assimilieren, qualifizierte Arbeiterschichten während ihrer Amtszeit als Betriebsräte kapitalistisch zu beeinflussen und in einem lang dauernden Aufsaugungsprozeß die „fähigsten Köpfe des Proletariats" auf die Seite des Unternehmers zu ziehen. Über die Aussichtslosigkeit eines solchen Prozesses urteilt Michels zweifellos richtig[2]): „Der Kampf zweier großer, auf wirtschaftlichen Interessenkontrasten basierender Klassen vermag nicht durch die Abbröckelung einzelner entschieden zu werden."

Vereinzelt werden diese Renegaten der proletarischen Bewegung aber immer bleiben, teils weil die Schicht der Betriebsräte an sich nur einen kleinen Bruchteil des Proletariats darstellt, teils weil gerade in der herausgehobenen Schicht der Betriebsräte einer prinzipiellen Assimilierungspolitik des Unternehmers starke Hemmungen entgegenstehen.

Aufgabe der folgenden Darlegungen wird es sein, die Einstellung des Betriebsrats und seine dem Unternehmer gegenüber befolgte Politik einer analytischen Betrachtung zu unterziehen.

II.

Die Politik des Betriebsrats.

1. Um das Handeln des Betriebsrats verstehen und in seinem typischen Verlauf erklären zu können, muß zunächst auf die Motive dieses Handels zurückgegangen werden.

Innerhalb der mannigfachen Motive, deren Einwirkung der Betriebsrat unterliegt, lassen sich zwei große Motivgruppen unterscheiden. Die Motive der einen Gruppe wurzeln in dem sozialen Milieu, dem der Betriebsrat in seiner allgemeinen Eigenschaft als Arbeiter zugehört, sie entspringen der Anschauungsphäre, dem Kultur- und Bildungsniveau der Arbeiterschaft als sozialer Klasse. Die Motive der

[1]) a. a. O. S. 235 ff.

andern Gruppe wurzeln in der Stellung des Betriebsrats als solchem, sie entspringen dem spezifischen Charakter und den spezifischen Bedingungen seiner Tätigkeit.

Den radikal-demokratischen Wahlvorschriften, der kurzen Amtszeit [1]) und der ständigen Berührung mit der Belegschaft entsprechend, hebt sich das Gros der Betriebsräte nur in vereinzelter Beziehung und nur graduell über das Niveau der Arbeitermassen heraus. Grundsätzlich unterliegt der Betriebsrat weiterhin der Gefühls- und Anschauungswelt der Arbeiterschaft, ihrem massenpsychologisch beeinflußten Denken und Handeln und ihren vielfach triebhaft irrationalen Entschlüssen.

Die drei soziologischen Bindungen und Gemeinschaften, Partei, Gewerkschaft und Belegschaft, in denen sich das Leben der Arbeiterschaft abspielt, und in denen sich die Weltanschauung und das Handeln der Arbeiterschaft bildet, halten auch den Betriebsrat gefangen und beeinflussen sein Denken und Handeln entscheidend.

Wie die überwiegende Mehrzahl der deutschen Arbeiterschaft, so ist auch die überwiegende Mehrzahl der Betriebsräte in sozialistischen Parteien organisiert, bezw. auch soweit der formale Tatbestand der Parteizugehörigkeit fehlt, steht die überwiegende Mehrzahl der Betriebsräte doch auf dem Boden der sozialistischen Weltanschauung und empfängt die Direktiven seines Handelns mittelbar oder unmittelbar von einer der sozialistischen Parteien.

Dieser Einfluß der Partei wird verstärkt durch den Einfluß der Gewerkschaft. Soweit die Betriebsräte freigewerkschaftlich organisiert sind, werden sie auch in ihrem Gewerkschaftsverhältnis planmäßig im Sinne einer sozialistischen Weltanschauung und im Sinne sozialistischen Handelns beeinflußt. Das Handeln breiter Betriebsräteschichten ist also in seinen grundsätzlichen Motiven bestimmt, durch die Verneinung der bestehenden Wirtschaftsordnung, durch das mehr oder minder aktive Bekenntnis zu der Idee des Klassenkampfes und durch den weltanschaulichen Gegensatz zum Unternehmer, dem sie trotz persönlich unter Umständen guter Beziehungen prinzipiell ablehnend gegenüberstehen [2]).

Bei denjenigen Betriebsräteschichten, die nicht sozialistisch orientiert sind, wie die Christlich und Hirsch-

---

[1]) Vgl. hierzu auch Herkner, a. a. O. S. 506 ff.

[1]) Charakteristisch ist z. B., das mir in Gesprächen mit Betriebsräten wiederholt entgegengehaltene Argument: „Ja der und der ist ja ein ordentlicher Kerl und hat auch ein Herz für unsereinen, aber das ändert an unserer Stellung zur Direktion und an unserer Pflicht als Betriebsräte, den Kapitalismus zu bekämpfen, doch gar nichts.“

Dunker'sch organisierten Betriebsräte fehlt zwar der bewußte und dogmatisch festgelegte Gegensatz zum Unternehmer als dem Repräsentanten einer feindlichen Wirtschaftsordnung, tatsächlich stehen jedoch auch diese Betriebsräteschichten meist in einem gewissen weltanschaulichen Gegensatz zum Unternehmer. Auch sie erstreben eine so weitgehende Umwandlung der bestehenden Wirtschafts- und Gesellschaftsordnung, daß sie durchschnittlich eine breite Kluft von der in erster Linie privatwirtschaftlich orientierten Einstellung des Unternehmers trennt. Der Unterschied zu den sozialistisch orientierten Betriebsräteschichten tritt wesentlich nur in der Ablehnung des Klassenkampfes als solchem und in ihrer vielfach stärker opportunistisch beeinflußten Haltung zutage.

Im übrigen spiegeln sich in den Betriebsräten, in ihrer Organisationszugehörigkeit wie in ihrer Haltung die jeweiligen politischen Strömungen der Arbeiterschaft deutlich wider. Mit der Radikalisierung der Arbeitermassen geht die Radikalisierung der Betriebsräte parallel. Innerpolitische Spannungsverhältnisse finden ihren Niederschlag ebenso in der Einstellung und Politik der Arbeiterbewegung im großen wie in der Einstellung und Politik des Betriebsrats im kleinen.

Die zweite soziologische Bindung des Arbeiters, in der sich seine Anschauungswelt bildet, und von der er die Zwecksetzung seines Handelns empfängt, sind die Gewerkschaften. Die Gewerkschaften haben den Arbeiter zu kollektivem Handeln erzogen und ihm das Bewußtsein seiner Macht gegeben, die Gewerkschaften sind es mehr noch als die Partei, die dem Arbeiter seinen Lese- und Bildungsstoff vermitteln und dadurch kontinuierlich auf seine Anschauungen und sein Handeln einwirken, die Gewerkschafsind der machtpolitische und finanzielle Rückhalt des Arbeiters und zwingen ihn dadurch, sein Verhalten weitgehend an ihren Forderungen zu orientieren.

Diesem Einfluß der Gewerkschaften sind auch die Betriebsräte unterworfen. Auch die Betriebsräte stehen im allgemeinen unverkennbar unter dem Einfluß gewerkschaftlicher Ideen und Prinzipien, auch sie lassen sich in ihrem Handeln von den typischen gewerkschaftlichen Argumenten leiten, auch sie reagieren meist sichtbar auf gewerkschaftliche Instruktionen.

Es gilt dies sowohl für die gewerkschaftlich erfaßten Betriebsräteschichten, als auch für die nicht ausgesprochen unionistischen Bestandteile derjenigen Betriebsräteschichten, die im vorhergehenden Abschnitt als latente Restbestände des revolutionären Betriebsrätewesens bezeichnet wurden.

Wenn diese Betriebsräteschichten bei besonderen Anlässen, also etwa bei größeren Streikbewegungen, auch häufig in Führerkonkurrenz zu den Gewerkschaften treten und dabei eine gewerkschaftsfeindliche Haltung einnehmen, so ist diese Führerkonkurrenz in vielen Fällen doch nur spontan aus der jeweiligen Situation herausgewachsen, und für gewöhnlich befinden sich diese Betriebsräteschichten durchaus innerhalb der gewerkschaftlichen Einflußsphäre.

Zu Partei und Gewerkschaft tritt als dritte soziologische Bindung des Arbeiters die Belegschaft. Auch die soziologische Bindung der Belegschaft übt auf die Anschauungen und die Haltung des Arbeiters einen nachhaltigen Einfluß aus. Der Betriebsrat ist diesem Einfluß ebenso wie jeder andere Belegschaftsangehörige unterworfen. Er geht unmittelbar aus der Belegschaft hervor, die Struktur der Belegschaft bestimmt also im wesentlichen seine Zusammensetzung und die persönliche Qualität seiner einzelnen Mitglieder. Es ist von durchaus unterschiedlicher Wirkung auf die ganze Einstellung des Betriebsrats, ob er sich als Angehöriger einer großen, massenpsychologisch beeinflußten oder einer kleinen, der Individualität vielfach Raum lassenden Belegschaft fühlt, ob er in der Berufssphäre einer Metallarbeiter-, Bergarbeiter- oder etwa einer chemischen Arbeiter-Belegschaft steht, ob die Belegschaft in ihrer beruflichen, gewerkschaftlichen und politischen Zusammensetzung sehr differenziert ist oder eine gewisse Einheitlichkeit der Struktur aufweist.

Es beeinflußt die Psychologie des Arbeiters und Betriebsrats stark, ob er einer Belegschaft zugehört, in der sich eine gewisse arbeitspolitische Tradition herausgebildet hat, wie etwa typisch bei Krupp, Zeiß, Siemens und überhaupt bei alten, bodenständigen Unternehmungen, oder ob die Belegschaft aus allen Gegenden zusammengewürfelt eines überlieferungsmäßigen Charakters entbehrt und stark atomisiert ist, wie etwa bei den nördlichen Randzechen des Ruhrbergbaus. Es ist maßgeblich für die persönliche Qualität des Betriebsrats, ob das Kultur- und Bildungsniveau der betreffenden Belegschaft ein relativ hohes oder ein zurückgebliebenes ist. Gerade hier machen sich vielfach erhebliche Unterschiede bemerkbar, teils durch die Erreichbarkeit und Qualität der vorhandenen Bildungseinrichtungen, teils durch den lokal bedingten Bevölkerungscharakter und die spezifische Zusammensetzung der Belegschaft beeinflußt.

Während die Einflüsse, denen der Betriebsrat in seiner Eigenschaft als Arbeiter unterworfen ist, je nach der Partei-, Gewerkschafts- und Belegschaftszugehörigkeit des Betriebsrats gewisse Verschiedenheiten aufweisen und der jeweiligen politischen und wirtschaftlichen Lage entsprechend auch zeitlich starken Veränderungen unterliegen, sind diejenigen Einflüsse, denen der Betriebsrat *in seiner Eigenschaft als solcher* unterworfen ist, und die aus dem spezifischen Charakter seiner Tätigkeit erwachsen, durch eine gewisse Einheitlichkeit und Kontinuierlichkeit gekennzeichnet.

Die gemeinsame Basis des Gesetzes, der gemeinsame Aufgabenkreis, die allmähliche Ausbildung bestimmter Formen der Amtsführung, die Zentralisierungstendenzen der Arbeitgeberverbände und Gewerkschaften, die zunehmende Einheitlichkeit der Rechtsprechung und vor allem der alte Gegensatz zwischen Führertum und Masse mit seinen im großen wie im kleinen analogen Reibungsflächen haben hier schematisierend gewirkt und gewisse typische Bestimmungsgründe für das Handeln des Betriebsrats erzeugt.

Am stärksten wird das Handeln des Betriebsrats durch sein Verhältnis zur Belegschaft beeinflußt, und gerade in diesem Einfluß kommt die Gleichartigkeit der Motive, die für das Handeln des Betriebsrats maßgebend sind, deutlich zum Ausdruck.

Die Motive, die von dieser Seite auf das Handeln des Betriebsrats einwirken, liegen in der ausgeprägten Belegschaftsabhängigkeit des Betriebsrats begründet.

Der Betriebsrat pflegt sich bereits im Wahlkampf durch Versprechungen an die Belegschaft und durch eine aktive Betätigung im Belegschaftsleben in bestimmter Richtung festzulegen, und er ist dann später an seine zur Schau getragene Haltung, an seinen Ruf in der Belegschaft und an gemachte Versprechungen gleichsam wie an eine Marschroute gebunden. Auch während seiner Amtsführung vermag sich der Betriebsrat nur schwer hiervon frei zu machen und eine größere Bewegungsfreiheit zu erringen, da zu der Festlegung bei seiner Wahl nunmehr der fortgesetzte Kampf um die Gunst und die Unterstützung der Belegschaft tritt.

Dieser Kampf ist zum Teil ein objektiv notwendiger und wird im Dienst und zum besten der Belegschaft geführt, es ist dann der Kampf, den Führertum und Verstand gegen Masse und Instinkt immer zu führen haben. Zum Teil ist dieser Kampf aber auch ein rein subjektiver und geht um die Sicherung der eigenen Stellung, um die Befriedigung des eigenen Ehrgeizes und um den Sieg in einer etwaigen Führerkonkurrenz.

In beiden Fällen kann der Betriebsrat versuchen, seine Autorität in der Belegschaft durch Zusammenarbeit und mit

Hilfe der Werksleitung zu stärken, sehr viel näher liegt ihm jedoch das Bestreben, sich die Gunst der Belegschaft durch eine „klassenbewußte Haltung" der Werksleitung gegenüber zu erwerben, einerseits weil diese Art des Vorgehens seiner ganzen Einstellung mehr entspricht und ihn nicht der Gefahr aussetzt, als bestochen zu gelten, andererseits weil eine solche Taktik auf die Belegschaft auch größeren Eindruck zu machen pflegt.

Auf der andern Seite führt der Kampf um die Gunst und die Unterstützung der Belegschaft dazu, daß der Betriebsrat in erster Linie danach streben muß, materielle Vergünstigungen für die Belegschaft durchzudrücken, daß er verleitet wird, seine Kräfte in Tagesarbeit und Kleinkampf zu erschöpfen, und daß es ihm außerordentlich erschwert wird, sich seinen, über den Rahmen einer Interessenvertretung hinausgehenden Aufgaben zu widmen. Der Betriebsrat ist in dieser Beziehung dem Einfluß teilweise diametral wirkender Kräfte ausgesetzt. Ganz abgesehen von dem Dualismus seiner gesetzlichen Aufgaben, birgt schon seine zwiespältige soziologische Stellung als Interessenorgan der Belegschaft und als exponiertes Organ der Arbeiterbewegung, insbesondere soweit diese sozialistisch orientiert ist, schwer zu vereinbarende Gegensätze in sich. Verschärft durch die schwierige wirtschaftliche Lage, ist der Druck des Sonderinteresses der Belegschaft meist stärker als der Einfluß von Partei und Gewerkschaft, die den Betriebsrat zum Vorkämpfer der Arbeiterbewegung und zukünftigen Wirtschaftsführer auszuprägen suchen. So zweifellos es Partei und Gewerkschaft gelungen ist, die Betriebsräte von ihrer spezifischen Bedeutung im Rahmen der Gewerkschaftsbewegung und im Rahmen einer willensmäßigen Herbeiführung des Sozialismus zu überzeugen, so schwer ist es für sie, die Betriebsräte tatsächlich zu fruchtbarer, positiver Arbeit im Dienste weitgesteckter Ziele, zu ernstlichem Studium des Wirtschaftsprozesses und zu nüchternem, realpolitischem Denken zu erziehen.

Noch deutlicher tritt der einseitige Druck des Belegschaftsinteresses in der Zurückdrängung der dem Betriebsrat durch das Gesetz zugewiesenen wirtschaftlichen Aufgaben zutage.

Ob der Dualismus des Gesetzes, das den Betriebsrat mit der „Wahrnehmung der gemeinsamen Interessen der Arbeitnehmer dem Arbeitgeber gegenüber" betraut und ihm gleichzeitig die wirtschaftliche Aufgabe der „Unterstützung des Arbeitgebers in der Erfüllung des Betriebszwecks" zuweist [1]), überhaupt eine psychologisch mögliche Konstruktion

[1]) BRG. § 1.

enthält, ist zweifelhaft, an die wirtschaftliche Einsicht der heutigen Arbeiterschaft und ihre Fähigkeit zu realpolitischem Denken stellt dieser Dualismus zweifellos zu hohe Anforderungen[1]).

Auch wenn der Betriebsrat seine Tätigkeit vorwiegend unter sachlichem Gesichtspunkt auffaßt und bestrebt ist, politische Momente tunlichst auszuschalten, wird er sich immer primär als Interessenvertretung der Belegschaft fühlen müssen, werden die zahlreichen Ansprüche der Belegschaft seine andern Aufgaben stets zurückdrängen müssen.

Die Werksleitungen buchen unter Berufung auf den klaren Wortlaut des Gesetzes diese einseitige Interessenvertretung naturgemäß auf die negative Seite des Betriebsrätewesens, benutzen die mangelhafte Erfüllung gesetzlicher Obliegenheiten als wirksame Argumentation gegen den Betriebsrat und stellen sich in ihrer Politik auf Abwehr ein. Die an sich schon widerstreitenden Einflüssen ausgesetzte Stellung des Betriebsrats wird auf diese Weise durch den Dualismus seiner gesetzlichen Aufgaben noch wesentlich erschwert.

Bereits der § 1 des Gesetzes läßt die Pufferstellung des Betriebsrats zwischen Werksleitung und Belegschaft charakteristisch erkennen.

Neben diesen Motiven, die, aus der Belegschaftsabhängigkeit des Betriebsrats erwachsend, das Handeln des Betriebsrats weitgehend beeinflussen, üben gewisse Eigenschaften und Charakterzüge, die typisch mit dem Amt des Betriebsrats verbunden zu sein pflegen, einen starken Einfluß auf das Handeln des Betriebsrats aus.

Durchaus entsprechend zu dem augenblicklichen Bildungsniveau der Arbeiterschaft und doch in spezifischer Ausprägung macht sich bei breiten Betriebsräteschichten heute ein Zustand der Halbbildung mit seinen mannigfachen Begleiterscheinungen bemerkbar.

Die nachrevolutionäre Bildungswelle, die über die Arbeiterschaft hinweggeflutet ist und ihren Ausdruck in zahlreichen Volkshochschulen, volkswirtschaftlichen Kursen und in einer stark anschwellenden populärwissenschaftlichen Literatur fand, hat sich in einem Fundus von meist nicht völlig verstandenen Theorien und privatwirtschaftlichen Teilerkenntnissen, von Begriffsschemen und Schlagworten niedergeschlagen und in der Arbeiterschaft ein übertriebenes Gefühl ihrer Kenntnisse und wirtschaftlichen Fähigkeiten erweckt. Bei den Betriebsräten ist dieses Gefühl durch eine Reihe von spezifischen Momenten noch wesentlich ver-

[1]) Vgl. auch Schumacher, Gegenwartsfragen des Sozialismus, Schmollers Jahrbücher Bd. 44 Heft 1 S. 12 ff.

schärft. Die Überschätzung ihrer Fähigkeiten wird bei den Betriebsräten begünstigt durch das ihnen immer wieder eingehämmerte Bewußtsein, zu einer Eliteschicht der Arbeiterschaft zu gehören, durch die Art der Schulung, die den Betriebsräten einen zu umfangreichen Bildungsstoff in zu knappen Zeitspannen darzubieten sucht und nicht zuletzt durch die ständige Beschäftigung des Betriebsrats mit wirtschaftlichen und politischen Tagesfragen, durch die gewisse formale Gesetzeskenntnis und die Gerissenheit, die zu häufigem Verhandeln nötig sind und durch die in vielfachen Gesprächen mit den Beamten des Betriebes gewonnenen Teileinblicke in die Zusammenhänge des Produktionsprozesses.

Die so erworbene Halbbildung erzeugt in den Betriebsräten vielfach den Glauben, die schwierigsten wirtschaftlichen Probleme selbst einwandfrei lösen zu können, macht sie Belehrungen nur schwer zugänglich und gegen Kritik sehr empfindlich. Diese letztere Eigenschaft bezeichnet Michels im übrigen als ein allgemeines Symptom für die aus der Arbeiterschaft hervorgegangenen Führerschichten. Er sagt[1]): „Ganz natürlich, daß eben gerade die gewonnene Teilbildung, weil mit einer so großen Summe von Mühe und Schweiß erworben, vor jeder Kritik rücksichtslos und eifersüchtig geschützt werden muß."

Im Gegensatz zu dem vielfach ostentativ zur Schau getragenen Selbstbewußtsein des Betriebsrats läßt sich mittelbar aus seinem Verhalten allerdings nicht selten eine starke Unsicherheit erkennen, die, aus Mißtrauen geboren, ihren Ausdruck in oft übertriebenen Vorsichtsmaßregeln findet.

Es entspricht der zwiespältigen, von zwei Seiten angegriffenen Stellung des Betriebsrats, daß die Eigenschaft des Mißtrauens sich häufig während seiner Amtszeit in hohem Maße entwickelt. Dieses Mißtrauen richtet sich in erster Linie naturgemäß gegen den Unternehmer und die Politik der Werksleitung, daneben aber auch gegen die Belegschaft und stellenweise sogar gegen die eigenen Amtsgenossen, denn die Körperschaft des Betriebsrats stellt, wie erwähnt, vielfach nur eine lockere Zweckgemeinschaft dar, die Einheitlichkeit der Gesinnung und Einheitlichkeit des Handelns keineswegs immer verbürgt.

Abgesehen von den Reibungsflächen, die in einer gewerkschaftlich und politisch differenzierten Zusammensetzung des Betriebsrats liegen, ist es vor allem das Motiv des persönlichen Ehrgeizes, aus dem nicht selten Konfliktsmöglichkeiten zwischen den einzelnen Mitgliedern des Betriebsrats erwachsen. Was für die moderne Arbeiterbewe-

---

[1]) Michels, a. a. O. S. 127.

gung und ihre Führerposten im allgemeinen zutrifft, nämlich daß die ehrgeizigen Arbeiterelemente in ihr ein Surrogat suchen, für die ihnen sonst verschlossene Möglichkeit vorwärts zu kommen[1]), das trifft in vieler Beziehung noch ausgeprägter auch für das Betriebsrätewesen zu.

Gerade das Betriebsrätewesen, in dem sich noch keine ausgesprochene Beamtenhierarchie entwickelt hat, wie bei Partei und Gewerkschaft, in dem die Befugnisse des einzelnen noch nicht bürokratisch abgegrenzt sind, in dem die Anforderungen an den einzelnen ständig wechseln und die verschiedensten Tätigkeitsgebiete umfassen, in dem Aufstiegsmöglichkeiten zu den bevorzugten Stellen der Arbeiterbewegung, wie gegebenenfalls zu der Beamtenschaft des Betriebes enthalten sind, bietet dem persönlichen Ehrgeiz noch einen relativ weiten Spielraum und dankbare Ziele. Es ist daher eine durchaus begründete Erscheinung, wenn sich besonders unter dem Betriebsratvorsitzenden oft ausgeprägt ehrgeizige Elemente finden.

Diesen Eigenschaften der Selbstüberschätzung, des Mißtrauens und des Ehrgeizes, die typische Züge jedes Führertums sind, und die trotz des schwach entwickelten Führertums des Betriebsrats auch bei diesem deutlich hervortreten, steht gleichsam als positive Ergänzung ein gesteigertes Verantwortungsbewußtsein des Betriebsrats gegenüber. So stark der Betriebsrat im allgemeinen dem massenpsychologischen Denken und Handeln der Belegschaft unterliegt, in dieser Beziehung hebt er sich aus dem Niveau der Belegschaftsmasse heraus. Die häufige Berührung mit den oberen Instanzen der Werksleitung, wie mit behördlichen und gewerkschaftlichen Instanzen, der relativ erweiterte Gesichtskreis und die Gefahr, unter Umständen seine Stellung zu verlieren, haben in dem Betriebsrat ein gesteigertes Verantwortungsbewußtsein erzeugt.

Als Maßstab einer diesbezüglichen Beurteilung wird man allerdings weder die Wirksamkeit des Betriebsrats im Sinn eines prinzipiellen Arbeitsfriedens, noch im Sinn des gesetzlichen Idealtypus anzulegen haben, sondern man wird immer berücksichtigen müssen, daß der Betriebsrat sich in erster Linie als Angehöriger der Arbeiterklasse fühlt, und daß seine meist sozialistische Weltanschauung kein rationales, durch Kritik und Beweise widerlegbares Vernunftgebäude, sondern ein irrationales Glaubensbekenntnis darstellt.

2. a) Gleichsam als soziologische Resultante kristallisiert sich aus der Gesamtheit der hier nur g r u n d s ä t z l i c h s k i z z i e r t e n Einflußkomponenten das Handeln des

[1]) Vgl. hierzu auch Herkner, a. a. O. S. 186 ff.

Betriebsrats, das trotz individueller Verschiedenheiten in seinem Verlauf typische Züge aufweist.

Analog zu ihrer Weltanschauung ist dieses Handeln bei der überwiegenden Mehrzahl der Betriebsräte im Prinzip sozialistisch orientiert. Zunächst stimmungsmäßig bezeichnend hierfür ist die Auffassung der Betriebsräte selbst, die ihren spezifischen Charakter als Organe der sozialistischen Bewegung immer wieder betonen. So heißt es beispielsweise in einer Konferenz der freigewerkschaftlichen Betriebsräte des Ruhrbergbaus[1]): „Die Durchführung unserer Forderungen ist eine Frage des sozialistischen Prinzips, gegen das sich die Unternehmer härter sträuben als gegen alle Lohnfragen." Ähnlich ist folgende Stellungnahme einer Betriebsrätekonferenz des Deutschen Metallarbeiterverbandes[2]): „Der Kapitalismus merkt, daß es ihm an den Kragen geht, er wittert die ihm drohende Gefahr, daher die ununterbrochenen Kämpfe zwischen Betriebsrat und Betriebsleitung, die uns den Beweis dafür erbringen, daß die Kapitalisten die sozialistische Bedeutung der Betriebsdemokratie klar erkannt haben."

Bei der Untersuchung, in welcher Richtung sich die sozialistisch orientierte Politik des Betriebsrats im einzelnen erstreckt, ergibt sich zunächst die Beobachtung, daß diese Politik weitgehend in den Dienst des Klassenkampfes gestellt ist. Vornehmlich erfüllt der Betriebsrat hier die Funktionen der Propaganda und zwar sowohl der Propaganda für die Richtigkeit der sozialistischen Wirtschaftsordnung, als auch der ausgesprochenen Kampfpropaganda, die Sombart als „kunstvolles System zur Züchtung sozialistischer Armeen" bezeichnet.

In der Betriebsversammlung, die intergewerkschaftlich ist und alle Belegschaftsmitglieder umfaßt[3]), hält der Betriebsrat beispielsweise aufklärende Vorträge über die Mängel des Kapitalismus und die Vorzüge der sozialistischen Wirtschaftsverfassung. Hierbei kommt ihm die genaue Kenntnis der in irgend einer Form meist vorhandenen Mißstimmung der Belegschaft gegen besondere Einrichtungen ihres Betriebes oder gegen besondere Anordnungen der Werksleitung zustatten und liefert ihm wirkungsvolle Anknüpfungspunkte[4]). Fast stets sorgt der Betriebsrat für die rechtzeitige Bekanntgabe politischer Versammlungen und

---

[1]) Bergarbeiter-Ztg. Nr. 5 v. 4. 2. 22.

[2]) Metallarbeiter-Ztg. Nr. 2 v. 4. 1. 22.

[3]) Vgl. BRG. § 45.

[4]) Die Werksleitungen sind über den Verlauf von Betriebsversammlungen vielfach protokollarisch genau orientiert. Neben allgemeinen Beobachtungen bieten derartige Protokolle daher im einzelnen ganz konkrete Beweismittel.

einschlägiger Vorträge[1]. In größeren Betrieben verpflichtet er unter Umständen sogar selbst bekannte Partei- oder Gewerkschaftsführer vor der Belegschaft zu sprechen. Die intensivste Propaganda aber treibt der Betriebsrat durch unmittelbar persönliche Einwirkung auf den einzelnen Arbeiter. Seine Sprechstunden und Rundgänge durch die Abteilungen des Werks bieten ihm hierzu günstige Gelegenheit. Speziell im Bergbau, wo der Betriebsrat die Funktionen der früheren Sicherheitsmänner mit übernommen hat und infolgedessen zu häufigen, langdauernden und schwer kontrollierbaren Befahrungen des Reviers ermächtigt ist, pflegt die diesbezügliche Propaganda einen wesentlichen Teil seiner Tätigkeit auszumachen.

Naturgemäß sind die Grenzen zwischen einer Propaganda für die Richtigkeit des Systems und einer reinen Kampfpropaganda gerade bei dieser persönlichen Agitation stark verwischt, und beide Arten der Propaganda gehen vielfach ineinander über.

Innerhalb der Kampfpropaganda handelt es sich vornehmlich um die Stärkung des einheitlichen Klassenbewußtseins, um die Sicherung und den Ausbau des Machtgefühls und um die Belebung des Kampfwillens. Neben persönlicher Agitation unter der Belegschaft sucht der Betriebsrat diese Ziele in erster Linie durch dogmatisches Festhalten an sozialistischen Forderungen und durch gewollte Betonung von Prestige und Prinzipienfragen zu erreichen. So ist z. B. die vielfach zutage tretende ablehnende Haltung des Betriebsrats gegen Überstunden und speziell die scharfe Opposition gegen die Überschichten im Bergbau zum wesentlichen Teil auf das angstvoll starre Festhalten an dem Dogma des Achtstundentages zurückzuführen. Es wird dies besonders dort deutlich, wo die Betriebsräte sich mit ihrer Haltung im Widerspruch zur Belegschaft oder gar, wie zeitweilig im Bergbau, zu offiziell gewerkschaftlichen Beschlüssen befinden. Auch in den Perioden, in denen die Gewerkschaften das Verfahren von Überschichten ausdrücklich sanktioniert hatten, haben sich die sozialistisch orientierten Betriebsräte in ihrer überwiegenden Mehrzahl gegen diese Überschichten gestemmt. Charakteristisch ist das Ergebnis einer diesbezüglichen Rundfrage des Zechenverbandes, in der von 170 antwortenden Zechen 105 die, ausdrücklich mit dem Festhalten an revolutionären Er-

[1] Charakteristisch für die rationell bürokratische Art, in der diese Propaganda stellenweise betrieben wird, ist der Jahresbericht des Gesamtbetriebsrats des S.-Konzerns, in dem der Betriebsrat als wesentlichsten Inhaltspunkt seiner Rundschreiben: „Hinweis und Propaganda in bezug auf die Sozialisierungsfragen und damit zusammenhängende Vorträge und Versammlungen“ bezeichnet.

rungenschaften begründete, ablehnende Haltung ihres Betriebsrats betonten [1] [2]).

Eine fast selbstverständliche Folge ihrer sozialistischen Orientierung ist, daß die Betriebsräte sich durchweg für die Innehaltung sozialistischer Feiertage, wie des 1. Mai und 9. November einsetzen, durch Werksanschläge für diese Feiertage propagieren und Versammlungspunkte für Demonstrationszüge bekanntgeben. Umgekehrt haben sich die Betriebsräte in vielen Fällen für eine Weiterarbeit an christlichen und staatlichen Feiertagen eingesetzt [3]). Sind sie auch hier fast stets erfolglos geblieben, so läßt doch gerade dieser Versuch kampf- und machtpolitische Motive scharf hervortreten.

Meist spielen bei der kampfpropagandistischen Einstellung der Betriebsräte starke parteipolitische Einflüsse mit. Dieser Einfluß der Parteipolitik auf das Betriebsrätewesen tritt bereits bei den Betriebsrätewahlen häufig unverkennbar zutage. Bezeichnend heißt es in den sozialistischen Monatsheften [4]): „Mit Recht wird von der Gewerkschaftspresse immer wieder gerügt, daß sich die Arbeiter bei den Betriebsrätewahlen nicht von sachlichen, sondern von parteipolitischen Erwägungen leiten lassen."

Dieser Zustand der Parteipolitisierung bleibt in dem gewählten Betriebsrat dann vielfach bestehen und innerhalb größerer Betriebsräte bilden sich nicht selten politische Fraktionen [5]), die jeweils bestrebt sind, das Handeln des Betriebsrats im Sinne der Anschauungen und Instruktionen ihrer Partei zu gestalten.

Die Betriebsräte erweisen sich vermöge ihres Ausleseprozesses, ihrer überdurchschnittlichen politischen Interessiertheit und ihrer häufigen Berührung mit Partei und Gewerkschaft als äußerst feinfühlige Mitteilungsmembrane,

---

[1]) Es schreiben z. B. die Harpener Bergbau-A.-G.: „Die Betriebsräte bekämpfen durchweg das Verfahren von Überschichten, sie kämpfen dabei für das Dogma des Achtstundentages" Mont Cenis: „Die Betriebsräte arbeiten mit allen Mitteln gegen das Verfahren von Überschichten, auch dann, wenn bei einem großen Teil der Belegschaft Neigung hierfür vorhanden ist. Als Begründung führen die Betriebsräte an, daß Überschichten der erste Schritt zur Beseitigung des Achtstundentages seien". Entn. a. d. Akten des Zechenverbandes.

[2]) Bezeichnend in diesem Zusammenhange ist auch, daß die sächs. Bergarbeiter auf Betreiben ihrer Betriebsräte das Verfahren von Überschichten während der Ruhrbesetzung abgelehnt haben.

[3]) Der Gewerbeaufsichtsbericht 1920/21 schreibt für Berlin z. B.: „Die Anträge auf Arbeit am Karfreitag und Buß- und Bettag wurden durchweg von der Betriebsvertretung selbst gestellt..... Dieser systematische Ansturm gegen die Feiertage hat sich gegen das Vorjahr noch wesentlich verschärft." S. 113 ff.

[4]) Jahrg. 1922 Nr. 12/13.

[5]) Vgl. hierzu Dtsch. Bergwerks-Ztg. Nr. 108 v. 15. 5. 21.

die auf Parteiinstruktionen und auf politische Ereignisse meist unmittelbar reagieren. Es ist eine typische Beobachtung, daß innerpolitisch gespannte Perioden oder außenpolitische Erfolge der Sowjetrepublik unmittelbar radikalisierend auf die Betriebsräte und durch diese auf die Belegschaften einzuwirken pflegen[1]).

Soweit der Betriebsrat über den Rahmen einer sozialistischen Propaganda hinaus positive sozialistische Funktionen zu erfüllen sucht, geschieht dies vornehmlich unter dem Schlagwort der Produktionskontrolle.

Anläßlich ihrer Bedeutung für den sozialistischen Typus der Gewerkschaftsbewegung ist die Gestaltung dieser Produktionskontrolle bereits näher dargelegt und darauf hingewiesen worden, daß der Betriebsrat vielfach mit eingehenden wirtschaftlichen Fragebogen an die Werksleitung herantritt, daß er gegebenenfalls versucht, mit Hilfe der Angestellten zahlenmäßige Unterlagen über die Produktions- und Absatzverhältnisse zu erlangen, daß er bestrebt ist, seine durch Bilanzvorlage und Berichterstattung gewonnenen Kenntnisse durch Weiterleitung an die Gewerkschaftszentralen entsprechend zu verwerten, daß er seine Mitgliedschaft im Aufsichtsrat wesentlich als vorgeschobenen Posten der sozialistischen Bewegung betrachtet, und daß er die proletarische Selbstverwaltung unter dem Gesichtspunkt einer willensmäßigen Herbeiführung des Sozialismus vorzudrücken sucht.

In letzterer Beziehung bezeichnend sind die häufigen Versuche der Betriebsräte, ihre Befugnisse über das Gesetz hinaus zu erweitern[2]), bezeichnend besonders dann, wenn diese Versuche deutlich erkennen lassen, daß es den Betriebsräten weniger um die Erlangung tatsächlicher Vorteile, als vielmehr um die prinzipielle Einschränkung der Unternehmerfunktionen zu tun ist.

Trotz aller gewerkschaftlichen Bemühungen ist die hier skizzierte Politik des Betriebsrats von rationeller Planmäßigkeit jedoch noch weit entfernt, insbesondere ge-

---

[1]) In einem diesbezüglichen Art. d. wirtschaftl. Nachr. a. d. Ruhrbezirk heißt es über die Wirkung der russ. Siege z. B.: „Deutlich konnte man damals spüren, wie stark und unbefriedigt noch die aus Rußland importierte Räteidee im Betriebsrätewesen war und wie ihre Kraftlinien . . . den Bewegungen der sowjetrussischen Machtkurve sehr genau folgten." Nr. 9 v. 11. 3. 23.

[2]) Vgl. hierzu besonders die Bergische Arbeiterstimme Nr. 173 vom 19. 8. 1921. Teilweise auch die Rede Nörpels auf dem 11. Deutschen Gewerkschaftskongreß, Betriebsräte Ztg. Nr. 7. v. 13. 8. 22.

Daß die Unternehmungen und Arbeitgeberverbände über diese Vorstöße der Betriebsräte wiederholt Klage erheben, ist selbstverständlich. So charakteristisch z. B. der Zechenverband, der bergbauliche Verein für Zwickau, der Verband Berliner Metallindustrieller u. a.

winnt es den Anschein, als ob bei der Mehrzahl der Betriebsräte die Kurve wirtschaftspolitischer Betätigung überhaupt und damit auch die der speziell sozialistisch orientierten langsam fällt.

Die gerade auf diesem Gebiet durchaus unzulängliche Vorbildung des Betriebsrats und die wachsenden Ansprüche, die die Vertretung der Belegschaftsinteressen und die Aufgaben der gewerkschaftlichen Interessenvertretung an den Betriebsrat stellen, sind als die wesentlichen Gründe hierfür anzusehen.

Es ist bereits dargelegt worden, daß der Betriebsrat durch die Entlastung und Ergänzung des gewerkschaftlichen Funktionärsystems auch für den reformistischen Typus der Gewerkschaftsbewegung eine wertvolle Unterstützung bedeutet. *Neben der Betätigung im Dienste der sozialistischen Bewegung ist die Betätigung im Dienste der Gewerkschaftsbewegung die zweite große Linie, durch die die Politik des Betriebsrats gekennzeichnet wird*, und durch die der Betriebsrat nicht nur zu einem Organ der Betriebsverfassung, sondern wesentlich auch zu einem Organ der Arbeiterbewegung als ganzem gestempelt wird.

In der Praxis macht sich die gewerkschaftliche Orientierung des Betriebsrats zunächst darin geltend, daß das Handeln des Betriebsrats sich zum großen Teil als Reaktion auf gewerkschaftliche Instruktionen darstellt. Unverkennbar tritt das z. B. dann zutage, wenn die Betriebsräte sich plötzlich in bestimmten Fragen einheitlich oppositionell verhalten, nachdem sich vorher zwischen Werksleitung und Betriebsrat eine jeweils verschiedene, opportunistische Regelung herausgebildet hatte[1]). Verfolgt man gleichzeitig die Gewerkschaftspresse und die gewerkschaftliche Versammlungsagitation, so findet man gewöhnlich beide markant auf denselben Ton abgestimmt. Analog ist der gewerkschaftliche Einfluß deutlich festzustellen, wenn die Betriebsräte bestimmter Industrien, bestimmter örtlicher Bezirke oder bestimmter Gewerkschaftsrichtungen plötzlich

---

[1]) Besonders hervorgetreten ist dies z. B. anläßlich der Regelung des Vorsitzes in gemeinsamen Sitzungen mit der Direktion, der Regelung von Pausen und Schichtwechsel und vor allem anläßlich der Mitwirkung des Betriebsrats bei Bestrafungen. Nachdem sich Werksleitung und Betriebsrat meist auf der Linie einer generellen Strafmitwirkung des Betriebsrats im Rahmen der Arbeitsordnung geeinigt hatten, entbrannte auf gewerkschaftliche Instruktion hin etwa Mitte 1921 der Kampf um die prinzipielle Mitwirkung des Betriebsrats bei der Festsetzung der Einzelstrafe auf der ganzen Linie und zwar charakteristischer Weise auch dort, wo diesbezügliche Präzedenzfälle gar nicht vorlagen.

mit einheitlichen Forderungen an die Werksleitung herantreten, Forderungen, die in dem Verlauf der betriebsweise verschiedenen Arbeitspolitik meist keine Stütze finden, dagegen in Gewerkschaftspresse und Versammlungen zu der fraglichen Zeit intensiv vertreten werden.

Abgesehen von diesem unmittelbar sichtbaren Reagieren auf gewerkschaftliche Instruktionen ist auch die regelmäßige Politik des Betriebsrats durch weitgehende Wahrnehmung gewerkschaftlicher Interessen gekennzeichnet[1]). Fast durchweg treiben die Betriebsräte wie dargelegt Propaganda für ihre Gewerkschaftsrichtung, indem sie die Organisationszugehörigkeit der Arbeiter kontrollieren, ihren Einfluß im Sinn eines Druckes auf Anders- und Nichtorganisierte geltend machen und durch entsprechende Mitwirkung bei Entlassungen, evtl. auch Einstellungen, bestimmte Gewerkschaftsrichtungen bevorzugen. Hierzu tritt die Unterstützung der Gewerkschaften in verwaltungstechnischer Hinsicht. In den Betriebsrätebüros mit ihren Hilfsmitteln werden statistische Zusammenstellungen als Unterlage für Lohnverhandlungen bearbeitet, politisch und wirtschaftlich interessantes Material wird teilweise aus den vom Unternehmer gehaltenen Zeitschriften gesammelt und systematisch geordnet, mit Hilfe der häufig zur Verfügung stehenden Ferntelephone werden die Gewerkschaften über alle wichtigeren Betriebsereignisse schnell und sicher informiert, umgekehrt wird der Durchlauf gewerkschaftlicher Bekanntmachungen auf diesem Wege wesentlich erleichtert und beschleunigt.

Häufig werden arbeitsrechtliche Auskünfte, etwa von den Gewerbeaufsichtsbeamten oder dem Reichsarbeitsministerium unter Umgehung des gewerkschaftlichen Apparats unmittelbar eingeholt, und der Betriebsrat berät nun seinerseits die Belegschaft in allen in Betracht kommenden Fragen, so daß er in größeren Betrieben gleichsam zu einer Filiale der gewerkschaftlichen Auskunfts- und Beratungsstellen wird. Mit Recht schreibt Winschuh[1]): „Im gut funktionierenden Betriebsratsbüro mit gesinnungstüchtigen Gewerkschaftsfraktionen werden so die Ortsleitungen der Gewerkschaften und ihre Angestellten meist stark von der Kleinarbeit entlastet. Die Feststellung entbehrt nicht einer gewissen Komik, wenn man bedenkt, daß diese gewichtige gewerkschaftliche Arbeit vom Arbeitgeber finanziert wird."

---

[1]) Typisch ist z. B. folgende, häufig anzutreffende Fassung von Werksanschlägen des Betriebsrates: „Zufolge des Aufrufs unserer Organisation, welcher dahin geht.... ersucht der unterzeichnete Betriebsrat die Belegschaft....."

[2]) Vgl. Betriebsrat oder Gewerkschaft, Essen 1922 S. 77 ff.

Ein erheblicher Teil ihrer Tätigkeit ist bei den Betriebsräten auf diese Weise zweckbewußt in den Dienst gewerkschaftlicher Interessenpolitik gestellt. Auch dann aber, wenn die Betriebsräte bewußt nur als Organe der Belegschaft handeln, also etwa arbeitspolitische Verbesserungen durchzudrücken versuchen oder Belegschaftswünsche vertreten, bedeutet ihre Tätigkeit nicht selten eine indirekte Unterstützung der Gewerkschaftsbewegung, da sich die Interessengebiete von Belegschaft und Gewerkschaft eng berühren.

Das belegschaftsorientierte Handeln des Betriebsrats ist als die dritte große Linie und sozusagen als das Rückgrat seiner Politik zu bezeichnen.

Es ist bereits dargelegt worden, daß der Einfluß der Belegschaft auf das Handeln des Betriebsrats ein außerordentlich weitgehender ist. Vielfach trägt dieser Einfluß sogar einen zwangsweisen Charakter, so z. B. dann, wenn die persönliche Haltung des Betriebsrats die Bereitwilligkeit zu sachlicher Zusammenarbeit mit der Werksleitung und Verständnis für wirtschaftliche Notwendigkeiten deutlich erkennen läßt, wenn es dem Betriebsrat aber nicht gelingt, sich gegenüber der Belegschaft durchzusetzen und als selbständig urteilende und entscheidende Instanz eine vermittelnde Stellung zwischen Werksleitung und Belegschaft einzunehmen.

Häufig allerdings identifiziert sich der Betriebsrat von vornherein mit der Belegschaft und zeigt auch willensmäßig keine Neigung, von sich aus aufklärend und nötigenfalls bremsend auf diese einzuwirken. In beiden Fällen ist das Ergebnis, daß der Betriebsrat zum lediglich ausführenden Organ des Belegschaftswillens wird, daß er es nur ausnahmsweise wagt, Forderungen der Belegschaft irgendwelchen Widerstand entgegenzusetzen[1]), und daß seine Politik demgemäß durch eine stark einseitige Orientierung gekennzeichnet ist.

Vorsichtig abwägend, aber gerade darum sehr bezeichnend, heißt es in dem Bericht einer zum Studium des Betriebsrätewesens nach Deutschland entsandten norwegischen Kommission[2]): „Die Betriebsräte scheinen, was übrigens seine natürliche Erklärung in den wirtschaftlichen Schwierigkeiten der Arbeiterklasse findet, meist durch die Wahr-

---

[1]) Die Einflußlosigkeit der Betriebsräte der Belegschaft gegenüber und die diesbezüglich enttäuschenden Erfahrungen mit dem Betriebsrätewesen betont auch Heinrich Freese i. d. Dtsch. Industrie Jahrg. 1921 Nr. 17.

[2]) Abgedr. i. d. Soz. Pr. Nr. 52 v. 28. 12. 22.

nehmung der Sonderinteressen der Arbeitnehmer so in Anspruch genommen worden zu sein, daß sie den durch die Hebung der Produktion bedingten gemeinsamen Interessen nur wenig Aufmerksamkeit schenken konnten[1])." Schärfer äußern sich naturgemäß die Werksleitungen selbst. So schreibt z. B. die Gewerkschaft König Ludwig[2]): „Bei Meinungsverschiedenheiten jeglicher Art bemühen sich die Betriebsräte, nicht eine objektive Anschauung zu vertreten, sondern sie betrachten stets den Fall einseitig vom Standpunkt der Arbeiter." Ähnlich urteilen die Rheinischen Stahlwerke: „Die ganze Tätigkeit der Betriebsräte ist darauf eingestellt, einseitig Vorteile für den Arbeiter zu erzielen." Aus der großen Anzahl analoger Urteile sei schließlich noch eine Krupp'sche Unternehmung angeführt: „Die Hauptaufgabe erblickt der Betriebsrat darin, den Wünschen und Beschwerden der Belegschaft Rechnung zu tragen, gleichgültig, ob diese berechtigt sind oder nicht."

In diesen Urteilen liegt bereits angedeutet, in welcher Richtung sich die belegschaftsorientierte Haltung des Betriebsrats in der Praxis vornehmlich äußert.

Abgesehen davon, daß die Aufgaben positiver Mitarbeit im Dienste der Unternehmung stärk zurückgedrängt werden, ist es vornehmlich die Bereitwilligkeit des Betriebsrats, sich alle Beschwerden der Belegschaft bezw. einzelner Belegschaftsangehöriger zu eigen zu machen und sie mit dem Gewicht seiner Amtsautorität vor Werksleitung und Schlichtungsinstanzen zu vertreten, die seine Stellung als Interessenorgan der Belegschaft scharf beleuchtet, und die seine Politik vielfach in eine ganz andere als die vom Gesetz gewollte Richtung hineindrängt[3]). So ist es z. B. eine typische Erscheinung, daß der Betriebsrat sich den Kündigungseinspruch eines Arbeiters grundsätzlich zu eigen macht, ohne Rücksicht darauf, ob dieser Einspruch berechtigt ist und vor den Schlichtungsinstanzen Aussicht auf Erfolg hat oder nicht. Ähnlich verhält sich der Betriebsrat in fast allen Fällen, in denen er als Beschwerdeinstanz fungiert. Sei es bei Klagen über die Akkordberechnung oder Tarifklassifizierung, sei es bei Beschwerden

---

[1]) Ganz ähnlich urteilen die Gewerbeaufsichtsberichte, so charakteristisch z. B. der Bericht 1920/21 für den Regierungsbezirk Düsseldorf S. 649 ff.

[2]) Die folgenden Beispiele sind entnommen aus einer Rundfrage des Zechenverbandes und des Arbeitgeberverbandes der nordwestlichen Gruppe des Vereins Deutscher Eisen- und Stahlindustrieller.

[3]) Das BRG. macht es dem Betriebsrat im § 78,4 und noch schärfer im § 86,1 ausdrücklich zur Pflicht, die Berechtigung von Beschwerden und die Berechtigung eines Kündigungseinspruches selbst nachzuprüfen und beide nicht ohne weiteres an die Werksleitung und erst recht nicht an die zuständigen Schlichtungsinstanzen weiterzugeben.

über die Handhabung der Arbeitsordnung oder erfolgte Bestrafungen, sei es auf Grund einer aufkeimenden Unzufriedenheit der Belegschaft oder auf Grund unkontrollierbarer Gerüchte, fast stets ergreift der Betriebsrat die Partei der Belegschaft, fast stets stempelt er durch sein Eingreifen auch an sich unbedeutende Einzelstreitigkeiten zu Gesamtstreitigkeiten, die nunmehr vor das Forum der Schlichtungsinstanzen gebracht werden können[1]).

Liegt es schon an sich in der soziologischen Stellung des Betriebsrats begründet, daß er zum Sammelpunkt des Belegschaftswillens und dadurch leicht zum Zentrum von Belegschaftsunruhen wird, so leistet seine eben skizzierte Politik dem noch erheblichen Vorschub.

Für die Werksleitung wird der Betriebsrat auf diese Weise häufig zum Barometer der Belegschaftsstimmung. In der Entwicklung begriffene Unruhen pflegen sich durch Zunahme der vom Betriebsrat vertretenen Beschwerden, durch wachsende Opposition des Betriebsrats, durch starken Besuch seiner Sprechstunden und durch wiederholte Einberufung von Betriebsversammlungen, längere Zeit vorher anzukündigen. Die Werksleitungen sind also über die Unzufriedenheit ihrer Arbeiterschaft gewöhnlich frühzeitig orientiert, und sie können aus der Haltung des Betriebsrats meist den Intensitätsgrad dieser Unzufriedenheit abschätzen.

Für die Belegschaft bedeutet diese vertretungsbereite Haltung des Betriebsrats zunächst die Möglichkeit, mit jeder Beschwerde an die maßgebenden Stellen der Werksleitung zu gelangen und den meisten Beschwerden durch das dahinter stehende Schlichtungsverfahren den gewünschten Nachdruck zu verleihen. Darüber hinaus ist die leichte Durchlässigkeit des Betriebsrats für Belegschaftsbeschwerden gleichsam als Ventil zu werten, das einer allzuplötzlichen Erhitzung und Explosion der Belegschaftsstimmung in gewöhnlichen Zeiten vorbeugt. Eine unter Umständen aufgehäufte Unzufriedenheit der Belegschaft verpufft auf diese Weise nicht selten in zahlreichen Beschwerden und Kleinkampfmaßnahmen des Betriebsrats, ohne gleich in Arbeitseinstellungen ihren Ausdruck zu finden. Die Konzen-

[1]) Die Verordnung vom 23. 12. 1918 und ebenso die neue Schlichtungsordnung trennen scharf zwischen Einzelstreitigkeit und Gesamtstreitigkeit. Grundsätzlich ist das Schlichtungsverfahren nur für Gesamtstreitigkeiten, für Einzelstreitigkeiten sind die Gewerbe- und ordentlichen Gerichte zuständig.

Da im Schlichtungsverfahren, gegensätzlich zum Gerichtsverfahren, in erster Linie soziale und nur sekundär rechtliche Erwägungen maßgebend sind, erfreut sich dieses bei der Arbeiterschaft größerer Beliebtheit und die Arbeiterschaft versucht, nach Möglichkeit alle Streitfälle vor die Schlichtungsinstanzen zu ziehen.

zentration der Belegschaftsstimmung und die widerstandsarme Weitergabe von Belegschaftsbeschwerden muß also in gewisser Beziehung als Fortschritt des Betriebsrätewesens bezeichnet werden und kann unter Umständen zu arbeitspolitischen Entspannungen führen.

Ganz ohne Frage birgt diese Politik des Betriebsrats aber auch schwerwiegende Nachteile in sich. Wenn das Urteil Horneffers, der schreibt[1]): „Anstelle der in gewissen Abständen bei den Lohnverhandlungen akut werdenden Reibungen, sind durch das BRG. permanente Reibungsflächen geschaffen worden," auch als zu scharf bezeichnet werden muß, so ist doch nicht zu verkennen, daß eben das Vorhandensein der Beschwerdeinstanz des Betriebsrats und vor allem die von dem Betriebsrat geübte Politik, alle Beschwerden bereitwillig zu vertreten, einen starken Anreiz auf die Arbeiterschaft ausübt, an sich unbedeutende Vorkommnisse zu prinzipiellen Streitfragen aufzubauschen, unvermeidbare, in der Organisation des Großbetriebes liegende Härten zu einer Quelle ständiger Beschwerden zu machen und der Werksleitung auf dem Wege des Kleinkrieges je nach Bedarf Schwierigkeiten zu bereiten.

Führt die Politik des Betriebsrats auf der einen Seite zu einer Abnahme offener Unruhen und Streiks, so führt sie auf der andern Seite zu einem starken Anwachsen der täglichen Reibungen und Streitigkeiten, die nicht nur der Werksleitung, sondern auch dem Betriebsrat unproduktiv viel Zeit und Kraft entziehen.

Daß der Betriebsrat über der Inanspruchnahme durch die zahlreichen Belegschaftswünsche und Beschwerden nur unvollkommen dazu gelangt, sich seinen wirtschaftlichen und organisatorischen Aufgaben zu widmen, ist bereits mehrfach hervorgehoben worden[2]). Einen typischen Beweis hierfür liefern die Tagesordnungen der gemeinsamen Sitzungen von Direktion und Betriebsrat. Typisch ist dieser Beweis deshalb, weil hier das andere hemmende Moment einer wirtschaftlichen Betätigung des Betriebsrats, die ablehnende Haltung der Werksleitung, relativ ausgeschaltet ist. Die Direktion ist gerade in derartigen Sitzungen erfahrungsgemäß geneigt, wirtschaftliche und organisatorische Fragen des Betriebes mit dem Betriebsrat zu behandeln, da erstens hier für sie das zwangsweise Moment der Bericht-

---

[1]) Vgl. die große Wunde, psychologische Betrachtungen zu dem Verhältnis zwischen Kapital und Arbeit, München-Berlin 1922, S. 118 ff.

[2]) Vgl. hierzu auch, Hildebrand in Die sozialen Probleme des Betriebes, Berlin 1925, S. 187: „. . . und die Betriebsvertretung bekümmerte sich nur um die nächstliegenden Wünsche, Beschwerden und Kirchturminteressen der Belegschaft, nicht um die Betriebsaufgaben der produktiven Betriebsentwicklung."

erstattung und Bilanzvorlage wegfällt, da sie zweitens als oberste Leitung der Unternehmung die Zeit mehrerer Stunden nur ungern der eingehenden Besprechung untergeordneter arbeitspolitischer Einzelfragen widmet, und da drittens die Direktion selbst weit leichter zu einem diesbezüglichen Entgegenkommen neigt, als die sonst mit dem Betriebsrat verhandelnden Stellen der Werksleitung [1]). Trotz dieser verhältnismäßig günstigen Vorbedingungen weisen die Tagesordnungen und Protokolle der gemeinsamen Sitzungen von Direktion und Betriebsrat nur ganz verschwindend produktionstechnische oder wirtschaftlich-organisatorische Fragen auf, vielmehr sind es fast ausschließlich Fragen des unmittelbar materiellen Belegschaftsinteresses, die zur Verhandlung gelangen. Die typischen Tagesordnungen von ca. 200 untersuchten Betriebsratssitzungen der verschiedensten Unternehmungen waren etwa folgende:

I. [2])

1. Beschäftigung von Schwerbeschädigten, 2. Protest gegen die Errichtung einer Werkspolizei, 3. Besprechung der Überstundenfrage, 4. Regelung der Teuerungszulagen.

II. [3])

1. Krankenkassenwahl, 2. Prüfung von Lehrlingen, 3. Forderung eines freien Ostersonnabends, 4. Beschaffung von billiger Kleidung.

III. [4])

1. Konsumvereinsangelegenheiten, 2. Schreibmaschinenbeschaffung für den Betriebsrat, 3. Waschzeit für Lackierer, 4. Kleiderzulagen.

IV. [5])

1. Einspruch gegen Mietspreiserhöhung, 2. Lieferung von Werkzeugen, 3. Fahrgeldentschädigung für auswärtige

---

[1]) Bezeichnend in letzter Beziehung ist folgende Stelle aus dem Jahresbericht eines Betriebsrats: „Wir haben das Empfinden, daß der unbefriedigende Zustand durch das Dazwischenschieben einer Körperschaft zwischen Generaldirektion und Betriebsrat hervorgerufen ist". Jahresbericht 1921 des Gesamtbetriebsrats des S.-Konzerns S. 28; ähnlich auch Metallarbeiterzeitung Nr. 12 v. 23. 3. 22.

[2]) Aus den gemeinsamen Besprechungen von Direktion und Betriebsrat im S.-Konzern (Berliner Metallindustrie).

[3]) a. a. O.

[4]) Entn. aus den gemeins. Besprechg. v. Direktion u. Betriebsrat bei PG. (Berliner Metallindustrie).

[5]) Entn. a. d. gem. Bespr. v. Dir. u. Betr. bei FAH. (Westfäl. Schwerindustrie).

Arbeiter, 4. Lieferung von Regenmänteln, 5. Schmutzarbeiterzulagen.

V.[1])

1. Belieferung der Heißarbeiter mit Getränken, 2. Kopfzulage für Familienangehörige, 3. Urlaub bei Entbindungen der Frau, 4. Kartoffelversorgung, 5. Wohnungswesen.

Geht auch aus diesen Beispielen wiederum hervor, daß die Politik des Betriebsrats im allgemeinen nicht durch eine lebhafte, sich positiv auswirkende Tätigkeit in wirtschaftlicher und organisatorischer Hinsicht gekennzeichnet ist, so wäre es doch verfehlt, daraus zu folgern, daß der Betriebsrat in dieser Beziehung eine gänzlich passive Haltung einnimmt. Sowohl der gewerkschaftliche, in der Richtung einer Produktionskontrolle tendierende Einfluß, als auch unter Umständen das betriebsegoistisch orientierte Interesse der Belegschaft sorgen dafür, daß der Betriebsrat auch in wirtschaftlicher und organisatorischer Hinsicht ein gewisses Maß von Aktivität entfaltet.

Diese Aktivität des Betriebsrats ist jedoch in der Hauptsache auf die zur Prinzipienfrage gewordene Vorlegung der Bilanz und die Mitgliedschaft im Aufsichtsrat beschränkt und trägt vor allem einen sehr sprunghaften Charakter, da sie im Rahmen der gesamten Politik des Betriebsrats am stärksten dem Einfluß der wechselnden Konjunktur unterliegt.

Vornehmlich sind es Perioden der Hochkonjunktur, in denen die Betriebsräte sowohl in ihrem allgemeinen Verhalten als auch in ihrer speziell auf eine Produktionskontrolle gerichteten Tätigkeit eine lebhafte Aktivität entfalten. Die Betriebsräte sind dabei teilweise von der Absicht geleitet, nachweisliche Konjunkturgewinne unter gemeinwirtschaftlichem Gesichtspunkt zu bekämpfen, teilweise aber auch sind sie im eigenen, wie im Belegschaftsinteresse bemüht, sich über die günstige Konjunktur, deren Vorhandensein sie aus mancherlei arbeitspolitischen Anzeichen ablesen können, konkrete Unterlagen zu verschaffen. Es handelt sich in letzterer Beziehung meist nicht so sehr um die Tendenz, eine ausgesprochen betriebsegoistische Lohnpolitik zu treiben, als vielmehr ganz allgemein um das Streben auf Grund einer günstigen Konjunktur irgendwelche arbeitspolitischen Zugeständnisse für die Belegschaft durchzudrücken.

---

[1]) Entn. a. d. gem. Bespr. v. Dir. u. Betr. bei G.H. (Westfäl. Schwerindustrie).

Die positive Kenntnis von großen Auftragsbeständen, sowie unter Umständen sogar von den diesbezüglichen Lieferfristen stärkt die Position des Betriebsrats außerordentlich, da dieser das Interesse der Werksleitung an einem ungestörten Fortgang der Produktion und ungeschmälerter Arbeitsleistung der Belegschaft nunmehr fast rechenmäßig einschätzen und danach die Größe seiner Forderungen und den Grad seiner Beharrlichkeit einstellen kann.

Umgekehrt pflegt der Betriebsrat auch den arbeitspolitischen Folgen einer absteigenden Konjunktur, nämlich dem verringerten Interesse der Werksleitung an der Erhaltung der Belegschaft und ihrer gesteigerten Bereitwilligkeit, Streitigkeiten durchzukämpfen, durchaus Rechnung zu tragen und dies in einer vorsichtigeren und nachgiebigeren Politik auszudrücken [1]).

Durch diese ausgeprägte Konjunkturabhängigkeit unterscheidet sich die Politik des Betriebsrats in gewisser Beziehung von der Politik des Gewerkschaftsführers. Der Gewerkschaftsführer ist in seiner Person und in seiner Lebenshaltung bis zu einem gewissen Grade unabhängig von dem Einfluß der Konjunktur, er ist dem diesbezüglichen Druck der Massen nicht so unmittelbar ausgesetzt und demgemäß in seiner Politik nicht so stark an stimmungsmäßige, psychologische Momente gebunden, als der Betriebsrat. Der Gewerkschaftsführer braucht also nicht auf jede Schwankung der Betriebskonjunktur zu reagieren, sondern er kann seine Politik verhältnismäßig rational, einerseits an der Konjunkturlage ganzer Gewerbe oder Bezirke, andererseits an der jeweiligen Machtposition der Gewerkschaften orientieren. Letztere Orientierung ist meist die gewichtigste Komponente seiner Politik, und da die Machtposition der Gewerkschaften sich, wenn auch zum wesentlichen Teil, so doch eben nur zum Teil nach der Konjunkturlage bestimmt, so kommt dieser Komponente auch durchaus selbständige Bedeutung zu.

Ein diesbezüglicher Vergleich zwischen Gewerkschaftsführer und Betriebsrat fällt daher vom Standpunkt der Arbeiterbewegung zum Nachteil des Betriebsrats aus, da dieser vermöge seiner unmittelbaren Abhängigkeit von der jeweils verschiedenen Betriebskonjunktur zur einheitlichen Führung größerer Arbeitsstreitigkeiten ungeeignet erscheint [2]).

---

[1]) Über die Erfahrungen, die bezüglich der Konjunkturabhängigkeit des Betriebsrats, beispielsweise im Rhein.-Westf. Industriegebiet gemacht worden sind, vgl. Wirtsch. Nachrichten a. d. Ruhrbezirk Nr. 9 v. 11. 3. 22.

[2]) Vgl. hierzu auch Potthoff in Die sozialen Probleme des Betriebes, Berlin 1925, S. 54 ff.

Für den Unternehmer dagegen bedeutet die Tatsache, daß der Betriebsrat dem Einfluß der Konjunktur unmittelbar unterworfen ist, trotz der sich während einer Hochkonjunktur daraus ergebenden Schwierigkeiten, in mancher Beziehung einen Vorteil. Zunächst rein psychologisch betrachtet kommt in dieser Haltung des Betriebsrats die gemeinsame Interessengrundlage von Betrieb und Belegschaft deutlich zum Ausdruck. Im Belegschaftsbewußtsein ist damit gegenüber dem diesbezüglich nivellierenden Einfluß zentraler Verbandspolitik ein gewisses Gegengewicht geschaffen. Darüber hinaus bietet die Konjunkturempfindlichkeit des Betriebsrats der Politik der Werksleitung auch im einzelnen mancherlei Anknüpfungspunkte.

Ein großer Teil der Fälle, in denen der Betriebsrat mehr oder minder ausgeprägt mit der Werksleitung zusammenarbeitet, in denen er also entweder mit der Werksleitung eine gemeinsame Kampforientierung gegen betriebsfremde Instanzen einnimmt, oder in denen er aufklärend und beruhigend auf die Belegschaft einzuwirken versucht und Maßnahmen der Werksleitung zu rechtfertigen sucht, ist auf diese Konjunkturempfindlichkeit des Betriebsrats zurückzuführen[1]). In gewisser Beziehung ist es daher gerechtfertigt, auch die Vertretung des Betriebsinteresses als eine Komponente der Politik des Betriebsrats zu bezeichnen. Maßgebend für diese Bezeichnung ist dann allerdings w e n i g e r d a s M o t i v seiner Politik, a l s d e r E r f o l g, der eine Förderung des Betriebsinteresses unter Umständen auch dann in sich schließt, wenn der Betriebsrat dem Motiv nach nur im eigenen oder im Belegschaftsinteresse handelt.

Die Politik des Betriebsrats ist also durch ihre soziologisch und wirtschaftlich bedingte Abhängigkeit von Werksleitung und Betriebskonjunktur auf der einen Seite, von Gewerkschaft, Partei und Belegschaft auf der andern Seite in ihren Grundlinien fast zwangsläufig festgelegt. Demgegenüber pflegt der Einfluß bestimmter Charaktereigenschaften oder bestimmter persönlicher Qualitäten, auch soweit diese vermöge ihrer spezifischen Bedingtheit typisch auftreten, kaum in der grundsätzlichen Ausrichtung der Politik des Betriebsrats, sondern wesentlich nur in seinem taktischen Vorgehen zum Ausdruck zu kommen.

In fast allen Verhandlungen mit der Werksleitung tritt z. B. das Gefühl des Mißtrauens, das als charakteristisch für breite Betriebsräteschichten bezeichnet wurde, deutlich zutage. Zu diesen Verhandlungen, auch soweit sie auf

---

[1]) Über die diesbezüglichen Erfahrungen vergl. auch den erwähnten Bericht der norwegischen Studienkommission a. a. O.

seiten der Werksleitung nicht kollegial, sondern personal geführt werden, erscheint fast nie der Betriebsratsvorsitzende oder ein verhandlungsführendes Mitglied des Betriebsrats allein, sondern in der Regel tritt der gesamte Betriebsausschuß auf, stellenweise noch ergänzt durch Mitglieder des übrigen Betriebsrats. Hierdurch soll einerseits der Gefahr vorgebeugt werden, daß Einzelmitglieder den Bestechungskünsten des Unternehmers erliegen oder sich auch nur durch die ungewohnte Atmosphäre von Vertraulichkeit und kordialer Behandlung zu irgendwelchen Konzessionen bestimmen lassen, andererseits versucht man auf diese Weise zu verhindern, daß der Unternehmer die vielfach vorhandene gewerkschaftliche und politische Zersplitterung ausnützen und sich etwa mit dem verhandelnden Betriebsratsmitglied zum Nachteil der nicht vertretenen Gewerkschaftsrichtungen verbinden kann. Es kommt hinzu, das aus der mangelnden Vorbildung des Betriebsrats erwachsene Gefühl der Unsicherheit, das den einzelnen Betriebsrat zu einem übertriebenen Mißtrauen gegen jeden Vorschlag und gegen jede Maßnahme der Werksleitung veranlaßt und ihn in der Besorgnis, den eigentlichen Zweck und die Wirkung vorgeschlagener Maßnahmen nicht zu erkennen, Rückhalt an möglichst vielen, mitverantwortlichen Verhandlungsteilnehmern suchen läßt.

Noch charakteristischer als durch die Tatsache der fast stets kollegial[1]) geführten Verhandlungen wird das Mißtrauen und die Unsicherheit des Betriebsrats durch die Art der Verhandlung selbst beleuchtet. Um den skizzierten Gefahren zu entgehen, pflegt der Betriebsrat vor gemeinsamen Verhandlungen mit der Werksleitung nicht selten das feststehende oder voraussichtliche Programm der Sitzung in einer internen Sitzung vorzubereiten, die Redemandate zu verteilen und so die Aktion gleichsam in ihren einzelnen Teilen durchzuspielen.

In den Verhandlungen mit der Werksleitung versteht sich der Betriebsrat nur selten zu bindenden Abmachungen. Derartige Abmachungen kommen vielmehr durchschnittlich erst als Ergebnis wiederholter interner Beratungen des Betriebsrats, wiederholter Besprechungen mit der Belegschaft und unter Umständen sogar wiederholter Besprechungen mit den zuständigen Gewerkschaftsinstanzen zustande. Die Folge davon ist, daß die Verhandlungen zwischen Werksleitung und Betriebsrat leicht auf einen gewissen toten Punkt gelangen, eine Gefahr, die durch die vielfach vorhandene Halbbildung des Betriebsrats mit ihren Auswir-

---

[1]) Hier im Gegensatz zu personal gebraucht.

kungen der gesteigerten Empfindlichkeit und schwierigen Belehrbarkeit noch verstärkt wird[1]).

Im Gegensatz zu dieser Halbbildung und dem häufig zutage tretenden Mangel an sachlichem Wissen ist die Politik des Betriebsrats im allgemeinen durch eine bemerkenswerte Verhandlungsgeschicklichkeit durch ein ausgesprochenes Verständnis für die Psychologie der Belegschaft und durch entsprechende taktische Maßnahmen gekennzeichnet.

Der Belegschaft gegenüber sucht sich der Betriebsrat durch mannigfache Mittel beliebt zu machen und seine, wenn auch meist nur scheinbare, Führerposition zu stärken. Auf die Belegschaftswirkung sind z. B. die Ausführungen und Reden des Betriebsrats in gemeinsamen Besprechungen mit der Werksleitung zum großen Teil berechnet, es sind, um einen parlamentarischen Vergleich heranzuziehen, vielfach Reden, die zum Fenster heraus an die Masse gehalten werden. Das Bestreben des Betriebsrats, seine Ausführungen wortgetreu in die Sitzungsprotokolle hineinzubringen, die häufigen Korrekturanträge des Betriebsrats gegenüber den von der Werksleitung aufgenommenen Protokollen und das Vorlesen seiner Ausführungen in Belegschaftsversammlungen lassen die belegschaftsorientierte Taktik des Betriebsrats deutlich erkennen. Diese belegschaftsorientierte Taktik tritt auch dann scharf zutage, wenn sich der Betriebsrat mit der Werksleitung verbindet, um scheinbare Zugeständnisse von ihr zu erlangen, die er in der Belegschaft für sich auswerten kann, oder wenn der Betriebsrat umgekehrt die Notwendigkeit seiner Existenz und seine persönliche Tüchtigkeit durch scharfen Kampf gegen die Werksleitung zu beweisen sucht.

Die sensationelle Übertreibung sozialpolitischer oder wirtschaftlicher „Kontrollergebnisse“, fortgesetzte Angriffe in der Presse und „aufsehenerregende Enthüllungen“ über Mißstände des Betriebes oder über das Privatleben leitender Werksbeamter, sind in letzter Beziehung nicht selten angewendete Mittel[2].

[1]) Die große Schwierigkeit, mit dem Betriebsrat zu positiven Verhandlungsergebnissen zu gelangen und das langwierige Hinziehen derartiger Verhandlungen ist eine Klage, die mir bei meinen Untersuchungen von seiten der Werksleitung immer wieder entgegengehalten worden ist.

[2]) Charakteristisch sind z. B. die vielfachen Angriffe gegen die Kohlenbelieferung von Privatwohnungen leitender Direktoren, ferner die häufigen Veröffentlichungen in der Gewerkschafts- und Parteipresse, in denen der Betriebsrat unter namentlicher Unterzeichnung meist tendenziös gefärbte Schilderungen von Einzelfällen veröffentlicht und mißliebige Betriebsführer und Werkmeister angreift. Da der Betriebsrat, vor Maßregelungen geschützt, derartige Veröffentlichungen mit seinem Namen unterzeichnet, gewinnen diese gegenüber anonymen Zuschriften erheblich an Eindrucksfähigkeit.

Die Aktivität, die der Betriebsrat hinsichtlich der Anwendung führertaktischer Mittel entfaltet, ist naturgemäß graduell verschieden, sie wird in erster Linie durch die jeweiligen belegschaftssoziologischen Einflüsse und durch den stärker oder schwächer ausgeprägten Führerehrgeiz des Betriebsrats bestimmt. Ausgeprägt ehrgeizige Naturen, die, wie ursächlich erklärt, gerade unter den Betriebsräten nicht selten zu finden sind, pflegen die ihnen gegebenen Möglichkeiten durch taktische Manöver ihre Führerposition zu stärken und ihre Person in der Öffentlichkeit hervorzutun, ohne viel Skrupel auszunützen.

Teilweise bedeuten derartige Persönlichkeiten trotz ihres oft demagogischen Verhaltens eine Stärkung der Arbeiterbewegung, soweit ihr Ehrgeiz sich gleichzeitig in dem Streben nach persönlicher Vervollkommnung und Erweiterung ihres Wissens niederschlägt und die Grenzen der Solidarität nicht durchbricht. Teilweise geht das Verhalten derartiger Persönlichkeiten aber auch unmittelbar auf Kosten der Belegschaft und der Arbeiterbewegung, soweit diese ausgleichenden Momente des persönlichen Vorwärtsstrebens und des Solidaritätsgefühls fehlen. Das Verhalten syndikalistischer Betriebsräte und besonders ihre in Führerkonkurrenz zu den Gewerkschaften vielfach angezettelten wilden Streiks, die nachher für die Belegschaft verlustreich zusammenbrachen, bieten hierfür ebenso typische Belege, wie die Tatsache, daß die Unzufriedenheit mit der Tätigkeit und den Erfolgen der Gewerkschaften durch einen nicht unerheblichen Teil auch der gewerkschaftlich erfaßten Betriebsräte latent geschürt wird, wobei das Ziel, selbst die führende Rolle in der Arbeiterbewegung zu spielen, meist nur dürftig verhüllt ist.

Für die Werksleitung bedeutet es fast stets eine unangenehme Beigabe, wenn in ihrem Betriebsrat ausgesprochen ehrgeizige Elemente vorhanden sind. Die gesteigerte Aktivität dieser Elemente ist teils bewußt gegen die Werksleitung gerichtet und trägt vermehrte Unruhe in die Belegschaft hinein, teils äußert sich diese gesteigerte Aktivität in einer intensiveren Beschäftigung mit betriebsorganisatorischen und privatwirtschaftlichen Fragen, eine Tatsache, die der Werksleitung meist höchst lästig ist, und die nicht selten arbeitspolitische Reibungen im Gefolge hat. Es kommt hinzu, daß die positiv-ethische Ergänzung einer führerehrgeizigen Haltung des Betriebsrats, das willensmäßige und tatsächliche Bekenntnis zur Führeridee, auch bei ausgesprochen ehrgeizigen Betriebsräten nur selten zu finden ist.

Auch diese Betriebsräteschichten ordnen sich der allgemein befolgten Taktik unter, der Werksleitung gegenüber ihre Abhängigkeit von der Belegschaft noch zu übertreiben und jegliche Möglichkeit, einen führenden Einfluß auf die Belegschaft auszuüben, zweckbewußt zu verneinen.

Die Gefahr, zur Verantwortung gezogen und unter Umständen wegen „gröblicher Verletzung seiner gesetzlichen Pflichten“ [1]) abgesetzt oder entlassen zu werden, wird für den Betriebsrat durch diese Taktik, in kritischen Lagen die Belegschaft vorzuschieben, und die eigene Machtlosigkeit gegenüber den Beschlüssen und Handlungen der Belegschaft zu betonen, erheblich herabgemindert.

Während die diesbezügliche Taktik des Betriebsrats zum Teil nur die Übertreibung der tatsächlichen Lage darstellt, und gleichsam die mangelnde eigene Initiativfähigkeit zu bemänteln sucht, erscheint sie zum Teil als bewußte Umkehrung des tatsächlichen Geschehens und als berechnetes Glied eines bestimmten Planes. Als Beispiel für die in letzterer Beziehung vielfach gemachten Erfahrungen sei aus einem Artikel der Deutschen Bergwerkszeitung folgende Stelle angeführt, die das einschlägige Verhalten des Betriebsrats gut charakterisiert und weitgehend mit eigenen Beobachtungen übereinstimmt. Es heißt dort [2]): „Eine mit geschmeidiger Meisterschaft geübte Taktik vieler Betriebsräte ist es, bewußt radikale Neigungen in die Belegschaft hineinzutragen oder sich solche ruhig entwickeln zu lassen, um hinterher achselzuckend der Werksleitung zu erklären, daß die Belegschaft nicht zu korrigieren sei und die Arbeitervertretung keinen Einfluß auf die Folgen habe, die bei Ablehnung der Forderungen wahrscheinlich entstehen würden. Natürlich wird die Zumutung abgelehnt, daß sie die rumorenden Geister erst selbst auf den Plan gerufen hätten.“

Die künstliche Erregung einer beabsichtigten Belegschaftsstimmung braucht dabei keineswegs auf dem Wege der direkten Agitation oder auch nur aktiver Beeinflussungsversuche seitens des Betriebsrats vor sich zu gehen, sondern vielfach genügt schon eine ausgesprochen passive Haltung des Betriebsrats, um die Belegschaft in bestimmten Fragen oppositionell zu beeinflussen. Vorwiegend unter letzterem Gesichtspunkt strebt der Betriebsrat häufig so intensiv nach dem Recht der Mitunterzeichnung von Werksanschlägen. Ist ihm dieses rein formelle Recht eingeräumt, und versagt er dann einer ihm nicht genehmen Bekanntmachung die Unterschrift, wird die Bekanntmachung zwar auch ohne seine Unterschrift wirksam, aber der Zwiespalt

---

[1]) Vgl. BRG. § 39.

[2]) Nr. 108 v. 11. 5. 21.

zwischen Werksleitung und Betriebsrat ist sofort für die gesamte Belegschaft offenbar, und die Haltung der Belegschaft wird auf diese Weise von vornherein oppositionell beeinflußt.

Analog der Politik der Werksleitung ist es auch eine vom Betriebsrat häufig angewendete Taktik, zum Zweck der Erlangung besonderer Zugeständnisse, etwa auf dem Gebiet der Werksanschläge oder dem Gebiet der Freistellung von beruflicher Arbeit, selbst eine entgegenkommende Haltung auf andern Gebieten zu zeigen, bezw. umgekehrt unter deutlicher Hervorhebung der Ursache, plötzlich ein oppositionelles und Schwierigkeiten bereitendes Verhalten an den Tag zu legen. Die Bergarbeiterzeitung [1]) veröffentlicht hierfür folgenden charakteristischen Fall, den sie dringend zur Nachahmung empfiehlt: „Bei einem harten Zusammenstoß sagte ich zum Betriebsführer: ändern Sie ihre Behandlungsart den Betriebsräten gegenüber, andernfalls haben wir Mittel genug, um Sie zu kurieren, denn Sie betreiben auch die Zeche nicht, nur um die polizeilichen Vorschriften auszuführen . . . . Bei den nächsten Befahrungen fanden die Betriebsausschußmitglieder auf einmal eine große Menge von Mißständen, die alle eingetragen und deren Beseitigung mit Nachdruck gefordert wurde. Das wiederholte sich bei allen folgenden Befahrungen . . . . So haben wir uns einen glänzenden Respekt verschafft und eine angemessene Behandlung erzwungen."

Vielfach suchen die Betriebsräte in derartigen Fällen durch drohende Einmischung betriebsfremder Instanzen, also etwa der Gewerbeaufsichtsbeamten, der Bergrevierbeamten oder der Schlichtungsstellen, einen Druck auf die Werksleitung auszuüben, vielfach und besonders in zusammengesetzten Unternehmungen begnügen sich die Betriebsräte aber auch damit, die Zentralverwaltung gegen die einzelnen Betriebsleitungen auszuspielen, indem sie z. B. durch fortgesetzte Beschwerden bei der Direktion den Eindruck zu erwecken suchen, als ob einzelne Stellen der Betriebsführung der schwierigen Aufgabe richtiger Belegschaftsbehandlung nicht gewachsen wären.

Diese Taktik, die einzelnen Abteilungen der Werksleitung und die einzelnen Betriebsleitungen gegeneinander auszuspielen, wird stellenweise ganz planmäßig angewendet. Der Betriebsrat bevorzugt in diesen Fällen z. B. in seinen Verhandlungen und bei der Einholung irgendwelcher Entscheidungen arbeitspolitisch nachgiebige Instanzen, wie etwa die kaufmännische Leitung, das Lohnbüro oder den leitenden Betriebsingenieur, und er beruft sich dann den arbeits-

---

[1]) Nr. 25 v. 24. 6. 22.

politisch unnachgiebigeren Instanzen, wie etwa der sozialpolitischen Abteilung, der Arbeitsrechtsabteilung oder dem Sozialsekretär gegenüber auf erreichte Zugeständnisse, die diese Instanzen aus Prestigegründen meist nachträglich nicht mehr zurücknehmen können. Oder der Betriebsrat fordert technische Verbesserungen und arbeitspolitische Vergünstigungen, die vielleicht aus besonderen Gründen in einem Betriebe eingeführt sind, auch für den von ihm vertretenen Betrieb und engt dadurch die Bewegungsfreiheit der jeweiligen Betriebsleitung zu Gunsten einer arbeitspolitischen Schematisierung der ganzen Unternehmung erheblich ein[1]).

Wie aus den skizzierten taktischen Maßnahmen des Betriebsrats bereits hervorgeht, setzt eine planmäßige Politik des Betriebsrats in kombiniertem, mehrere Betriebe umfassenden Unternehmungen notwendig eine Verbindung des Betriebsrats mit den andern Betriebsräten derselben Unternehmung voraus. Ein systematischer Austausch von Erfahrungen und Beobachtungen zwischen den einzelnen Betriebsräten einer kombinierten oder Konzernunternehmung und eine einheitliche Politik der Einzelbetriebsräte einer solchen Unternehmung ist nur auf der Grundlage einer organisatorischen Verbindung und Zusammenfassung dieser Einzelbetriebsräte möglich.

Unter diesem Gesichtspunkt haben sich in vielbetrieblichen Unternehmungen, die zahlreiche Betriebsräte umfassen, häufig derartige Betriebsräteverbindungen gebildet, die nicht selten einen ausschlaggebenden Einfluß auf die Politik der Einzelbetriebsräte ausüben, und die in vieler Beziehung für die gesamte arbeitspolitische Struktur der betreffenden Unternehmung bezw. des betreffenden Konzerns, von Bedeutung sind.

Es wird im folgenden auf die Ursachen und die spezifischen Auswirkungen dieser Betriebsratsverbindungen einzugehen sein.

b) Der letztliche Gedanke, der allen außergewerkschaftlichen[2]) Zusammenfassungen von Betriebsräten zu Grunde liegt, ist das mehr oder minder planvolle Streben, mit der Organisation der Industrie Schritt zu halten, und der industriellen Verflechtung und Konzentration auf seiten der Arbeiterschaft eine analoge Organisationsform entgegen-

[1]) Über die diesbezüglichen Erfahrungen vgl. auch Winschuh, Praktische Werkspolitik S. 79 ff.

[2]) Unter gewerkschaftlicher Zusammenfassung werden in diesem Sinn auch die syndikalistisch unionistischen Betriebsräteorganisationen verstanden, da diese als primäre Koalitionsform der betreffenden Arbeiterschichten in verbandspolitischer streik- und unterstützungstechnishcer Hinsicht vielfach gewerkschaftlichen Charakter tragen.

zustellen[1]). Während die gewerkschaftlichen Industrieverbandstendenzen, mit denen diese Zusammenschlußbewegung im übrigen teilweise parallel läuft, primär verbandstechnischen und arbeitspolitischen Beweggründen entspringen, sind für die Konzentrationsbewegung der Betriebsräte, wenigstens programmatisch, ebenso stark wirtschaftspolitische und ideologische Gesichtspunkte maßgebend.

Ideologisch soll die zentrale Zusammenfassung der Betriebsräte einer Unternehmung vor allem sozialpsychischen Aufgaben dienen. Vermöge ihrer überragenden Stellung als Zentralorgan soll die Spitzenvertretung der Einzelbetriebsräte in die Zusammenhänge des Produktionsprozesses und in den komplizierten Verwaltungsaufbau der modernen Großunternehmung tieferen Einblick gewinnen, um diesen Einblick der Arbeiterschaft zu vermitteln und ihr so das Gefühl zu nehmen, nur willenloses Rädchen in dem undurchsichtigen Getriebe großbetrieblicher Produktion zu sein. Innerhalb der Arbeiterbewegung und vor allem innerhalb ihres sozialistischen Typus wird die Konzentration der Betriebsräte gleichzeitig unter dem wirtschaftspolitischen Gesichtspunkt der Produktionskontrolle betrachtet. Von der untergeordneten sozialpolitischen Kleinarbeit der Einzelbetriebsräte entlastet, und durch das erweiterte Gesichtsfeld privatwirtschaftlich relativ vorgebildet, soll der Zentralbetriebsrat in ständiger Fühlung mit Generaldirektion und Aufsichtsrat stehen, um hier im Gehirn der Unternehmung seine kontrollierende und beeinflussende Tätigkeit auszuüben[2]).

Neben diesen wirtschaftspolitischen und weltanschaulichen Einflüssen drängen aber vor allem arbeitspolitische Momente dahin, die Betriebsräte einer Wirtschaftseinheit zentral zusammenzufassen. Sowohl die grundsätzliche Tatsache, daß auf seiten der Unternehmungen die Arbeitspolitik fast stets zentralisiert ist, als auch die im einzelnen vielfach begründete Erfahrung, daß die arbeitspolitischen Interessenkreise der verschiedenen Betriebe eng miteinander verknüpft sind, lassen in den Betriebsräten fast zwangsläufig den Wunsch nach Zusammenschluß entstehen.

Wie überhaupt auf dem Gebiet des Betriebsrätewesens, so sind in der praktischen Entwicklung auch hier die wirt-

---

[1]) Vergl. hierzu auch Winschuh in Die sozialen Probleme des Betriebes, Berlin 1925, S. 264 ff.

[2]) Diesbezüglich charakteristisch sind z. B. die Ausführungen des Abgeordneten Dr. Geyer bei der Beratung des BRG.: „Weil wir die Gesamtbetriebsräte hauptsächlich als Organe der Arbeiterkontrolle in sozialistischem Sinne wollen, weil wir durch sie einen genauen Überblick über die vorhandenen Produktionsfaktoren und die wirtschaftlichen Zusammenhänge haben wollen . . . . halten wir es für notwendig, daß für alle Großunternehmungen Gesamtbetriebsräte geschaffen werden." Stenogr. d. 138. Sitzung S. 4358.

schaftspolitischen und ideologischen Tendenzen durch die unmittelbar praktischen, arbeitspolitischen Aufgaben in den Hintergrund gedrängt worden. Während die Betriebsräteorganisationen, die ihren Geschäftsbetrieb vornehmlich auf die kontinuierliche Erfüllung arbeitspolitischer Funktionen eingestellt haben, und die sich demgemäß sowohl hinsichtlich ihres Wirksamkeitsbereichs, als auch hinsichtlich ihres Aufgabenkreises Beschränkung auferlegen, vielfach durchaus lebensfähige Gebilde darstellen, erscheinen die Betriebsrätevereinigungen, die in mechanischer Nachahmung der industriellen Entwicklung entstanden sind, die verschwommene wirtschaftspolitische Ziele verfolgen, und die demgemäß weder einen konkreten Aufgabenkreis noch eine kontinuierliche Geschäftsführung besitzen, als eine sachlichen Inhalts bare organisatorische Geste.

Inhaltlich soziologisch betrachtet liegt in dem hier skizzierten Gegensatz das unterscheidende Kriterium der verschiedenen Arten von Betriebsräteverbindungen, während eine formal juristische Betrachtung den Schwerpunkt auf die vorhandene oder fehlende gesetzliche Regelung derartiger Gebilde zu legen haben wird. In der gesetzlich geregelten Form des Gesamtbetriebsrats können die Betriebsräteverbindungen ihre Anerkennung unter Umständen autoritativ erzwingen, auf der andern Seite ist der gesetzliche Gesamtbetriebsrat in seinem Zustandekommen jedoch an bestimmte Voraussetzungen gebunden[1]) und in seiner Anwendungsfähigkeit daher erheblich beschränkt. Die freien, nicht gesetzlich geregelten Betriebsräteverbindungen können ihre Anerkennung nur auf machtpolitischem Wege durchsetzen, dafür sind diese Betriebsräteverbindungen in ihrem Zustandekommen jedoch lediglich an den Willen der beteiligten Betriebsräte gebunden und in ihrer Anwendungsfähigkeit also kaum begrenzt. Praktisch treten diese juristischen Unterschiede, wie erwähnt, fast ganz zurück, und für die Wirksamkeit jeder Betriebsräteverbindung ist in erster Linie maßgebend, ob sie die drei wesentlichen Merkmale einer tatsächlichen Anerkennung durch den Unternehmer, einer selbständig über den Einzelbetriebsräten stehenden, kontinuierlich arbeitenden Spitzeninstanz und eines konkreten Aufgabenkreises besitzt.

In der folgenden Untersuchung werden daher die festgefügten Betriebsräteverbindungen, die diese Merkmale aufweisen, den lose zusammenhängenden Betriebsräteverbindungen, bei denen diese Merkmale ganz oder teilweise fehlen,

---

[1]) Vgl. BRG. § 50. Die Bildung eines Gesamtbetriebsrats ist an die Voraussetzung wirtschaftlich und örtlich zusammenhängender Betriebe, an die Gleichartigkeit des Betriebszwecks und an die Zusammenfassung der Betriebe in der Hand derselben Rechtspersönlichkeit geknüpft.

gegenübergestellt. Die ersteren werden dabei als Betriebsräteorganisationen, die letzteren als Betriebsrätevereinigungen bezeichnet.

Die Betriebsräteorganisationen haben in dem gegenwärtigen Entwicklungsstadium des Betriebsrätewesens bereits eine erhebliche Verbreitung erlangt, und ein großer Teil der modernen, vielbetrieblichen Unternehmungen besitzt neben den Einzelbetriebsräten einen zu Verhandlungen herangezogenen kontinuierlich und büromäßig arbeitenden Gesamtbetriebsrat[1]).

Der Wirksamkeitsbereich dieser Betriebsräteorganisationen deckt sich häufig mit dem Wirksamkeitsbereich der obersten arbeitspolitischen Instanz auf seiten der Unternehmung. Umfaßt letztere nur die örtlich oder bezirklich zusammenhängenden Betriebe, so pflegt auch der Gesamtbetriebsrat auf einen Zusammenschluß der entsprechenden Einzelbetriebsräte beschränkt zu sein, werden dagegen sämtliche Betriebe der Unternehmung oder gar des Konzerns arbeitspolitisch durch eine einheitliche Zentralinstanz geleitet, erstrebt auch der Betriebsrat bezw. der Gesamtbetriebsrat eine derartige Politik. Analog verhält es sich mit dem Intensitätsgrad der Zentralisierung. Mit einer größeren oder geringeren Bewegungsfreiheit der einzelnen Werksleitungen korrespondiert meist eine größere oder geringere Selbständigkeit der einzelnen Betriebsräte. Sowohl hinsichtlich des Aufbaues, als auch hinsichtlich des Aufgabenkreises und der Art des Arbeitens bestehen damit unverkennbare Wechselwirkungen zwischen der arbeitspolitischen Zentralinstanz der Unternehmung und der arbeitspolitischen Zentralinstanz der Belegschaft.

Dem durchschnittlichen Typus der verwaltungstechnisch zentralisierten Unternehmung entsprechend, weist auch die Mehrzahl der diesbezüglichen Betriebsräteorganisationen eine verhältnismäßig straffe Zentralisierung auf. Tätigkeitsgebiet und Wirksamkeit einer solchen Betriebsräteorganisation werden gut gekennzeichnet durch folgenden Bericht eines Gesamtbetriebsrats, der eine örtliche zusammenhängende Konzernbelegschaft von ca. 30 000 Arbeitern vertritt. Über die allgemeine Tätigkeit und die Arbeitsweise des Gesamtbetriebsrats heißt es dort[2]): „Beim Gesamtbetriebsrat liefen sämtliche Fäden zusammen, so entstand ein vollständiges Bild und der Gesamtbetriebsrat konnte Lage und Verhältnisse der Belegschaft gut beurteilen . . . .

[1]) Unabhängig von der gesetzlichen Definition wird in der Praxis jede derartige Betriebsräteorganisation mit dem Sammelbegriff „Gesamtbetriebsrat“ bezeichnet. In diesem Sinn wird auch im folgenden von einem Gesamtbetriebsrat gesprochen.

[2]) Jahresber. d. Gesamtbetr.-Rts. des S.-Konzern 1921/22 S. 3 u. 26.

Dabei hat sich die Einrichtung eines besonderen Büros für den Gesamtbetriebsrat außerordentlich bewährt. Auf diese Weise wurde ein Stützpunkt geschaffen, von dem aus die gemeinsamen Interessen der Arbeiterschaft des Konzerns tatkräftig verfolgt werden konnten." Im einzelnen ergibt sich aus dem Bericht folgendes Bild über die Tätigkeit des Gesamtbetriebsrats:

1. Der Gesamtbetriebsrat unterrichtet die Einzelbetriebsräte fortlaufend über prinzipielle Entscheidungen auf dem Gebiete des Arbeitsrechts, er versorgt sie mit Material und berät sie.

2. Der Gesamtbetriebsrat erläßt Rundschreiben, er fordert Material und Statistiken ein usw.

3. Der Gesamtbetriebsrat gibt Richtlinien an die Einzelbetriebsräte heraus, um in grundsätzlichen Fragen ein einheitliches Verhalten herbeizuführen.

4. Der Gesamtbetriebsrat vertritt die Interessen der Einzelbetriebsräte bezw. der Belegschaft in allen Fragen, die über die Interessen und den Bereich der Einzelbetriebsräte hinausgehen, sowohl gegenüber der Werksleitung, als auch gegenüber betriebsfremden Instanzen. Derartige Fälle sind sehr häufig, mindestens lassen sie sich jederzeit leicht konstruieren, so daß ein ehrgeiziger Gesamtbetriebsrat große Aufgabenkomplexe der Einzelbetriebsräte an sich heranziehen kann.

5. Der Gesamtbetriebsrat trifft grundlegende Vereinbarungen mit der Generaldirektion, im vorliegenden Fall z. B. über die Befugnisse der Einzelbetriebsräte, über die Freistellung, über die Arbeitsordnung, über die Pausenregelung, über die Überstundenregelung u. a.

6. Der Gesamtbetriebsrat gibt auf Grund seiner erworbenen Kenntnisse und seiner Unterlagen Material an Gewerkschaften und Presse, er gibt Übersichten über Fabrikations-, Belegschafts- und Lohnverhältnisse heraus, er holt arbeitsrechtliche Spezialentscheidungen und Gutachten vom Reichsarbeitsministerium ein u. a.

Dem Bericht hinzuzufügen ist, daß der Gesamtbetriebsrat auch eine gewisse wirtschaftspolitische Tätigkeit entfaltet, dadurch, daß ein Teil der von ihm eingeholten Statistiken und Auskünfte auf wirtschaftlichem Gebiet liegt, dadurch, daß er mit den andern Spitzenbetriebsräten desselben Wirtschaftskonzerns in loser Fühlung steht und diesbezügliche Konferenzen besucht, dadurch, daß er Vorträge über den Aufbau des betreffenden Wirtschaftskonzerns veranstaltet und vor allem dadurch, daß er das Recht der Bilanzeinsicht, der Entgegennahme des wirtschaftlichen Lageberichts und der Mitgliedschaft im Aufsichtsrat für sich in Anspruch nimmt.

Naturgemäß ist das Tätigkeitsgebiet auch eines an sich gut funktionierenden Gesamtbetriebsrats nicht überall so rational aufgebaut, nicht immer ist das Zentralisierungsprinzip bei Werksleitung und Betriebsrat so scharf ausgeprägt, daß der Schwerpunkt der Arbeitspolitik bei Direktion und Gesamtbetriebsrat liegt, aber in großen Zügen zeigt die Politik des Gesamtbetriebsrats, soweit dieser, was ja hier antizipiert ist, eine kontinuierlich arbeitende Organisation darstellt und von der Werksleitung de facto anerkannt ist, dieselben Linien [1]).

Für die Werksleitung bedeutet das Vorhandensein einer gut funktionierenden Betriebsräteorganisation in vieler Beziehung einen nicht unerheblichen Vorteil. Häufig zeigt der Gesamtbetriebsrat vermöge seines qualifizierten Ausleseprozesses, vermöge seiner größeren Distanzierung zu der Belegschaft, vermöge seines erweiterten Überblicks und vermöge seiner besonders in großen Werken auch nach außen prominenteren Stellung ein sachlicheres Verhalten, als die Einzelbetriebsräte [2]). Es kommt hinzu, daß es bei eigener Zentralisierung für die Werksleitung eine erhebliche Vereinfachung bedeutet, die grundlegenden Verhandlungen auch auf seiten der Arbeiterschaft mit einer Zentralinstanz führen zu können und dieser die schwierige und undankbare Aufgabe zu überlassen, die Einzelbetriebsräte zu überzeugen und deren differierende Ansichten auf einen Nenner zu bringen.

Auf der andern Seite ist jedoch nicht zu verkennen, daß eine festgefügte und gut funktionierende Betriebsräteorganisation für die Werksleitung unter Umständen auch schwerwiegende Nachteile in sich birgt. Die Werksleitung ist auf diese Weise in der Möglichkeit beschränkt, die einzelnen Betriebsräte gegeneinander auszuspielen und deren jeweils vorhandene sachliche und persönliche Differenzierungen in ihre Politik einzustellen. Darüber hinaus stellt ein gut funktionierender Gesamtbetriebsrat auch in macht- und streikpolitischer Hinsicht eine gewisse Gefahr für die Werksleitung dar. Ein solcher Betriebsrat stärkt das Zusammengehörigkeitsgefühl der Konzernarbeiterschaft und begünstigt, je straffer die Einzelbetriebsräte in ihm zentralisiert sind, um so mehr das Übergreifen lokal-betrieblicher Arbeitsunruhen auf den Gesamtkonzern, er ist über den

---

[1]) Ganz ähnliche Feststellungen habe ich z. B. bei den Dt. W., bei der G. H., bei fr. K. im T. K. gemacht.

[2]) Charakteristisch hierfür sind die häufig auftretenden Spannungen zwischen Gesamtbetriebsrat und Einzelbetriebsräten, die gewöhnlich in dem Vorwurf gipfeln, der Gesamtbetriebsrat sei nicht energisch genug und ließe sich von der Direktion einwickeln.

Auftragsbestand und den Beschäftigungsgrad der verschiedenen Einzelbetriebe häufig gut orientiert und kann diese Kenntnis entsprechend machtpolitisch verwerten. Der Gesamtbetriebsrat stellt in Zeiten des Streiks gleichsam die in der feindlichen Stellung verbliebene Kampfleitung dar, er hält die gewerkschaftlichen Instanzen über die Lage der einzelnen Betriebe und über die Belegschaftsstimmung auf dem laufenden, er berät die Gewerkschaften über die Zweckmäßigkeit streikverschärfender oder streikbeschränkender Maßnahmen vom gesamtbetrieblichen Standpunkt aus, er erleichtert die Durchführung und Bekanntmachung gewerkschaftlicher Beschlüsse, und er wird unter Umständen für die Konzernbelegschaft zum geistigen und organisatorischen Mittelpunkt der Streikbewegung[1]).

Der Gesamtbetriebsrat kann also in kritischen Zeiten die Machtposition der Belegschaft und darüber hinaus der Arbeiterschaft als solcher wesentlich stärken und der Werksleitung hierdurch als höchst unerwünschte und nach Möglichkeit zu bekämpfende Instanz erscheinen. Der anfänglich fast allgemeine Widerstand der Werksleitungen gegen jede Art der Betriebsräteorganisation und die noch heute bestehenden Reste dieses Widerstandes sind vornehmlich auf derartige machtpolitische Erwägungen zurückzuführen.

Ein erheblich anderes Wirksamkeitsbild ergibt eine Betrachtung der Betriebsrätevereinigung.

Die Organisation dieser Vereinigungen stellt sich als lose gefügte Interessengemeinschaft sämtlicher Betriebsräte einer Unternehmung oder eines Wirtschaftskonzerns dar. Der organisatorische Schwerpunkt liegt meist in den periodisch oder bedarfsweise einberufenen Vollversammlungen der interessengemeinschaftlich verbundenen Konzernbetriebsräte. Eine über den Einzelbetriebsräten stehende Spitzeninstanz mit selbständigen Befugnissen besteht fast nie, eine kontinuierliche Geschäftsführung nur teilweise. Wo letztere vorhanden ist, fallen ihr durchschnittlich nur die rein formalen Funktionen der Versammlungseinberufung und Versammlungsleitung, der Programmaufstellung und der Repräsentation nach außen zu. Die Verhandlungsfähigkeit einer solchen Instanz ist also stark beschränkt, und ein kontinuierliches Zusammenarbeiten mit der Werksleitung scheidet in der überwiegenden Mehrzahl der Fälle schon aus diesem Grunde aus.

Daß diese Betriebsrätevereinigungen sich nicht zu der erst skizzierten Form festgefügter und kontinuierlich arbeitender Organisationen entwickeln, ist auf verschiedene

---

[1]) Vergl. zu dem Verhalten der Betriebsräte bei Streiks auch Nörpel in Koalitionen und Koalitionskampfmittel herausgegeben von Kaskel Berlin 1925, S. 129.

Ursachen zurückzuführen. Vielfach fehlen vermöge des zu weit gefaßten Wirkungsbereichs, des unklaren Zwecks und der mangelnden realpolitischen Aufgaben die sachlich notwendigen Voraussetzungen für eine derartige Organisation [1]. Es ist dies besonders dann der Fall, wenn die Betriebsrätevereinigungen nur als eine Art Überbau gedacht sind, unter dem die schon vorhandenen Betriebsräteorganisationen eines größeren Wirtschaftskonzerns nochmals zusammengefaßt werden. Hinzu kommt, daß die Werksleitung diese Betriebsräteinstanzen vielfach ignoriert, entweder weil sie einem Zusammenschluß ihrer Betriebsräte überhaupt ablehnend gegenübersteht, oder weil sie nur eine ihrer eigenen arbeitspolitischen Zentralinstanz entsprechende Instanz mit konkreten Funktionen, und nicht ein der wirtschaftlichen Interessengemeinschaft nachgeformtes Gebilde mit unklaren, wirtschaftspolitischen Tendenzen zu Verhandlungen heranziehen will.

Auf seiten der Arbeiterschaft und der beteiligten Betriebsräte wirkt einer organisatorisch straffen Zentralisierung teils die Furcht vor der hierdurch begünstigten bürokratischen Oligarchie, teils der zu abstrakt und zu wenig realpolitisch gestellte Vereinigungszweck entgegen. Vielfach auch läßt sich die Arbeiterschaft in Überschätzung der organisatorischen Bedeutung zu dem Glauben verleiten, daß diese, den Industriekonzernen scheinbar analogen Gebilde, eine dementsprechende Machtkonzentration darstellten, und daß der kapitalistischen Machtzusammenballung durch die Betriebsrätevereinigungen eine ebenbürtige Parallele entgegengestellt würde.

In Wirklichkeit haben diese Betriebsrätevereinigungen, wie sie in dem hier skizzierten Charakter z. B. für den Phönix-Konzern, den Klöckner-Konzern, den Rhein-Stahl-Konzern, den Krupp-Konzern, den Thyssen-Konzern, den Siemens-Konzern [2], den Orenstein und Koppel-Konzern und in loserer Form für die Rhein-Elbe-Union bestehen, kaum nennenswerte Bedeutung erlangt, und weder die Politik der Einzelbetriebsräte, noch die Politik der Werksleitungen ist wesentlich an dem Vorhandensein dieser Vereinigungen orientiert [3].

Insbesondere zeitigen die Vollversammlungen und Konferenzen der Konzernbetriebsräte gewöhnlich keinerlei prakt-

[1]) Vgl. auch Winschuh, Betriebsrat od. Gewerkschaft: „In Tätigkeit dieser Vereinignugen macht sich meist eine gewisse sachliche Lehre bemerkbar, die bald zur Zersetzung führt. Praktische Aufgaben fehlen eben." S. 85.

[2]) Hier der Gesamtkonzern inkl. der süddeutschen Betriebe.

[3]) Vgl. hierzu auch Nörpel in Die sozialen Probleme des Betriebes, Berlin 1925, S. 86: Wirtschaftlich ist aber ausschlaggebend, daß die Zusammenfassung der Betriebsräte nach Konzernen zu keinem Ziele führt.

tisches Ergebnis. Vorträge, Diskussionen über wirtschaftspolitische Fragen und mehr oder minder bedeutengslose Resolutionen kennzeichnen meist den Verlauf einer solchen Konferenz. So diskutiert die Reichskonferenz der Orenstein & Koppel-Betriebsräte zum Beispiel drei Tage über die Fragen des Einkaufs, der Rohstoffbeschaffung und der Preisfestsetzung. Der einzig positive Beschluß dieser Konferenz bestand jedoch darin, daß sie den Arbeitnehmern empfahl, das Erholungsheim der Firma in Blankenburg nicht mehr aufzusuchen[1]). Der Reichskongreß der Siemensbetriebsräte wurde in der Hauptsache ausgefüllt mit Diskussionen über die Sozialisierung und mit einem Vortrag von Dr. Goldschmidt über Bilanzfragen und die Verbindung von Siemens & Stinnes. Die einstimmig angenommene Schlußresolution protestiert gegen die Weigerung der Berliner Firma, ein Konferenzlokal für die Versammlung zur Verfügung zu stellen. Die Betriebsrätekonferenzen der westlichen Industriekonzerne wie z. B. bei Klöckner, Rheinstahl und Phönix sind teilweise an den vergeblichen Versuchen gescheitert, die verschiedenen Gewerkschaftsrichtungen rfuchtbar zu vereinen, teilweise sind sie infolge des Ausbleibens der christlich organisierten Betriebsräte, die nicht ohne Grund eine Majorisierung befürchteten, zu einseitig freigewerkschaftlichen Rumpfkonferenzen herabgedrückt worden. Gewisse Veränderungen erfährt dieses Wirksamkeitsbild in arbeitspolitisch kritischen Zeiten. Die Betriebsrätevereinigung kann dann unter Umständen die Bedeutung einer sammelnden und weiterleitenden Zentrale gewinnen, die ähnlich wie die Betriebsräteorganisation ein Übergreifen ursprünglich nur lokal bedingter Arbeitsunruhen fördert.

Ob man vom Standpunkt der zukünftigen Entwicklung in der Konzentrationsbewegung der Betriebsräte eine praktisch bedeutsame Organisationsform der Arbeiterbewegung zu sehen hat, erscheint zweifelhaft. Soweit sich die Konzentration der Betriebsräte in der Hauptsache als Parallelerscheinung zu der verwaltungstechnischen Zentralisierung auf seiten der Unternehmung darstellt und der Schwerpunkt der beiderseitigen Arbeitspolitik sich damit vom Einzelbetrieb und Einzelbertriebsrat zu Direktion und Gesamtbetriebsrat verschiebt, ist diese Zentralisierung zwar als eine organisatorische Vorvollkommnung des Betriebsrätewesens zu betrachten, von einer selbständigen Organisationsform der Arbeiterbewegung kann in diesem Fall jedoch nicht gesprochen werden. Soweit die Konzentration der Betriebsräte als Parallelvorgang zu der wirtschaftlichen Konzentration verwaltungstechnisch selbständig bleibender Unternehmungen gedacht ist, würde ein

[1]) Vgl. Der Deutsche Metallarbeiter Nr. 36 v. 3. 9. 21.

derartiger „Arbeitnehmerkonzern" zwar eine selbständige Organisationsform der Arbeiterbewegung darstellen können. Diese Organisationsform ist jedoch praktisch ohne Bedeutung, da ihr das notwendige organisatorische Fundament eines konkreten Aufgabenkreises und einer realpolitischen Tätigkeit fehlt. Unter dem gewerkschaftlichen Gesichtspunkt der Entwicklung zum Industrieverband gewinnt die Konzentrationsbewegung der Betriebsräte, in welcher Form sie sich auch vollzieht, dagegen gesteigerte Bedeutung, wie an einschlägiger Stelle bereits dargelegt worden ist.

Zusammenfassend läßt sich über die Politik des Betriebsrats, soweit dieselbe trotz individueller Verschiedenheiten in großen Linien typisch verlaufen ist, folgendes feststellen:

Die Politik des Betriebsrats fügt sich grundsätzlich in den Rahmen der Arbeiterbewegung ein, sie ist denselben Zielen dienstbar gemacht und trägt denselben Charakter wie diese. Das bedeutet erstens, daß die Politik breiter Betriebsräteschichten an der willensmäßigen Herbeiführung der sozialistischen Wirtschaftsordnung orientiert ist und damit in prinzipiellem Gegensatz zu dem Unternehmer als dem Repräsentanten der bestehenden Wirtschaftsordnung steht. Das bedeutet zweitens, daß die Politik breiter Betriebsräteschichten an den Zielen der Gewerkschaftsbewegung orientiert ist, und daß diese Betriebsräteschichten sich als gewerkschaftliche Funktionäre fühlen und in diesem Sinn zu handeln bestrebt sind. Das bedeutet drittens und vor allem, daß die Politik des Betriebsrats schlechthin an den Forderungen der Belegschaft orientiert ist, und daß diese Politik damit teils freiwillig, teils zwangsweise den Charakter einer ausgesprochenen Interessenpolitik trägt. Diese Interessenpolitik ist in der Mehrzahl der Fälle auf eine Vertretung des unmittelbaren und materiellen Belegschaftsinteresses zugespitzt. Sowohl die sozialpsychischen Aufgaben des Betriebsrats, als auch seine weitzieligen Aufgaben im Rahmen der Arbeiterbewegung treten damit hinter den Forderungen des Belegschaftsinteresses stark zurück. Teilweise handelt der Betriebsrat, indem er das Belegschaftsinteresse vertritt, gleichzeitig im Interesse der Unternehmung entweder direkt, indem er den Unternehmer gegen fremde Instanzen unterstützt, oder indirekt, indem er den Zufriedenheitsgrad der Belegschaft erhöht und damit eine gewisse arbeitspolitische Entspannung herbeiführt. Teilweise aber auch, und es ist zwecklos, sich dieser Einsicht zu verschließen, wird die Politik des Betriebsrats durch ihre einseitige Orientierung an den Forderungen der Arbeiterbewegung und der Belegschaft zu einer Quelle neuer

Streitigkeiten und löst entsprechende Gegenmaßnahmen des Unternehmers aus.

III.
Die Paralysierungspolitik der Werksleitung.

1. Die Betriebsrätepolitik der Werksleitungen ist in ihrer grundsätzlichen Linienführung durch das Streben nach Paralysierung des Betriebsrats, nach Zurückdrängung seines Einflusses und nach Beschränkung auf die Mußvorschriften des BRG. gekennzeichnet.

Wenn daneben auch weiterhin alle Maßnahmen einer planmäßigen Assimilierungspolitik zur Anwendung gelangen, so geschieht das in der überwiegenden Mehrzahl der Fälle lediglich aus taktischen Gründen und in der Absicht, auf diesem Wege ein im Augenblick möglichst reibungsloses Arbeiten mit dem Betriebsrat und mit der Belegschaft zu erreichen. Nur ausnahmsweise erscheint die Assimilierungspolitik der Werksleitung heute noch als Selbstzweck in dem Sinn, daß die Werksleitung hofft, die Arbeiterschaft mit Hilfe des Betriebsrätewesens aus ihrer prinzipiell unternehmungsfeindlichen Haltung herauszulösen und sie gefühlsmäßig in den kapitalistischen Produktionsprozeß einzugliedern. Damit sind gegenwärtig auch die Assimilierungsversuche großenteils nur als Mittel einer im Prinzip paralysierungsorientierten Betriebsrätepolitik zu werten. In der hier gebrauchten Bedeutung soll der Begriff der Paralysierungspolitik jedoch auf solche Maßnahmen beschränkt bleiben, die nicht nur dem Motiv nach, sondern auch äußerlich erkennbar auf eine Einflußbeschränkung des Betriebsrats hinzielen.

Die Maßnahmen der Werksleitung, die auf Einflußbeschränkung des Betriebsrats hinzielen, beruhen selten auf der Tendenz, das Betriebsrätewesen als solches prinzipiell zu bekämpfen und die Tätigkeit des Betriebsrats unter allen Umständen lahmzulegen, sondern in der Mehrzahl der Fälle ist für die Paralysierungspolitik der Werksleitung lediglich der Gesichtspunkt einer rationellen Betriebsführung maßgebend. Auch der Produktionsfaktor Arbeit soll dem Zweck der Unternehmung, der gewinnbringenden Produktion, in möglichst vollkommener Weise dienstbar gemacht werden. Die Werksleitung muß also danach trachten, evtl. Widerstände, die sich diesem Zweckstreben entgegenstellen, zu überwinden, oder diese Widerstände wenigstens auf ein Mindestmaß der Störung zurückzuführen[1]).

---

[1]) Schumacher schreibt in seinem Unternehmertum und Sozialismus: „Die Unternehmer können schließlich nicht anders, als an allem, das eine sorgfältige Anpassung des Mittels an den Zweck vermissen läßt, Anstoß zu nehmen." Schmollers Jahrb. Bd. 43 Heft 2 S. 27.

Wie eine Betrachtung der Politik des Betriebsrats ergibt, hat sich der Betriebsrat häufig zu einer Instanz entwickelt, die dem Zweckstreben der Werksleitung in arbeitspolitischer wie in wirtschaftlicher Hinsicht nicht unbeträchtliche Widerstände entgegensetzt.

Teils als Organ der Arbeiterbewegung, teils als Organ der Belegschaft, treibt der Betriebsrat eine Politik, die sich vielfach nicht mit dem privatwirtschaftlich orientierten Interesse der Unternehmung deckt, ja die stellenweise diesem Interesse geradezu entgegengesetzte Ziele verfolgt. Die Paralysierungspolitik der Werksleitung erscheint daher wesentlich durch das Verhalten des Betriebsrats bedingt, indem die Werksleitung ihrerseits versucht, die gegebenenfalls unternehmungsfeindliche Haltung des Betriebsrats lahmzulegen, indem sie bestrebt ist, gegenüber dem Einfluß und Machtstreben des Betriebsrats den eigenen Einfluß aufrecht zu erhalten und planmäßig zu erweitern, und indem sie überhaupt alle Maßnahmen trifft, um trotz der Mitwirkung des Betriebsrats in ihrer arbeitspolitischen und wirtschaftlichen Initiative nach Möglichkeit unbehindert zu bleiben. Im Sinn der hier skizzierten Tendenzen soll im folgenden von einer Paralysierungspolitik gesprochen und dieser Begriff damit gegen eine Politik der prinzipiellen Lahmlegung und unfruchtbaren Kaltstellung des Betriebsrats abgegrenzt werden.

Die Bedingtheit der Werkspolitik von der Haltung des Betriebsrats ist damit keineswegs eine rein kausale derart, daß in jedem Einzelfall Ursache und Wirkung in unmittelbarer Beziehung zueinander stehen. Im Einzelfall kann die Paralysierungspolitik der Werksleitung vielmehr durchaus praventiven oder agressiven Charakter tragen, die Kausalität ist nur für die grundsätzliche und typische Art der Verknüpfung von Werkspolitik und Politik des Betriebsrats festzustellen. Daß man diese Kausalität auch innerhalb der Arbeiterschaft empfindet und die Ursachen der abwehrorientierten Betriebsrätepolitik der Werksleitung vielfach klar erkennt, geht aus zahlreichen Äußerungen der Gewerkschaftspresse hervor. So schreibt die Metallarbeiterzeitung z. B.[1]): „Der Betriebsrat ist Sozialist und Klassenkämpfer, er ist bestrebt, in den Produktionsgang einzudringen und vertritt rücksichtslos die Wünsche seiner Kollegen, daher sucht der Unternehmer sich seiner zu entledigen. Ein vorzüglich organisiertes Netz wird um den Betriebsrat gelegt.“ Und ähnlich schreibt ein Betriebsrat in seinem Jahresbericht[2]): „Je energischer die Betriebsräte ihre Aufgaben zu erfüllen und den Verpflichtungen des BRG. nachzukommen

---

1) Nr. 7/8 v. 25. 2. 22.

2) Jahresber. d. Gesamtbetriebsrats des S.-Konzerns S. 14.

suchen, um so größer wird der Widerstand der Unternehmer."

Die bedeutsamste und zugleich kennzeichnendste Erscheinung innerhalb der Betriebsrätepolitik der Werksleitungen ist das starke Zurücktreten der persönlichen Fühlung und die ständige Vermehrung der arbeitspolitischen Spezialinstanzen, die sich zwischen die oberste Leitung der Unternehmung und die Belegschaft schieben.

Wie dargelegt, ist in der ersten Entwicklungsperiode des Betriebsrätewesens auf seiten der Unternehmungen vielfach der Versuch gemacht worden, das persönliche Moment wieder stärker zur Geltung zu bringen und den unmittelbaren Kontakt zwischen oberster Leitung und Belegschaft auf dem Wege über den Betriebsrat wiederherzustellen. Die Ergebnisse dieser Versuche sind jedoch durchschnittlich recht unbefriedigend gewesen. Die leitenden Direktoren opferten einen beträchtlichen Teil ihrer Arbeitszeit[1]) für die täglichen Verhandlungen mit dem Betriebsrat, selten aber gelang es, diesen Aufwand an Zeit und Kraft in ein entsprechendes Verhältnis zu den erreichten Erfolgen zu setzen. Einmal deshalb, weil die Vorbedingungen für ein persönlich vertrauensvolles Zusammenarbeiten auf seiten des Betriebsrats nur selten vorhanden waren, zum andern, weil die leitenden Direktoren mit ihrer vielfach einseitig technischen und kaufmännischen Einstellung das schwierige Gebiet des modernen Arbeitsrechts und der modernen Arbeitspolitik nur unvollkommen beherrschten und ihren diesbezüglichen Aufgaben schon in formeller Hinsicht vielfach nicht gewachsen waren. Darunter litt zunächst die Autorität, denn die Belegschaft, die das eigentliche Tätigkeitsgebiet der Direktoren nicht werten konnte oder wollte, klammerte sich bereitwillig an die arbeitspolitischen Schwächen derselben. Darüber hinaus kam in die Arbeitspolitik der Unternehmung ein starkes Moment der Unsicherheit und Zersplitterung. Die einzelnen Betriebsdirektoren trafen nach Maßgabe ihrer persönlichen Ansichten nicht selten gegensätzliche Entscheidungen, Entscheidungen, die außerdem häufig rechtlich nicht haltbar waren und zurückgenommen werden

---

[1]) Der Versuch, eine statistische Erhebung über den diesbezüglichen Zeitaufwand vorzunehmen, erwies sich im allgemeinen als unausführbar. Genaue Feststellungen konnten nur in einzelnen Betrieben gemacht werden, so z. B. in der F.A.H. (10000 Arbeiter) in der der leitende Direktor zeitweise bis zu vier Stunden täglich mit dem Betriebsrat verhandelte. Im Ruhrbergbau ergab eine diesbezügliche Umfrage im Durchschnitt einen Zeitaufwand von täglich 1—2 Stunden für den Betriebsführer der einzelnen Zechen.

mußten[1]), oder die in Unkenntnis der Bestimmungen Zugeständnisse enthielten, die über das erforderliche Maß hinausgingen und eine unproduktive Belastung des betreffenden Betriebs bedeuteten. Die Notwendigkeit, arbeitspolitische Spezialinstanzen zu schaffen, oder bestehenden Instanzen auch die Behandlung des Betriebsrätewesens zu übertragen, machte sich daher wachsend bemerkbar. Dieser sachlichen Notwendigkeit gaben die leitenden Direktoren um so bereitwilliger Raum, als sie persönlich durch die zeitraubenden und fruchtlosen Verhandlungen mit den Betriebsräten vielfach zermürbt und verärgert waren und es freudig begrüßten, diese als nutzlos und lästig empfundene Tätigkeit abwälzen und sich wieder voll ihrem eigentlichen Aufgabengebiet zuwenden zu können. Es kommt hinzu, daß die Verhandlungen mit dem Betriebsrat und die Fülle der durch das Betriebsrätewesen aufgeworfenen Streitigkeiten eine so erhebliche Arbeitsbelastung darstellen, daß sich die Einrichtung einer besonderen, arbeitspolitischen Instanz meist schon aus verwaltungstechnischen Gründen nicht umgehen läßt. Bezeichnend heißt es darüber in dem Geschäftsbericst eines großen Konzerns[2]): „Durch Vorstandsbeschluß ist mit Rücksicht auf die durch die Einführung des BRG. bedingte, dauernde Zunahme der zu leistenden Arbeit eine Trennung der bisherigen Abteilung in eine wirtschaftspolitische und eine sozialpolitische Abteilung vorgenommen worden. . . . Durch das BRG. wurde die sozialpolitische Abteilung aufs äußerste beansprucht.“

Schließlich aber, und das ist als ausschlaggebendes Moment zu werten, führt das Streben nach wirksamer Beschränkung des Betriebsrats und nach entsprechender Einflußerweiterung der Werksleitung fast zwangsläufig zu der Notwendigkeit, eine arbeitspolitische Spezialinstanz zu schaffen. Nur eine solche, mit qualifizierten Fachkräften besetzte Instanz ist in der Lage, eine planmäßig einheitliche Betriebsrätepolitik für die ganze Unternehmung zu treiben, nur eine solche Instanz kann die Fragen des Betriebsrätewesens kontinuierlich bearbeiten, den Gesichtspunkt der Betriebsdisziplin gegenüber der vielfach von andern Erwägungen bestimmten kaufmännischen und technischen Leitung unbedingt durchhalten und die Vorstöße des Betriebsrats sachgemäß auffangen.

2. Die verwaltungstechnische Organisation der arbeitspolitischen Instanzen ist naturgemäß außerordentlich verschieden. In den kleineren Unternehmungen werden die

[1]) Eine Erscheinung, die gerade auf dem schwierigen Gebiet der Entlassungen und der Bestrafungen häufig vorkam und die Betriebsdisziplin erheblich schädigte.

[2]) Geschäftsbericht 1920 des S.-Konzerns S. 1—9.

vorkommenden arbeitspolitischen Aufgaben vielfach nicht als selbständiges Ressort behandelt, sondern von dem Lohnbüro und der Arbeiterannahmestelle mit erledigt. Da die arbeitspolitischen Aufgaben hier meist nur als Anhängsel der Lohnbuchhaltung erscheinen und den Angestellten des Lohnbüros durchschnittlich der notwendige autrotative Abstand zur Belegschaft fehlt, kann von einer planmäßigen Arbeits- und Betriebsrätepolitik hier kaum gesprochen werden. Wo eine derartige Politik dennoch betrieben wird, liegt ihr Schwerpunkt teils bei der Persönlichkeit des Betriebsingenieurs, teils bei dem betreffenden Arbeitgeberverband, der diesesfalls zur Beratung in arbeitsrechtlichen Fragen meist ausgiebig herangezogen wird[1]).

Innerhalb der arbeitspolitischen Organisation der mittleren und größeren Unternehmungen machen sich Unterschiede vor allem hinsichtlich der mehr oder minder straffen Zentralisierung bemerkbar. Während vielfach die einzelnen Betriebe einer Unternehmung, selbst bei örtlich zusammenhängender Lage, arbeitspolitisch verhältnismäßig selbständig sind[2]), weisen speziell die Konzernunternehmungen der Schwer- und Metallindustrie oft eine scharfe arbeitspolitische Zentralisierung auf. In derartigen Unternehmungen wird die gesamte Arbeitspolitik des Konzerns auch für die technisch durchaus selbständigen Werke einheitlich von einer Abteilung geleitet, die unmittelbar der Generaldirektion unterstellt, im Verhältnis zu den einzelnen Betriebsleitungen meist eine übergeordnete Stellung einnimmt. Ist die diesbezügliche Organisation rational durchentwickelt, so sind den größeren Einzelwerken wiederum Sozialsekretäre beigeordnet, die für den leitenden Betriebsingenieur die Bedeutung teils einer entlastenden, teils einer kontrollierenden Instanz besitzen und ihm meist koordiniert, stellenweise aber auch übergeordnet[3]) zur Seite stehen. Bezeichnend für das Maß, in dem der arbeitspolitische Verwaltungsapparat der Unternehmungen ausgebaut und das Betriebsrätewesen bürokratisiert ist, ist folgende Stelle aus dem Bericht der bereits erwähnten norwegischen Studienkommission[4]): „Die Schuld für diese Mißverhältnisse (gemeint ist die mangelnde Wirksamkeit des Betriebsrätewesens) muß jedoch wesentlich dem Umstand zugeschrieben werden, daß die Verhandlungen zwischen Betriebsrat und Arbeitgeber

[1]) Persönlich habe ich speziell beim Zechenverband und beim Verband Berliner Metallindustrieller, diesbezügliche Feststellungen machen können.

[2]) Charakteristisch z. B. bei Orenstein & Koppel und bei der A.E.G.

[3]) So z. B. im Farbstoffkonzern von Bayer & Co., Leverkusen vgl; auch Winschuh, Praktische Werkspolitik S. 48.

[4]) a. a. O.

in allzu weitem Maße schriftlich, statt durch mündliche Verhandlungen vor sich gehen [1])."

In dieser Feststellung liegt zugleich eine scharfe Kritik an der bürokratischen Gestaltung des Betriebsrätewesens, eine Kritik, die unter ideologischem Gesichtspunkt durchaus gerechtfertigt ist, denn gerade auf dem Wege über den Betriebsrat sollte das Moment der persönlichen Fühlung wieder zur Geltung gebracht und der mechanisierenden Wirkung der modernen Verwaltungsbürokratie entgegengearbeitet werden. Tatsächlich jedoch erscheint dieser verwaltungsbürokratische Ausbau des Betriebsrätewesens, wie ursächlich dargelegt, als notwendig und unter dem Gesichtspunkt großbetrieblicher Organisation sogar als unvermeidbar. Treffend sagt Max Weber [2]): „Der moderne kapitalistische Betrieb .... braucht für seine Existenz eine Verwaltung, deren Funktionieren wenigstens im Prinzip ebenso an festen Normen kalkuliert werden kann, wie man die voraussichtlichen Leistungen einer Maschine kalkuliert." „Dieser Bedarf nach stetiger, straffer, kalkulierbarer Verwaltung, wie ihn der Kapitalismus vor allem historisch geschaffen hat ...... bedingt die Schicksalhaftigkeit der Bürokratie als des Kerns jeder Massenverwaltung."

Über die Notwendigkeit und Unvermeidbarkeit hinaus weist die Bürokratisierung der Betriebsrätepolitik aber auch durchaus positive Wirkungen auf, und speziell unter dem Gesichtspunkt der Unternehmung hat sie sich vielfach als das bestgeeignete Mittel erwiesen, um die unerwünschten Wirkungen des Betriebsrätewesens zu mildern.

Die diesbezüglich vielleicht bedeutsamste Wirksamkeit ist die persönliche Entlastung des Unternehmers bezw. der leitenden Direktoren. Der zermürbende und lähmende Einfluß, den das Betriebsrätewesen mit Recht oder Unrecht auf die leitenden Persönlichkeiten der Unternehmung häufig ausübte, und der bei wachsender Intensität und längerer Dauer die Handlungs- und Verantwortungsfreudigkeit dieser Persönlichkeiten unzweifelhaft bedroht hätte, ist solcher Gestalt stark reduziert. Charakteristisch ist, daß psychologische Unlust- und Ermattungsgefühle hier in Kosten umgeformt erscheinen. Je vollkommener die arbeitspolitische

[1]) Bezeichnend für das Maß der Bürokratisierung ist auch die Feststellung, daß der arbeitspolitischen Zentrale des S.-Konzerns in sechs Monaten 284 Protokolle über Vorgänge des Betriebsrätewesens eingereicht wurden. In dieser Abteilung waren stellenweise nur mit Betriebsrätefragen beschäftigt: 3 qualifizierte Beamte und ca. 12 Angestellte, der Zentrale sind beigeordnet: 7 Sozialsekretäre.

[2]) Parlament und Regierung im neugeordneten Deutschland S. 17 und Grundriß der Sozialökonomik III. Abtlg. S. 128 ff.

Organisation ist, je qualifizierter die juristischen und arbeitspolitischen Fachkräfte sind, um so größer sind die Kosten, um so geringer ist aber auch die persönliche Behinderung der eigentlichen Unternehmungsleiter. Durch diese, gleichsam als Prellbock zwischen Direktion und Belegschaft eingeschaltete Instanz wird außerdem die Autorität der Direktion gestärkt, denn gerade die zu geringe psychologische Distanzierung in Gestalt einer zu häufigen und zu vertraulichen Berührung von oberster Leitung und Betriebsrat hat anfänglich oft zum Schaden der Betriebsdisziplin gewirkt [1]).

Die sachliche Überlegenheit der bürokratischen, arbeitspolitischen Organisation ist vor allem durch die weitgehende Verwendung spezialisierter Fachkräfte oder mit Max Weber durch die Tatsache des „Fachwissens" bedingt. Die gut geleitete, vielfach mit Volljuristen besetzte, arbeitsrechtliche Abteilung hat an der Förderung der Betriebsdisziplin und darüber hinaus an der Einflußerweiterung der Werksleitung meist einen ganz beträchtlichen Anteil. Werden von der Werksleitung nur rechtlich unzweifelhafte Maßnahmen getroffen, hat die Werksleitung vor Schlichtungsinstanzen und Gewerbegericht erst eine Reihe obsiegender Entscheidungen erzielt, nimmt sowohl die Bereitwilligkeit des Betriebsrats, als Beschwerdeinstanz zu fungieren, als auch seine eigene Opposition häufig stark ab. In demselben Maße vergrößert sich die Disziplin der Belegschaft, die sich vor Maßregelungen des Unternehmers trotz des diesbezüglichen Mitbestimmungsrechts des Betriebsrats nunmehr nicht mehr unbedingt geschützt fühlt.

Die Werksleitungen gehen in dem Streben, sich auf diesem Gebiet im Belegschaftsbewußtsein eine gewisse Autorität zu erringen, teilweise außerordentlich weit. Auch bei einer Belegschaftsstärke von mehreren tausend Arbeitern machen die Werksleitungen vielfach jede Maßregelung und besonders jede Entlassung zum Gegenstand einer eingehenden vorherigen Besprechung zwischen allen beteiligten Faktoren, also unter Umständen des Werkmeisters, des Betriebsführers, eventueller Zeugen und eines oder mehrerer Juristen. Mit ähnlichem Aufwand erscheint die Werksleitung bei wichtigeren Verhandlungen vielfach auch vor den Schlichtungsinstanzen. Typisch für Tatsache und Erfolg ist die sich ständig wiederholende und von ihrem Standpunkt nicht unberechtigte Klage der Betriebsräte, daß sie den vereinten Kräften der „Rechtsverdreher" nicht gewachsen und der Werksleitung vor den Schlichtungsinstanzen daher von vornherein unterlegen seien. In Fragen von

[1]) Vgl. hierzu auch Wirtsch. Nachr. a. d. Ruhrbezirk Nr. 9 v. 11. 3. 22.

prinzipieller Bedeutung, wie sie z. B. bei der Regelung des Strafwesens oder der Vereinbarung der Arbeitsordnung gegeben sind, bereitet die arbeitspolitische Abteilung nicht selten eingehende juristische Begründungen vor, manchmal auch holt sie diesbezügliche Gutachten bekannter Arbeitsrechtler ein, um ihrem Standpunkt vor den Schlichtungsinstanzen Nachdruck zu verleihen.

Als verstärkendes Moment tritt zu dieser juristischen Vorbereitung arbeitspolitischer Maßnahmen häufig die kontinuierliche und eventuell auch aktenmäßige Personalbearbeitung für Betriebsräte und prominente Belegschaftsmitglieder. Dieses System ermöglicht es, daß die Werksleitung auf Verfehlungen mißliebiger Belegschaftsangehöriger jederzeit aktenmäßig zurückgreifen und so durch Summierung der Einzelverfehlungen trotz Betriebsrat und Schlichtungsinstanzen gegebenenfalls eine Entlassung erzwingen kann. Handelt es sich um besonders schwierige Fälle, etwa um die Entlassung eines, vor Maßregelungen ja doppelt geschützten Betriebsratmitgliedes, oder um einen Antrag auf Auflösung des Betriebsrats, sammelt die Werksleitung unter Umständen zweckbewußt und systematisch diesbezügliches Material, um ihre Absichten durchzusetzen[1]).

Die gemachten Ausführungen lassen erkennen, daß die Betriebsrätepolitik der Werksleitungen, besonders soweit diese Politik paralysierungsorientiert ist, einen starken juristischen Einschlag aufweist. Teilweise ist dies die Folge der weitgehenden gesetzlichen Regelung des gesamten Arbeitsverhältnisses und der an diese Regelung anknüpfenden Vorstöße des Betriebsrats, teilweise aber auch erklärt sich das Vorherrschen juristischer Gesichtspunkte aus dem Streben der Werksleitung nur die Mußvorschriften des BRG. zur Grundlage ihrer Arbeitspolitik zu machen und darüber hinausgehenden Forderungen des Betriebsrats aus prinzipiellen Erwägungen Widerstand zu leisten. Daß die Einschaltung einer arbeitspolitischen Instanz, deren spezielle Aufgabe es ist, die Rechte der Werksleitung gegenüber Betriebsrat und Belegschaft wahrzunehmen, in dieser Hinsicht häufig zu einer stärkeren Betonung prinzipieller Momente geführt hat, ist unzweifelhaft. Nur aus dem Zusammentreffen prinzipieller Gesichtspunkte auf beiden Seiten ist die Fülle der Streitigkeiten zu verstehen, die zwischen Werksleitung und Betriebsrat entstanden sind, und die sich zum Teil um materiell belanglos Fragen drehen, aber denn-

---

[1]) Typische Feststellungen habe ich in dieser Beziehung z. B. bei der G. Bw. U., bei der G. H., bei den Dt. W. im S.-Konzern und bei L. Lw. gemacht.

noch mit Konsequenz durch alle Instanzen durchgefochten werden[1]).

Für die Werksleitung bedeutet diese juristische und vielfach von grundsätzlichen Erwägungen bestimmte Einstellung ihrer arbeitspolitischen Abteilung auf der einen Seite eine erhöhte Kostenbelastung. Zu der wesentlichen Belastung, die die Einrichtung einer solchen Abteilung an sich darstellt, tritt die Tatsache, daß die arbeitspolitische Abteilung Streitigkeiten unter Umständen auch dort nicht ausweicht, wo im Interesse der Rentabilität und einer ungeschmälerten Betriebsleistung eine opportunistische Regelung im Augenblick erwünscht und vielleicht auch möglich gewesen wäre. Auf der andern Seite bedeutet die Einrichtung einer besonderen arbeitspolitischen Abteilung, die planmäßig disziplinare Gesichtspunkte verfolgt, und die sich nicht lediglich von den Rücksichten der jeweiligen Betriebsrentabilität leiten läßt, unzweifelhaft gerade auf dem Gebiet des Betriebsrätewesens eine erhebliche Stärkung der Werksleitung und damit nicht selten der Betriebsdisziplin als solcher.

Für den Betriebsrat ergibt sich aus dem Vorhandensein einer solchen Instanz in erster Linie die Notwendigkeit, seine Forderungen nicht nur machtpolitisch, sondern auch sachlich und rechtlich begründet vor Werksleitung und Schlichtungsinstanzen zu vertreten. Der Betriebsrat ist damit gezwungen, sich selbst eine eingehende Fachbildung auf dem Gebiet des Arbeits- und speziell des Betriebsräterechts anzueignen. Darüber hinaus zwingt die arbeitspolitische Bürokratisierung auf seiten der Werksleitung den Betriebsrat in verstärktem Maße dazu, auch für seine Geschäftsführung eine kontinuierliche und bürokratische Gestaltung zu erstreben. Daß der Betriebsrat durch die arbeitspolitische Abteilung der Werksleitung in seinem Einfluß häufig stark zurückgedrängt und in seiner Wirksamkeit beträchtlich beschränkt wird, ist bereits hervorgehoben worden. Als schlüssigster Beweis für diese Tatsache kann vielleicht angesehen werden, daß Betriebsräte und Arbeiterschaft ihre besondere Abneigung gegen derartige Instanzen immer wieder zu erkennen geben. So schreibt z. B. der Gesamtbetriebsrat des S-Konzerns in seinem Jahresbericht[2]): „Erwähnen wollen wir hier, daß zwischen Generaldirektion und Gesamtbetriebsrat die sozialpolitische Abteilung eingeschaltet ist. Geleitet wird diese Abteilung von Herren, die für zeitgemäße soziale Bedürfnisse kein Verständnis haben . . . . wir haben

---

[1]) Vgl. hierzu auch die Gewerbeaufsichtsberichte über die Wirkungen des BRG. für 1920/21 u. 22, für Berlin besonders den Jahresber. 1920 S. 115 ff.

[2]) S. 28 ff.

das Empfinden, daß der unbefriedigende Zustand durch diese Körperschaft zwischen Generaldirektion und Betriebsrat hervorgerufen wird." Und die Metallarbeiterzeitung [1]) fällt über die arbeitspolitischen Spezialinstanzen ganz allgemein folgendes Urteil: „Der Radikalismus in sozialpolitischer Hinsicht geht ja weniger vom Unternehmer selbst aus, als vom Leiter seines sozialen Büros oder seiner Abteilung für Arbeiterangelegenheiten." Auf einer Konferenz der freigewerkschaftlichen Betriebsräte des Ruhrbergbaus [2]) heißt es: „Die Werkbesitzer des Ruhrbergbaus arbeiten seit längerer Zeit systematisch daran, die Rechte der Betriebsräte zu beseitigen. . . . Vornehmlich durch die Schikanen der Rechtsabteilung werden die Betriebsräte in der Erfüllung ihrer Aufgaben behindert."

Abgesehen von der Einrichtung und der Tätigkeit einer arbeitspolitischen Abteilung stehen der Werksleitung aber auch sonst noch mancherlei Maßnahmen zur Verfügung, mit Hilfe deren sie sich ein möglichst großes Maß von Bewegungsfreiheit sichern und unbequeme Auswüchse des Betriebsrätewesens eindämmen kann. Häufig z. B. sind die Werksleitungen bemüht, den Tatendrang des Betriebsrats durch Zuweisung von minderwichtigen, in der Hauptsache wohlfahrtspolitischen Aufgaben zu befriedigen, um den Betriebsrat auf diese Weise von einer störenderen Beschäftigung auf andern Gebieten abzulenken. Meist braucht die Werksleitung dabei nur bereits vorhandene Entwicklungstendenzen planmäßig für ihre Zwecke auszunützen. Der Betriebsrat wird auch ohne Zutun der Werksleitung, nur durch den Druck des materiellen Belegschaftsinteresses auf das Gebiet der sozial- und wohlfahrtspolitischen Kleinarbeit gedrängt und im Verein mit seiner mangelnden Vorbildung an der Erfüllung produktionswirtschaftlicher Aufgaben gehindert. Innerhalb der Arbeiterbewegung hat man die Hemmungen, die einer positiven Wirksamkeit des Betriebsrätewesens aus dieser Entwicklung erwachsen, durchaus erkannt, nur sucht man sie mit starker Übertreibung zu einseitig auf das Konto der Werkspolitik zu setzen. Nörpel erklärt zum Beispiel auf dem Reichsbetriebsrätekongreß [3]): „Wenn die Dinge so weitergehen wie bisher, ist die Arbeitsfähigkeit der Betriebsräte nicht mehr aufrecht zu erhalten, die Unternehmer gehen konsequent darauf aus, den Betriebsrat mit Nebensächlichkeiten zu beschäftigen, um ihn von seiner eigentlichen Aufgabe der Kontrolle der Produktion abzuhalten." Und die Rheinische Zeitung schreibt [4]): „Wir sehen

---

[1]) Nr. 12 v. 25. 3. 22.
[2]) Im Februar 1922, entn. a. d. Akten d. Zechenverbandes.
[3]) Vgl. Prot. d. Verhandlg., Verlag d. ADGB. S. 201 ff.
[4]) Nr. 110 v. 11. 5. 22.

wie die Betriebsräte ihre Hauptaufgabe, die Kontrolle der Produktion, verlassen und sich begünstigt und unterstützt durch den Unternehmer in Nebensächlichkeiten verlieren."

Auch auf den Gebieten jedoch, auf denen die Betriebsräte, wie auf dem Gebiet der Bilanzvorlage und der Aufsichtsratmitgliedschaft, eine lebhaftere wirtschaftspolitische Aktivität entfalten, sind die Werksleitungen in der Mehrzahl der Fälle in der Lage, die gefährlichen Wirkungen dieser Aktivität zu paralysieren. Die Werksleitungen setzen dem Kontroll- und Einflußstreben das Betriebsrats auf diesen Gebieten einen besonders hartnäckigen und rationell aufgebauten Widerstand entgegen, da einerseits hier die empfindlichsten Stellen der privaten Unternehmung berührt werden, und da andererseits die gemeinwirtschaftlichen und unternehmungsfeindlichen Tendenzen innerhalb der Arbeiterschaft gerade auf dieses Gebiet konzentriert sind. Es wird Aufgabe einer Spezialuntersuchung sein, darzulegen, welche praktischen Formen der diesbezügliche Widerstand der Werksleitung angenommen hat, und auf welche Maßnahmen im einzelnen die Wirksamkeit dieses Widerstandes zurückzuführen ist.

Im Rahmen der Paralysierungspolitik der Werksleitung spielen schließlich die Versuche, den Betriebsrat bezw. einzelne seiner Mitglieder von der Belegschaft oder von den Gewerkschaften zu isolieren, eine nicht unbeträchtliche Rolle. Wie erwähnt besitzt die Werksleitung zwar meist ein Interesse daran, im Sinn einer Autoritätsstärkung auf das Verhältnis von Betriebsrat und Belegschaft einzuwirken, bei ausgesprochen radikalen Betriebsräten ist sie jedoch stellenweise gezwungen, eine entgegengesetzte Politik zu verfolgen. Planmäßige Verweigerung jedweder Erfolge, Bevorzugung von anderen Betriebsratmitgliedern oder Bevorzugung von besonderen Kommissionen und Beeinflussung der Belegschaftsstimmung sind die in Umkehr einer diesbezüglichen Assimilierungspolitik angewendeten Mittel. Tritt die radikale und dann meist auch gewerkschaftsfeindliche Haltung des Betriebsrats kraß zutage, wie z. B. bei von ihm angezettelten wilden Streiks, ist es der Werkspolitik auch vielfach gelungen, sich zur Paralysierung dieser Auswüchse der direkten oder indirekten Unterstützung der Gewerkschaften zu vergewissern. Auf diesen Erfahrungen aufbauend versuchen die Werksleitungen teilweise auch präventiv die Gewerkschaften gegen den Betriebsrat auszuspielen. Insbesondere ist dies dann der Fall, wenn der Betriebsrat Forderungen erhebt, die gegen anerkannte gewerkschaftliche Prinzipien verstoßen, oder wenn er verbandsweise getroffene Vereinbarungen nicht anerkennt. In diesen Fällen lassen die Werksleitungen der betreffenden Gewerkschaft vielfach gleichzeitig eine Tatbestandsdarstellung zugehen, die beschwerdeführend gehalten an die Führerautorität der Gewerkschaften appelliert und auf die Unannehmlichkeiten einer eventuellen Veröffentlichung hinweist. Naturgemäß benutzen auch die Werksleitungen das Instrument der Presse, um diesbezüglich geeignete Fälle in der Öffentlichkeit zu verwerten. Es entspricht jedoch ihrer vorzugsweise abwehrorientierten Politik, daß sie von diesem Mittel in sehr viel geringerem Maße Gebrauch machen, als Betriebsräte und Gewerkschaften es auf der andern Seite zu tun pflegen.

Zusammenfassend läßt sich über die soziologischen Beziehungen zwischen Betriebsrat und Unternehmer folgendes feststellen:

Die Beziehungen zwischen Betriebsrat und Unternehmer tragen in ihrer allgemeinen Gestaltung denselben Charakter wie der große Komplex der kapitalistisch-proletarischen Beziehungen. Den Charakter dieses Beziehungskomplexes hat auch das Betriebsrätewesen grundsätzlich nicht zu ändern vermocht. Die Beziehungen zwischen Betriebsrat und Unternehmer entsprechen, ungeachtet gradueller Abschwächungen, also grundsätzlich dem Verhältnis zweier interessenpolitisch gegensätzlich orientierter Klassen. Alle Formen des Kampfes um die soziale und ökonomische Macht treten auch in den Beziehungen zwischen Betriebsrat und Unternehmer in Erscheinung. Die Betriebsräte streben, ebenso aus weltanschaulichen, wie aus unmittelbar praktischen Motiven nach einem möglichst großen Maß von Selbstverwaltung und nach einem möglichst weitgehenden Einfluß auf den Produktionsprozeß. Die Werksleitungen setzen diesem Streben ebenfalls teils aus prinzipiellen, teils aus praktischen Erwägungen Widerstand entgegen und suchen demgegenüber ihren Einfluß aufrecht zu erhalten und planmäßig zu erweitern. Sie bedienen sich dabei einer Politik, die sowohl auf Assimilierung, als auch auf Paralysierung des Betriebsrats gerichtete Maßnahmen umfaßt, und die, sich der Politik des Betriebsrats elastisch anpassend, teils beide Arten von Maßnahmen nebeneinander, teils die paralysierungsorientierten vorherrschend verwendet.

Bis jetzt sind die Werksleitungen überwiegend in der Lage gewesen, ihren Standpunkt zu behaupten, und abgesehen von der hemmenden Wirkung vergrößerter Kosten und zahlreicher Reibungen hält sich der Einfluß des Betriebsrats durchschnittlich in denjenigen Grenzen, die die Bewegungsfreiheit der Werksleitung nicht ernstlich gefährden.

Ob und inwieweit die Demokratisierung der Betriebsverfassung trotzdem verwirklicht worden ist, wird ein folgender Abschnitt zu untersuchen haben, zunächst jedoch muß die kausale Grundlage für diese Untersuchung noch durch eine Analyse der Beziehungen zwischen Betriebsrat und Belegschaft vervollständigt werden.

§ 2.

Zur Soziologie der Beziehungen zwischen Betriebsrat und Belegschaft.

I.

Der Kampf um die Führerstellung des Betriebsrats.

Die Beziehungen zwischen Betriebsrat und Belegschaft weisen in ihrer grundsätzlichen Gestaltung die Beziehungsproblematik von Führertum und Masse auf.

Auch bei den Beziehungen zwischen Betriebsrat und Belegschaft erscheint es als das Kernproblem, den autokratischen und meist auch aristokratischen Charakter wirklichen Führertums mit dem demokratischen Ideal der Nivellierung und der Identität von Führer- und Massenwillen zu vereinigen. Im Betriebsrätewesen ist dieses Problem sogar noch zugespitzt, denn Gesetz und Arbeiterbewegung suchen den Betriebsrat *gleichzeitig* zum *ausführenden Organ* und *zum Führer* der Belegschaft zu stempeln, und die praktische Entwicklung zeigt ein ständiges Miteinanderringen dieser beiden Gegensätze. Der Betriebsrat soll einerseits die Rechte der Belegschaft für diese ausüben und räteideologisch hierbei ohne eigene Stellungnahme nur den unverfälschten Belegschaftswillen zum Ausdruck bringen, er soll andererseits erziehlich auf die Belegschaft einwirken und selbständigen Führer- und Verantwortungswillen bekunden. Während die erste Aufgabe nur bei mangelndem Erfolg zu Reibungen mit der Belegschaft führt, löst eine versuchte Führerwirksamkeit des Betriebsrats in der Belegschaft häufig Widerstände aus, die unter Umständen bis zu einer diesbezüglichen Lahmlegung des Betriebsrats gesteigert sind.

Es ist charakteristisch, daß diese Widerstände vornehmlich von denselben radikalen Arbeiterschichten geschürt werden, die ursprünglich ein selbständiges, revolutionär-orientiertes Führertum der Betriebsräte erstrebten, und die nunmehr nach dem Scheitern ihrer Versuche den Kampf gegen die vergewerkschaftlichten Betriebsräte und deren Belegschaftseinfluß aufnehmen. — Die Agitation dieser Schichten verfehlt ihre Wirkung vielfach um so weniger, als sich auch in dem begrenzten Rahmen der Belegschaftsführung die typischen Divergenzen zwischen Führertum und Masse geltend machen.

Die durch Krieg und Revolution krankhaft zugespitzte Führerabneigung der Arbeiterschaft, die dem heutigen Gewerkschaftsverhältnis bereits ihren Stempel aufdrückt, überträgt sich infolgedessen mit nur geringen Abweichungen auch auf das Gebiet des Betriebsrätewesens. Das BRG. selbst bietet diesen führerfeindlichen Tendenzen mancherlei Anklammerungspunkte, und insbesondere die Wahlvorschriften sind unverkennbar an der Furcht vor einer möglichen Oligarchie der Betriebsräte orientiert. Trotz schwerwiegender Bedenken hat das Gesetz nur eine einjährige Wahlperiode festgelegt, um dadurch im Sinn der Arbeiterschaft ein „elementares Sicherheitsventil gegen oligarchische Giftdämpfe[1]" zu schaffen. Die praktische Entwicklung hat erwiesen, daß diese kurze Wahlperiode eine fruchtbare Führerschaft des Betriebsrats in der Tat erheblich hemmt. Dort, wo der Betriebsrat nach einer längeren Amtsperiode strebt, stellt er seine Tätigkeit häufig von Anfang an auf den Gesichtspunkt der Wiederwahl ein und gerät dadurch in eine immer weiter gehende Abhängigkeit von der Belegschaft. Sucht der Betriebsrat sich seine Unabhängigkeit zu erhalten, und übt er seine Tätigkeit unbeeinflußt von den Angriffen und der Unzufriedenheit der Belegschaft aus, wird er in vielen Fällen nicht wieder gewählt, und die mühsam erworbenen sachlichen Vorbedingungen seines Führertums gehen damit für diesen Zweck verloren. Daß man in ängstlicher Wahrung des demokratischen Prinzips die Nachteile der kurzen Wahlzeit zu leicht angeschlagen hat, wird auch von der Arbeiterschaft mehr und mehr erkannt, und besonders die Gewerkschaften sind vielfach bemüht, diesen Fehler des Gesetzes durch eine entsprechende Beeinflussung von Betriebsrat und Belegschaft auszugleichen.

Trägt die kurze Wahlzeit in erster Linie der Furcht vor einem a u t o k r a t i s c h e n Führertum des Betriebsrats Rechnung, so prägt sich in der geringen gesetzlichen Beschränkung der Wählbarkeit die Abneigung gegen ein durch Alter, Bodenständigkeit und Bildung a r i s t o k r a t i s c h gestaltetes Führertum des Betriebsrats aus. Die niedrige Altersgrenze von 24 Jahren und die Notwendigkeit einer nur sechsmonatigen Betriebszugehörigkeit haben den Ausleseprozeß der Betriebsräte in der Tat vielfach zu einem recht

[1]) Aber die Parallelität dieser Erscheinung bei Partei und Gewerkschaft vgl. Michels a. a. O. S. 92 ff.

unvollkommenen gemacht und mit dazu beigetragen, daß sich das Führerniveau des Betriebsrats nur graduell und nur in vereinzelter Beziehung über das Niveau der Belegschaftsmasse erhebt.

Im Gegensatz zu den radikal-demokratischen Wahlvorschriften sucht das Gesetz dem Betriebsrat in seiner eigentlichen Amtsführung eine gewisse Unabhängigkeit zu sichern. Sowohl dem Beschwerde- und Einspruchsrecht des einzelnen Arbeitnehmers[1]) als auch dem Willen der Gesamtbelegschaft gegenüber soll der Betriebsrat als selbständig urteilende Instanz fungieren. Aus diesem Grunde hat das Gesetz vor allem die Betriebsversammlung nur zu einem willensäußernden Organ der Belegschaft gestaltet und ihr rechtlich nicht die Möglichkeit verliehen, den Betriebsrat zur Ausführung und Vertretung von Belegschaftsbeschlüssen zu zwingen oder gar einen mißliebigen Betriebsrat abzuberufen[2]).

Die tatsächliche Entwicklung ist der skizzierten Ideologie des Gesetzes jedoch im allgemeinen nicht gefolgt, vielmehr ist es eine immer wieder anzutreffende Erscheinung, daß die Belegschaft die parlamentarischen Einrichtungen ihrer gewerkschaftlichen und politischen Selbstverwaltungskörper mechanisch auf die Institution des Betriebsrätewesens überträgt. In dem Glauben, daß die Betriebsversammlung analog der Mitgliederversammlung bei Partei und Gewerkschaft eine gleichsam legislative Körperschaft sei, verlangt die Belegschaft fast ausnahmslos, daß alle in der Betriebsversammlung gestellten Anträge zur Verhandlung gelangen, und daß der Betriebsrat dort gefaßte Beschlüsse auch dann vertritt, wenn sie seiner eigenen Ansicht entgegenlaufen[3]). Der Betriebsrat kann sich, wie überhaupt dem Belegschaftsverlangen, so insbesondere dem in der Betriebsversammlung an ihn gestellten Verlangen, nur schwer entziehen. Leistet er der Belegschaft Widerstand, so verliert er häufig ihre Unterstützung. Die Belegschaft erkennt dann vom Betriebsrat getroffene Vereinbarungen häufig nicht an[4]), sie bevorzugt Spezialkommissionen oder gewerkschaftliche Vertrauensleute und gibt dem Betriebsrat ihre Unzufriedenheit und ihr Mißtrauen bei jeder Gelegenheit zu erkennen. Der Betriebsrat ist in diesen Fällen ein Führer ohne Gefolgschaft, und seine formale Unabhängigkeit vom Belegschaftswillen

[1]) Vgl. z. B. die Bestimmungen des § 86, § 66,5 u. § 69 BRG.

[2]) Vgl. auch Hoffmann, Die Betriebsversammlung, eine arbeitsrechtliche Studie, Leipzig 1922.

[3]) Vgl. hierzu auch Winschuh, Praktische Werkspolitik.

[4]) Über diese Tatsache wird von den Werksleitungen außerordentlich lebhaft Klage geführt.

vermag an der Tatsache seiner materiellen Abhängigkeit von diesem nur wenig zu ändern.

II.

Die soziologische Differenzierung der Belegschaft.

Die Hemmungen, die einer fruchtbaren Wirksamkeit des Betriebsrats aus seiner Belegschaftsabhängigkeit erwachsen, werden meist dadurch noch verstärkt, daß die Belegschaft kein soziologisch einheitliches Gebilde darstellt, und daß dem Betriebsrat infolgedessen statt eines übereinstimmenden Belegschaftswillens häufig heterogene Gruppenwillen gegenübertreten. Stellenweise wird der Betriebsrat durch diese Willensspaltung der Belegschaft überhaupt daran gehindert, eine einheitliche Politik zu treiben, so insbesondere dann, wenn die einzelnen Belegschaftsgruppen sich ungefähr die Wage halten und keine Gruppe eine ausgesprochene Majorität besitzt. Häufiger erscheint die Politik des Betriebsrats auf Grund einer Majoritätsherrschaft nach außen hin zwar geschlossen, im Innenverhältnis sind die Gegensätze zwischen ihm und den unterlegenen bezw. nicht vertretenen Belegschaftsgruppen dann jedoch um so schärfer.

Die Ursache dieser Gegensätze liegt teils in der fachberuflichen, teils in der gewerkschaftlichen und parteipolitischen Zersplitterung der Belegschaft begründet. Besonders in Großbetrieben kommt es entgegen der Ideologie des Gesetzes nicht selten vor, daß bestimmte Berufskategorien im Betriebsrat überhaupt nicht oder nur ungenügend vertreten sind. Es handelt sich dabei vornehmlich um qualifizierte Arbeiterschichten[1]), die sich entweder als quantitativ zu kleiner Belegschaftsteil bei der Wahl nicht durchsetzen können, oder aus denen sich infolge der Unbeliebtheit des Amtes keine Wahlkandidaten stellen. Nicht selten auch ist die Beobachtung zu machen, daß derartige Arbeiterschichten als Belegschaftsaristokratie von der radikalen Belegschaftsmasse bei der Wahl bewußt übergangen werden[2]). In letzterem Fall sind die fachberuflichen Gegensätze bereits mit politischen Momenten durchsetzt und werden durch diese verschärft. Tatsächlich muß die überwiegende Zahl aller Reibungen innerhalb der Belegschaft

---

[1]) Vgl. hierzu die Gewerbeaufsichtsberichte f. 1921/22, besonders hervorzuheben der Bericht für Württemberg, abgedr. i. d. Sozial. Pr. Nr. 31 v. 2. 8. 22.

[2]) Typische Feststellungen dieser Art konnten z. B. in der F. A. gemacht werden.

und zwischen dem Betriebsrat und der Belegschaft auf politische Ursachen zurückgeführt werden, und berufliche oder lohn- und tariftechnische Differenzen sind häufig nur der äußere Anlaß für den Ausbruch latenter politischer Gegensätze. Bezeichnend schreibt der Gewerbeaufsichtsbericht für den Regierungsbezirk Düsseldorf[1]: „Es darf jedoch nicht verkannt werden, daß das gute Einvernehmen innerhalb der Arbeiterschaft sehr häufig durch parteipolitische Treibereien gestört wird, zu denen sich die Mitglieder der Betriebsvertretung mißbrauchen lassen."

Am deutlichsten tritt die politische Zersplitterung der Belegschaft naturgemäß im rheinisch-westfälischen Industriegebiet in Erscheinung. Abgesehen davon, daß die christlich organisierten Belegschaftsschichten in diesem Gebiet zahlenmäßig zu bedeutend sind, um ohne weiteres majorisiert zu werden, wirkt hier vor allem der hohe Prozentsatz von kommunistischen Belegschaftsmitgliedern ungünstig auf das Verhältnis sowohl der einzelnen Belegschaftsgruppen zueinander, als auch der Gesamtbelegschaft zum Betriebsrat ein. Die Reibungen zwischen Betriebsrat und Belegschaft pflegen im allgemeinen von den kommunistischen Belegschaftsgruppen ihren Ausgang zu nehmen, insbesondere tragen jene Gruppen dazu bei, die vorhandenen Gegensätze zwischen Betriebsrat und Belegschaft künstlich zu erweitern. Den wirkungsvollsten Agitationsstoff liefert ihnen dabei die Tatsache, daß zwischen den Wünschen und den Forderungen der Belegschaft und den Erfolgsmöglichkeiten des Betriebsrats durchschnittlich eine schwer überbrückbare Kluft besteht.

Es wiederholt sich hier auf dem Gebiet des Betriebsrätewesens die besonders innerhalb der Gewerkschaftsbewegung fortlaufend bestätigte Erfahrung, daß die von irrationalen Motiven bewegte Masse die Schwierigkeiten und Hemmungen einer Realpolitik nicht richtig einzuschätzen vermag, mit den erreichten Erfolgen ihrer Führer daher unzufrieden ist und diese Führer der mangelnden Tatkraft und der mangelnden Gesinnungstüchtigkeit beschuldigt.

Der Betriebsrat hat mit dieser Unzufriedenheit und den sich daraus ergebenden Angriffen in doppelter Beziehung zu kämpfen, denn gewöhnlich vermag weder seine Wirksamkeit im Dienste der proletarischen Emanzipationsbewegung, noch seine Tätigkeit im Dienste des materiellen Belegschaftsinteresses die Ansprüche und Erwartungen der Belegschaftsmasse zu befriedigen. Die Folge davon ist, daß die Reibungen zwischen Betriebsrat und Belegschaft auch dann

---

[1]) Abgedr. i. d. Soz. Pr. Nr. 34 v. 23. 8. 22.

nicht ausgeschaltet sind, wenn der Betriebsrat bewußt auf eine selbständige Führerwirksamkeit verzichtet und nur als Organ des Belegschaftswillens tätig wird. Der erwähnte Gewerbeaufsichtsbericht für Düsseldorf[1]) kennzeichnet auch das diesbezügliche Verhältnis von Betriebsrat und Belegschaft treffend: „Die Hauptschwierigkeiten haben die Betriebsvertretungen heute ganz allgemein jedenfalls noch im Verkehr mit den Arbeitnehmern selbst zu überwinden, deren Wünsche zu erfüllen sie . . . . naturgemäß oft nicht in der Lage sind.“ In demselben Sinn schreibt Nörpel[2]): „Von der Belegschaft werden andererseits in den Betriebsversammlungen sehr oft Anträge gestellt und dem Betriebsrat zur Erledigung übergeben, deren Durchführung . . . . unmöglich ist. So kommt es nicht selten vor, daß eine Betriebsvertretung gezwungen ist, ... sich gegen Vorwürfe und Angriffe der Belegschaft zu wehren, die aus einer vollkommenen Verkennung der Verhältnisse erhoben werden.“ Und der Gesamtbetriebsrat des S-Konzerns schreibt in seinem Jahresbericht[3]): „Über das Einvernehmen zwischen Betriebsvertretung und Belegschaft ist zu sagen, daß bei einem großen Teil der Kollegen sowohl Lauheit und Indifferenz als auch ein oft unverständliches Kritisieren festzustellen ist.“

Letzterer Bericht hebt bereits eine andere, für das Verhältnis von Betriebsrat und Belegschaft charakteristische Erscheinung hervor, die scheinbar entgegengesetzt, doch zum Teil auf dieselben Ursachen zurückzuführen ist, wie die stets zur Kritik bereite Unzufriedenheit der Belegschaft. In weitgehendem Maße wiederholt sich nämlich bei den Betriebsräten die Klage, daß sie in ihrer Tätigkeit bei der Belegschaft nicht den nötigen Rückhalt finden und daß diese den spezifischen Aufgaben der Betriebsvertretung mit wachsender Interesselosigkeit gegenüberstände[4]). Ohne Zweifel liegt dem viel Richtiges zugrunde. Obwohl die Belegschaft häufig hochgespannte Erwartungen an die Tätigkeit der Betriebsvertretung knüpft, obwohl sie es vor allem ist, die den Betriebsrat durch weitgehende Forderungen vielfach in eine radikale Politik hineindrängt, ist sie doch nur verhältnismäßig selten bereit, den Betriebsart auch durch sachliche Mitarbeit zu unterstützen. Gerade dann, wenn es sich nicht nur um eine machtpolitische Demonstration zu Gunsten des Betriebsrats und der von ihm

---

[1]) a. a. O.
[2]) Betriebsräte-Ztg. Nr. 12 v. 15. 12. 22.
[3]) a. a. O. S. 6 ff.
[4]) Charakteristisch ist z. B. hierfür ein Artikel in der Metallarbeiter-Ztg. Nr. 7/8 v. 25. 2. 22. Die diesbezüglichen Beobachtungen bestätigt im übrigen auch Winschuh, Praktische Werkspolitik S. 23.

vertretenen Belegschaftswünsche, sondern um Zeit und Mühe erfordernde Kleinarbeit handelt, wie sie etwa bei der präzisen Beantwortung von Fragen, bei der kontinuierlichen Aufzeichnung von Beobachtungen, bei der Beratung betriebstechnischer Angelegenheiten oder bei dem Besuch von außerhalb der Arbeitszeit liegenden Betriebsversammlungen gefordert wird, versagt die Belegschaft vielfach ganz. Je weniger einheitlich die Belegschaft zusammengesetzt ist, um so schärfer ist diese Erscheinung naturgemäß ausgeprägt, am schärfsten, wenn zu der politischen, gewerkschaftlichen und beruflichen auch noch eine örtliche Zersplitterung der Belegschaft tritt. Rekrutiert sich die Belegschaft aus weit auseinanderliegenden Ortschaften und Stadtteilen, so ist es meist ganz besonders schwierig, ihre einzelnen Angehörigen außerhalb der Arbeitszeit noch einmal zu einem nicht unmittelbar lohn- und parteipolitischen Zweck zusammenzufassen.

Diese gewisse Indifferenz der Belegschaft gegenüber den Aufgaben des Betriebsrats wird dadurch verstärkt, daß das Interesse der Arbeiterschaft am Betriebsrätewesen an sich stark im Abflauen begriffen ist[1]). Der erstorbene Reiz der Neuheit, die Reaktion auf zu hoch gespannte Erwartungen, die Enttäuschung über die bisherigen Erfolge und die Unfähigkeit vieler Betriebsräte sind als die spezifischen Ursachen hierfür anzusehen. Die allgemeine Ursache ist darin zu suchen, daß breite Arbeiterschichten von einer zunehmenden Abneigung gegen aktive gewerkschaftliche und politische Betätigung überhaupt erfaßt werden, und daß der wachsende wirtschaftliche Druck alle nicht unmittelbar an der materiellen Lebensführung orientierten Gesichtspunkte mehr und mehr in den Hintergrund treten läßt.

In der Belegschaft, in ihrer Zusammensetzung und in ihrer psychologischen Einstellung sind damit eine Reihe von Hemmungen vorhanden, die geeignet sind, die Tätigkeit des Betriebsrates wesentlich zu erschweren, und die darüber hinaus die Tendenz zeigen, als Reibungsflächen zwischen Betriebsrat und Belegschaft zu wirken. Dieses Spannungsverhältnis zwischen Betriebsrat und Belegschaft erfährt nicht selten dadurch eine weitere Belastung, daß sich auf seiten des Betriebsrats gewisse führersoziologische Entwicklungserscheinungen geltend machen, die dem Mißtrauen

---

[1]) Vgl. hierüber z. B. Die Gewerbeaufsichtsberichte f. 1921/22, besonders hervorzuheben in dem Württemberg. Ber. Abgedr. in der Soz. Prax. Nr. 31 v. 2. 8. 22. Dieselbe Feststellung enthalten wiederholt die Berichte der Betriebe an den Zechenverband. Persönl. Untersuchungen betätigten dies besonders im S.-Konzern und bei L. Lw.

der Belegschaft konkrete Anklammerungspunkte bieten und die den psychologischen Kontakt zwischen Betriebsrat und Belegschaft vielfach stören.

III.

Die bürokratischen Entwicklungstendenzen in der Amtsführung des Betriebsrats.

Auch der Betriebsrat ist dem typischen Zwiespalt modernen Führertums, die elementaren Forderungen der Demokratie mit der Notwendigkeit rationellen und kontinuierlichen Arbeitens zu vereinen, in starkem Maße unterworfen.

Das demokratische Prinzip fordert eine möglichst weitgehende Identität von Führer- und Massenwillen, fordert Laienverwaltung und ehrenamtliche, nicht berufliche Besetzung der Führerstellen. Ideologisch sollen diese Prinzipien im Betriebsrätewesen verwirklicht sein und der Betriebsrat soll, in seinem eigentlichen Arbeitsverhältnis und in unmittelbarer Fühlung mit der Belegschaft verbleibend, der Gefahr einer hierarchisch-bürokratischen Gestaltung, wie sie das Berufsführertum der Gewerkschaften aufweist, entgehen. Tatsächlich jedoch haben sich die Betriebsräte dieser Gefahr häufig nicht entziehen können und *selbst* zur Überwindung der kapitalistischen Verwaltungsbürokratie bestimmt, sind auch sie den diesbezüglichen Rationalisierungstendenzen unterlegen. Die Feststellung Max Webers[1], daß: „Die Beherrschten sich einer bestehenden bürokratischen Herrschaft normalerweise nur erwehren können durch Schaffung einer eigenen, ebenso der Bürokratisierung ausgesetzten Gegenorganisation“ und daß man sich durch alle scheinbar antibürokratischen Instanzen wie kollegiale Interessenvertretungen u. a. nicht darüber täuschen lassen dürfe, daß *jede kontinuierliche Arbeit durch Beamte in Büros erfolge*, hat im Betriebsrätewesen ihre erneute, typische Bestätigung gefunden.

Naturgemäß zunächst und am schärfsten ausgeprägt in Großbetrieben, ist der Betriebsrat durch seine wachsende Arbeitslast, durch die Mannigfaltigkeit der zu lösenden Aufgaben, durch das Erfordernis des Fachwissens und durch die Notwendigkeit, kontinuierliche Arbeit zu leisten, dazu gezwungen worden, sich arbeitsteilig bürokratisch zu organisieren. Je nach dem Entgegenkommen der Werksleitung ist in großen und mittleren Betrieben der gesamte Betriebsausschuß oder ein Teil seiner Mitglieder von der produktiven Arbeit ganz freigestellt. Diese Mitglieder üben

---

[1]) Grundriß der Sozialökonomik, III. Abtlg. S. 128 ff.

ihr Amt dann gleichsam hauptberuflich aus, und auch der Umstand, daß sie betriebstechnisch und lohntechnisch weiter in ihrem alten Arbeitsverhältnis geführt werden, vermag an dem hauptberuflichen Charakter ihrer Tätigkeit nichts zu ändern. In gradueller Abstufung weisen auch die nur teilweise von der Arbeit freigestellten Mitglieder des Betriebsrats [1]) dieselben soziologischen Züge einer hauptberuflichen Amtsführung auf.

Die Freistellung hebt die betreffenden Betriebsräte schon rein äußerlich aus der Belegschaftsmasse heraus. Sie sind aus der Sphäre der körperlich ausführenden in die Sphäre der geistig dispositiven Arbeit, aus der Sphäre der Werkstatt in die Sphäre des Büros versetzt. Stellenweise drückt diese Veränderung des Milieus dem Verhalten der Betriebsräte gegenüber der Belegschaft einen gewissen Stempel auf, und manche Betriebsräte bieten der Belegschaft durch gekünsteltes Benehmen und durch übertriebene Betonung von Selbstbewußtsein und Überlegenheit berechtigte Angriffsflächen. Unter Umständen dient die Freistellung auch in erster Linie der Bequemlichkeit der betreffenden Mitglieder, und diese führen, durch ihre Amtsführung nur wenig beschäftigt, dabei aber doch voll bezahlt, ein Dasein, das die Belegschaft als schmarotzerhaft empfindet und das ihr Mißtrauen und ihren Neid mit gutem Grunde erregt.

Häufiger aber begegnet die Belegschaft den von der Arbeit freigestellten Betriebsräten auch ohne sachliche Berechtigung und nur um der Tatsache als solcher willen mit Neid und Mißtrauen. Bezeichnend schreibt der Deutsche Metallarbeiter [2]): „Und wie oft erlebt man es nicht, daß dort, wo der Betriebsrat freigestellt ist, gerade die Kollegen es sind, die das durch allerhand höhnische Bemerkungen und Verdächtigungen illusorisch zu machen versuchen. Selbst Stolz wird den Betriebsräten vorgeworfen, wenn sie beim Durchgang durch die Betriebe nicht längere Unterhaltungen mit jedem einzelnen pflegen."

Die Freistellung des Betriebsrats stellt sich daher gerade vom Standpunkt der Belegschaft als ein sehr diffiziles Problem dar, ein Problem, dessen Analogie in der Gewerkschaftsbewegung zu der Entstehung der gewerkschaftlichen Führerkrise wesentlich beigetragen hat. Tatsächlich kann der Betriebsrat wenigstens in großen und mittleren Unternehmungen

[1]) In größeren Betrieben werden neben den ganz freigestellten Mitgliedern meist noch weitere Mitglieder des Betriebsrats zur Ausübung besonderer Aufgaben, z. B. der Abhaltung von Sprechstunden teilweise freigestellt. In kleineren Betrieben ist diese Art der Freistellung vielfach die einzige.

[2]) 22. Jahrgang Nr. 32 v. 6. 8. 21.

seinen Aufgaben nur gerecht werden, wenn ein oder mehrere Mitglieder in der Lage sind, sich diesen Aufgaben voll zu widmen. Die praktischen Erfahrungen haben erwiesen, daß ein lediglich ehrenamtlich und nebenberuflich tätiger Betriebsrat in seiner sachlichen Wirksamkeit stark beschränkt ist und entweder überhaupt nur eine geringe Aktivität entfaltet oder das Schwergewicht seiner Tätigkeit auf rein demagogisches Gebiet verlegt. Auf der andern Seite trägt die Freistellung des Betriebsrats ohne Frage dazu bei, die Reibungsflächen zwischen ihm und der Belegschaft zu vergrößern und die Furcht vor einer hierarchisch-aristokratischen Gestaltung des Betriebsrätewesens zu verschärfen. Es ist charakteristisch für die Gewichtigkeit der gegen eine Freistellung des Betriebsrats sprechenden Gesichtspunkte, daß man ihnen innerhalb der Arbeiterbewegung selbst steigende Bedeutung zumißt, und daß man den teilweise recht erheblichen Umfang der Freistellung wenigstens programmatisch auch von seiten der Arbeiterschaft her einzuschränken sucht. So erklärt Dißmann auf dem Betriebsrätekongreß des Deutschen Metallarbeiterverbandes[1]: „Wenn es möglich ist, lassen Sie die Betriebsräte noch produktive Arbeit leisten. Lassen Sie die Betriebsräte mehr auf ihrem Mutterboden stehen, sie werden viel weniger Anfechtungen ausgesetzt sein und können sich besser behaupten." Und Brolat führt in einer Betriebsratsitzung aus[2]: „Von uns Gewerkschaften wird die Auffassung vertreten, daß die Betriebsräte mehr als bisher weiterarbeitende Kollegen sein müssen, um zu verhindern, daß sich eine Arbeiteraristokratie bildet."

Parallel mit dieser Entwicklung, die einen großen Teil der eigentlich handelnden Mitglieder des Betriebsrats durch ihre Freistellung zu gleichsam hauptberuflich tätigen Beamten ausprägt, geht in vielen Fällen eine Bürokratisierung der Amtsführung selbst. In größeren Unternehmungen übt der Betriebsrat einen wesentlichen Teil seiner Tätigkeit vom „Betriebsrätebüro" aus. Hierdurch wird zunächst schon rein äußerlich eine gewisse Trennungslinie zwischen ihm und der Belegschaft gezogen. Vielfach im Verwaltungsgebäude selbst und damit in verhältnismäßig angenehmer Umgebung liegend und mit der typischen Büroausstattung versehen, erscheint das „Betriebsrätebüro" dem unmittelbar aus der Werkstatt kommenden Arbeiter als ein fremdes Milieu. Auf der einen Seite löst der gewisse „Amtsstubencharakter" nicht selten Gefühle des Unbehagens in ihm aus, auf der andern Seite empfindet er die angenehmere

---

[1]) Vgl. Metallarbeiterztg. Nr. 53 v. 31. 12. 21.
[2]) Entnommen aus d. Sitzungsprotok. d. Dt. W.

Umgebung und den scheinbaren Komfort, in dem der Betriebsrat arbeitet, häufig als Kontrast zu seinem eigenen Arbeitsmilieu[1]). Über diese Äußerlichkeiten hinaus zeigt jedoch auch die materielle Wirksamkeit des Betriebsrats ein zunehmend bürokratisches Gepräge. Analog der diesbezüglichen Entwicklung auf seiten der Unternehmung vollzieht sich ein großer Teil seiner Tätigkeit, insbesondere sein Verkehr mit der Werksleitung, in schriftlicher Form. Bezeichnend hierfür ist z. B. die Einrichtung des sogenannten „Pendelbuchs", in das einerseits alle Anträge und Wünsche der Belegschaft bezw. des Betriebsrats, andererseits alle Antworten der Werksleitung eingetragen werden. Ständig zwischen Werksleitung und Betriebsrat hin und her wandernd, tritt das Pendelbuch so wenigstens bei allen wichtigeren Angelegenheiten an die Stelle mündlicher Verhandlungen[2]). Wo die Einrichtung des Pendelbuchs nicht getroffen ist, wird sie meist durch einen weitgehenden Austausch von Einzelschreiben ersetzt, und nicht selten gewinnt man bei Durchsicht der Akten den Eindruck, als ob Betriebsrat und Werksleitung zwei örtlich weit voneinander entfernte Verwaltungsinstanzen seien. Auch der Verkehr der Betriebsräte untereinander und der Verkehr zwischen Betriebsrat und Belegschaft weist vielfach eine stark bürokratische Note auf. Charakteristisch ist z. B. der in mehrfacher Variation wiederkehrende Passus aus dem Jahresbericht des Gesamtbetriebsrats des S-Konzerns, daß der Schriftverkehr mit den Einzelbetriebsräten und Fuktionären als befriedigend bezw. als nicht befriedigend anzusehen sei. Häufig findet sich in dem Schriftwechsel zwischen Werksleitung und Betriebsrat auch die Bemerkung des Betriebsrats, daß ein schriftlicher Bericht eines Belegschaftsangehörigen oder eines andern Betriebsrats noch nicht eingegangen, oder daß auf Grund einer „protokollarischen Tatbestandsaufnahme" eine bestimmte Feststellung gemacht sei.

Diese schriftliche Berichterstattung und protokollarische Tatbestandsaufnahme gewinnt um so größere Bedeutung, je stärker der formal juristische Einschlag in den Beziehungen zwischen Werksleitung und Betriebsrat ist, und je häufiger infolgedessen Streitigkeiten vor schiedsgerichtliche Instanzen kommen. Die Aktenmäßigkeit der Vorgänge erweist sich hier, wenn nicht als Notwendigkeit, so doch als wesentlicher Vorteil. Viele Betriebsräte

---

[1]) Dieser Kontrast tritt z. B. besonders kraß in der Schwerindustrie und im Bergbau mit ihrer anstrengenden und zum Teil ungesunden und gefährlichen Tätigkeit hervor.

[2]) Über diese Einrichtung vgl. auch z. B. Betriebsräteztg. Nr. 4 v. 15. 4. 23.

verfolgen daher die Taktik, alle wichtigeren Vorkommnisse schriftlich zu fixieren und aktenmäßig zu ordnen und aufzubewahren. Ein bezeichnendes Beispiel findet sich in dem veröffentlichten Tätigkeitsbericht eines Betriebsrats[1]. Dieser empfiehlt seinen Amtskollegen folgende bewährte Systematik der Materialsammlung zur Nachahmung:

Akte 1. Erhebungen über die Arbeitsleistung.
„ 2. Lohnlisten.
„ 3. Tarifverträge, Nachträge, Auswärtige Tarife.
„ 4. Material für Akkordfestsetzung.
„ 5. Vorkommnisse des Aufsichtsrats und der kaufmännischen Geschäftsführung.
„ 6. Differenzen mit der Betriebsleitung.
„ 7. Wahlakten.
„ 8. Belegschaftsziffern.
„ 9. Allgemeine Betriebsakten.

Stellenweise tritt zu dieser Aktenmäßigkeit der Verwaltung auch noch eine Art von Ressorteinteilung, und während die laufende Geschäftsführung von den freigestellten Mitgliedern des Betriebsrats ausgeübt wird, werden besondere Aufgaben, wie etwa die Verwaltung von Werkswohnungen und Wohlfahrtseinrichtungen, die Überwachung der gesetzlichen Unfallverhütungsvorschriften oder die Mitwirkung an der Akkordregelung auf ad hoc gebildete Ausschüsse des Betriebsrats übertragen. Unter Umständen entsteht so eine weitgehend nach bürokratischen Grundsätzen organisierte Verwaltung, die in erster Linie von den freigestellten, zum Teil aber auch von den übrigen Mitgliedern des Betriebsrats getragen wird.

Bis jetzt ist die bürokratische Durchorganisierung des Betriebsrats, wie nochmals hervorgehoben werden muß, in der Hauptsache auf Großbetriebe beschränkt geblieben, die Tendenzen einer diesbezüglichen Entwicklung treten jedoch unverkennbar auch in mittleren Betrieben hervor, und häufig pflegt bereits mit der Bildung eines geschäftsführenden Betriebsausschusses[2] eine mehr oder minder ausgeprägte Bürokratisierung verbunden zu sein.

In die Beziehungen zwischen Betriebsrat und Belegschaft trägt die arbeitsteilig-bürokratische Organisation des Betriebsrats nicht selten ein weiteres Moment der Entfremdung. Von der äußerlichen Milieudifferenzierung ganz abgesehen empfindet die Belegschaft die Arbeitsweise des Betriebsrats häufig als zu umständlich, zu sehr an formalen Gesichtspunkten klebend und zu wenig auf die unmittelbar

---

[1] Vgl. Betriebsräteztg. Nr. 4 v. 15. 4. 23.

[2] Ein geschäftsführender Betriebsausschuß ist nach § 27 BRG. bei einer Betriebsratsstärke von 9 und mehr Mitgliedern zu bilden.

praktischen Bedürfnisse der Belegschaft zugeschnitten. Manche Tätigkeitsgebiete des Betriebsrats, wie etwa die Anlage von Statistiken oder die Aufzeichnung von Arbeitsleistungen u. a., hält die Belegschaft zudem für überflüssigen Ballast. Vor allem aber fühlt die Belegschaft in der Entwicklung des Betriebsrätewesens die Analogie zu der Verwaltungsbürokratie einerseits der kapitalistischen Unternehmung, andererseits des gewerkschaftlichen Führertums. Sie wittert nicht selten in der Ähnlichkeit der Arbeitsmethoden auch eine Ähnlichkeit der inneren Einstellung und fürchtet für den Betriebsrat ebenso eine kapitalistische, wie eine gewerkschaftsbürokratisch Infizierung. Auch hier prägen sich vorhandene Tendenzen in Belegschaftsempfinden vielfach krasser aus, als sie in Wirklichkeit sind. Es gilt dies insbesondere für die Furcht vor einer grundsätzlichen innerlichen Wandlung des Betriebsrats. Wie ursächlich bereits dargelegt, löst sich der Betriebsrat nur in Ausnahmefällen aus der Gefühls- und Anschauungswelt der Arbeiterschaft heraus, und die bürokratische Gestaltung seiner Amtsführung ist wesentlich nur als formal äußerliche, selten als wirklich innerliche Anpassung an den Produktions- und Verwaltungsmechanismus der Unternehmung zu betrachten. Läßt man diese massenpsychologischen Übertreibungen außer acht, liegt dem Mißtrauen der Belegschaft aber zweifellos eine gewisse Berechtigung zugrunde. Zum Teil überträgt der Betriebsrat kapitalistische und gewerkschaftliche Verwaltungsmethoden mehr mechanisch als nutzbringend auf seine Geschäftsführung, zum Teil überschätzt er die Bedeutung der Bürokratie, und diese wird ihm statt Mittel zum Zweck mehr oder minder zum Selbstzweck. Stellenweise auch glaubt der Betriebsrat dadurch, daß er gleichsam als selbständige Verwaltungsinstanz mit ausgedehntem Schriftverkehr usw. auftritt, die Wichtigkeit seiner Amtsführung in den Augen von Werksleitung und Belegschaft zu erhöhen.

Auch dann aber, wenn sich der Betriebsrat lediglich von sachlichen und Zweckmäßigkeitserwägungen leiten läßt, bedeutet die in mancher Hinsicht unvermeidbare bürokratische Organisation seiner Geschäftsführung stets eine gewisse Entpersönlichung und Mechanisierung der Beziehungen zwischen ihm und der Belegschaft[1]). Im Verein mit andern führersoziologisch begründeten Ursachen stellt diese Entwicklung vornehmlich auf sozialpsychischem Gebiet eine nicht zu unterschätzende Hemmung für eine fruchtbare Wirksamkeit des Betriebsrätewesens dar. Erscheint der Gedanke

[1]) Über die Tatsache, daß jede Art von Organisation die Demokratie inhaltlich verdrängt, vgl. auch Michels a. a. O. S. 33 ff.

des Gesetzes, die Belegschaft mit Hilfe eines Repräsentativsystems wieder organisch in den Betrieb einzugliedern und durch Stellvertreter die Verbindung von Arbeiter und Produkt wieder herzustellen, schon an sich sehr problematisch[1]), so muß die Verwirklichung dieses Gedankens zur Unmöglichkeit werden, wenn der innerliche Kontakt zwischen Repräsentant und Masse, zwischen Stellvertreter und Vertretenem, zwischen Betriebsrat und Belegschaft gestört ist. Der Betriebsrat wirkt dann wesentlich nur als Verlängerung des Instanzenzuges, und statt der erstrebten unmittelbar persönlichen Fühlung sind zwischen Unternehmung und Belegschaft in Gestalt von arbeitspolitischer Abteilung und Betriebsrat zwei neue bürokratische Instanzen eingeschoben.

Sozialpsychisch erwachsen der Verwirklichung der Betriebsdemokratie damit neben dem Widerstand des Unternehmers und der mangelnden Fähigkeit des Betriebsrats auch aus den Beziehungen zwischen Betriebsrat und Belegschaft schwer zu überwindende Hemmungen, und selbst in dem Idealfall, daß der Betriebsrat auf die Leitung der Unternehmung einen weitgehenden Einfluß ausübt, daß er die Zusammenhänge des Produktionsprozesses durchschaut, und daß er sich persönlich als organisches Glied der Unternehmung fühlt, ist der eigentliche Sinn der Betriebsdemokratie, die innerliche Verbindung von Unternehmung und Belegschaft, noch keineswegs verbürgt.

Daß das Betriebsrätewesen trotz der mannigfachen Differenzen, die die Beziehungen zwischen Betriebsrat und Belegschaft beherrschen, in sozial- und machtpolitischer Hinsicht für die Belegschaft eine erhebliche Verbesserung ihrer Lage bedeutet, ist unzweifelhaft. Nach außen, und besonders der Werksleitung gegenüber, treten Betriebsrat und Belegschaft durchschnittlich als Einheit auf, da der Betriebsrat meist nur als ausführendes Organ des Belegschaftswillens handelt und die Belegschaft dann als erfolgreich drohende Machtkulisse hinter all seinen Forderungen steht. Die Belegschaft kann also mit Hilfe des Betriebsrats Vergünstigungen für sich durchdrücken, sie kann mit ihren Forderungen und Beschwerden jederzeit die Werksleitung erreichen, und sie ist vor willkürlichen Maßnahmen der Werksleitung in starkem Maße geschützt. Unter diesem Gesichtspunkt erscheinen der Belegschaft die im Innenverhältnis zwischen ihr und dem Betriebsrat vorhandenen Differenzen relativ belanglos, und sie verschließt sich meist der Tatsache, daß durch die Summe und Fortgesetztheit

[1]) Das Problematische der Ideologie betont auch Prof. Heyde auf der letzten Tagung des Vereins für Sozialpolitik, vgl. auch Soz. Prax. Jahrg. 1922 Nr. 41.

der inneren Reibungen auch die äußere Erfolgsmöglichkeit des Betriebsrats und vor allem seine Amts- und Arbeitsfreudigkeit beeinträchtigt wird. Es kommt hinzu, daß gerade die mangelnde sozialpsychische Wirksamkeit des Betriebsrätewesens von der Belegschaft selbst nur selten als Enttäuschung empfunden wird. Im Belegschaftsbewußtsein ist die diesbezügliche Ideologie des Gesetzes teils überwuchert, teils infolge der mehr oder minder ausgeprägten Klassenkampfeinstellung nie recht ernst genommen worden.

Die Wirkungen der vielfach unbefriedigenden Beziehungsgestaltung zwischen Betriebsrat und Belegschaft treffen daher am schärfsten und unmittelbarsten den Betriebsrat selbst. In der zunehmenden Amtsabneigung und Amtsmüdigkeit der Betriebsräte tritt das unverkennbar und bedenklich hervor. Die Gewerbeaufsichtsberichte bestätigen diese Beobachtung zum großen Teil. So heißt es z. B. in dem Bericht 1921/22 für Bautzen[1]: „In vielen Fällen sind Betriebsratsvorsitzende aus ihrem Amte ausgeschieden und lehnen mit aller Entschiedenheit ihre Wiederwahl ab. . . Der angegebene Grund war die zermürbende Stellung zwischen Unternehmer und Belegschaft.“ Fast ähnlich äußert sich der Dresdner Bericht. Der Bericht für Württemberg schreibt[2]: „In vielen Betrieben wurde die Auswahl an geeigneten Betriebsräten infolge Wahlablehnung immer geringer . . . . die Betriebsräte, namentlich die Vorsitzenden, haben im abgelaufenen Jahr durchweg gewechselt, weil sie ihres undankbaren Amtes ledig werden wollten.“ Bezeichnend ist auch folgendes Urteil der sozialistischen Monatshefte[3]: „Das Ergebnis ist, daß nicht selten die Betriebsratswahl unterbleiben muß, weil niemand Lust hat, sich den Anfeindungen gewisser Elemente auszusetzen, ohne daß er den nötigen Rückhalt an der übrigen Arbeiterschaft findet.“ Und der Deutsche Metallarbeiter erklärt[4]: „Viele Kollegen haben eine Wiederwahl strikte abgelehnt, fragt man sie nach der Ursache, so erhält man stets die gleiche Antwort: wir sind es satt, uns Tag für Tag mit der Betriebsleitung herumzuschlagen und dann noch von jedem einzelnen im Betrieb anekeln und verdächtigen zu lassen.“

Zusammenfassend ist über die Beziehungen zwischen Betriebsrat und Belegschaft folgendes festzustellen:

Der Betriebsrat befindet sich zum großen Teil in ausgesprochener Abhängigkeit von der Belegschaft und handelt wesentlich als ausführendes Organ des Belegschaftswillens.

---

[1]) Abgedr. i. d. Soz. Prax. Nr. 31 v. 2. 8. 22.
[2]) a. a. O.
[3]) Jahrg. 1922 Nr. 12/13 S. 496.
[4]) 22. Jahrg. Nr. 21 v. 21. 5. 21.

Trotzdem weist sein Verhältnis zur Belegschaft zahlreiche Reibungsflächen und dementsprechend zahlreiche Reibungen und Divergenzen auf. Die Wirkungen dieser vielfach unbefriedigenden Beziehungsgestaltung äußern sich primär in einer erschwerten Amtsführung und in verstärkten Unlustgefühlen des Betriebsrats. Darüber hinaus treten diese Wirkungen in einer verringerten Erfolgsmöglichkeit des Betriebsrätewesens in Erscheinung. Auf der einen Seite werden die erreichten Erfolge im Belegschaftsbewußtsein subjektiv geschmälert und die sozialpsychische Wirkung des Betriebsrätewesens dadurch beeinträchtigt. Auf der andern Seite bietet sich sowohl für die Werksleitung die Möglichkeit, die zwischen Betriebsrat und Belegschaft vorhandenen Differenzen in ihre Politik einzuschalten, als auch ist der Betriebsrat gehindert, seine Politik lediglich an Zweckmäßigkeitsgesichtspunkten zu orientieren und dadurch nicht in der Lage, den größterreichbaren Nutzerfolg herbeizuführen. Es wird im folgenden zu untersuchen sein, in welchem Umfange die Betriebsdemokratie trotz der Hemmungen, die ihr aus den Beziehungen von Werksleitung und Betriebsrat und Belegschaft und Betriebsrat erwachsen, verwirklicht worden ist.

§ 3.

Die Demokratisierung der Betriebsverfassung.

I.

Zur Begriffsbestimmung und Methodik.

Demokratisierung der Betriebsverfassung bedeutet, daß sich in dem Gesellschaftsverbande des Betriebs eine Umwandlung vom Herrschaftsverband zum demokratisch-genossenschaftlichen Verband vollzieht.

Unter Betrieb versteht das Gesetz eine Zusammenfassung von Arbeitnehmern unter einem gemeinsamen Arbeitgeber zur nicht nur vorübergehenden gemeinsamen Arbeit [1].

Der Betrieb ist soziologisch also ein Arbeitsverband, der durch die Herrschaft eines leitenden Willens zusammengefaßt wird. Der unmittelbare Zweck des betrieblichen Arbeitsverbandes ist fortgesetzte Werkverrichtung. In diesem Sinn erscheint die *Arbeitsgemeinschaft des Betriebes* unterschiedlich zu der wirtschaftlichen *Verwertungsgemeinschaft der Unternehmung* nur

---

[1] Vgl. Feig & Sitzler, Anm. 1 zu § 9 BRG. Dem Zusammenhang der Arbeit entsprechend wird der Begriff des Betriebes im folgenden auf den gewerblichen Betrieb beschränkt.

als technische Produktionseinheit[1]). Und diesen Sinn legt auch das Gesetz seinem Betriebsbegriff zu Grunde, wenn es für jeden selbständigen Werkbetrieb einen eigenen Betriebsrat bildet. Materiell jedoch sind die Befugnisse des Betriebsrats keineswegs auf den Werkbetrieb beschränkt, sondern in logischer Konsequenz des demokratischen Prinzips ist für die Befugnisse des Betriebsrats der Funktionsbereich des leitenden Willens maßgebend, und der Betriebsrat ist außer an den arbeitspolitischen und betriebstechnischen, auch an den verwaltenden und wirtschaftlich dispositiven Funktionen des leitenden Willens beteiligt. In dieser, durch die Funktionen der Herrschaft bestimmten Bedeutung umfaßt der Betriebsverband also sowohl eine technische Produktionsgemeinschaft, als auch eine wirtschaftliche Verwertungsgemeinschaft, er umschließt als Herrschaftseinheit einen Werkbetrieb und einen Wirtschaftsbetrieb und stellt damit gleichzeitig eine Wirtschaftseinheit dar.

Unter dem Gesichtspunkt der Betriebsdemokratie erscheint der Begriff des Betriebes also gleichbedeutend mit dem Begriff der Unternehmung, sofern man die Herstellung von Waren[2]) als diesbezügliches Kriterium der Unternehmung ansieht und auch die selbständige Teilunternehmung einer zusammengesetzten Großunternehmung als Unternehmung bezeichnet.

Die Demokratisierung des Betriebsverbandes schließt wie jede Demokratisierung zwei korrelative Aufgaben in sich. Die negative Aufgabe, den Herrschaftsbereich des leitenden Willens einzuengen und seine Autokratie auf ein Minimum zu beschränken, die positive Aufgabe, die mitglieder des Betriebsverbandes an dem Zustandekommen des leitenden Willens zu beteiligen und ihnen so nicht nur Schutz vor einem Fremdwillen, sondern auch weitgehende Durchsetzung des Eigenwillens zu gewährleisten[3]).

Beide Aufgaben können graduell in allen Abstufungen verwirklicht werden[4]). Innerhalb des Betriebsverbandes kann

---

[1]) Vgl. auch Sombart, Der moderne Kapitalismus, 3. Aufl. 1. Bd. S. 10 ff.

[2]) Ware ist die tauschwirtschaftliche Eigenschaft eines Gutes im Gegensatz zu der technischen Eigenschaft des Produkts. Die Herstellung von Waren setzt also eine selbständige tauschwirtschaftliche Stellung voraus. Die Teilunternehmung verkauft ihre Waren innerhalb der Gesamtunternehmung genau so wie nach außerhalb. Sie ist rechnungsmäßig eine Einheit und bilanziert demnach auch selbständig. Vgl. hierzu auch Liefmann, Die Unternehmungsformen, Stuttgart 1912 S. 22 ff.

[3]) Vgl. Sinzheimer, Grundzüge des Arbeitsrechts S. 56 ff.

[4]) Über die graduellen Abstufungen der Demokratie, vgl. Max Weber im Grundriß a. a. O. S. 159 ff.

sich die Demokratisierung zunächst in abgeschwächter Form vollziehen derart, daß die Belegschaft lediglich als Kontrollorgan der Leitung fungiert und ihr das Recht zusteht, über alle oder bestimmte Vorgänge des Produktionsprozesses Auskunft zu verlangen. Hierbei ist die Möglichkeit gegeben, daß der an sich selbständig bleibende Wille der Leitung nur durch die Tatsache der Kontrolle als solcher beeinflußt wird, oder die Belegschaft kann als beratende Instanz neben der Leitung stehen, diese zur Einholung ihres unverbindlichen Rates verpflichtend. Analog dem ersten Fall besteht auch hier die Möglichkeit einer indirekten Willensbeeinflussung. Schärfer ist die Demokratie bereits ausgeprägt, wenn die Belegschaft als formelle Vetoinstanz fungiert, wenn ihr also das Recht zusteht, Verfügungen der Leitung in ihrer Wirksamkeit aufzuschieben. Diese Verfügungen können entweder zur Abänderung zurückverwiesen oder einer unparteiischen Instanz zur Entscheidung vorgelegt werden. Positive Mitbildung des leitenden Willens d. h. Demokratie im eigentlichen Sinn, liegt dann vor, wenn Verfügungen der Leitung erst nach vorhergehender Einigung mit der Belegschaft erlassen werden können, wenn also Leitung und Belegschaft zusammenwirken müssen, damit bindende Verfügungen zustande kommen. Im Idealfall der Demokratie erfolgt die Bildung des leitenden Willens genossenschaftlich und die „Betriebsleitung" als solche ist nur ein geschäftsführender Ausschuß der Genossen.

Die folgende Untersuchung wird auf Grund dieser möglichen Abstufungen der Betriebsdemokratie festzustellen haben, bis zu welchem Grade die Demokratisierung der Betriebsverfassung verwirklicht worden ist, insbesondere wird jeweils zu prüfen sein, wie weit bei den einzelnen Funktionen eine Herrschaftsbeschränkung der Betriebsleitung vorliegt und wieweit dieser Herrschaftsbeschränkung auf seiten der Belegschaft eine tatsächliche Einflußerweiterung entspricht. In letzterer Beziehung ist dabei zu berücksichtigen, daß sich die Willensbildung der Belegschaft nur mittelbar vollzieht, und daß gerade die sozialpsychischen Wirkungen der Betriebsdemokratie der Belegschaft nur auf dem Umweg über den Betriebsrat zugute kommen können.

II.

Die Demokratisierung des Werkbetriebes.

1. Es entspricht dem demokratischen Grundprinzip der Selbstverwaltung, daß das Schwergewicht der Betriebsdemokratie innerhalb des Werkbetriebes, der unmittelbaren Organisationsform der gesellschaftlichen Arbeit, liegt, und

daß die Belegschaft demgemäß in erster Linie an denjenigen Funktionen des leitenden Willens beteiligt ist, die direkt in die Gestaltung ihrer betrieblichen und persönlichen Daseinsbedingungen eingreifen.

Bereits die primäre Funktion jeder Betriebsleitung, die Disposition über die quantitativ und qualitativ im Produktionsprozeß zu beschäftigenden Arbeitskräfte, ist der Mitbestimmung der Belegschaft unterworfen. Diese Mitbestimmung vollzieht sich hinsichtlich der Einstellung von Arbeitskräften in der abgeschwächten Form, daß dem Betriebsrat[1]) das fakultative Recht zusteht, diesbezügliche Richtlinien mit der Werksleitung zu vereinbaren. Obwohl Betriebsrat und Belegschaft aus politischen, gewerkschaftlichen und nicht selten auch betriebsegoistischen Gründen intensiv danach streben, hier einen tatsächlichen Einfluß zu erlangen, ist die Verfügungsbefugnis der Werksleitung auf diesem Gebiet bis jetzt nur wenig beschränkt. Entweder sind bereits tarifliche, die Mitwirkung des Betriebsrats ausschließende Abmachungen getroffen[2]), wie das z. B. hinsichtlich der Benutzung bestimmter Arbeitsnachweise häufig der Fall ist, oder da ein Zwang zur betrieblichen Vereinbarung von Einstellungsrichtlinien nicht besteht[3]), sind solche überhaupt nicht vorhanden. Vielfach auch bestehen formell zwar Richtlinien, inhaltlich enthalten diese Richtlinien jedoch nur eine Wiederholung der gesetzlichen Mußvorschriften, wonach die Einstellung eines Arbeitnehmers nicht von seiner gewerkschaftlichen, politischen oder konfessionellen Organisation und Betätigung abhängig gemacht werden darf[4]). So bestimmt z. B. die Arbeitsordnung der Guten Hoffnungs-Hütte lediglich: „Die Einstellung der Arbeiter in das Werk erfolgt unter Berücksichtigung des § 78 und § 81 BRG. durch die Betriebsleitung.“ Ein ähnlicher Passus findet sich in den meisten Arbeitsordnungen der Rheinisch-Westfälischen Schwerindustrie, in den Arbeitsordnungen des Siemens-Konzerns u. a. Da sich unter der heutigen arbeitspolitischen Konstellation die Einstellung von Arbeitern nach gewerkschaftlichen oder politischen Gesichtspunkten von selbst verbietet, bezw. nur in verschleierter Form erfolgen kann, so sind diese Bestimmungen praktisch

[1]) Es ist nochmals darauf hinzuweisen, daß die formale Unterscheidung zwischen Betriebsrat und Gruppenräten hier außer Acht gelassen ist, und der Begriff des Betriebsrats hier gleichbedeutend mit dem Inbegriff aller Befugnisse der Betriebsvertretung gebraucht wird.

[2]) § 78 BRG. bestimmt ausdrücklich: „Soweit eine tarifliche Regelung nicht besteht.“

[3]) Vgl. hierzu u. a. den Bescheid des Reichsarbeitsministers vom 19. 5. 20, I. A. 1537.

[4]) Vgl. BRG. § 81.

ohne große Bedeutung und als der wesentlichste Inhalt der Richtlinien kennzeichnend für das geringe Maß von Mitbestimmung, das sich der Betriebsrat in dieser Beziehung zu sichern vermocht hat[1]). Vor allem ist es ihm nur selten gelungen, die Auswahl der Arbeitskräfte oder die Stellenbesetzung innerhalb der Betriebshierarchie, etwa zu Gunsten bereits im Betrieb Beschäftigter wirksam zu beeinflussen. Daß der Betriebsrat als Wortführer der Belegschaft im Einzelfall bestimmten Einstellungen unter Umständen erfolgreichen Widerstand entgegensetzt, vermag hieran grundsätzlich nichts zu ändern.

Indirekt dagegen besitzt der Betriebsrat durch seine Mitwirkung bei Entlassungen auch einen gewissen Einfluß auf die Einstellung von Arbeitskräften, da die Werksleitung infolge der erschwerten Kündigung nunmehr nicht in der Lage ist, mißliebige oder unbrauchbare Kräfte ohne weiteres durch gefügige oder leistungsfähige Kräfte zu ersetzen.

Die Mitwirkung bei Entlassungen stellt im Gegensatz zu der Mitwirkung bei Einstellungen ein praktisch bedeutsames Recht der Betriebsvertretung dar. Auf Grund des § 84 BRG. ist der einzelne Arbeiter unter bestimmten Voraussetzungen berechtigt, gegen seine Kündigung Einspruch bei dem Betriebsrat zu erheben, und der Betriebsrat kann nach kritischer Prüfung und nach erfolgloser Verhandlung mit der Werksleitung den Schlichtungsausschuß zur Entscheidung anrufen[2]). Wie bereits hervorgehoben, macht sich der Betriebsrat freiwillig oder in Sorge um sein Belegschaftsansehen einen solchen Kündigungseinspruch fast stets zu eigen[3]), um so mehr, als die dehnbaren Voraussetzungen des Gesetzes und vor allem der weite Begriff der „unbilligen Härte" seinem diesbezüglichen Vorgehen eine gefügige Handhabe bieten. Die Werksleitung muß also in jedem Fall der Entlassung mit einem Verfahren vor den zur Entscheidung berufenen Instanzen rechnen, ein Verfahren, dessen Ausgang in starkem Maße durch die Zufälligkeiten der jeweiligen Zusammensetzung der Spruchkammer, der stellbaren Zeugen und des vorhandenen Beweismaterials bedingt ist, und das bisher, dem Charakter des Schlichtungsausschusses entsprechend, sozialen Erwägungen vielfach stärker Rechnung trug, als betriebswirtschaftlichen Gesichtspunkten.

---

[1]) Vgl. hierüber auch Nörpel in Die sozialen Probleme des Betriebes, Berlin 1925, S. 83 ff; „Es ist so gut wie keinem Betriebsrat gelungen Richtlinien über Einstellungen von wirklicher Bedeutung zu vereinbaren."

[2]) Durch die Neuregelung des Schlichtungswesens vom 30. 10. 23 tritt hier das Gewerbegericht jetzt an die Stelle des Schlichtungsausschusses.

[3]) Vgl. z. B. auch den Gewerbeaufsichtsbericht 1922 f. Berlin, abgedr. i. d. Soz. Prax. Nr. 35 v. 30. 8. 23.

Dieses Risiko wird für die Werksleitung dadurch noch verschärft, daß ein für sie ungünstiges Urteil über die Bedeutung des Einzelfalls hinaus vom Standpunkt der Betriebsdisziplin Gefahren in sich birgt und in der Wiederholung die Autorität der Werksleitung in der Belegschaft erheblich mindert [1]. Die Folge davon ist, daß die Werksleitung durchschnittlich nicht nur jede Entlassung zum Gegenstand eingehender Beratung aller Ressortbeteiligten macht, sondern daß sie viefach auch Arbeitskräfte weiterbeschäftigt, deren Entlassung vom betriebswirtschaftlichen Standpunkt erwünscht wäre. Bezeichnend schreibt Winschuh über die in dieser Hinsicht gemachten Erfahrungen [2]: „Dem Arbeitgeber ist durch die §§ 84—90 BRG. die Entlassung so erschwert worden, daß er oft, um nicht erst durch das Gewirr der einschlägigen Bestimmungen zu müssen und sich zeitraubenden und unproduktiven Verhandlungen zu unterziehen, von einer sachlich durchaus berechtigten Entlassung absieht. . . . . Lieber nimmt er die Belastung des Betriebes durch eine unzulängliche Arbeitskraft in Kauf."

Besonders scharf tritt die beschränkte Verfügungsbefugnis der Werksleitung bei Entlassungen von Betriebsratsmitgliedern in Erscheinung, da hier dem Arbeitgeber die Möglichkeit der Geldablösung genommen ist und dem betreffenden Mitglied nicht nur ein nachträgliches Einspruchsrecht zusteht, sondern bereits das Wirksamwerden der Kündigung grundsätzlich an die Zustimmung der Betriebsvertretung gebunden ist [3]. Diese Zustimmung wird in der Praxis so gut wie nie erteilt, und auch die entscheidenden Instanzen, die bei versagter Zustimmung in Aktion treten, stehen diesbezüglichen Anträgen der Werksleitung in berechtigter Sorge um den Schutz des Betriebsrats und den Schutz der Institution als solcher meist durchaus ablehnend gegenüber. Die Entlassung von Mitgliedern des Betriebsrats ist daher mit gesteigerten Schwierigkeiten verknüpft, und ein einigermaßen geschicktes Betriebsratsmitglied, das nicht offensichtlich gesetzwidrige Handlungen begeht, ist auch bei absolut unzureichender Arbeitsleistung oder zweifellos belegschaftsverhetzendem Einfluß dem Maßregelungsrecht der Werksleitung so gut wie entzogen. Erschwerend tritt häufig noch die machtpolitische Stellungnahme der Belegschaft hinzu, die Entlassungen von Betriebsratmitgliedern

---

[1] Unter diesem Gesichtspunkt erscheint auch die Geldabfindung an Stelle der Wiedereinstellung als zweischneidiger Ausweg. Abgesehen von den erheblichen Kosten, ist es die Tatsache der Verurteilung an sich, die bedenklich für die Werksleitung wirkt.

[2] Prakt. Werkspol. S. 149 ff.

[3] BRG. § 96.

unter allen Umständen und unabhängig von der jeweiligen Rechtslage zu verhindern sucht[1]).

Die Betriebsräte machen sich ihre rechtlich und machtpolitisch gesicherte Stellung im persönlichen Interesse zwar nur selten zu Nutze, im wirklichen oder geglaubten Interesse der Arbeiterschaft jedoch üben sie vielfach eine Tätigkeit aus, die dem Betriebszweck nur wenig angepaßt ist, und die die erschwerte Möglichkeit ihrer Entlassung als empfindlichen Eingriff in die Funktionen der Werksleitung erscheinen läßt. Es ist in dieser Hinsicht charakteristisch, daß die Werksleitungen vornehmlich in der ersten Entwicklungsperiode des Betriebsrätewesens verschiedentlich zu den kostspieligen und zweischneidigen Mitteln der Betriebsstillegung greifen mußten, um besonders verhetzende Elemente aus dem Betrieb zu entfernen[2]).

Unter kritischem Gesichtspunkt ist festzustellen, daß das Mitbestimmungsrecht der Betriebsvertretung bei der Entlassung von Arbeitskräften für die Werksleitung eine fühlbare Beschränkung ihrer Funktionen bedeutet, eine Beschränkung, die um so schwerer ins Gewicht fällt, als der Werksleitung auch die andern Möglichkeiten durch Strafen oder differenzierte Entlohnungsmethoden auf die Disziplin und Arbeitsleistung der Belegschaft einzuwirken, erheblich beschnitten sind[3]). Die berechtigten Bedenken, die diese Tatsache vom wirtschaftlichen Standpunkt aus auslösen muß, werden jedoch teilweise dadurch kompensiert, daß der Einengung der Werksleitung eine relativ wirksame Einflußerweiterung der Belegschaft entspricht. Im Gegensatz zu andern Belegschaftsrechten, die unter Umständen nur eine einseitige Beschränkung der Werksleitung darstellen, ohne der Belegschaft tatsächliche Vorteile zu gewähren, hat sich das Mitbestimmungsrecht des Betriebsrats bei Entlassungen als ein auch praktisch bedeutungsvoller Bestandteil der Betriebsdemokratie erwiesen. Soweit der Entlassungsschutz von Mitgliedern der Betriebsvertretung

---

[1]) Ein typisches Beispiel liefert die oberschlesische Streikbewegung vom März 1923. Dort hatten die Betriebsräte mehrerer großer Werke gegen das Verbot der Werksleitung und zum Teil unter weitgehenden Eingriffen in die Leitung des Betriebes Belegschaftsversammlungen während der Arbeitszeit einberufen und geleitet, um gegen den faszistischen Selbstschutz zu protestieren.

Die daraufhin verfügte Entlassung der Betriebsratsmitglieder löste eine große Streikbewegung aus, die nach wiederholtem Eingreifen der Regierung mit einer Weiterbeschäftigung der betreffenden Betriebsräte endete.

[2]) Vgl. § 96,2. Hiernach ist bei Stillegung des Betriebes die Zustimmung der Betriebsvertretung zu Entlassungen von Betriebsratmitgliedern nicht erforderlich.

[3]) Vgl. hierzu auch Herkner, a. a. O. S. 183.

in Betracht kommt, ist dieser Schutz geradezu als das Fundament der Betriebsdemokratie zu werten, ohne ihn wäre die Tätigkeit der Betriebsvertretung bis zur Einflußlosigkeit gehemmt. Soweit die Belegschaft selbst in Betracht kommt, liegt die Bedeutung des Entlassungsschutzes vor allem in der größeren materiellen Existenzsicherung des Arbeiters, der nunmehr vor einer willkürlichen, etwa dem Ermessen subalterner Betriebsorgane anheimgestellten Entlassung verhältnismäßig gesichert ist.

Über die materielle Existenzsicherung hinaus gewinnt diese Seite der Betriebsdemokratie jedoch vom soziologischen Standpunkt gesteigerte Bedeutung. Die Proletarisierung der Arbeitermassen ist wesentlich mit hervorgerufen worden durch die eigentümliche Wurzellosigkeit und Dynamik des Industriearbeiterdaseins, bedingt durch die Unsicherheit und die mangelnde Stabilität des Arbeitsverhältnisses[1]). Es erscheint als mögliche Entwicklung, daß diese Proletarisierung mit der erschwerten Kündigung eine allmähliche Rückbildung oder wenigstens Milderung erfährt.

Neben der direkten Beschränkung, die der Werksleitung in ihrer Disposition über die zu beschäftigenden Arbeitskräfte durch das Mitbestimmungsrecht der Betriebsvertretung bei Einstellungen und Entlassungen erwächst, greift indirekt auch die Mitwirkung des Betriebsrats bei der Verwaltung von Werkswohnungen und Wohlfahrtseinrichtungen in diese Disposition der Werksleitung ein.

Gerade unter der heutigen wirtschaftlichen Konstellation gewinnen beide Einrichtungen für die schwierige Frage der Belegschaftsrekrutierung gesteigerte Bedeutung. In dicht besiedelten Industriegebieten, wie dem Ruhrrevier, ist die Erhaltung und Vermehrung der Belegschaft z. B. zwangsläufig mit der rationellen Ausnutzung und Vermehrung der Wohngelegenheiten verknüpft und speziell Unternehmungen mit großem Bedarf an gelernten Arbeitern haben ein vitales Interesse daran, über die ihnen zur Verfügung stehenden Wohnungen lediglich unter betriebswirtschaftlichem Gesichtspunkt zu disponieren und vor allem diese Wohnungen nur mit qualifizierten und leistungsfähigen Arbeitskräften zu besetzen. Ähnlich verhält es sich mit den betrieblichen Wohlfahrtseinrichtungen, deren wesentlicher Teilzweck vielfach ebenfalls die Heranziehung und Erhaltung qualifizierter Arbeitskräfte ist. Dieser Teilzweck rückt für die Werksleitungen um so mehr in den Vordergrund, als sie durch die schematisierende Tarifpolitik in der Möglichkeit

---

[1]) Vgl. hierzu Lederer vom sozialpsychischen Habitus der Gegenwart, Arch. Bd. 49 S. 119.

stark beschränkt sind[1]), besonders qualifizierte Kräfte mittels besserer Entlohnung an den Betrieb zu fesseln. Über diesen Gesichtspunkt hinaus liegt den Wohlfahrtseinrichtungen vielfach die Absicht zugrunde, die Arbeitsleistung der Belegschaft zu erhöhen; denn: „Man wird sich mehr und mehr darüber klar, daß jede Hebung des Arbeiters als Mensch den Wert seiner wirtschaftlichen Leistung zu steigern imstande ist[2]).“ Teilweise auch werden mit den Wohlfahrtseinrichtungen, besonders im Zusammenhang mit einer wirtschaftsfriedlichen Beeinflussung der Belegschaft, gewisse politische Ziele verfolgt. Das diesbezügliche Mitbestimmungsrecht der Betriebsvertretung greift daher in verschiedene Funktionen der Werksleitung ein, die je nach der Wirksamkeit dieses Rechts einer stärkeren oder schwächeren Demokratisierung unterworfen sind.

Im allgemeinen ist festzustellen, daß der Betriebsrat auf die tatsächliche Verwaltung der Werkswohnungen nur einen verhältnismäßig geringen Einfluß ausübt. Seine Mitwirkung beschränkt sich meist auf die Beratung der allgemeinen Verwaltungsfragen, auf die Aufstellung allgemeiner Richtlinien und auf die Vertretung der stereotypen Mieterbeschwerden. Hinsichtlich der materiell wichtigen Fragen, wie der Vergebung von Wohnungen an bestimmte Personen und vor allem der Wohnungsräumung haben sich die Werksleitungen dagegen ein großes Maß von Selbständigkeit bewahrt[3]). Charakteristisch z. B. hierfür ist folgender Revers, den jeder Arbeiter eines großen Werks der Metallindustrie bei seinem Eintritt unterschreiben mußte: „Das Wohnungsabkommen wird aufgehoben: Erstens durch das Ausscheiden des Wohnungsinhabers aus dem Werk, zweitens, wenn die Wohnung für andere Zwecke irgendwelcher Art im Interesse des Werks gebraucht wird. Die Wohnung ist dann unverzüglich zu räumen, ausnahmsweise und freiwillig kann die Werksleitung Räumungsfristen gewähren.“ Nach erfolglosem Widerstand des Betriebsrats und nach der meist vorhandenen Unzuständigkeitserklärung des Mietseinigungsamtes[4]) vollzieht sich die praktische Regelung

---

[1]) Gesetzlich sind die Tariflöhne zwar nur Mindestlöhne, die Arbeitgeberverbände haben diese Mindestlöhne durch hohe Konventionalstrafen für übertarifliche Bezahlung jedoch großenteils gleichzeitig zu Höchstlöhnen gestempelt.

[2]) Vgl. Herkner, a. a. O. S. 394.

[3]) Den Werksleitungen steht dabei die Rechtsprechung weitgehend zur Seite. Vgl. hierzu auch Neue Zeitschr. f. Arbeitsrecht, 2. Jahrg. Heft 3 S. 196 ff.

[4]) Die Mietseinigungsämter haben sich in dieser Frage in einer großen Zahl von Fällen für unzuständig erklärt und den ordentlichen Gerichten die rein rechtliche Entscheidung der Angelegenheit überlassen. Vgl. hierzu auch den Geschäftsbericht der Vereinigung Deutscher Arbeitgeberverbände 1921 S. 35.

tatsächlich überwiegend auf der Grundlage dieser Bestimmungen.

Einen größeren Einfluß übt der Betriebsrat dagegen bei der Verwaltung der Betriebswohlfahrtseinrichtungen aus. Auf diesem Gebiet pflegt die Werksleitung der Tätigkeit des Betriebsrats im allgemeinen keine Schwierigkeiten zu bereiten, nicht selten begünstigt sie eine solche Tätigkeit sogar, einerseits um den Betriebsrat hierdurch von einer störenderen Beschäftigung mit betriebswirtschaftlichen Fragen abzuhalten, andererseits um den aus Mißtrauen geborenen Angriffen der Belegschaft die Spitze abzubrechen und sich selbst in einer undankbaren Arbeit zu entlasten. Unter den skizzierten Gesichtspunkten sind bestimmte Arten von Wohlfahrtseinrichtungen wie z. B. die Versorgung der Belegschaft mit billigen Lebensmitteln, die Bewirtschaftung der Kantine und andere, häufig einer weitgehenden Selbstverwaltung des Betriebsrats überlassen, bei anderen Einrichtungen wie Erholungsheimen, Ferienkolonien, Unterstützungskassen u. a. wird der Betriebsrat über das gesetzlich notwendige Maß hinaus zur Verwaltung herangezogen. So hat er neben der selbstverständlichen Aufgabe, diesbezügliche Beschwerden zu vertreten, meist das Recht, gutachtliche Äußerungen abzugeben, Verbesserungen und Änderungen vorzuschlagen, an der Aufstellung von Benutzungsbestimmungen mitzuwirken und der Werksleitung Vorschläge hinsichtlich der Unterstützungsbedürftigen zu unterbreiten. Der Wirksamkeit des Betriebsrats ist also auf dem Gebiet der Wohlfahrtseinrichtungen vielfach ein verhältnismäßig weiter Spielraum gelassen. In ihrer Bedeutung für die Belegschaft wird diese Tatsache jedoch dadurch erheblich gemindert, daß diese Funktionen des Betriebsrats nur fakultativ beratenden Charakter tragen und zum wesentlichen Teil an das jeweilige Entgegenkommen der Werksleitung gebunden sind. Bei Konflikten mit dem Betriebsrat ist die Werksleitung nach wie vor in der Lage, ihre Entscheidung unabhängig von der Mitwirkung des Betriebsrats zu treffen. Es kommt hinzu, daß die gesetzliche Mitwirkung des Betriebsrats auf solche Wohlfahrtseinrichtungen beschränkt ist, die allen Belegschaftsangehörigen gemeinsam dienen und die also nicht Sondereinrichtungen[1]) für Arbeiter und Angestellte darstellen. Die Werksleitungen haben von der hierin liegenden Möglichkeit durch nach Arbeitern und Angestellten getrennte Einrichtungen eine obligatorische Mitwirkung des Betriebsrats auszuschließen und eine eventuelle Mitwirkung ganz in ihr Belieben zu stellen, verschiedentlich Gebrauch gemacht. Vor-

[1]) Vgl. BRG. § 66,9 und hierzu Anm. 11, Komm. f. Feig & Sitzler.

nehmlich pflegen sie neu zu gründenden Einrichtungen eine derartige Form zu geben.

Zusammenfassend ist festzustellen, daß die Mitbestimmung des Betriebsrats bei der Verwaltung von Werkswohnungen und Wohlfahrtseinrichtungen weder für die Belegschaft eine wesentliche Verbesserung ihrer Lage, noch für die Werksleitung eine wesentliche Einengung ihrer Funktionen bedeutet. Die Werksleitung ist in ihrer Disposition über die zu beschäftigenden Arbeitskräfte in der Hauptsache also nur durch die Mitbestimmung des Betriebsrats bei Entlassungen wirksam beschränkt.

2. Bildet die Auswahl der Arbeitskräfte gleichsam die primäre Funktion, auf der die Organisation der gesellschaftlichen Produktion aufbaut, so liegt das Schwergewicht der Leitung des Werkbetriebes doch in der Organisation des Produktionsprozesses selbst. Die Demokratisierung der Betriebsverfassung ergreift daher gerade die Funktionen der Produktionsorganisation, insbesondere soweit sie sich auf den Produktionsfaktor Arbeit erstrecken, in weitgehendem Maße.

Am schärfsten ist das diesbezügliche Mitbestimmungsrecht der Betriebsvertretung bei dem Erlaß der Arbeitsordnung und der mit dieser zusammenhängenden Dienstvorschriften [1]) ausgeprägt. Das BRG. hat der Werksleitung die einseitige Verfügung über die Arbeitsordnung entzogen und das wirksame Zustandekommen einer Arbeitsordnung an die Einigung von Werksleitung und Betriebsvertretung bezw. im Nichteinigungsfall an den bindenden Entscheid der angerufenen Schlichtungsinstanz geknüpft [2]). Diese Regelung bedeutet für die Werksleitung insofern eine empfindliche Hemmung ihrer Funktionen, als sich bei Festsetzung der Arbeitsordnung oft weitgehende Differenzen mit dem Betriebsrat und daraus resultierend nicht selten langwierige Verhandlungen vor der angerufenen Schlichtungsinstanz ergeben. Auch durch die verbandsweise Vereinbarung von sogenannten Musterarbeitsordnungen oder durch die tarifliche Einigung über strittige Punkte sind die in dieser Hinsicht auftretenden Schwierigkeiten nur unwesentlich verringert worden.

Die Betriebsräte weigern sich häufig, derartige Vereinbarungen zu unterschreiben und anzuerkennen, teils aus

---

[1]) Die Dienstvorschriften sind praktisch ein Bestandteil der Arbeitsordnung, beide regeln die äußere Form der Arbeitsleistung und das disziplinare Verhalten des Arbeiters im Betrieb.

[2]) Vgl. BRG. § 66,5 u. § 78,3. Über die Verbindlichkeit der Schlichtungsentscheidung vgl. § 75 u. § 80 BRG.

Opposition gegen das scheinbar opportunistische und in ihr eigenes Aufgabengebiet eingreifende Verhalten der Gewerkschaften, teils weil sie hoffen, durch direkten Druck auf die Werksleitung für den einzelnen Betrieb günstigere Bedingungen durchsetzen zu können[1]. Die Hauptangriffspunkte in diesen zentralen Vereinbarungen decken sich dabei wesentlich mit den typischen Streitfragen, die bei der betrieblichen Festsetzung fast jeder Arbeitsordnung entstehen.

So bereitet es z. B. regelmäßig große Schwierigkeiten, Bestimmungen in die Arbeitsordnung aufzunehmen, die eine körperliche Untersuchung des Arbeiters beim Verlassen des Werks vorschreiben. Die Belegschaft, vertreten und erregt durch den Betriebsrat, setzt derartigen Bestimmungen fast ausnahmslos einen heftigen und psychologisch durchaus verständlichen Widerstand entgegen. Speziell für Werke, die mit Stoffen arbeiten, die auch in geringen Quantitäten hohe Werte darstellen, wie das z. B. bei der Elektrizitäts-, bei der Chemischen- und bei der verarbeitenden Metall-Industrie der Fall ist, besitzt eine solche Diebstahlsuntersuchung aber ganz erhebliche Bedeutung. Die Werksleitungen haben daher trotz aller Reibungen mit Betriebsrat und Belegschaft und trotz der oft monatelang dauernden Verhandlungen intensiv um die Aufnahme derartiger Bestimmungen gekämpft.

Nicht minder großen Widerständen begegnet die Werksleitung, wenn sie das Verbot politischer oder gewerkschaftlicher Betätigung während der Arbeitszeit, insbesondere das Verbot diesbezüglicher Anschläge des Betriebsrats am schwarzen Brett, in der Arbeitsordnung festzulegen sucht. Vor allem aber führt die Regelung des Strafwesens in der Mehrzahl der Fälle zu scharf zugespitzten Konflikten zwischen Werksleitung und Betriebsrat. Während die Werksleitungen die vorgeschriebene Mitwirkung des Betriebsrats bei der Festsetzung von Strafen[2] durch das diesbezügliche Mitbestimmungsrecht des Betriebsrats im Rahmen der Arbeitsordnung für erledigt halten, beanspruchen die Betriebsräte ein Mitbestimmungsrecht bei der Verhängung jeder Einzelstrafe und die Aufnahme eines dementsprechenden Passus in die Arbeitsordnung. Da beide Seiten neben praktischen Erwägungen von prinzipiellen Gesichtspunkten geleitet werden, so ist diese Strafmitwirkung zu einer grundsätzlichen Streitfrage geworden, die die Schlichtungsinstanzen in ständiger Wiederholung beschäftigt[3].

---

[1]) Vgl. hierzu den Geschäftsbericht der Vereinig. Dt. Arbeitgeberverbände 1921 S. 117 ff. analog den Geschäftsber. d. Vereinig. d. nordwestl. Gruppe, S. 13 ff.

[2]) Vgl. BRG. § 80,2.

[3]) Vgl. hierzu auch den Geschäftsbericht der Vereinigung Deutscher Arbeitgeberverbände 1921, S. 117, analog 1922, S. 18: „Einen breiten Raum

Stellen die skizzierten Streitfragen gleichsam die gefährlichsten Klippen dar, an denen die gütliche Vereinbarung zahlreicher Arbeitsordnungen scheitert, so führen darüber hinaus je nach der lokalen und industriellen Bedingtheit die mannigfachsten Punkte der Arbeitsordnung zu Differenzen zwischen Werksleitung und Betriebsrat, Differenzen, die ebenfalls häufig nur durch den Spruch der Schlichtungsinstanz eine zwangsweise Lösung erfahren. So ist z. B. die Einteilung der Arbeitszeit und insbesondere die Regelung der Pausen vielfach mit großen Schwierigkeiten verknüpft. Im Gegensatz zu den Werksleitungen, die unter dem Gesichtspunkt einer erhöhten Arbeitsleistung die Einlage längerer Pausen erstreben, sucht der Betriebsrat meist einen Wegfall bezw. eine Beschränkung der Pausen zu erreichen, um hierdurch die zusammenhängende, außerbetriebliche Freizeit der Belegschaft zu verlängern. Auch in bezug auf Beginn und Ende der Arbeitszeit, in Fragen der Schichtverlegung u. a. sind Werksleitung und Betriebsrat häufig verschiedener Ansicht, und die diesbezüglichen Bestimmungen bezw. Nachträge und Änderungen der Arbeitsordnung sind in der Regel erst nach langwierigen Verhandlungen einzuführen. Sogar scheinbar selbstverständliche Anordnungen wie: „Für fehlende Werkzeuge kann Ersatz des Werkes verlangt werden“ oder „Arbeitsfehler sind von demjenigen, der sie verursacht hat, ohne Nachzahlung zu beseitigen“ haben zu Streitigkeiten und zur Anrufung der Schlichtungsinstanzen durch den Betriebsrat geführt. Die Folge dieser zahlreichen Differenzen ist, daß sich die Vereinbarung der Arbeitsordnung oder einzelner, neu zu regelnder Punkte nicht selten durch Monate hinzieht und einen erheblichen Aufwand an Zeit und Kraft erfordert.

In einem Konzern der Berliner Metallindustrie haben sich die diesbezüglichen Verhandlungen z. B. über neun Monate erstreckt, und nur über die strittigen Punkte der Arbeitsordnung fanden zwölf Sitzungen des Gesamtbetriebsrats mit der Direktion und sechs Termine vor dem Schlichtungsausschuß statt [1]). Zwei Großwerke der westfälischen Schwerindustrie [2]) benötigten für die endgültige Festsetzung der Arbeitsordnung fünf Monate mit sieben Betriebsratssitzungen und vier Terminen vor dem Schlichtungsausschuß bezw. drei Monate mit fünf Sitzungen und vier Terminen. Ähnliche Feststellungen konnten bei einer großen Zahl von

---

unter den Streitfragen des BRG. nahm immer noch die Frage der Mitwirkung des Arbeiterrats bei der Festsetzung der Einzelstrafe ein.“

[1]) Entn. a. d. Akten des S.-Konzerns über die Vereinbarung der Arbeitsordnung.

[2]) G. H. und F. A. H. entnommen a. d. diesbezügl. Akten.

Werken gemacht werden[1]. Für die Werksleitung bedeutet das stellenweise eine recht erhebliche Hemmung ihrer Funktionen, denn zu der Zeit und Kostenbelastung treten die arbeitspolitischen Schwierigkeiten, die sich besonders während des Interregnums bis zur endgültigen Regelung der strittigen Punkte ergeben.

In der endgültigen Regelung der Arbeitsordnung haben die Werksleitungen ihren Standpunkt jedoch meist durchgesetzt und die für notwendig gehaltenen Bestimmungen teils auf dem Wege der schließlichen Einigung, teils durch Zwangsspruch des Schlichtungsausschusses[2] in die Arbeitsordnung aufgenommen. So enthalten die Arbeitsordnungen der hierfür in Betracht kommenden Betriebe z. B. durchweg Bestimmungen, nach denen der Arbeiter verpflichtet ist, sich beim Verlassen des Werks einer Diebstahlskontrolle zu unterziehen. Auch das Verbot politischer und gewerkschaftlicher Betätigung und diesbezüglicher Anschläge ist meist ausdrücklich in die Arbeitsordnung aufgenommen. Ebenso pflegt die Regelung der Pausen und Schichtzeiten dem Standpunkt der Werksleitung weitergehend Rechnung zu tragen, als dem der Betriebsvertretung. Im rheinisch-westfälischen Industriegebiet z. B. sind die Schlichtungsinstanzen fast ausnahmslos dem Ersuchen der Werksleitung gefolgt und haben durch Zwangsspruch die Einführung ausreichender Pausen verfügt[3]. Über diese grundsätzlichen Bestimmungen hinaus enthalten die meisten Arbeitsordnungen nach wie vor bis ins einzelne gehende disziplinare Anordnungen, die in ihrer Präzision und Schärfe deutlich erkennen lassen, daß der Werksleitung auf dem Gebiet der Arbeitsordnung noch eine verhältnismäßig weitgehende Verfügungsbefugnis geblieben ist. Es wird z. B. bestimmt, daß sich die Arbeiter 20 Minuten nach Ende der Schicht nicht mehr im Bereiche des Werkes aufhalten dürfen, daß Besuche auch von Angehörigen verboten sind, daß der unbefugte Aufenthalt in Speiseräumen, das Ankleiden in andern als den dafür bestimmten Räumen, das Verüben von überflüssigem Lärm u. a. nicht statthaft ist, es wird festgelegt, wie Putzlappen über Nacht aufbewahrt werden müssen, wie die Spinde zu öffnen sind und ähnliches.

---

[1] Vgl. hierzu auch den Geschäftsbericht XVII der nordwestl. Gruppe d. Vereins Dtsch. Eisen- u. Stahlindustrieller S. 15 ff.

[2] In letzter Beziehung charakteristisch ist die häufig anzutreffende Schlußformel der Arbeitsordnungen: „Vereinbart, und bezüglich der strittigen Punkte durch Entscheidung des Schlichtungsausschusses festgesetzt.“

[3] Entn. a. d. Akten d. Zechenverb. Für den Ruhrbergbau kommt hierfür speziell die zentrale Schlichtungsinstanz für Streitpunkte aus der Arbeitsordnung bei dem Reichs- und Staatskommissar in Dortmund in Betracht.

Eine gewisse Sonderstellung im Rahmen der Arbeitsordnung nimmt schließlich die Regelung des Strafwesens ein, eine Sonderstellung insofern, als hier zwischen der formellen Regelung und der materiellen Handhabung teilweise erhebliche Differenzen bestehen. Vornehmlich von praktischen Erwägungen bestimmt, haben sich die Schlichtungsinstanzen bis jetzt überwiegend auf den Standpunkt gestellt, daß dem Betriebsrat ein gesetzliches Mitwirkungsrecht lediglich bei der Aufstellung der allgemeinen Strafgrundsätze in der Arbeitsordnung zustehe [1]). Dementsprechend enthalten die Arbeitsordnungen zwar meist allgemeine Strafrichtlinien und vielfach auch ein eingehendes Strafschema, in dem die wichtigsten Verfehlungen und die Höhe der darauf stehenden Strafen festgelegt sind, eine Mitwirkung des Betriebsrats bei der Verhängung der einzelnen Strafe ist jedoch nur in ganz seltenen Fällen in der Arbeitsordnung vorgesehen. Stellenweise hat sich die Werksleitung sogar umgekehrt die Anwendung der Strafvorschriften ausdrücklich als selbständige Befugnis vorbehalten.

Die praktische Handhabung des Strafwesens läßt demgegenüber den Einfluß des Betriebsrats weit wirksamer zur Geltung kommen, als dies nach der formellen Regelung in der Arbeitsordnung zu erwarten wäre. Dadurch, daß der Betriebsrat gegen jede ohne seine Mitwirkung verhängte Strafe Beschwerde einlegt, bezw. dadurch, daß er die Strafen als widerrechtlich zurückbehaltene Lohnbeträge im ordentlichen Rechtswege einklagt, wird die Strafbefugnis der Werksleitung oft de facto erheblich beschnitten.

Die Werksleitung schreckt hierbei einerseits vor den jedesmaligen langwierigen Verhandlungen im Betrieb, vor den Schlichtungsinstanzen und vor den Gerichten, andererseits vor der unsichern Rechtslage und der stets vorhandenen Möglichkeit einer Verurteilung zurück und macht dementsprechend vielfach praktisch von Bestrafungen so gut wie keinen Gebrauch. Stellenweise auch sieht sich die Werksleitung nach unangenehmen Rückschlägen zur Nachgiebigkeit gezwungen und zieht den Betriebsrat zur Mitwirkung bei der Verhängung der Einzelstrafe heran, ohne daß sie nach den Bestimmungen der Arbeitsordnung hierzu verpflichtet wäre. Ein diesbezüglich charakteristisches Beispiel liefern die Vorgänge im Stahlwerk Hoesch, in dem der Betriebsrat vom März 1922 bis April 1923 die als Strafen zurückbehaltenen Lohnbeträge jedesmal mit Erfolg einklagte, bis sich die Werksleitung der Entscheidung des

---

[1]) Vgl. hierzu auch Prof. Erdel, Im Schlichtungswesen, 3. Jahrg. Nr. 7, S. 141, analog der Geschäftsber. d. Vereinig. Dtsch. Arbeitgeberverb. 1922, S. 18 ff.

Landgerichts Dortmund beugte und Strafen nur noch unter Mitwirkung des Betriebsrats verhängt[1]). Es erscheint als mögliche Entwicklung, daß sich die Rechtsprechung der ordentlichen Gerichte zunehmend in derselben Richtung bewegt, und daß diese Rechtsprechung sowohl, als auch der wachsende Druck der amtlichen Stellen[2]) eine präventive Mitwirkung des Betriebsrats bei der Verhängung der Einzelstrafe allgemein werden läßt. Ob der Werksleitung aus dieser präventiven Mitwirkung des Betriebsrats eine stärkere Hemmung ihrer Funktionen erwachsen würde, als dies bei dem jetzt durchschnittlich bestehenden Zustand einer nachträglichen Beschwerde der Fall ist, muß als fraglich bezeichnet werden. Der Betriebsrat ist jedenfalls in beiden Fällen in der Lage, einer ihm nicht genehmen Bestrafung nachhaltige Schwierigkeiten zu bereiten. Für die Belegschaft bedeutet die Mitwirkung des Betriebsrats dementsprechend einen erweiterten Schutz vor Bestrafung, vor allem aber trägt diese Mitwirkung dazu bei, das drückende und gerade auf dem Gebiet des Strafwesens scharf ausgeprägte Gefühl der Abhängigkeit im Belegschaftsbewußtsein zu mildern. In dieser psychologischen Wirkung liegt der Schwerpunkt des diesbezüglichen Mitbestimmungsrechts des Betriebsrats, um so mehr, als dem Strafwesen nur noch in einzelnen Industrien, wie im Bergbau, eine tatsächliche materielle Bedeutung zukommt.

Neben der Arbeitsordnung im eigentlichen und engeren Sinne ist die Regelung der gesamten Arbeitsbedingungen der Mitwirkung des Betriebsrats unterworfen.

Die Arbeitsbedingungen bilden im Verhältnis zu der Arbeitsordnung den weiteren Begriff, insofern die Arbeitsordnung[3]) nur einen spezifischen Bestandteil der Arbeitsbedingungen darstellt. Die Arbeitsordnung enthält im Gegensatz zu den materiellen Arbeitsnormen, wie z. B. der Regelung der Löhne, diejenigen Bestimmungen, die die äußere Form der Arbeitsleistung, die Ordnung des Betriebes und das disziplinare Verhalten der Arbeiter regeln[4]).

Dieser Unterscheidung zwischen der Arbeitsordnung im engeren Sinne und den übrigen Arbeitsbedingungen kommt

---

[1]) Urteil d. LG. Dortmund v. 30. 4. 23. II. 168/23.

[2]) Der Pr. Handelsminister hat z. B. unter dem 4. 7. 23 an die Regierungspräsidenten und Gewerbeaufsichtsbeamten einen Erlaß ergehen lassen, in welchem er diese anweist, alle Arbeitsordnungen zu beanstanden, in welchem die Mitwirkung des Betriebsrats bei der Verhängung der Einzelstrafe nicht ausgesprochen ist.

[3]) Der Begriff der Arbeitsordnung umfaßt hierbei gleichzeitig die Dienstvorschriften, da letztere in der Arbeitsordnung enthalten sind.

[4]) Über diesen Unterschied vgl. auch Neue Zeitschr. f. Arbeitsrecht, 3. Jahrg. Heft 2, Spalte 87 ff.

unter dem Gesichtspunkt der Betriebsdemokratie eine nicht unerhebliche Bedeutung zu. Während nämlich das wirksame Zustandekommen der Arbeitsordnung an die Einigung von Werksleitung und Betriebsvertretung und im Nichteinigungsfall an den Zwangsspruch der Schlichtungsinstanz geknüpft ist, muß die Werksleitung über die anderen Arbeitsbedingungen zwar auch mit dem Betriebsrat verhandeln, im Nichteinigungsfall kann die angerufene Schlichtungsinstanz jedoch nur unverbindliche Vorschläge machen und den Parteien keine Zwangsregelung auferlegen [1]). Sind in der Arbeitsordnung, was praktisch nicht selten vorkommt, auch Teile der materiellen Arbeitsbedingungen, wie z. B. die Dauer der Arbeitszeit, mit geregelt, so erstreckt sich eine eventuelle Zwangsvereinbarung der Arbeitsordnung nicht auf diese Punkte, sondern im Rahmen der sonstigen gesetzlichen Vorschriften ist der Werksleitung, auch bei Widerspruch der Betriebsvertretung, formal-rechtlich betrachtet, die letzte Entscheidung geblieben [2]).

Es entspricht der schwierigen wirtschaftlichen Lage und dem hierdurch ausgelösten Druck der Belegschaft, daß das Schwergewicht der Mitwirkung des Betriebsrats bei der Gestaltung der materiellen Arbeitsbedingungen auf dem Gebiet der Lohnpolitik liegt [3]). Durch die fast ausnahmslos bestehende tarifvertragliche Regelung des Lohnwesens sind einer fruchtbaren Wirksamkeit des Betriebsrats hier zwar von vornherein Schranken gesetzt, teils im Rahmen dieser Schranken, teils über sie hinausgehend, entfalten die Betriebsräte jedoch eine lebhafte lohnpolitische Aktivität. Abgesehen von den stellenweise unternommenen und bis jetzt wenig erfolgreichen Versuchen unter Ausschaltung der Gewerkschaften selbständige Lohntarife abzuschließen [4]), sind die Betriebsräte vielfach bemüht, wenigstens über bestimmte Lohnzulagen Sondervereinbarungen mit der Werksleitung zu treffen. Teilweise handelt es sich dabei um einzelne, schwer ersetzbare Arbeiterkategorien, für die der Betriebsrat einen höheren als den tariflichen Lohn, bezw. eine andere Akkordbasis durchzudrücken sucht, teilweise vertritt der Betriebsrat die Forderung, der gesamten Belegschaft besondere übertarifliche Wirtschaftsbeihilfen zu gewähren. Für das häufige Auftreten speziell letzterer

[1]) So die überwiegende Handhabung der Praxis. Anders Flatow, Betriebsvereinbarung und Arbeitsordnung. Berlin 1921.

[2]) Bezüglich der Arbeitszeit z. B. ausdrücklich festgelegt in § 75 BRG.

[3]) Vgl. hierzu auch Heyde, im Bulletin der internationalen Vereinig. f. ges. Arbeiterschutz, Gust. Fischer, Jena 1923, S. 54.

[4]) Dass mit der Betriebsvertretung abgeschlossene Werkstarife in Krisenzeiten unter Umständen erhebliche Bedeutung und Verbreitung erlangen können, ist im ersten Teil der Arbeit bereits dargelegt worden.

Forderungen ist folgende Stellungnahme des ADGB. bezeichnend [1]): „In letzterer Zeit ist durch die Betriebsräte wiederholt angeregt worden, von ihrem Arbeitgeber Wirtschaftsbeihilfen zu verlangen, damit wird eine Auffassung propagiert, die der gewerkschaftlichen Lohnpolitik nicht entspricht. . . . .“

Auch dann, wenn der Betriebsrat die diesbezüglichen Forderungen nicht mehr oder minder künstlich erregt hat, sondern wenn er nur als Sprachrohr der betreffenden Arbeiterkategorien, bezw. der Belegschaft fungiert, bedeutet seine Stellungnahme für die Werksleitung meist eine gewisse Verschärfung der Situation. Der Betriebsrat unterstützt diese Forderungen durch das Gewicht seiner Amtsautorität, durch seine größere Verhandlungsgeschicklichkeit und durch den Hinweis auf die geschlossen hinter ihm stehende Belegschaft. Es stempelt Einzel- und Gruppenforderungen auf diese Weise nicht selten zu Belegschaftsforderungen und verstärkt damit den machtpolitischen Druck auf die Werksleitung. Letztere ist dementsprechend häufig nicht in der Lage, derartige Forderungen als tarifwidrig kurzerhand abzulehnen, sondern sie ist gezwungen, in diesbezügliche Verhandlungen mit dem Betriebsrat einzutreten.

Soweit sich die Mitwirkung des Betriebsrats formell im Rahmen der tarifvertraglichen Lohnregelung hält, erstreckt sie sich vornehmlich in dreifacher Richtung: Der Betriebsrat sucht einmal die Klassifizierung des Tarifvertrages für die Belegschaft möglichst günstig zu gestalten, er sucht zum andern Einfluß auf die Festsetzung und Regelung der Akkorde zu gewinnen, und er vertritt schließlich in weitem Umfange die lohnpolitischen Beschwerden der Belegschaft.

Die tarifliche Lohnregelung ist meist derart aufgebaut, daß die vom Tarif erfaßten Arbeiter in bestimmte Tarifklassen mit klassenweise ansteigender Entlohnung eingeteilt werden. Das Bestreben des Betriebsrats geht nun dahin, sowohl einzelne Arbeiter, als auch ganze Arbeiterkategorien in höhere tarifliche Lohnklassen hineinzudrücken. Dieses Streben entbehrt, abgesehen von dem naturgemäß primären Gesichtspunkt für die betreffende Gruppe höhere Löhne zu erzielen, stellenweise auch nicht eines gewissen prinzipiellen Hintergrundes. Viele Betriebsräte versuchen auf diese Weise den Spannungsunterschied zwischen den einzelnen Tarifklassen, im wesentlichen also zwischen gelernten, angelernten und ungelernten und zwischen erwachsenen und jugendlichen Arbeitern zu vermindern, indem sie allmählich alle Arbeiterkategorien aus den niedrigeren Lohnklassen

---

[1]) Entn. a. d. Geschäftsber. d. Ver. Dt. Arbeitgeb. V. 1921 S. 106.

herausdrücken und diese Lohnklassen dadurch schließlich hinfällig werden lassen[1]).

Die Werksleitung setzt derartigen Versuchen des Betriebsrats durchweg Widerstand entgegen. Einmal, weil sie ein Interesse daran hat, möglichst wenig Arbeiterkategorien nach den höchsten Sätzen zu entlohnen, zum andern, weil sie naturgemäß großen Wert darauf legt, die mühsam wieder aufgebaute Lohnspanne zwischen den einzelnen Arbeiterkategorien zu erhalten. Um die Frage der tariflichen Eingruppierung sind daher zahlreiche Streitigkeiten zwischen Werksleitung und Betriebsrat entstanden. Es kommt hinzu, daß diese an sich im ordentlichen Klagewege zu erledigenden Streitigkeiten durch das Eingreifen des Betriebsrats häufig zu Gesamtstreitigkeiten gestempelt werden, die nunmehr vor das Forum der Schlichtungsinstanz gelangen[2]). Hierdurch werden nicht selten Forderungen, die im ordentlichen Klagewege abgewiesen werden würden, der Entscheidung einer primär nach sozialen Gesichtspunkten urteilenden Instanz unterworfen, einer Entscheidung, die zwar rechtlich unverbindlich ist, die aber soziologisch einen nicht zu unterschätzenden Druck auf die Werksleitung ausübt. In dieser Tatsache der zahlreichen Streitigkeiten und der anknüpfenden Schlichtungsverhandlungen liegt für die Werksleitung auch hier die empfindlichste Stelle der Mitwirkung des Betriebsrats. Es erscheint kaum zweifelhaft, daß diese Mitwirkung einen Teil der Forderungen überhaupt erst auslöst, bezw. daß sie neben den berechtigten auch den haltlosen Forderungen, aus den aufgezeigten Gründen, ein größeres Gewicht verleiht.

In ähnlicher Richtung wie der Versuch, die Tarifklassifizierung zu beeinflussen, bewegt sich auch vielfach die vom Betriebsrat erhobene Forderung nach Gewährung eines Akkordausgleiches für nicht im Akkord beschäftigte Arbeiter. Neben dem Streben nach materieller Besserstellung ist auch hier die Tendenz zur Lohnnivellierung deutlich erkennbar.

Die Mitwirkung des Betriebsrats bei der Akkordregelung selbst ist im allgemeinen verhältnismäßig eng begrenzt. Der Aufbau und die maßgebenden Grundsätze des Akkordwesens unterliegen fast ohne Ausnahme einer eingehenden tariflichen Regelung. Auch bei der eigentlichen Akkordaufstellung und Kalkulation innerhalb des Betriebes sind

---

[1]) Vgl. hierzu u. a. die diesbezüglichen Richtlinien in der Metallarbeiterzeitung Nr. 48 v. 21. 11. 20. ähnliche Feststellungen enthält u. a. der Geschäftsbericht der Vereinigung Deutscher Arbeitgeberverbände 1922 S. 130.

[2]) Diese rechtlich sehr zweifelhafte Möglichkeit ergibt sich in der Praxis auf dem Umweg über den § 78,1 BRG. (Überwachung der Tarifverträge) und § 78,9 (Vertretung v. Beschwerden).

dem Betriebsrat nur wenig Eingriffsmöglichkeiten gegeben, da sich diese Kalkulation in wachsendem Maße zu einer technisch-mathematischen Funktion entwickelt, die von Spezialbeamten in Spezialbüros ausgeübt wird. Die Einsicht, daß der Betriebsrat als solcher nur selten in der Lage ist, auf diesem schwierigen, eingehende Vorbildung erfordernden Gebiet fruchtbare Arbeit zu leisten, hat in der Praxis häufig dazu geführt, daß eine diesbezügliche Mitwirkung des Betriebsrats ausdrücklich ausgeschlossen wird. Teilweise geschieht dies auf tariflichem Wege, indem gleichzeitig besondere Akkord- und Fachkommissionen eingesetzt werden[1], teilweise wird die diesbezügliche Nichtmitwirkung des Betriebsrats in den verbands- oder betriebsweise vereinbarten Richtlinien zum BRG. ausdrücklich festgelegt[2], und die Bildung besonderer Fachkommissionen der bedarfsweisen Einzelregelung überlassen.

Eine gewisse Bedeutung kommt der Mitwirkung des Betriebsrats dagegen bei der praktischen Durchführung des Akkordwesens zu. In erster Linie ist es die ausgedehnte Tätigkeit des Betriebsrats als Beschwerdeinstanz[3], die sich für die Werksleitung recht fühlbar auswirkt. Der Betriebsrat nimmt sich mit Sorgfalt und vielfach sogar mit einer gewissen Freudigkeit jeder diesbezüglichen Beschwerde an und auch hier fällt für Werksleitung und Belegschaft ins Gewicht, daß er diese Beschwerden und Forderungen gegebenenfalls durch die Drohung mit der hinter ihm stehenden Belegschaft, durch seine Verhandlungsgeschicklichkeit und durch das Hineinziehen der Schlichtungsinstanzen unterstützt. Vielfach begnügt sich der Betriebsrat mit seiner Wirksamkeit als Beschwerdeinstanz jedoch nicht, sondern er ist bestrebt, auch auf die Festsetzung der Akkorde einen indirekten Einfluß zu gewinnen, indem er die Arbeitsleistung der Belegschaft zu regulieren sucht. Sein Streben deckt sich dabei häufig mit der bekannten und von gewerkschaftlicher Seite nicht selten unterstützten Erscheinung des sogenannten „Bremsens" [4]. Am häufigsten und erfolgreichsten macht sich der diesbezügliche Einfluß des Betriebsrats naturgemäß dort geltend, wo ihm, wie im Bergbau, die Gelegenheit zu regelmäßig wiederkehrender

---

[1] Vgl. hierzu auch das Ergebnis einer diesbezügl. Untersuchung des Reichsamts f. Arbeitsvermittl. abgedr. i. d. Soz. Prax. Nr. 48 v. 30. 11. 22.

[2] So z. B. im Ruhrbergbau, Punkt 12 der zwischen dem Zechenverband und den Bergarbeiterverbänden vereinbarten Richtlinien zum BRG.

[3] Dies betont auch Heyde im Bulletin a. a. O.

[4] Über die Bedeutung des Bremsens vgl. auch Herkner, a. a. O. S. 168.

und unkontrollierbarer Fühlungnahme mit der arbeitenden Belegschaft gegeben ist. Es ist daher charakteristisch, daß gerade die Werksleitungen des Bergbaus über diese Wirksamkeit des Betriebsrats klagen. So schreibt die Harpner Bergbau A.-G.: „Regelmäßig suchen die Mitglieder des Betriebsrats den Arbeitern klar zu machen, sie sollten weniger Kohlen liefern, dann würden sie schon ein besseres Gedinge bekommen.“ Ebenso die Verwaltung von Matthias Stinnes: „Der Betriebsrat macht es sich zur besonderen Aufgabe, bei jeder Änderung des Gedinges die Leute aufzuwiegeln, damit sie mit ihrer Leistung zurückhalten, um eine niedrigere Durchschnittsleistung zu erzielen.“ Ähnlich äußern sich fast 50 % der im Zechenverband zusammengeschlossenen Ruhrzechen. In engem Zusammenhange mit diesem Streben des Betriebsrats die Arbeitsleistung der Belegschaft zu regulieren, steht die Tatsache, daß der Betriebsrat einer Herabsetzung zu hoch kalkulierter Akkorde meist lebhaften Widerstand entgegensetzt, ja daß er umgekehrt falsch kalkulierte Akkorde nicht selten auf andere Werkstätten und Betriebe zu übertragen sucht[1]).

Wenn die Werksleitung also auch in der dispositiven Gestaltung des Akkordwesens kaum durch die Mitwirkung des Betriebsrats, sondern in der Hauptsache nur durch die tarifliche Regelung beschränkt ist, so stellt die Mitwirkung des Betriebsrats bei der praktischen Handhabung des Akkordwesens doch indirekt eine nicht unbeträchtliche Hemmung der diesbezüglichen Funktionen der Werksleitung dar.

Für die Belegschaft bedeutet diese Wirksamkeit des Betriebsrats ohne Zweifel eine gewisse Verbesserung ihrer Lage. Die Belegschaft ist an dem grundsätzlichen Aufbau des Akkordsystems zwar nach wie vor nur auf dem Umweg über die Gewerkschaft beteiligt, sie kann jedoch bei der praktischen Akkordhandhabung mit Hilfe des Betriebsrats nicht selten gewisse Vergünstigungen durchdrücken, und sie ist vor Ungerechtigkeiten und Härten der Akkordregelung nunmehr nachdrücklicher und erfolgreicher geschützt, als das bisher durch die Tätigkeit der gewerkschaftlichen Funktionäre der Fall war. Der Nutzeffekt, der sich für die Belegschaft aus der Mitwirkung des Betriebsrats ergibt, scheint allerdings in vielen Fällen kleiner zu sein, als die Hemmungen, die der Werksleitung aus dieser Mitwirkung und den dadurch vermehrt ausgelösten Reibungen und Streitigkeiten erwachsen.

In das Gebiet der lohnpolitischen Tätigkeit des Betriebsrat fällt schließlich noch die gesetzlich vorgesehene

---

[1]) Dies bestätigt auch Winschuh in Praktische Werkspolitik S. 70 ff.

Mitwirkung des Betriebsrats bei der Einführung neuer Löhnungsmethoden. Auch hier sind der Wirksamkeit des Betriebsrats im allgemeinen enge Grenzen gezogen, da die grundsätzlichen Fragen der Lohnmethoden, wie etwa die Verbindung von Prämienlöhnen und Akkordlöhnen u. a., fast ausnahmslos tariflicher Regelung unterliegen. Die Mitwirkung des Betriebsrats kann daher wesentlich nur bei der praktischen Durchführung dieser Löhnungsmethoden einsetzen, indem der Betriebsrat hier, ähnlich wie bei der Akkordregelung, Beschwerden der Belegschaft vertritt, sich ergebende Härten beseitigt und nach Maßgabe der Belegschaftsstimmung der neuen Entlohnungsart Widerstand oder Unterstützung bereitet. Bis jetzt hat die diesbezügliche Tätigkeit des Betriebsrats aber weder für die Werksleitung, noch für die Belegschaft nennenswerte Bedeutung erlangt.

Das zweite Gebiet, auf dem der Betriebsrat bei der Gestaltung der materiellen Arbeitsbedingungen eine lebhafte Aktivität entfaltet, und auf dem sein Einfluß auch teilweise wirksam zur Geltung kommt, ist das Gebiet der Arbeitszeitregelung. Im Rahmen der materiellen Arbeitsbedingungen kann sich die Mitwirkung des Betriebsrats allerdings nur auf die im Einzelfall maßgebliche Dauer der Arbeitszeit erstrecken, da die Bestimmungen über die Lage und Dauer der Pausen und Beginn und Ende der regelmäßigen Schicht obligatorische Bestandteile der Arbeitsordnung sind[1]. Die über die Arbeitsordnung hinausgehende Mitwirkung des Betriebsrats greift daher schon aus diesem Grunde, vor allem aber infolge der fast ohne Ausnahme bestehenden tariflichen Normierung der Arbeitszeit, nur bei Abweichungen von der regelmäßigen Arbeitszeit, also bei Überstunden und Arbeitszeitkürzungen ein.

Die Handhabung der Überstunden pflegt derart geregelt zu sein, daß die Verpflichtung der Belegschaft zur ausnahmsweisen Leistung von Überstunden, ebenso wie die Mitwirkung des Betriebsrats bei der Vereinbarung über Umfang und Dauer dieser Überstunden grundsätzlich in der Arbeitsordnung festgelegt ist[2]. Die Werksleitungen haben sich demgegenüber fast stets die Möglichkeit vorbehalten, in dringenden Fällen die Leistung von Überarbeit, auch ohne vorherige Vereinbarung mit dem Betriebsrat anzuordnen.

---

[1]) Daß das Gesetz die Dauer der Arbeitszeit als materielle Arbeitsbedingung und nicht als Bestandteil der Arbeitsordnung behandelt, zeigt sich darin, daß es die Dauer der Arbeitszeit ausdrücklich von einer Zwangsvereinbarung ausnimmt.

[2]) Unabhängig von der jeweiligen Bestimmung der Arbeitsordnung sieht insbesondere die neue Verordnung über die Arbeitszeit v. 21. 12. 23 eine weitgehende Heranziehung des Betriebsrats bei der Regelung von Überstunden vor.

Das Verhalten der Betriebsräte in der Überstundenfrage zeigt große Verschiedenheiten. In einzelnen Industrien, in denen sich ohnehin sehr hohe Verdienstmöglichkeiten ergeben, in denen die Art der Arbeit große Anforderungen an die Kraft und Gesundheit des Arbeiters stellt und in denen die Arbeiterschaft wohlmöglich in grundsätzlichem Kampf um ihre Arbeitszeit steht, setzen die Betriebsräte der Leistung von Überarbeit nicht selten hartnäckigen Widerstand entgegen. Ein charakteristisches Beispiel hierfür ist der Bergbau, in dem die Betriebsräte, wie bereits dargelegt, trotz verbandsweiser Abmachungen das Verfahren von Überschichten häufig mit allen Mitteln bekämpft haben. Im allgemeinen jedoch bereitet der Betriebsrat dem Verlangen nach Überstunden keine grundsätzlichen Schwierigkeiten, nicht selten sogar bedeutet seine diesbezügliche Wirksamkeit eine Unterstützung für die Werksleitung. Soweit der Betriebsrat Widerstand leistet, ist dieser Widerstand häufig nur formaler Natur und als Rückendeckung gegen die Gewerkschaft gedacht, teilweise setzt sich der Betriebsrat sogar, gedrängt von der Belegschaft, offen für Überstunden ein. Die Klagen der Gewerkschaftspresse, ebenso wie die Feststellungen der Gewerbeaufsichtsberichte erhalten bezeichnende Belege hierfür [1]).

Die Verhandlungen mit dem Betriebsrat spitzen sich daher vielfach nicht so sehr auf die Frage der Überstunden an sich, als auf die Frage der Bezahlung bezw. der Kompensation auf anderen Gebieten zu. In diesen Verhandlungen kann der Betriebsrat unter Umständen beträchtliche Vorteile für die Belegschaft durchdrücken, da die Werksleitung an der Zustimmung des Betriebsrats zu Überstunden, sowohl aus belegschaftspsychologischen Gründen, als auch um langwierige Verhandlungen und eventuelle Beschwerden des Betriebsrats an die Gewerbeaufsichtbeamten zu vermeiden, ein lebhaftes Interesse hat. Versagt der Betriebsrat seine Zustimmung zu der Leistung von Überstunden, und beeinflußt er die Belegschaft dementsprechend, werden die Funktionen der Werksleitung gegebenenfalls erheblich gehemmt.

Bei Kürzungen der regelmäßigen Arbeitszeit sind der Mitwirkung des Betriebsrats bis jetzt durch die Demobilmachungsverordnungen enge Schranken gezogen gewesen. Nach der Verordnung vom 12. 2. 20 ist die Werksleitung verpflichtet, bevor sie aus Arbeitsmangel Entlassungen vornimmt, die vorhandene Arbeit zu strecken und die Arbeitszeit dementsprechend herabzusetzen. Soweit die Werksleitung eine diesen Vorschriften entsprechende Herabsetzung

---

[1]) Vgl. z. B. die Gewerbeaufsichtsberichte 1922 f. Hamburg u. Braunschweig, abgedr. i. d. Soz. Prax. Nr. 28 u. Nr. 29 v. 12. u. 19. 7. 23 analog der Geschäftsbericht d. Verein Dtsch. Arbeitgeberverb. 1921 S. 82.

der Arbeitszeit vornimmt, kann sie dies ohne Mitwirkung des Betriebsrats tun, bezw. ist sie nur gehalten, den unverbindlichen Rat des Betriebsrats entgegenzunehmen[1]). In der Praxis ergeben sich zwischen Werksleitung und Betriebsrat häufig Differenzen darüber, ob eine vorgenommene Arbeitsstreckung sich innerhalb der gesetzlichen Bestimmungen hält und nicht über das durch die Betriebslage gebotene Maß hinausgeht, bezw. umgekehrt, ob bei drohenden Konjunkturentlassungen nicht noch eine weitere Streckung der Arbeitszeit möglich ist. Die Werksleitungen haben in diesen Fällen fast stets die Demobilmachungsverordnung auf ihrer Seite gehabt, da sie einerseits die Arbeitsstreckung schon aus betriebswirtschaftlichen Gründen nicht über das notwendige Maß hinaus ausdehnen, sondern dann lieber zu Entlassungen greifen und da sie andererseits die betriebswirtschaftliche „Nichtzumutbarkeit"[2]) einer weiteren Arbeitsstreckung meist unschwer nachweisen können. Dem Betriebsrat kommt daher im allgemeinen nur die sekundäre Bedeutung eines die Bestimmungen der Demobilmachungsverordnung überwachenden Organs zu. Da diese Bestimmungen voraussichtlich in ein ordentliches Gesetz überführt werden[3]), so wird der bestehende Zustand auch nach Aufhebung der Demobilmachungsverordnung wohl kaum wesentliche Änderungen erfahren.

Über die Gestaltung des Lohnwesens und die Gestaltung der Arbeitszeit hinaus, sucht der Betriebsrat seinen Einfluß zwar auch bei der Gestaltung der sonstigen, materiellen Arbeitsbedingungen, durchzusetzen, sein Interesse und seine Zeit sind durch seine Tätigkeit auf andern Gebieten jedoch häufig bereits so in Anspruch genommen, daß er hierbei nur in besonders gelagerten Fällen eine starke Aktivität entfaltet. Da diese Arbeitsbedingungen im Verhältnis zur Gesamtgestaltung des Arbeitsprozesses vielfach nur eine nachgeordnete Bedeutung besitzen, so sind die sachlichen Gegensätze zwischen Werksleitung und Betriebsrat außerdem hier meist geringer und leichter auszugleichen. Derartige mehr oder minder nachgeordnete Arbeitsbedingungen, die der Betriebsrat zwar im Sinne der jeweiligen Belegschaftswünsche zu gestalten sucht, um die jedoch nur in Ausnahmefällen schwerwiegende, den Produktionsprozeß als solchen beeinflussende, Differenzen zwischen Werksleitung und Betriebsrat entstehen, sind z. B.: Die Einrichtung der Betriebs- und Aufbewahrungsräume, die Kontrolle und Art der Krankmeldungen, die Unterbringung von Bau- und Erd-

---

[1]) Vgl. auch Flatow, Komm. z. Betriebsräteges. Anm. 8 zu § 78,2.

[2]) Vgl. § 12 der Demobilmachungsverordnung v. 12. 2. 20.

[3]) Der Entwurf zu einem diesbezügl. „Betriebsstillegungsgesetz" liegt dem Reichswirtschaftsrat bereits vor.

arbeitern, die Lieferung von Material und Werkzeugen, die Handhabung von Versetzungen und die Regelung des Urlaubs.

Bei der Regelung des Urlaubs allerdings kommt der Mitwirkung des Betriebsrats trotz der durchweg bestehenden tariflichen Normierung vielfach ein stärkerer Einfluß zu. So ist der Betriebsrat z. B. häufig bemüht, seinen Einfluß bei der Urlaubsverteilung, bei der Vertretung der Beurlaubten und bei der Aufrechnung des Urlaubs gegen versäumte Arbeitsschichten durchzusetzen. Nicht selten auch tritt der Betriebsrat mit der außertariflichen Forderung nach genereller Urlaubserteilung bei Familienereignissen und sonstigen besonderen Gelegenheiten an die Werksleitung heran. Soweit es sich um die Durchführung des tariflichen Urlaubs handelt, sind die diesbezüglichen Anträge und Forderungen des Betriebsrats meist weitgehend berücksichtigt worden. Soweit es sich um außertarifliche Forderungen handelt, ist eine Einigung häufig auf der Basis erfolgt, daß in besonderen Fällen wie Todesfällen von Ehegatten und Kindern, auf Antrag und nach Prüfung durch den Betriebsrat, generell ein eintägiger Urlaub erteilt wird. Zu ernsthaften Reibungen und stellenweise zu empfindlichen Eingriffen in die Funktionen der Werksleitung ist es wesentlich nur bei der Aufrechnung des Urlaubs gegen versäumte Arbeitsschichten, insbesondere bei der Aufrechnung gegen die ausgefallenen Schichten des 1. Mai und 9. November gekommen.

Ein Spezialgebiet der Arbeitsbedingungen, auf dem die Mitwirkung des Betriebsrats ebenfalls merkbar hervortritt, stellen schließlich die Unfallverhütungseinrichtungen und sonstigen hygienischen Vorkehrungen des Betriebes dar. Nach anfänglicher Vernachlässigung widmet der Betriebsrat diesem Gebiet seine Aufmerksamkeit in wachsendem Maße, am intensivsten naturgemäß in den Industrien, die wie der Bergbau und die Chemische Industrie starke Gefahrmomente und dementsprechend umfangreiche Schutzvorrichtungen aufweisen.

Im Rahmen der weitgehenden gesetzlichen Regelung[1], der das gesamte Gebiet des Unfall- und Gesundheits-Schutzes unterworfen ist, fungiert der Betriebsrat zunächst als Kontrollorgan, welches gemeinsam mit den staatlichen Aufsichtsbehörden die Durchführung der gesetzlichen Vorschriften überwacht. Die Mitwirkung des Betriebsrats bedeutet hierbei eine nicht unwesentliche Erweiterung und

---

[1]) Es kommen hier in der Hauptsache in Betracht: Die Arbeiterschutzgesetzgebung, die Vorschriften auf Grund des § 120d d. GO. u. die von den Berufsgenossenschaften nach § 848 d. RVO. erlassenen Vorschriften.

Verschärfung der Kontrolle. Der Betriebsrat ist auf Grund seiner eigenen Praxis wie auf Grund seiner ständigen Fühlung mit der Belegschaft, weit eher als die staatlichen Aufsichtsbehörden in der Lage, eventuelle Mißstände auf diesem Gebiete zu entdecken und auch solchen Verstößen gegen die Sicherheitsvorschriften auf die Spur zu kommen, die nur für den unmittelbar und ständig im Betriebsleben Stehenden bemerkbar sind[1]).

Ein typisches Beispiel hierfür ist der Bergbau, in dem sich die Kontrolltätigkeit des Betriebsrats vielfach als recht wirksam erwiesen hat. Wenn auch die grundsätzlichen Schutzbestimmungen, etwa über die Seilfestigkeit, die Entwetterung oder die Abstützung der Stollen, von der Werksleitung schon aus betriebswirtschaftlichen Gründen fast stets befolgt werden, so treten in der dezentralisierten, schwer kontrollierbaren Betriebsführung doch nicht selten Nachlässigkeiten und Verstöße gegen die zahlreichen bergpolizeilichen Vorschriften auf. Hier ist der Betriebsrat z. B. bei unvorschriftsmäßigen Sprengungen, bei ungenügender Berieselung und bei zu langer Arbeitszeit unter zu hohen Temperaturen häufig mit Erfolg eingeschritten. Im allgemeinen gelingt es ihm allerdings leichter, bei der Werksleitung die Abstellung von Mißständen zu erreichen, als gegen Nachlässigkeiten der Belegschaft erfolgreich vorzugehen.

In manchen, vornehmlich kleineren Betrieben, in denen die technischen Vorkehrungen, wie Fördereinrichtungen, Entstaubungs- und Entlüftungs-Anlagen, die Schutzvorrichtungen gegen Verbrennungen und Vergiftungen und andere, mangelhaft oder veraltet sind, hat der Betriebsrat auch die Einführung moderner Einrichtungen und eine Erweiterung vorhandener Schutzmaßnahmen entweder im direkten Verhandlungswege, oder auf dem Umwege über die Gewerbeaufsichtsbeamten durchzusetzen vermocht.

Für die Werksleitung bedeutet das Eingreifen des Betriebsrats auf dem Gebiet des Unfall- und Gesundheits-Schutzes daher meist einen verstärkten Druck ihre diesbezüglichen Einrichtungen auf der Höhe zu halten und auf die strikte Befolgung der gesetzlichen Vorschriften zu achten. Die Werksleitung ist dazu um so mehr gezwungen, als der Betriebsrat mit einer Beschwerde an die Aufsichtsbehörden unter Umständen auch in den Fällen droht, in denen sich gewisse Abweichungen von den gesetzlichen Vorschriften mit Wissen und Willen der Belegschaft eingebürgert hatten.

[1]) Vgl. hierzu auch Syrup, Betriebsrat und Arbeiterschutz in die Arbeit, Jahrgang 1, Heft 6.

Der Betriebsrat versucht dann seine Kenntnis dieser Dinge gleichsam als Kompensationsobjekt zu benutzen, um die Werksleitung auf anderen Gebieten zur Nachgiebigkeit zu veranlassen. Soweit die Werksleitungen eine derartige Nachgiebigkeit nicht bevorzugen, sind sie gezwungen, dem Betriebsrat jede diesbezügliche Beschwerdehandhabe zu entziehen. Hat der Betriebsrat dagegen keine Beschwerde hinsichtlich der Unfallverhütungseinrichtungen vorgebracht, so stellt seine gesetzlich vorgesehene Mitwirkung eine gewisse Entlastung für die Werksleitung dar. Die Werksleitung ist bei etwaigen Unglücksfällen nunmehr in der Lage, sich auf den Betriebsrat zu berufen und die nicht erhobene Beschwerde des Betriebsrats als gewichtiges Zeugnis für die Intaktheit der Einrichtungen und die Befolgung der Vorschriften anzuführen.

Für die Belegschaft bedeutet die diesbezügliche Mitwirkung des Betriebsrats neben der erweiterten Sicherheitsgewähr, die erweiterete Möglichkeit, Wünsche und Beschwerden hinsichtlich der Unfallverhütungseinrichtungen erfolgreich vorzubringen. In dieser Beziehung geht die Bedeutung der Mitwirkung des Betriebsrats wesentlich über den Rahmen einer reinen Kontrolltätigkeit hinaus. Der Belegschaft ist es nunmehr nicht nur erleichtert, Beschwerden über die mangelhafte Erfüllung der gesetzlichen Vorschriften zur Kenntnis der Aufsichtsbehörden zu bringen, sondern sie kann durch den Betriebsrat sogar einen wirksamen Druck auf die Werksleitung ausüben, über das Gesetz hinausgehende Einrichtungen zu schaffen, und sie kann die Gestaltung dieser Einrichtungen durch Anregungen und Verbesserungsvorschläge positiv beeinflussen. Verhält sich die Werksleitung in direkten Verhandlungen mit dem Betriebsrat derartigen Vorschlägen gegenüber ablehnend, so ist der Betriebsrat unter Umständen in der Lage, seinen Vorschlägen auf dem Umwege über die Gewerbeaufsichtsbeamten Nachdruck zu verleihen. Bereits im Jahre 1922 erwähnen die Gewerbeaufsichtsberichte im Gegensatz zu den vorhergehenden Berichten verschiedentlich die wachsende Mitarbeit des Betriebsrats bei der Bekämpfung der Unfall- und Gesundheitsgefahren und stellenweise wird ausdrücklich hervorgehoben, daß die „gut durchgearbeiteten Verbesserungsvorschläge“ durch Vermittlung der Gewerbeaufsichtsbeamten zur Einführung gelangten[1]).

---

[1]) So insbesondere der Gewerbeaufsichtsbericht für Hamburg, abgedr. i. d. Soz. Prax. XXXII. Jahrg. Nr. 39.

Die Demokratisierung der Betriebsverfassung, wie sie als grundsätzlich neue Entwicklung durch das BRG. angebahnt ist, erstreckt sich nicht nur auf die Organisation des Produktionsfaktors Arbeit, sondern sie ergreift, wenn auch in abgeschwächter Form, die gesamten Funktionen der Produktionsorganisation. Neben dem Recht einer aktiven Mitbestimmung bei Einstellungen und Entlassungen und bei der Gestaltung der Arbeitsbedingungen, steht dem Betriebsrat daher das Recht zu, beratend und Einsicht nehmend auch bei der technischen und wirtschaftlichen Organisation des Betriebes mitzuwirken[1]). Durch diese Teilnahme des Betriebsrats auch an den technischen und wirtschaftlich-organisatorischen Funktionen der Betriebsleitung sollen einerseits die praktischen Erfahrungen und schöpferischen Kräfte der Belegschaft der Vervollkommnung des Produktionsprozesses dienstbar gemacht werden, andererseits hofft man auf diese Weise den psychologischen Kontakt zwischen Betrieb und Belegschaft wieder enger zu gestalten.

Im Rahmen des Werkbetriebes, dessen Demokratisierung hier zu untersuchen ist, hat sich eine positiv gestaltende Mitwirkung des Betriebsrats, in Form von praktisch durchführbaren und sachlich fundierten Anregungen und Verbesserungsvorschlägen, bis jetzt nur verhältnismäßig selten bemerkbar gemacht. Die Werksleitungen betonen fast übereinstimmend die mangelnde oder unzulängliche Mitarbeit des Betriebsrats in dieser Beziehung[2]), aber auch die Berichte der Gewerbeaufsichtsbeamten[3]), der bereits zitierte Bericht der Norwegischen Studienkommission und die Äußerungen der Arbeiter- und Sozialistischen Presse[4]) lassen erkennen, daß die Wirksamkeit des Betriebsrats auf diesem betriebswirtschaftlichen Gebiet bisher nicht sehr bedeutungsvoll gewesen ist.

Soweit eine derartige Wirksamkeit überhaupt zutage

---

[1]) Dieses Recht ist programmatisch festgelegt in § 1 BRG. Es ergibt sich materiell aus § 66,1 u. 2 u. § 70 sowie § 71 u. 72.

[2]) Charakteristisch ist z. B. folgender Bericht einer großen Zeche: „Vorschläge zur Verbesserung und Verbilligung der Erzeugung sind von unseren Betriebsräten nicht gemacht worden. Die meisten Betriebsräte beschäftigen sich überhaupt nicht mit diesen Fragen, auf unseren Schachtanlagen haben die Betriebsräte z. B. noch nicht einmal die Vorlage von Grubenbildern verlangt." Entn. a. d. Akten d. Zechenverbandes.

[3]) Als Zusammenfassung a. d. Berichten für 1922 schreibt die Soz. Prax.: „An der Hebung der Wirtschaftlichkeit haben die Betriebsräte noch nicht mitarbeiten können, häufig weil sie es nicht vermochten, häufig weil ihnen die nötige Einsicht fehlt." Nr. 35 v. 30. VIII. 23.

[4]) So z. B. d. Soz. Monatshefte Jahrg. 1922 Nr. 12/13 S. 495.

tritt, äußert sie sich meist darin, daß der Betriebsrat die technischen Verbesserungsvorschläge einzelner Arbeiter der Werksleitung vermittelt, oder daß er die Wünsche der Belegschaft bezüglich der Änderung bestimmter Betriebseinrichtungen vertritt. Bei der Vermittlung einzelner Verbesserungsvorschläge ist eine Änderung gegen den früheren Zustand meist nur insofern eingetreten, als diese Vorschläge statt auf dem Wege des „Zettelkastens“ oder ähnlicher Einrichtungen, nunmehr auf dem Wege über den Betriebsrat, und eventuell durch ihn taktisch unterstützt, an die Werksleitung gelangen. Bei der Vertretung von Belegschaftsvorschlägen handelt es sich häufig um zwar an sich wünschenswerte, aber praktisch nicht oder nur mit unverhältnismäßig hohen Kosten durchführbare Verbesserungsvorschläge. Aber auch soweit durchführbare Verbesserungen in Frage stehen, kann von einer organischen Mitarbeit des Betriebsrats an der Rationalisierung des Produktionsprozesses nur selten gesprochen werden. Derartige Vorschläge sind durchschnittlich weit mehr aus den speziellen und unzusammenhängenden Bedürfnissen der einzelnen Belegschaftsgruppen heraus entstanden, als daß sie auf eine planmäßige, die Verhältnisse des Gesamtbetriebes berücksichtigende, Mitarbeit des Betriebsrats zurückzuführen wären.

Vereinzelt allerdings und in besonders gelagerten Fällen hat der Betriebsrat an der technischen und organisatorischen Verbesserung der Betriebseinrichtungen durch mündliche Anregungen und Denkschriften systematisch mitgearbeitet [1]). Abgesehen von der persönlichen Qualifizierung des betreffenden Betriebsrats scheinen die Vorbedingungen für eine solche Mitarbeit zunächst besonders dort gegeben zu sein, wo sich die K o n k u r r e n z u n t e r l e g e n h e i t eines Betriebes gegenüber gleichartigen, in derselben Gegend gelegenen Betrieben durch spezifischen Beschäftigungsmangel für die Belegschaft fühlbar auswirkt.

Wenn die Mitarbeit des Betriebsrats im allgemeinen auf dem Gebiet der betriebswirtschaftlichen Beratung bisher nicht stärker zur Geltung gekommen ist, so sind die Ursachen hierfür, wie dargelegt, teils in der Inanspruchnahme des Betriebsrats durch die Aufgaben der unmittelbaren Interessenvertretung und in der vielfach ungenügenden Vorbildung des Betriebsrats, teils in der ablehnenden Haltung der Werksleitung zu suchen. Soweit die Werksleitung, sei es aus sachlichen Gründen, sei es aus Gründen eines mißver-

---

[1]) So enthält z. B. die Betriebsrätezeitschr. f. Funktionäre d. Metallindustrie die ausführliche Denkschrift eines Betriebsrats, Nr. 11 v. 26. 4. 23.

standenen Prestiges, oder um keine Präzedenzfälle zu schaffen, die eventuellen Verbesserungsvorschläge des Betriebsrats unbeachtet läßt, gewährt der rein beratende Charakter seines Mitbestimmungsrechtes dem Betriebsrat keine rechtliche Handhabe, seinen Vorschlägen etwa durch Anrufung einer unparteiischen Instanz Nachdruck zu verleihen.

Die Teilnahme des Betriebsrats an den betriebswirtschaftlichen Funktionen der Werksleitung umfaßt neben dem Recht einer beratenden Mitarbeit, das Recht der Einsichtnahme in die Organisation und die Vorgänge des Betriebes.

Es ist kaum zweifelhaft, daß der Betriebsrat im Laufe seiner Amtstätigkeit einen erweiterten Einblick in die Zusammenhänge der Arbeitsprozesses und in die Gestaltung des Werkbetriebes gewinnt. Diesen Einblick gewinnt der Betriebsrat jedoch durchschnittlich weit mehr auf Grund seiner praktischen Tätigkeit, also durch seine zentrale Fühlung mit den verschiedenen Belegschaftsgruppen und Betriebsabteilungen, durch seine notwendige Beschäftigung mit betriebsorganisatorischen Fragen und durch seinen Verkehr mit den Verwaltungsinstanzen des Betriebes, als auf Grund der ihm in dieser Beziehung verliehenen gesetzlichen Befugnisse. Die Werksleitungen zeigen, wie im Rahmen ihrer Paralysierungspolitik dargelegt, bei der Auskunfterteilung über die Betriebsvorgänge, bei der Vorlegung irgendwelcher Betriebsurkunden und bei der Erstattung des vorgeschriebenen Berichts über die Betriebs- und Gewerbelage, meist eine erfolgreiche Zurückhaltung und nur selten vermag der Betriebsrat auf diesem Wege tiefere, ihm sonst nicht zugängliche Kenntnisse über die Organisation des Betriebes, über die speziellen betrieblichen Arbeitsverfahren oder über die Gehaltsverhältnisse der leitenden Angestellten zu gewinnen.

Die Auskunfts- und Kontrollbefugnisse des Betriebsrats haben sich daher, soweit die Gestaltung des Werkbetriebes in Betracht kommt, bis jetzt kaum als empfindlicher Eingriff in die Funktionen der Werksleitung erwiesen. Insbesondere ist die vielfach gehegte Befürchtung einer Verletzung von Betriebsgeheimnissen nur sehr selten eingetreten, um so seltener als auch die Einblicke, die der Betriebsrat durch seine praktische Tätigkeit gewinnt, im allgemeinen keine geheim zu haltenden Vorgänge oder Methoden des Produktionsprozesses berühren.

Für die Belegschaft tritt die Bedeutung der Tatsache, daß sich der Betriebsrat im Laufe seiner Amtszeit gewisse betriebswirtschaftliche Kenntnisse aneignet, wesentlich nur in der stärkeren Verhandlungsposition des Betriebsrats und in den hierdurch eventuell herbeigeführten materiellen Erfolgen hervor. Die erhofften sozialpsychischen Wirkungen auf dem Wege über den Betriebsrat und seine betriebswirtschaftlichen Erkenntnisse das Betriebszugehörigkeitsgefühl und die Arbeitsfreude in der Belegschaft zu stärken, haben sich dagegen bis jetzt nur in geringem Umfange bemerkbar gemacht. Der größte Teil der Arbeiterschaft steht der privaten Unternehmung unverändert ablehnend gegenüber und auch dafür, daß die seit der Revolution wieder beträchtlich gestiegene Arbeitsintensität der Belegschaft in einigermaßen bedeutendem Grade auf den Einfluß des Betriebsrätewesens zurückzuführen ist, finden sich kaum tatsächliche Anhaltspunkte. In letzterer Beziehung beachtenswert ist folgende Feststellung der mehrfach zitierten Norwegischen Studienkommission[1]: „Hiermit hängt es zusammen, daß die Betriebsräte es bisher in keinem nennenswerten Umfange vermocht haben, die Arbeitsfreude oder die Arbeitslust bei den Arbeitnehmern zu stärken und wach zu rufen".

Es erscheint fraglich, ob die verhältnismäßig geringe Wirksamkeit des Betriebsrats auf Produktions- und Betriebswirtschaftlichem Gebiet in der weiteren Entwicklung des Betriebsrätewesens eine grundsätzliche Wandlung erfahren wird. Die Hemmungen, die einer fruchtbaren diesbezüglichen Tätigkeit des Betriebsrats entgegenstehen, sind zum Teil zwar nur vorübergehender Natur und werden, wie z. B. die ungenügende Vorbildung des Betriebsrats, voraussichtlich in wachsendem Maße beseitigt werden, zum Teil jedoch liegen diese Hemmungen in dem Aufbau des Betriebsrätewesens an sich, in der schwierigen Doppelaufgabe des Betriebsrats und in seiner Stellung zur Belegschaft begründet. Mit großer Wahrscheinlichkeit ist beispielsweise anzunehmen, daß die Aufgaben der Interessenvertretung die Betriebswirtschaftlichen Aufgaben des Betriebsrats stets überwuchern werden, daß die Belegschaft einem wirtschaftlich orientierten Führertum des Betriebsrats auch weiterhin mit Mißtrauen begegnen wird, und daß die Werksleitungen einer beratenden Mitarbeit des Betriebsrats nach wie vor sehr zurückhaltend gegenüberstehen werden.

In der vorliegenden Untersuchung sind die grundsätzlich wichtigen und für die Beurteilung der bestehenden Betriebsdemokratie typischen Funktionen der Betriebsleitung auf den Grad ihrer Demokratisierung analysiert worden, um daraus einen Maßstab einerseits für die

---

[1]) a. a. O.

Einschränkung der Werksleitung, andererseits für die Einflußerweiterung und die veränderte Stellung der Belegschaft zu gewinnen. Bei einer kritischen Zusammenfassung des Ergebnisses ist festzustellen, daß die Werksleitung in ihren dispositiv gestaltenden Funktionen durch die Mitwirkung des Betriebsrats bisher nur unwesentlich eingeengt worden ist. Mit Ausnahme der Beschränkung bei Entlassungen ist die Werksleitung durchschnittlich in der Lage gewesen, bei der allgemeinen Organisation des Werkbetriebes sowohl, als auch bei der speziellen Organisation des Produktionsfaktors Arbeit ihren dispositiv gestaltenden Willen durchzusetzen, soweit diesem Willen nicht außerhalb der Betriebsdemokratie liegende, gesetzliche oder tarifliche Bindungen entgegenstanden.

3. Der Schwerpunkt der Betriebsdemokratie liegt, wie die Untersuchung bereits erkennen ließ, nicht so sehr in der Mitwirkung des Betriebsrats bei *den eigentlich disponierenden Funktionen* der Werksleitung, als vielmehr in seiner Mitwirkung bei der *Durchführung der getroffenen Dispositionen*, gleichsam nicht so sehr auf dem Gebiet der betrieblichen *Legislative*, als auf dem Gebiet der betrieblichen *Exekutive*. Auf diesem Gebiet vermag der Betriebsrat nicht selten einen erheblichen Einfluß auf die Funktionen der Werksleitung auszuüben.

Es ist im Rahmen der lohnpolitischen Tätigkeit des Betriebsrats, wie im Rahmen seiner Mitwirkung bei der Regelung des Strafwesens darauf hingewiesen worden, daß das Eingreifen des Betriebsrats als Beschwerdeinstanz, mit den dadurch bedingten langwierigen Verhandlungen und dem eventuellen Hineinziehen betriebsfremder Instanzen, häufig dazu führt, daß die *formell* in der Arbeitsordnung oder sonstigen Arbeitsnormen festgelegten Dispositionen der Werksleitung *de facto* nicht oder nur in veränderter Form zur Durchführung gelangen. Ähnlich, wie bei der Nachgiebigkeit in lohntechnischen Fragen und bei der stellenweisen Nichtanwendung der Strafvorschriften, tritt das auf mannigfachen Gebieten der Arbeitsbedingungen, so z. B. bei der vielfach stillschweigenden Gewährung einer Karenzzeit für zu späten Arbeitsbeginn oder vorzeitiges Rüsten, bei der weniger strengen Überwachung der Arbeitsleistung, bei einem entgegenkommenden Verhalten hinsichtlich der Abnahme fertiger Stücke, bei Konzessionen in Fragen des Werksicherheitsdienstes und der Diebstahlskontrolle, sowie überhaupt bei einer vielfach gelockerten Handhabung der betrieblichen Ordnungsvorschriften hervor.

Das Eingreifen des Betriebsrats wirkt sich dabei nur zum Teil in einer unmittelbaren Beeinflussung der Werksleitung als solcher aus, die primären Wirkungen dieses Eingreifens machen sich vielmehr zum wesentlichen Teil innerhalb der Betriebsbeamtenschaft geltend, und die Funktionen der Werksleitung werden erst auf diesem mittelbaren Wege beeinflußt. Unter Betriebsbeamtenschaft sind in diesem Zusammenhange vornehmlich die mittleren und unteren Beamten, wie Betriebsführer, Werkmeister und Vorarbeiter zu verstehen, da die oberen Beamten, wie Betriebsingenieure und -Assistenten, als Leiter der selbständigen Einzelbetriebe tatsächlich und belegschaftspsychologisch deutlich erkennbare Glieder der Werksleitung darstellen.

Die vielfach schwierige Stellung, die die Betriebsbeamten vermöge ihres geringen autoritativen Abstandes zur Belegschaft [1]), der Belegschaft gegenüber einnehmen, kommt in erhöhtem Maße in den Beziehungen zwischen ihnen und dem Betriebsrat zum Ausdruck. Der Betriebsrat fühlt sich in seiner Eigenschaft als Belegschaftsführer, wie in seiner Eigenschaft als wichtiges Organ der Betriebsverfassung dem unteren Beamten gegenüber durchschnittlich gleichberechtigt, häufig sogar überlegen und ist meist wenig geneigt, die Autorität dieser unteren Beamten und ihre Vorgesetztenfunktion anzuerkennen. Abgesehen von den Schwierigkeiten, die sich für die Behandlung des weiterhin im Arbeitsverhältnis stehenden Betriebsrats hieraus ergeben, trägt diese Tatsache, und auf der andern Seite die Eifersucht der unteren Beamten, nicht selten dazu bei, daß die Beziehungen zwischen Betriebsrat und Beamtenschaft reibungsvoller gestaltet sind, als dies auf Grund der sachlichen Gegensätze zu erwarten wäre.

Die Beamten stoßen bei ihren Anordnungen, bei der Durchführung ihrer Arbeitskontrolle und vor allem bei der Maßregelung oder Meldung von Arbeitern, vielfach auf einen Widerstand des Betriebsrats, der nach Inhalt und Form über die sachliche Vertretung der Belegschaftsinteressen hinausgeht. Demgegenüber zeigen besonders die unteren Betriebsbeamten, wie Werkmeister und Steiger, teilweise eine wenig opportunistische Haltung, die sich in

---

[1]) Dieser autoritative Abstand ist um so geringer, je größer die Masse der Beamten ist, die sich dann ebenfalls als „Arbeitnehmermasse" fühlen und als solche gewertet werden, und je stärker die Rekrutierung der Beamten aus der Belegschaft des Betriebes ist.

einer gewollten Betonung ihrer Vorgesetzteneigenschaft ausprägt und zu verschärften Konflikten mit dem Betriebsrat führt. Teilweise aber auch, und in letzterer Richtung scheint die Entwicklung mehr und mehr zu tendieren, zeigen diese Beamten eine gewisse Resignation in der Ausübung ihres Dienstes und eine abnehmende Widerstandskraft auch gegenüber unberechtigten Forderungen und Eingriffsversuchen des Betriebsrats[1]). Die Ursachen hierfür sind einmal darin zu suchen, daß die unteren Betriebsbeamten den Reibungen mit dem Betriebsrat gleichsam in vorderster Linie ausgesetzt sind und von dem zermürbenden Einfluß dieser Reibungen am unmittelbarsten getroffen werden, zum andern darin, daß diese Beamten in ihrer schwierigen Stellung nicht immer den gewünschten Rückhalt finden, da der Werksleitung die Disziplinarmaßnahmen zum Schutze der Vorgesetztenautorität durch die erschwerten Entlassungs- und Strafmöglichkeiten stark beschnitten sind. Obgleich von andern Motiven bestimmt, wirkt zum Teil in derselben Richtung, daß die unteren Betriebsbeamten, wie Werkmeister und Steiger, vielfach selbst im Betriebsrat vertreten und selbst gewerkschaftlich organisiert sind und schon aus diesen Gründen davor zurückschrecken, sich mit irgendwelchen Maßnahmen in Widerspruch zum Betriebsrat zu setzen.

Wenn der Einfluß, den der Betriebsrat auf das Verhalten der Betriebsbeamten ausübt, auch je nach den persönlichen, betrieblichen und industriellen Bedingtheiten graduell verschieden stark zur Geltung kommt und sich z. B. im Bergbau schärfer ausprägt als in anderen Industrien, so ist diesem Einfluß doch im allgemeinen und im Vergleich zu den sonstigen Wirksamkeitsmöglichkeiten des Betriebsrats eine nicht unerhebliche Bedeutung beizulegen. Wesentlich mit auf den Einfluß des Betriebsrats ist es zurückzuführen, wenn die Behandlung der Belegschaft durch die unteren Betriebsbeamten, die früher zweifellos vielfach übertrieben scharf und oft persönlich verletzend war, grundsätzlich andere Formen angenommen hat, und wenn die Belegschaft vor willkürlichen Maßregelungen der unteren Betriebsorgane nunmehr in starkem Maße geschützt ist.

---

[1]) Vgl. hierzu auch Winschuh, Praktische Werkspolitik S. 56 ff. Besonders die Werksleitungen des Bergbaus klagen über diese Wirkungen. Die Rheinischen Stahlwerke schreiben z. B.: „Die technischen Grubenbeamten drücken bei ihren Befahrungen oft beide Augen zu, nur um nicht in ständigen Konflikt mit dem Betriebsrat zu kommen.“ Die Harpener Bergbau A.-G. schreibt: „Eine für uns folgenschwere Wirkung ist, daß die Autorität der Beamten durch den Einfluß des Betriebsrats stark geschwunden ist.“ Entn. a. d. Akten d. Zechenverbandes.

Darüber hinaus hat der Betriebsrat die Lage der Belegschaft häufig noch dadurch verbessert, daß er die unteren Beamten, sei es auf gütlichem Wege, sei es auf dem Wege fortgesetzter Beschwerden und Reibungen, zu einer entgegenkommenden Handhabung der Arbeitsordnung und einer nachgiebigen Durchführung der Arbeitskontrolle veranlaßt hat.

Für die Werksleitung bedeutet der Einfluß des Betriebsrats auf die Beamtenschaft, vornehmlich soweit dieser Einfluß in der zuletzt skizzierten Richtung zur Geltung kommt, häufig eine nicht unwesentliche Erschwerung ihrer leitenden und überwachenden Funktionen. Es äußert sich dies, abgesehen von der durchweg beklagten übermäßigen zeitlichen Inanspruchnahme der Beamten[1]), in einer gewissen Lockerung der Betriebsdisziplin, in einem Nachlassen der Belegschaftsleistung und in einer geringeren Zuverlässigkeit und Arbeitsfreudigkeit der Beamten. Erschwerend fällt dabei ins Gewicht, daß diese Wirkungen häufig nur versteckt und gleichsam nur l a t e n t in längeren Zeitperioden auftreten, und daß dem Einschreiten der Werksleitung oder einer unparteiischen Instanz daher nur selten konkrete, im Augenblick akute Anklammerungspunkte gegeben sind.

Obwohl nur technische Hilfsmittel der Betriebsdemokratie, haben sich auch die Bestimmungen über die Geschäftsführung und den Amtsschutz des Betriebsrats in der Praxis zu einem stellenweise fühlbaren Eingriff in die Funktionen der Werksleitung entwickelt. Auf die wirksamen Hemmungen, die der Entlassung eines Betriebsratsmitgliedes entgegenstehen, und die Bedeutung dieser Hemmungen ist in einschlägigem Zusammenhange bereits hingewiesen worden, darüber hinaus jedoch ist die Disposition der Werksleitung über die Mitglieder des Betriebsrats auch innerhalb des Betriebes stark beschränkt. Diese Beschränkung liegt zunächst in den weitgehenden Schutzbestimmungen des Gesetzes[2]), die es der Werksleitung außerordentlich erschweren, ein Betriebsratsmitglied z. B. an einen andern Arbeitsplatz oder in einen anderen Betrieb zu versetzen, ihm irgendwelche Vorgesetzten- und Aufsichtsfunktionen zu entziehen, oder ihm gar eine materiell weniger ertragreiche Beschäftigung

---

[1]) Vgl. hierzu auch den Chef der Sächs. Gewerbeaufsicht im Bulletin der Internat. Vereinig. usw. S. 62.

[1]) BRG. § 95 bestimmt z. B.: „Den Arbeitgebern . . . . ist es untersagt, ihre Arbeitnehmer in der gesetzlichen Ausübung der Betriebsvertretung zu beschränken oder sie deswegen zu benachteiligen.“ § 96 bestimmt: „. . . . Oder zu seiner Versetzung in einen anderen Betrieb bedarf der Arbeitgeber der Zustimmung der Betriebsvertretung.“

zuzuweisen. Derartige Dispositionen der Werksleitung stoßen infolge des dehnbaren Charakters[1]) der Schutzbestimmungen vielfach auch dann auf Schwierigkeiten, wenn das Betriebsratsmitglied gar nicht in seiner Eigenschaft als solches, sondern nur in seiner Eigenschaft als Arbeitnehmer betroffen wird. Derartige Dispositionen sind praktisch fast undurchführbar, wenn sie in irgend einer Weise mit der Betriebsratseigenschaft des Arbeitnehmers verknüpft sind. Es tritt dies z. B. dann hervor, wenn die Werksleitung ein Betriebsratsmitglied aus einem besonders reibungsvollen Verhältnis zu seinen unmittelbaren Vorgesetzten herauslösen und in eine andere Betriebsabteilung versetzen will, wenn sie ein Betriebsratsmitglied für ungeeignet hält gleichzeitig die Funktionen eines Betriebsrats und eines betrieblichen Vorgesetzten auszuüben, oder wenn sich ein Betriebsratsmitglied infolge seiner häufigen amtlichen Inanspruchnahme bei einer bestimmten Arbeit als besonders ungeeignet erweist und einer andern Arbeit zugewiesen werden soll.

Die praktisch nur selten vorhandene Möglichkeit, derartige Dispositionen zu treffen, hat für die Werksleitung vielfach betriebswirtschaftlich nachteilige Wirkungen im Gefolge. Da die Grenze zwischen der Maßregelung und Behinderung eines Betriebsratsmitgliedes und einer lediglich betriebswirtschaftlichen Disposition jedoch viefach flüssig, und der Charakter einer solchen Maßnahme im Einzelfall nur schwer bestimmbar ist, muß die diesbezügliche Verfügungsbeschränkung der Werksleitung als notwendige Voraussetzung für eine Wirksamkeitsmöglichkeit des Betriebsrats angesehen werden.

Einschneidender als durch die Schutzbestimmungen, werden die Funktionen der Werksleitung durch die Bestimmungen über die Geschäftsführung des Betriebsrats beeinflußt. Dieser Einfluß tritt am schärfsten in dem sich praktisch aus den Vorschriften des Gesetzes ergebenden Zwange hervor, die Mitglieder des Betriebsrats ganz oder teilweise von produktiver Arbeit zu befreien, sie aber trotzdem voll als produktive Arbeiter zu bezahlen. Die viel umstrittene Bestimmung, daß notwendige Versäumnis von Arbeitszeit eine Minderung des Lohnes nicht herbeiführen dürfe[2]), hat häufig dazu geführt, daß sich die Mitglieder des Betriebsrats je nach ihrer tatsächlichen oder künstlichen Inanspruchnahme beliebig von ihrem Arbeitsplatz entfernten und so

---

[1]) Speziell die Voraussetzungen des § 95 lassen sich auf irgend eine Weise fast stets konstruieren.

[2]) Vgl. BRG. § 35.

nicht nur selbst ihren Wert als Arbeitskraft stark einbüßten, sondern unter Umständen auch empfindliche Störungen in dem Zusammenhang des Arbeitsprozesses hervorriefen. Um diese produktionshemmenden Wirkungen einer bedarfsweise auf jedes Mitglied des Betriebsrats erstreckten Arbeitsbefreiung nach Möglichkeit zu vermeiden, sind die Werksleitungen in wachsendem Maße dazu übergegangen, die Arbeitsbefreiung auf bestimmte Mitglieder des Betriebsrats zu konzentrieren und diese Mitglieder dafür ganz aus dem Arbeitsverhältnis herauszulösen.

Es ist bereits darauf hingewiesen worden, daß die Freistellung von Betriebsratsmitgliedern zum Teil in Verfolg einer assimilierungsorientierten Politik, überwiegend auf Grund der gesetzlichen Vorschriften vielfach beträchtlichen Umfang angenommen hat. In größeren Betrieben, und bei zusammengesetzten Unternehmungen in jedem selbständigen Werkbetrieb, sind durchschnittlich zwei oder mehr Mitglieder des Betriebsausschusses von der produktiven Arbeit ganz befreit. Im Bergbau, in dem die Betriebsräte die Funktionen der früheren Sicherheitsmänner mit übernommen haben, kommt sogar praktisch der gesamte Betriebsausschuß einer Schachtanlage für produktive Arbeit kaum noch in Frage.

Mit der absoluten Freistellung bestimmter Betriebsratmitglieder ist zwar eine geringere Inanspruchnahme und ein stetigeres Arbeiten der übrigen Mitglieder erreicht, voll als produktive Arbeiter sind aber auch die übrigen Mitglieder des Betriebsrats nicht zu werten. Diese Mitglieder werden in ihrer produktiven Tätigkeit zunächst durch die innerhalb der Arbeitszeit liegenden Betriebsratssitzungen beschränkt. Obwohl das Gesetz eine andere Regelung vorsieht, liegen die Betriebsratssitzungen tatsächlich überwiegend innerhalb der Arbeitszeit, ein Umstand, der sich abgesehen von dem diesbezüglichen Streben des Betriebsrats vielfach zwangsläufig aus der Gestaltung des Betriebes ergibt. Bei ununterbrochener Arbeit ist eine andere Lage der Sitzungen gar nicht möglich, zudem gehören die Mitglieder des Betriebsrats meist verschiedenen Schichten an. In der Praxis hat sich daher häufig die Übung herausgebildet, daß im Monat eine bestimmte Anzahl von Betriebsratssitzungen ipso jure innerhalb der Arbeitszeit abgehalten werden. Da derartige, innerhalb der Arbeitszeit liegende, Sitzungen durchschnittlich vierzehntägig, vereinzelt sogar wöchentlich stattfinden, da die Dauer solcher Sitzungen sich im allgemeinen auf vier bis fünf Stunden erstreckt, und da an ihnen häufig sämtliche Mitglieder des Betriebsrats, in größeren Betrieben also

15—30 Arbeiter teilnehmen, so bedeuten diese Sitzungen einen ganz beträchtlichen Ausfall an Arbeitszeit. In einem Betrieb der Westfälischen Schwerindustrie[1]) mit einer Belegschaft von ca. 10 000 Köpfen betrug der Ausfall an nur für Betriebsratssitzungen aufgewendete Arbeitszeit bei den nicht freigestellten Mitgliedern ca. 300 Arbeitsstunden im Monatsdurchschnitt dreier Monate, in einer Betriebsabteilung eines Werkes der Berliner Metallindustrie[2]) mit einer Belegschaft von ca. 4000 Köpfen betrug derselbe Ausfall ca. 168 Stunden.

Zu der Inanspruchnahme der Betriebsratmitglieder durch die Sitzungen, tritt ihre Inanspruchnahme auf den übrigen Tätigkeitsgebieten. Auch wenn bestimmte Mitglieder des Betriebsrats vollkommen freigestellt sind, verbleiben den nicht freigestellten Mitgliedern noch mancherlei Aufgaben, die tatsächlich oder mit einem Schein des Rechts nur während der Arbeitszeit ausgeführt werden können. Der Arbeitswert auch der nicht freigestellten Mitglieder des Betriebsrats ist daher durchschnittlich stark geschmälert und die produktionshemmenden Wirkungen ihres sporadischen Herausziehens aus der Arbeit sind durch das Freistellungsprinzip zwar gemildert, jedoch keineswegs aufgehoben.

Soweit sich die Belastung der Betriebe durch die gänzliche Freistellung eines oder mehrerer Betriebsratmitglieder und den teilweisen Arbeitsausfall der übrigen Mitglieder in Geld ausdrücken läßt, erscheint diese geldliche Belastung im Vergleich zu den Ziffern des Umsatzes, der Lohnsumme oder des Unkostenkontos zwar nicht besonders erheblich, diese Belastung gewinnt jedoch im Zusammenhang mit dem sonstigen, durch eine hypertrophierte Verwaltungstätigkeit bedingten Leerlauf der Produktion und im Zusammenhang mit einem direkt oder indirekt an die Kopfzahl der Arbeitnehmer anknüpfenden Steuersystem gesteigerte Bedeutung. Vor allem aber macht sich diese, wie überhaupt jede unproduktive Belastung des Betriebes in Zeiten rückläufiger Konjunktur oder gar in einer akuten Krisezeit wie der jetzigen bemerkbar. Bei einer Produktion, bei der die Preise der verkauften Produkte in wichtigen Zweigen der Industrie kaum die Gestehungskosten decken, und bei der die Preise der Produkte trotzdem teilweise über den Weltmarktpreisen liegen, wird die Herabdrückung der Gestehungskosten zu d e m Problem der Produktion. Da einer Minderung der Lohn- und Rohstoff-

---

[1]) F. A. H.

[2]) Dynamowerk des S.-Konzerns, Mai bis Juli 1922.

kosten zwangsläufig enge Grenzen gezogen sind, ist eine solche Verringerung der Gestehungskosten primär in einer durchgreifenden Rationalisierung des Produktionsprozesses, also neben technischen Verbesserungen vor allem in der Ersparung und zweckentsprechenden Verwendung von Arbeitskräften zu suchen. Von dieser Rationalisierung wird der aufgeschwemmte, und zwar wesentlich mit durch die sozialpolitische Gesetzgebung aufgeschwemmte, Verwaltungsapparat der Betriebe voraussichtlich ebenso betroffen werden, wie die innerhalb der Arbeitszeit liegende arbeitspolitische Verwaltungstätigkeit des Betriebsrats. Es ist in letzterer Beziehung charakteristisch, daß die Werksleitungen, die in den Zeiten der Inflationskonjunktur hinsichtlich der Freistellung und Beurlaubung von Betriebsräten vielfach recht großzügig vorgegangen sind, neuerdings zunehmend bestrebt sind, derartige Freistellungen auf das gesetzlich unumgängliche Maß zu beschränken.

Daß die Freistellung bestimmter Mitglieder des Betriebsrats und die damit meist verbundene bürokratische Organisation in größeren und mittleren Betrieben zur wichtigen Voraussetzung für eine wirksame Tätigkeit des Betriebsrats wird, ist in anderem Zusammenhange bereits dargelegt worden. Eine nachdrückliche Beschränkung dieser Freistellung wird daher notwendig auch eine Beschränkung der Tätigkeit und der Wirksamkeit des Betriebsrats im Gefolge haben. Ob von einer solchen Beschränkung die politische und gewerkschaftliche Wirksamkeit des Betriebsrats oder seine Wirksamkeit im Rahmen der Betriebsdemokratie stärker betroffen werden würde, ist schwer zu beurteilen. Kaum zweifelhaft jedoch erscheint es, daß eine Beschränkung gewisser Tätigkeitsgebiete des Betriebsrats möglich wäre, ohne daß der Betriebsdemokratie als solcher hierdurch Gefahren erwüchsen.

Neben der Belastung der Betriebe durch den gänzlichen oder teilweisen Ausfall der Betriebsräte spielen die ebenfalls vom Betrieb zu tragenden Kosten der sachlichen Geschäftsführung nur eine untergeordnete Rolle. Lediglich die Bereitstellung von Räumen für die Zwecke der laufenden Geschäftsführung stellt die meist selbst im Raum stark beschränkten Werksleitungen vielfach vor erhebliche Schwierigkeiten. Soweit um die sonstigen Bedürfnisse, wie etwa um die Anschaffung von Gesetzen, Zeitschriften und Schreibutensilien oder um die Bezahlung von besonderen Aufwandentschädigungen Streitigkeiten entstanden sind, ist dies in erster Linie auf prinzipielle Gesichtspunkte und nicht auf die Abwehr einer für die Werksleitung wirklich fühlbaren Belastung zurückzuführen.

Auf die Leistung der Belegschaft wirkt die Tatsache der innerhalb der Arbeitszeit liegenden Geschäftsführung des Betriebsrats insofern ein, als die Belegschaftsangehörigen nun ebenfalls während der Arbeitszeit mit dem Betriebsrat in Verkehr treten. Um den produktionshemmenden Wirkungen eines ungeregelten Verkehrs, bei welchem die Belegschaftsangehörigen den Betriebsrat nach Maßgabe ihrer jeweils auftretenden Wünsche und Beschwerden aufsuchen, zu entgehen, haben viele Betriebe, der gesetzlichen Anregung [1]) folgend, eine regelmäßige Sprechstunde für den Betriebsrat eingerichtet. Durch diese Einrichtung ist der innerhalb der Arbeitszeit liegende Verkehr zwischen Betriebsrat und Belegschaft zwar zeitlich konzentriert, die Tatsache, daß der Arbeiter seine Arbeit verläßt, um mit dem Betriebsrat in Fühlung zu treten, bleibt als solche jedoch bestehen und macht sich bei starker Benutzung der Sprechstunden für den Fortgang des Arbeitsprozesses sehr unangenehm bemerkbar. Im allgemeinen ist jedoch festzustellen, daß die Benutzung der Sprechstunden gegenüber der ersten Entwicklungszeit des Betriebsrätewesens erheblich nachgelassen hat und nur noch in Zeiten besonders erregter Belegschaftsstimmung produktionshemmende Formen annimmt. Ähnlich verhält es sich mit der Fühlungnahme, die der Betriebsrat durch Rundgänge während der Arbeitszeit seinerseits mit der Belegschaft sucht. Eine solche Fühlungnahme pflegt die Arbeitsleistung der davon berührten Gruppen der Belegschaft meist ungünstig zu beeinflussen. Die Betriebsräte zeigen jedoch ebenfalls in dieser Beziehung eine wachsende Zurückhaltung, und nur im Bergbau scheint sich diese Fühlungnahme in Gestalt der zahlreichen, unkontrollierbaren Befahrungen nach wie vor unangenehm bemerkbar zu machen [2]).

Die dritte, den Fortgang des Produktionsprozesses am stärksten hemmende Möglichkeit einer innerhalb der Arbeitszeit liegenden Fühlungnahme zwischen Betriebsrat und

---

[1]) Vgl: BRG. § 76.

[2]) So schreibt z. B. die Zeche Stein-Hardenberg: „Der Rückgang der Förderleistungen ist in ganz erheblichem Maße zurückzuführen auf die endlosen Gespräche des Betriebsrats mit der arbeitenden Belegschaft bei seinen Befahrungen". Und die Zechenverwaltung der Guten Hoffnungs-Hütte: „Durch die häufigen Befahrungen in der Grube werden die Bergleute bei der Arbeit aufgehalten, insbesondere wird durch die Agitation des Betriebsrats viel Zeit verschwendet." Ähnlich die Mehrzahl der diesbezüglichen Berichte an den Zechenverband. Entn. a. d. dort. Akten.

Belegschaft stellt die Abhaltung einer Betriebsversammlung während der Arbeitszeit dar. Auch hier ist festzustellen, daß den betriebswirtschaftlichen Notwendigkeiten, teils infolge der zunehmenden Einsicht von Betriebsrat und Belegschaft, teils infolge der planmäßigen Politik der Werksleitungen mehr und mehr Rechnung getragen wird, und daß Betriebsversammlungen während der Arbeitszeit nur noch in Ausnahmefällen stattfinden. Diese Ausnahmefälle allerdings führen nicht selten zu scharf zugespitzten Konflikten und wie die Ereignisse im Frühjahr 1923 in Oberschlesien bewiesen haben, unter Umständen zu ausgedehnten Streikbewegungen.

Zusammenfassend ist über die Demokratisierung des Werkbetriebes folgendes festzustellen:

Für die Werksleitung bedeutet die Demokratisierung des Werkbetriebes zwar eine gewisse Beschränkung ihrer Funktionen, trotz dieser Beschränkung ist die Werksleitung jedoch nach wie vor in der Lage, die grundsätzliche Organisation des Betriebes nach ihrem Willen zu gestalten.

Von der Einschränkung durch die Mitbestimmung des Betriebsrats werden in erster Linie die arbeitspolitischen und nur sekundär die technisch-organisatorischen Funktionen der Werksleitung betroffen. Auch bei den arbeitspolitischen Funktionen ist die Einschränkung der Werksleitung jedoch selten eine absolute in dem Sinn, daß die Werksleitung bestimmte Dispositionen gegen einen Widerstand des Betriebsrats effektiv nicht treffen kann, die Einschränkung ist vielmehr auch hier durchschnittlich nur relativ, sie stellt sich für die Werksleitung als Erschwerung und Hemmung ihrer Funktionen dar. Diese Erschwerung und Hemmung äußert sich auf dem Gebiet der betrieblichen Legislative darin, daß es der Werksleitung häufig nur nach langwierigen Verhandlungen mit dem Betriebsrat und vor den Schlichtungsinstanzen gelingt, die für notwendig gehaltenen Dispositionen in der Arbeitsordnung oder sonstigen Arbeitsnormen festzulegen. Besonders fühlbar macht sich die erschwerte Dispositionsmöglichkeit der Werksleitung bei der Entlassung von Arbeitskräften geltend. Die Disposition über die zu beschäftigenden Arbeitskräfte gehört zu den wichtigsten Funktionen der Werksleitung, gerade dieser Disposition erwachsen aber aus dem Vetorecht des Betriebsrats bei Entlassungen sehr starke Hemmungen.

Auf dem Gebiet der betrieblichen Exekutive kommt die Hemmung ihrer Funktionen für die Werksleitung darin zum Ausdruck, daß sie einerseits die getroffenen Dispositionen gegen den Widerstand des Betriebsrats häufig nur in veränderter oder abgeschwächter Form zur Durchführung bringen kann, und daß andererseits die Zuverlässigkeit und Dienstfreudigkeit ihrer Beamten unter dem Einfluß des Betriebsrätewesens nicht selten erheblich leidet. Als empfindlicher Eingriff in die Funktionen der Werksleitung hat sich ferner die Tatsache erwiesen, daß der Betriebsrat selbst der Verfügungsbefugnis der Werksleitung weitgehend entzogen ist, und daß seine Amtsführung eine unproduktive Belastung des Betriebes bedeutet.

Die Demokratisierung des Werkbetriebes prägt sich für die Werksleitung also nicht so sehr in einer konkret abgrenzbaren Einschränkung bestimmter Funktionen, oder gar in einer rationalen Funktionsverteilung zwischen ihr und dem Betriebsrat, als vielmehr in einer Summe einzelner und in ihrer konkreten Bedeutung nur schwer erfaßbarer Hemmungen aus. Durch die Summierung dieser Hemmungen wird die Werksleitung in der Ausübung ihrer Funktionen stellenweise stärker beschränkt, als durch die direkte Mitbestimmung des Betriebsrats und das positive zur Geltungkommen des Belegschaftswillens.

Eine Unterstützung ihrer Funktionen ist der Werksleitung aus der Demokratisierung des Werkbetriebes bis jetzt nur in geringem Umfange erwachsen. Der Rationalisierung des Produktionsprozesses widmet der Betriebsrat nur selten eine systematische Mitarbeit, ebenso selten wird er zu einer solchen Mitarbeit freiwillig von der Werksleitung herangezogen. Auch die psychologische Einstellung der Belegschaft zu der Unternehmung hat unter dem Einfluß des Betriebsrätewesens kaum eine Wandlung erfahren, insbesondere haben sich die erhofften Wirkungen einer gesteigerten Arbeitsfreude und eines gesteigerten Betriebszugehörigkeitsgefühls bis jetzt nur in geringem Umfange bemerkbar gemacht.

Soweit die Demokratisierung des Werkbetriebes für die Werksleitung günstige Wirkungen im Gefolge gehabt hat, liegen diese Wirkungen vornehmlich in der Tatsache begründet, daß der Werksleitung statt einer amorphen und unverantwortlichen Belegschaftsmasse nunmehr in Gestalt des Betriebsrats ein verantwortliches und verhandlungsfähiges Organ der Belegschaft gegenübersteht, und daß die Werksleitung unter Umständen in der Lage ist, sich die Unterstützung des Betriebsrats gegen betriebsfremde Instanzen zu sichern.

Für die Belegschaft bedeutet die Demokratisierung des Werkbetriebes **keine Mitbildung** des leitenden Betriebswillens. Der Betriebsrat selbst ist an der Willensbildung der Betriebsleitung nur in geringem Maße beteiligt. Selbst bei den Funktionen, die ausdrücklich an eine gemeinsame Willensbildung von Betriebsrat und Werksleitung gebunden sind, ist der Willenseinfluß des Betriebsrats durch das Eingreifen einer zwingend entscheidenden Schlichtungsinstanz stark abgeschwächt. Noch weniger als in diese Funktionen, hat der Betriebsrat in die übrigen Funktionen der Betriebsleitung positiv gestaltend eingreifen können.

Auch in dem günstigsten Fall einer Mitbildung des leitenden Betriebswillens durch den Betriebsrat, ist eine Teilnahme der Belegschaft an diesem Willen keineswegs gewährleistet. Die psychologisch hierfür notwendige Voraussetzung einer Willensidentität von Betriebsrat und Belegschaft ist in dem Verhältnis beider nicht gegeben. Abgesehen davon ist aus den Erfahrungen der politischen Demokratie festzustellen, daß eine lebendige Teilnahme an der Willensbildung eines Gesellschaftsverbandes mittels eines **Repräsentativsystems** kaum erreicht werden kann. Wie bei der politischen Demokratie, so äußert sich auch bei der Betriebsdemokratie der Wille und die aktive Selbstverwaltung der Masse wesentlich nur bei ihrer Stimmabgabe zur Wahl des Betriebsrats.

Für die Belegschaft äußert sich die Bedeutung der Betriebsdemokratie daher nicht so sehr in einem positiven Einfluß auf die Betriebsgestaltung oder in einer veränderten Stellung zu ihrer Arbeit, als vielmehr in der erweiterten Möglichkeit, ihre Interessen unmittelbar zu vertreten. Aus der Tätigkeit des Betriebsrats als Interessenvertretung erwächst der Belegschaft ein wirksamer Schutz gegen Maßregelungen und Entlassungen, gegen eine willkürliche Festsetzung und Handhabung der Arbeitsordnung und gegen eine scharfe Behandlung durch die Betriebsbeamten. Darüber hinaus vermag der Betriebsrat durch machtpolitischen Druck auf die Werksleitung, durch die Langwierigkeit seiner Verhandlungen und durch das Hineinziehen der Schlichtungsinstanzen im Einzelfall besondere Vergünstigungen für die Belegschaft durchzudrücken. Die Demokratisierung des Werkbetriebes bedeutet für die Belegschaft also zweifellos eine gewisse Stärkung ihrer machtpolitischen Stellung und eine relative Verbesserung ihrer materiellen Lage. Diese Wirkungen der Betriebsdemokratie sind jedoch notwendig nicht ausreichend, um die sozial-psychischen Bedürfnisse der Arbeiterschaft zu befriedigen. Die tiefgehende

Unzufriedenheit der Arbeiterschaft mit den bisherigen Erfolgen des Betriebsrätewesens legt deutliches Zeugnis für die diesbezüglich mangelnde Wirksamkeit des Betriebsrätewesens ab.

III.

Die Demokratisierung des Wirtschaftsbetriebes.

1. Bei der Analyse des Betriebsbegriffs ist bereits dargelegt worden, daß die „Betriebs“demokratie nicht auf den „Betrieb“ in der engeren und eigentlichen Bedeutung einer technischen Produktionseinheit beschränkt ist, sondern daß der „Betrieb“ hier gleichbedeutend mit der Wirtschaftseinheit der Unternehmung erscheint und die Demokratisierung des „Betriebes“ sich sowohl auf den Werkbetrieb, als auch auf den Wirtschaftsbetrieb erstreckt.

Die Leitung des Wirtschaftsbetriebes umschließt im Gegensatz zu den arbeitspolitischen und technisch-organisatorischen Funktionen der Produktionsorganisation die Gesamtheit der Funktionen, die aus der tausch- und geldwirtschaftlichen Verknüpfung der Unternehmung und ihrer Stellung als für den Markt produzierender Wirtschaftseinheit erwachsen. Durch die Demokratisierung des Wirtschaftsbetriebes ist der Betriebsrat teils passiv kontrollierend, wie bei der Bilanzeinsicht, teils aktiv mitbestimmend, wie im Rahmen seiner Aufsichtsratsmitgliedschaft auch an diesen schwierigsten und differenziertesten Funktionen der Unternehmungsleitung beteiligt.

Auf der Bilanzeinsicht und auf der Mitgliedschaft des Betriebsrats im Aufsichtsrat baut die Demokratisierung des Wirtschaftsbetriebes in der Hauptsache auf, die übrigen, an einer Demokratisierung des Wirtschaftsbetriebes orientierten Bestimmungen tragen entweder, wie die Bestimmungen des § 1 und des § 66, 1 nur programmatischen Charakter [1]), oder sie sind wie die Bestimmungen des § 71 [2]) vorwiegend als Ergänzung zu der Bilanzeinsicht des Betriebsrats gedacht und besitzen daher nur subsidiäre Bedeutung.

Das Recht des Betriebsrats zur Einsichtnahme in die Bilanz und damit verknüpft zur Einsichtnahme in die Ge-

---

[1]) Der Betriebsrat soll nach diesen Bestimmungen den Arbeitgeber „in der Erfüllung des Betriebszwecks unterstützen“ und mit ihm „gemeinsam für die Wirtschaftlichkeit der Betriebsleistungen sorgen“.

[2]) § 71 regelt das Recht des Betriebsrats, in die Vorgänge des Betriebes Einsicht zu nehmen und einen vierteljährlichen Bericht über die Lage des Betriebes vom Arbeitgeber zu verlangen.

winn- und Verlust-Rechnung des Betriebes ist in der Rahmenbestimmung des § 72 BRG. und in den Ausführungsbestimmungen des Betriebsbilanzgesetzes geregelt. Nach diesen Bestimmungen ist die Betriebsleitung verpflichtet, dem Betriebsrat. bezw. dem Betriebsausschuß die Bilanz- und die Gewinn- und Verlustrechnung des verflossenen Geschäftsjahres vorzulegen und zu erläutern, mit der Einschränkung, daß bei der Einzelunternehmung das nicht dem Betriebe gewidmete Privatvermögen des Unternehmers aus der Bilanz herausgenommen werden darf und nur die „Betriebsbilanz"[1]) vorgelegt zu werden braucht. Diese Beschränkung auf das im Betriebe arbeitende Vermögen ist die einzige Abweichung, die den vom Gesetz ad hoc konstruierten Begriff der „Betriebsbilanz" von dem Bilanzbegriff des HGB. unterscheidet, im übrigen sind die Bilanzgrundsätze des HGB. unverändert auch für den Zweck des Betriebsrätewesens übernommen[2]). Das bedeutet, daß auch zur Vorlage an den Betriebsrat nur die gesetzliche Pflichtbilanz, d. h. das fertige, meist frisierte Endergebnis der Bilanzaufstellung und nicht die unmittelbar auf Grund der Bücher aufgestellte Originalbilanz in Betracht kommt. Damit ist die Wirksamkeit der Bilanzvorlage nicht unerheblich beeinträchtigt, denn die gesetzliche Pflichtbilanz bietet der Kritik meist große Schwierigkeiten und vermag auch dem Sachverständigen vielfach keinen tiefer gehenden und spezialisierten Einblick in die Vermögenslage des Betriebes zu geben.

Die Bilanzvorschriften des HGB. lassen in ihrer Dehnbarkeit und kargen Allgemeinfassung der Bilanzverschleierung und Bilanzfrisierung weitgehenden Spielraum, und es ist eine unter dem Gesichtspunkt der Abhilfe seit Jahren von der einschlägigen Literatur behandelte Tatsache, daß dieser Spielraum in der Mehrzahl der Bilanzen auch weitgehend ausgenutzt wird. Zwei Arten der Bilanzfrisierung sind es vor allem, die durch ihre fast gewohnheitsrechtliche Einbürgerung zu der Undurchsichtigkeit und schwierigen Kritisierbarkeit der üblichen Bilanz wesentlich beigetragen haben: Die summarische Zusammenziehung der einzelnen Bilanzposten und die willkürlichen Abschreibungen der Sachposten. Bilanzen, in denen, wie es häufig vorkommt, „Grundstücke, Gebäude, Maschinen, Einrichtungen und Patente" zu einem Aktivposten zusammengezogen sind, in denen unsichere Debi-

---

[1]) Über den Begriff der Betriebsbilanz vgl. § 72 BRG. und Anm. 4 hierzu bei Feig & Sitzler, analog § 1 des Betriebsbilanzgesetzes.

[2]) Vgl. hierzu auch Anm. 3 zu § 1 des Betriebsbilanzges. im Komm. v. Bösche & Müller.

toren und Bankguthaben zusammengerechnet aufgeführt werden, in denen gegebene Akzepte unter den Kontokorrentschulden versteckt oder hohe Beträge an Aktivwechseln unter den Wertpapieren aufgeführt werden, bieten einer Kritik ebenso ungenaue Anhaltspunkte, wie Bilanzen, in denen umfangreiche und ganz verschieden zu bewertende Sachposten auf 1 Mark abgeschrieben sind [1]).

Alle Methoden der Bilanzfrisierung sind jedoch durch die ungewollten Wirkungen der Geldentwertung in den letzten Jahren weit in den Schatten gestellt worden, und die in der Inflationsperiode aufgestellten Bilanzen müssen mehr oder minder als Farce bezeichnet werden. Willkürlich sind in diesen Bilanzen sowohl Goldmarkposten und Papiermarkposten, als auch Papiermarkposten der verschiedensten Zeitabschnitte des Rechnungsjahres zueinander in Beziehung gesetzt, und Warburg hat einen treffenden Vergleich für diese Inflationsbilanzen geprägt, wenn er sagt, daß sie ebenso unmöglich seien wie etwa die Gleichung: „Eine Bruttoregistertonne, eine Tonne Gewicht und eine Tonne Heringe = drei Tonnen.“ Wie für jede kritische Beurteilung, so sind die in der Inflationszeit aufgestellten Bilanzen auch für die Beurteilung durch den Betriebsrat fast wertlos gewesen, und die bisherige Wirkungslosigkeit der Bilanzeinsicht erklärt sich daher in erster Linie aus den bilanztechnischen Folgeerscheinungen in der Geldentwertung.

Mit der Stabilisierung der Währung und der darauf fußenden Verordnung über die Goldbilanzierung sind diese währungstechnischen Hemmungen der Bilanzvorlage voraussichtlich beseitigt, und die eingangs dargelegten Hemmungen, die in der Dehnbarkeit der handelsgesetzlichen Bilanzvorschriften und in der Bilanzverschleierung der Unternehmungen begründet liegen, gewinnen wiederum verstärkte Bedeutung. Diese Hemmungen gewinnen eine um so stärkere Bedeutung, als sich die Bedingungen für die Klarheit der Bilanzen und damit für die Möglichkeit einer wirksamen Bilanzkritik gegen früher nicht unwesentlich verschlechtert haben. Die Bewertungsvorschriften der Goldbilanzverordnung sind noch dehnbarer als die Bewertungsvorschriften des § 261 HGB., indem sie auch die dort gezogene obere Bewertungsgrenze beseitigen, lassen sie dem subjektiven Er-

---

[1]) Vgl. hierzu auch Dr. Kalveram in, die sozialen Probleme des Betriebes, Berlin 1925, S. 38 ff.: „Die Kunst der Bilanzfrisierung ist soweit fortgeschritten, daß man nicht mit Unrecht den Versuch einer Bilanzkritik als törichtes Spiel mit Zahlen bezeichnet hat.“

messen der Betriebsleitung einen fast unumschränkten Spielraum[1]).

Die Vermögensbewertung selbst ist heute mit außerordentlichen Schwierigkeiten verknüpft und notwendig ungenau, da für einen Teil der zu bewertenden Vermögensgegenstände ein Börsen- oder Marktpreis überhaupt nicht zu ermitteln ist, für einen andern Teil, der augenblickliche Marktpreis eine durchaus anormale Bewertung darstellt. Großenteils müssen daher subjektive, mehr oder minder willkürliche Schätzungen an die Stelle einer objektiven Bewertung treten, so daß der kritische Wert der Bilanzen erheblich beeinträchtigt wird, auch dann erheblich beeinträchtigt wird, wenn auf seiten der Unternehmung der Wille zur Bilanzwahrheit vorhanden ist. Dieser Wille zur Bilanzwahrheit aber, der ist heute bei den Unternehmungen weniger denn je vorhanden, und in dieser Tatsache vor allem liegt es begründet, daß die Bedingungen für eine wirksame Bilanzkritik wesentlich verschlechtert sind. Durch den Einfluß der Kriegs- und Inflationszeit und durch die verfehlte Steuerpolitik der letzten Jahre sind die Unternehmungen an einen bisher nicht gekannten Grad der Bilanzverschleierung gewöhnt worden, und der hart bis an die Grenze des Tragbaren gehende Steuerdruck der Jetztzeit läßt den Unternehmungen eine weitgehende Bilanzverschleierung als Notwehr und erlaubte Selbsthilfe erscheinen. Wenn damit die Kritik einer Gegenwartsbilanz schon für den Sachverständigen und Interessenten große Schwierigkeiten bietet, so stellen diese Schwierigkeiten für den mangelhaft vorgebildeten und ungeübten Betriebsrat ein ganz außerordentliches Hemmnis dar, unter dem die Wirksamkeit einer Bilanzeinsicht erheblich leiden muß.

In der Erkenntnis, daß durch die Vorlage der gesetzlichen Pflichtbilanz allein der Zweck der Bilanzvorlage nicht erreicht werden würde, und in dem Bestreben für die Undurchsichtigkeit der gesetzlichen Pflichtbilanz und für die Unzulänglichkeit der bilanzkritischen Fähigkeiten des Betriebsrats einen gewissen Ausgleich zu schaffen, hat das Gesetz die Bilanzkontrolle des Betriebsrats in zweifacher Richtung erweitert. Es fügt der Pflicht zur Vorlage die Pflicht zur Erläuterung der Bilanz hinzu, und es schreibt neben der Vorlegung und der Erläuterung der Bilanz die Vorlegung und Erläuterung der Gewinn-

[1]) § 261 HGB. setzt als Höchstgrenze der Bewertung den Anschaffungs- oder Herstellungspreis ein. Nach § 4 der Goldbilanzverordnung kann der Gegenwartswert der Vermögensgegenstände eingesetzt werden, auch dann, wenn er höher ist, als der Herstellungs- oder Anschaffungswert.

und Verlustrechnung vor[1]). Die Erläuterung der Bilanz soll über die Zusammenhänge der einzelnen Bilanzposten wie über die Veränderungen des laufenden Geschäftsjahres Auskunft geben und sich hierbei auf die Bilanzunterlagen des Inventars, der Rohbilanz und der einzelnen Betriebskonten stützen. Die Vorlage und Erläuterung der Gewinn- und Verlustrechnung ist gleichsam als dynamische Ergänzung zu der Statik des Bilanzbildes gedacht, sie soll dem Betriebsrat einen Einblick nicht nur in die Vermögensbilanz, sondern auch in die Erfolgsbilanz des Betriebes vermitteln und ihm neben der Frage: „Was ist erwirtschaftet?" die Frage: „Wie ist gewirtschaftet?" beantworten. Mit der Erläuterung der Bilanz und der Vorlage und Erläuterung der Gewinn- und Verlustrechnung hat das Gesetz dem Betriebsrat zwei brauchbare Instrumente in die Hand gegeben, die geeignet erscheinen, die Unzulänglichkeit der sonstigen Regelung bis zu einem gewissen Grade auszugleichen und dem Betriebsrat einen wirklichen Einblick in die betriebliche Vermögenslage zu gewähren. Auch diese Ergänzungen der Bilanzvorlage und die damit verbundenen erweiterten Kontrollbefugnisse des Betriebsrats vermögen indessen die Hemmungen, die der Bilanzeinsicht des Betriebsrats entgegenstehen, nicht zu beseitigen, denn die erweitereten Befugnisse des Betriebsrats und die erleichterten Bedingungen seiner Bilanzkontrolle werden zum großen Teil dadurch illusorisch gemacht, daß der Wille der Betriebsleitung mit dem Willen des Gesetzes nicht übereinstimmt und nicht auf eine Erleichterung, sondern auf eine Erschwerung der Bilanzkontrolle des Betriebsrats gerichtet ist.

Es ist bereits dargelegt worden, daß der Betriebsleitung eine Betätigung des Betriebsrats auf wirtschaftlichem Gebiet im allgemeinen unerwünscht ist, daß sie besonders einer so weitgehenden Kontrolle über ihre interne kaufmännische Geschäftsführung, wie sie in der Bilanzeinsicht des Betriebsrats zum Ausdruck kommt, mit scharfer Abwehr begegnet, und daß die gemeinwirtschaftlichen Tendenzen, die sich bei einem Großteil der Arbeiterschaft um die Bilanzkontrolle des Betriebsrats kristallisieren, dieser ablehnenden Haltung stets neue Nahrung zuführen. Dementsprechend ist das Streben der Betriebsleitung durchschnittlich darauf gerichtet, die internen Angelegenheiten des Betriebes vor der Kontrolle des Betriebsrats geheim zu halten, um zu verhindern, daß der Betriebsrat aus der

[1]) Vgl. BRG. § 72 u. Betriebsbilanzgesetz § 2 u. § 4.

Bilanz und der Gewinn- und Verlustrechnung etwa konkrete Ziffern über den Reingewinn und seine Zusammensetzung und Verteilung, über den Umsatz oder über die einzelnen Unkostenkonten des Betriebes in sich aufnimmt oder gar schriftlich fixiert an Gewerkschafts- und Parteiinstanzen weitergibt.

In Verfolg dieses Strebens haben die Betriebsleitungen auch in der vergangenen Inflationsperiode, in der sie durch die Wertlosigkeit aller Bilanzziffern weitgehend geschützt waren, bei der Bilanzvorlage an den Betriebsrat eine außerordentliche Zurückhaltung geübt, und diese Zurückhaltung hat sich mit dem Fortfall des Inflationsschleiers noch verschärft.

Die Betriebsleitung geht bei der Vorlage an den Betriebsrat so wenig wie möglich über den Inhalt der gesetzlichen Pflichtbilanz hinaus, sie gibt die Gewinn- und Verlustrechnung, deren Inhalt ja nicht gesetzlich geregelt ist, in möglichst zusammengedrängter Form wieder, sie erfüllt ihre Vorlagepflicht in der Regel durch mündliches Vorlesen, ebenso wie sie Erläuterungen nur mündlich zu geben pflegt, und sie erklärt alle Angaben für streng vertraulich und spricht damit gleichzeitig das Verbot aus, etwa gemachte Notizen mit aus der Sitzung zu nehmen [1]). Die Bilanzerläuterungen bewegen sich meist auf allgemeiner Grundlage, wo sie über konkrete Einzelheiten Auskunft geben, sind sie mit schwierigen Berechnungen durchsetzt und durchschnittlich nicht gerade von leicht verständlicher Klarheit. In Unternehmungen, die mehrere Betriebe umfassen, bietet sich für die Betriebsleitung zudem fast stets die Möglichkeit, durch Zusammenziehung der einzelbetrieblichen Rechnungslegung den Bilanzeinblick des Betriebsrats auf zusammengefaßte Gesamtergebnisse zu beschränken. Die Bestimmungen des Bilanzgesetzes schreiben für zusammengesetzte Unternehmungen zwar eine Erläuterung der einzelbetrieblichen Vermögenslage vor, die Einschränkung: „Soweit es die Eigenart des Unternehmens gestattet [2])" hat sich jedoch als so dehnbar erwiesen, daß die Betriebsleitung eine derartige Erläuterung meist mit Erfolg umgehen kann. In Betrieben, die nicht nur buchtechnisch getrennt verrechnen, sondern die selbständig bilanzieren, erhält der Betriebsrat zwar einen Einblick in die Bilanz des

[1]) Dieses sehr einschneidende Verbot, über vertrauliche Angaben Notizen zu behalten, ist von den entscheidenden Schlichtungs- und Gerichtsinstanzen wiederholt als berechtigt anerkannt worden. Hierzu vgl. die Zusammenstellung in der Soz. Prax. Nr. 34 v. 23. 8. 23.

[2]) Vgl. Betriebsbilanzges. § 2 Abs. 2.

eigenen Betriebes, der ergänzende Einblick in die Gesamtbilanz der Unternehmung ist ihm jedoch leicht zu verschließen, da die Betriebsräte der selbständig bilanzierenden Betriebe nur ausnahmsweise durch einen gesetzmäßigen Gesamtbetriebsrat, dem der Einblick in die Gesamtbilanz der Unternehmung zustände, mit der zentralen Wirtschaftsleitung der Unternehmung verknüpft sind[1]. Der Betriebsleitung stehen damit eine ganze Anzahl von Möglichkeiten zur Verfügung, mit Hilfe deren sie einen unerwünschten Einblick des Betriebsrats in die internen Verhältnisse des Betriebes verhindern und der Preisgabe von Geschäftsgeheimnissen wirksam vorbeugen kann.

Für den Betriebsrat bedeutet ein diesbezügliches Vorgehen der Betriebsleitung unter Umständen eine bis zur Lahmlegung gesteigerte Erschwerung seiner Aufgaben, eine Erschwerung, die sich um so stärker bemerkbar macht, als auf seiner Seite die Vorbedingungen für eine wirksame Erfüllung dieser Aufgaben bisher nur unzureichend vorhanden sind. Das Lesen und kritische Verstehen einer so komplizierten Rechnungslegung, wie sie auch die unfrisierte Bilanz einer modernen Unternehmung darstellt, setzt sowohl eingehende theoretische Vorkenntnisse, als auch langjährige praktische Erfahrungen voraus[2]. Beide besitzt der Betriebsrat nur in geringem Maße, und beide kann er sich im Laufe seiner Amtszeit auch nur unvollkommen aneignen. Im Rahmen der gewerkschaftlichen Betriebsräteschulung sind zwar Spezialkurse für Bilanzlesen eingerichtet, wie die Gewerkschaften diesem Aufgabengebiet des Betriebsrats überhaupt ihre lebhafte Aufmerksamkeit schenken, es liegt jedoch in der Natur der Sache, daß selbst die bestgeleitetsten, in Seminarform abgehaltenen Kurse dem Betriebsrat günstigenfalls die Technik des Bilanzlesens, nicht aber die qualifizierte Fähigkeit der Bilanzkritik und der daran anknüpfenden privatwirtschaftlichen Schlußfolgerungen zu vermitteln vermögen. Der Betriebsrat tritt fast ohne einschlägige Vorbildung auf dem Gebiet der Buchführung und der Finanzgebarung moderner Unter-

[1]) Für eine Mehrheit von selbständig bilanzierenden Betrieben sind die nach § 50 BRG. erforderlichen Voraussetzungen für die Bildung eines Gesamtbetriebsrats meist nicht gegeben. Es fehlen hier meist die Voraussetzungen der örtlichen Zusammengehörigkeit und der Gleichartigkeit der Betriebe.

[2]) Mit Recht sagt Schuhmacher: „Die Prüfung der Bilanz erfordert ein zu erringendes Sachverständnis, das in allen Ländern Seltenheitswert hat und von dem nur der Laie glauben kann, daß es sich in kurzen Kursen erlernen lasse." Gegenwartsfragen des Sozialismus, Schmollers Jahrb. Bd. 44 S. 21.

nehmungen in diese Kurse ein, es fehlt ihm bei seiner starken Inanspruchnahme durch die Aufgaben der Interessenvertretung, wie durch seine gewerkschaftlichen und parteipolitischen Aufgaben meist an der Zeit zu einer intensiven Mitarbeit und meist auch an der Ausdauer zu einer kontinuierlichen Teilnahme an derartigen Kursen. Es kommt hinzu, daß bei der starken Fluktuation der Betriebsratsmitglieder ein mehrmaliges Amtieren derselben Mitglieder zu den Ausnahmen gehört, und daß die im Laufe der Amtszeit unter Umständen gesammelten Kenntnisse und Erfahrungen für den Zweck des Bilanzlesens nach Ablauf der Amtszeit damit meist verloren gehen. Die Vorbildung des Betriebsrats, in kurzen Kursen und im Studium der Betriebsrätepresse erworben, ist daher im allgemeinen unzureichend, um ihm, noch dazu unter den erschwerten Umständen einer ablehnenden Haltung der Betriebsleitung, eine wirksame Kritik und ein wirksames Verständnis der Bilanz zu ermöglichen.

Die Bilanzeinsicht des Betriebsrats vollzieht sich also bis jetzt unter sachlich und persönlich wenig günstigen Bedingungen. In der Schwierigkeit der Materie als solcher, in der Undurchsichtigkeit und bewußten Frisierung der üblichen Bilanzen, in dem Widerstande der Betriebsleitung und in den unzulänglichen bilanzkritischen Fähigkeiten des Betriebsrats liegen Hemmungen begründet, die die Vorlage der Bilanz und der Gewinn- und Verlustrechnung an den Betriebsrat bis jetzt zu einem wenig wirksamen Instrument der Betriebsdemokratie ausgeprägt haben[1]).

Für die Betriebsleitung bedeutet diese Tatsache zunächst eine Minderung der mit der Bilanzeinsicht des Betriebsrats verbundenen Gefahren. Wenn die in dieser Hinsicht geäußerten Befürchtungen zum Teil auch nicht stichhaltig erscheinen, und beispielsweise eine Krediterschütterung der Unternehmung bei der vorsichtigen Kreditpolitik der Banken und dem heutigen Stande des Auskunftswesens kaum erst durch Indiskretionen des Betriebsrats eintritt, so birgt die Bilanzeinsicht des Betriebsrats doch zweifellos sowohl die Gefahr unerwünschter Veröffentlichungen, als auch die Gefahr falscher betriebswirtschaftlicher Schlußfolgerungen seitens des Betriebsrats und seitens der Belegschaft in sich. Durch den Umstand, daß der Betriebsrat im allgemeinen nicht in der Lage ist, aus der Vorlegung der Bilanz und

---

[1]) Dieselbe Ansicht über das Versagen der Betriebsdemokratie in wirtschaftlicher Hinsicht vertritt z. B. Heyde im Bulletin a. a. O., S. 54. analog Dr. Kalveram in Die sozialen Probleme des Betriebes, Berlin 1925, S. 47 ff.

der Gewinn- und Verlustrechnung konkrete und zahlenmäßig belegbare Ergebnisse über die interne Finanzgebarung und die wirtschaftliche Entwicklung des Betriebes zu entnehmen, ist die Betriebsleitung vor der Preisgabe von Geschäftsgeheimnissen, wie von Vorgängen, an deren Geheimhaltung sie ein Interesse hat, in starkem Maße geschützt. Dieser Schutz ist praktisch wesentlich stärker, als die gesetzliche Schweigepflicht des Betriebsrats[1]). Bei der drängenden Wißbegierde der Belegschaft und der schwierigen belegschaftssoziologischen Stellung des Betriebsrats, bei dem Bestreben der Gewerkschaften, Material zu sammeln und in ihrer diesbezüglichen Agitation unter den Betriebsräten, und bei der gemeinwirtschaftlichen Orientierung breiter Betriebsräteschichten stellt die gesetzliche Schweigepflicht des Betriebsrats nur einen sehr problematischen Schutz vor Indiskretionen dar, und wenn die Betriebsleitung, von Ausnahmefällen abgesehen, durch Bilanzindiskretionen des Betriebsrats bis jetzt verhältnismäßig wenig zu leiden hatte, so ist dies im allgemeinen mehr auf den mangelnden Einblick, als auf die Diskretion des Betriebsrats zurückzuführen. Soweit durch agitatorische Auswertung der Bilanz oder durch betriebsegoistische Lohnforderungen für die Betriebsleitung unangenehme Folgeerscheinungen an die Bilanzeinsicht des Betriebsrats anknüpfen, ist diese Anknüpfung wesentlich nur eine äußerliche, da es sich in beiden Fällen nicht so sehr um tatsächliche Zahlen und Beziehungen der Bilanz, als um hineininterpretierte Ergebnisse handelt, und die Bilanzeinsicht von dem Betriebsrat meist nur als demagogisches Beweismittel für die Berechtigung der aufgestellten Behauptungen benutzt wird.

Wenn somit die geringe Wirksamkeit der Bilanzvorlage auch weitgehend mit den Interessen der Betriebsleitung übereinstimmt, so sind mit dieser geringen Wirksamkeit doch andererseits gewisse Nachteile für die Betriebsleitung verknüpft. Der geringeren Wirksamkeit der Bilanzvorlage entsprechend sind auch die Erwartungen, die sich an diese knüpften, zum großen Teil unerfüllt geblieben. Weder die Erwartung, daß durch die mittelbare Einsichtnahme in die Bilanz das betriebs- und privatwirtschaftliche Verständnis der Belegschaft merkbar zunehmen werde, noch die Erwartung, daß das Betriebszugehörigkeitsgefühl und die Arbeitsfreudigkeit der Belegschaft durch die Bilanzeinsicht des Betriebsrats eine wesentliche Steigerung erfahren werde, ist bis jetzt auch nur graduell verwirklicht worden. Die Be-

---

[1]) Vgl. BRG. § 72 Abs. 2.

triebsleitung, die der Möglichkeit eines derartigen Erfolges der Bilanzkontrolle im allgemeinen skeptisch gegenübersteht, nimmt diese Nachteile der geringen Wirksamkeit gegenüber den Vorteilen, die ihr aus dem größeren Schutz und der größeren Bewegungsfreiheit erwachsen, jedoch meist bereitwillig in Kauf und stellt ihre Politik nur in Ausnahmefällen auf eine freiwillige und übergesetzliche Bilanzunterrichtung des Betriebsrats ein.

Für die Belegschaft und im weiteren Sinn für die Arbeiterschaft überhaupt besitzt die Bilanzvorlage bis jetzt eigentlich nur die Bedeutung einer prinzipiellen und sichtbar hervortretenden Anerkennung ihres wirtschaftlichen Mitbestimmungsrechts. In diesem Sinn erscheint das Recht des Betriebsrats, die Vorlage der Bilanz und der Gewinn- und Verlustrechnung zu verlangen, als ein bemerkenswerter machtpolitischer Erfolg der Arbeiterbewegung. Die praktische Bedeutung der Bilanzvorlage ist jedoch für die Belegschaft und für die Arbeiterbewegung bis jetzt nur gering. Da der Betriebsrat im allgemeinen nicht in der Lage ist, aus der Bilanz bezw. der Gewinn- und Verlustrechnung einen konkreten und praktisch nutzbaren Einblick in den Gang des Betriebes, in die Höhe und Verteilung des Betriebsgewinns, in die Höhe und Art der Rücklagen, in den Auftragsbestand und in die Zukunftsaussichten des Betriebes zu gewinnen, so sind ihm die Möglichkeiten, aus der Bilanzvorlage materielle Vorteile für die Belegschaft zu ziehen, stark beschnitten. Die nicht selten erhobenen betriebsegoistischen Forderungen des Betriebsrats stützen sich daher, soweit sie überhaupt sachlich begründet sind, weit mehr auf die allgemeinen betriebs- und konjunkturwirtschaftlichen Kenntnisse des Betriebsrats, als auf besondere Ergebnisse der Bilanz, wo sie dennoch mit Bilanzergebnissen begründet werden, ist diese Begründung, wie erwähnt, meist eine rein agitatorische. Selbst dann aber, wenn der Betriebsrat für die Belegschaft wertvolle Ergebnisse aus der Bilanz zu entnehmen vermag, ist die Ausnutzung dieser Ergebnisse doch primär an das Vorhandensein der notwendigen machtpolitischen Voraussetzungen gebunden.

Ebensowenig wie der Belegschaft bisher nennenswerte materielle Vorteile aus der Bilanzvorlage erwachsen sind, hat die Bilanzvorlage die sozialpsychische Stellung der Belegschaft in merkbarer Weise beienflußt. Eine Wandlung dieser sozialpsychischen Stellung war von der Bilanzvorlage in doppelter Beziehung erhofft. Durch den Betriebsrat vermittelt, sollte die Belegschaft einen Überblick über die privatwirtschaftlichen Grundlagen der Produktion, über die Entwicklung und den Aufbau der Unternehmung und über die Verknüpfung der Unternehmung mit dem Wirtschaftsleben erhalten, um so den Zusammenhang, den Zweck und die Verwertungsform ihrer Arbeit zu erkennen und die seelische Beziehung zu dieser Arbeit wieder zu gewinnen. Gleichzeitig sollte in der Teilnahme des Betriebsrats an der betrieblichen Rechnungslegung die Demokratisierung des Wirtschaftsbetriebes psychologisch wirksam zum Ausdruck kommen und der Belegschaft dadurch das Gefühl genommen werden, daß sie nur willenloses Werkzeug im Gang des Produktionsprozesses sei.

In beider Beziehung sind die erhofften Wirkungen der Bilanzvorlage bisher nicht eingetreten. Die Ursache hierfür ist einmal und in erster Linie darin zu suchen, daß der Betriebsrat selbst nicht in der Lage ist, seine betriebs- und privatwirtschaftlichen Kenntnisse auf Grund der Bilanzeinsicht fruchtbringend zu erweitern, und daß die Form und der Erfolg der Bilanzeinsicht wenig geeignet sind, in ihm das Gefühl einer Befriedigung und einer gesteigerten Anteilnahme an dem Schicksal des Betriebes zu erwecken. Zum andern liegt die Ursache darin, daß in den Beziehungen zwischen Betriebsrat und Belegschaft nachteilige Hemmungen für eine sozialpsychische Wirksamkeit der Bilanzvorlage vorhanden sind. Es ist bei der Untersuchung dieser Beziehungen bereits dargelegt worden, daß zwischen Betriebsrat und Belegschaft mannigfache, im wesentlichen führersoziologische Reibungsflächen bestehen, und daß infolgedessen der psychologische Kontakt zwischen Betriebsrat und Belegschaft häufig gestört ist. Die an sich schon problematische Aufgabe, die Belegschaft durch ein Repräsentativsystem wieder innerlich mit dem Betrieb und mit ihrer Arbeit zu verbinden, wird durch diesen häufig gestörten Kontakt zwischen Betriebsrat und Belegschaft noch weiterhin erschwert, und selbst in den verhältnismäßig seltenen Fällen, in denen der Betriebsrat durch die Erfahrungen und Einblicke seiner Tätigkeit ein gesteigertes Betriebszugehörigkeitsgefühl und eine gesteigerte Arbeitsfreudigkeit gewinnt, ist es ihm meist nicht möglich, diese Empfindungen auch auf die Belegschaft zu übertragen.

Wie die sozialpsychische Wirksamkeit der Demokratisierung *überhaupt*, so wird ganz besonders die sozialpsychische Wirksamkeit der Demokratisierung des *Wirtschaftsbetriebes* und damit auch die Wirksamkeit der Bilanzvorlage durch diesen Umstand beeinträchtigt.

Die Wirkungen der Bilanzvorlage sind daher für die Belegschaft in materieller, wie in sozialpsychischer Hinsicht bis jetzt nur gering. Neben der allgemeinen Beobachtung, daß das soziale Spannungsverhältnis auch seit Bestehen des Betriebsrätewesens keine Ansätze zu einer Wandlung zeigt, tritt diese Tatsache teils in dem abnehmenden Interesse, das die Belegschaft diesem Aufgabengebiete des Betriebsrats entgegenbringt, teils in ihren Äußerungen der Enttäuschung und des Unwillens über die Form und die Erfolge der Bilanzeinsicht deutlich zutage.

Bei der Prüfung, welche Aussichten für eine zukünftige Wirksamkeit die Bilanzeinsicht des Betriebsrats bietet, ist zu untersuchen, welche der bestehenden Wirksamkeitshemmungen nur zeitlich bedingt erscheinen, und welche dieser Hemmungen voraussichtlich dauernden Charakter tragen.

Die Hemmungen, die der Wirksamkeit der Bilanzvorlage aus der Unzulänglichkeit der gesetzlichen Regelung erwachsen, erscheinen insoweit zeitlich bedingt, als sie durch eine strengere, den Erfahrungen der Praxis enger angepaßte Gesetzesauslegung, graduell gemildert werden können.

Eine derartige, durchaus im Bereich der Möglichkeit liegende Milderung wäre etwa darin zu suchen, daß sowohl an die Bilanz im allgemeinen, als auch besonders an die dem Betriebsrat vorzulegende Bilanz hinsichtlich der Bilanzklarheit strengere Anforderungen gestellt würden, daß die Vorlage auch der vertraulichen Teile der Bilanz schriftlich erfolgen müßte, daß bei zusammengesetzten Unternehmungen in stärkerem Maße als bisher die Vorlage der einzelbetrieblichen Rechnungslegung verlangt würde, daß es dem Betriebsrat nicht verwehrt werden dürfte, bei der Vorlage der Bilanz gemachte Notizen nachträglich zu verarbeiten, und daß zwischen der Vorlage und der Erläuterung der Bilanz eine ausreichende Frist gewahrt werden müßte, die es dem Betriebsrat ermöglicht, seine Fragen hinsichtlich der Bilanz sachgemäß vorzubereiten. Durch eine derartige Auslegung des Gesetzes würde zwar eine Milderung der aus der Unzulänglichkeit des Gesetzes resultierenden Wirksamkeitshemmungen erreicht werden, soweit jedoch das Gesetz selbst nicht grundsätzlich erweitert wird, ist mit einer Beseitigung der diesbezüglichen Wirksamkeitshemmungen nicht zu rechnen.

Auf dem Wege der Einsichtnahme lediglich in die fertigen Ergebnisse der Rechnungslegung und lediglich in die Buchführung der Unternehmung, muß der Einblick des Betriebsrats in den finanziellen Aufbau und die wirtschaftliche Dynamik der Unternehmung notwendig unvollkommen bleiben, auch dann unvollkommen bleiben, wenn zur Erläuterung die Unterlagen der Rechnungslegung herangezogen werden. Um dem Betriebsrat, seine persönliche Befähigung vorausgesetzt, einen wirklichen Einblick in den Aufbau und die Finanzgebarung der Unternehmung zu ermöglichen, müßte ihm das Recht zustehen, bereits an der Aufstellung der Bilanz und der Gewinn- und Verlustrechnung mitzuwirken und gleichsam das organische Wachstum beider zu verfolgen, müßte ihm sowohl der Einblick in die Buchführung, als auch der Einblick in die sonstigen Geschäftspapiere der Unternehmung gestattet sein und müßte er eine schriftliche Erläuterung der einzelnen Bilanzposten nach der Art der bisher üblichen Berichte an den Aufsichtsrat verlangen können. Erst ein derartig erweitertes Gesetz würde die Grundlage für einen praktisch nutzbaren und tiefergehenden Einblick in die Finanzgebarung und die wirtschaftliche Dynamik der Unternehmung bieten. Eine derartige Erweiterung des Gesetzes würde jedoch einen so einschneidenden Eingriff in die Funktionen der Betriebsleitung bedeuten, sie würde eine so starke Gefährdung der privatwirtschaftlichen Grundlagen der Unternehmung mit sich bringen, und sie würde infolgedessen so starke machtpolitische Widerstände auslösen, daß an ihre Verwirklichung auf dem Boden der bestehenden Wirtschaftsordnung kaum zu denken ist. Die gegenwärtige gesetzliche Regelung der Bilanzvorlage erscheint daher in absehbarer Zeit keiner grundsätzlichen Erweiterung fähig, und die aus dieser Regelung resultierenden Hemmungen müssen somit als zwar milderungsfähige, grundsätzlich jedoch auch in der Zukunft wirksame Hemmungen gewertet werden.

Es bleibt zu untersuchen, ob in absehbarer Zeit mit einem freiwilligen Entgegenkommen der Betriebsleitung zu rechnen ist, derart, daß die Betriebsleitung nicht nur darauf verzichtet, die gesetzlichen Kontrollbefugnisse des Betriebsrats in der praktischen Handhabung der Bilanzvorlage nach Möglichkeit zu beschränken, sondern daß sie sogar bereit ist, dem Betriebsrat über die gesetzlichen Mußvorschriften hinaus erweiterte Kontrollbefugnisse zu gewähren. Da das Verhalten der Betriebsleitung in starkem Maße durch die jeweilige Wirtschaftslage und durch das jeweilige soziale Spannungsverhältnis beeinflußt wird, so ist anzunehmen, daß die Betriebsleitung in wirtschaftlich und sozial ruhigeren Perioden hinsichtlich der Bilanzeinsicht des Betriebsrats ein größeres Entgegenkommen zeigen wird als jetzt, und daß mit einer eventuell unternehmungsfreundlicheren Einstellung des Betriebsrats auch manche Kleinlichkeiten ihrer jetzigen Abwehrpolitik fallen werden. Das Entgegenkommen der Betriebsleitung wird aber stets nur ein graduelles sein, es wird gewisse Schärfen ihrer Abwehrpolitik mildern, ihre grundsätzliche Ablehnung der Produktions- und Finanzkontrolle des Betriebsrats wird jedoch aller Voraussicht nach bestehen bleiben.

Das Streben, die internen Angelegenheiten und insbesondere die Finanzgebarung des Betriebes vor Außenstehenden geheim zu halten, ist eine spezifische Folgeerscheinung jeder an dem Prinzip der freien Konkurrenz orientierten Erwerbswirtschaft. Dieses Streben wird bei den leitenden Wirtschaftssubjekten der Privatwirtschaft immer vorhanden sein und sich in seiner Auswirkung gegen jeden richten, der nicht als homogenes Glied in den Organismus der Unternehmung eingefügt ist. Eine Angleichung von Arbeiterschaft und privater Unternehmung aber bis zu dem Grade, daß der Betriebsrat als homogenes Glied in der Unternehmung aufgeht, hat bei der sozialen Struktur der Privatwirtschaft wenig Wahrscheinlichkeit für sich, und die gemeinwirtschaftlichen Tendenzen, die sich um die Produktionskontrolle des Betriebsrats kristallisieren, sind auch nicht dazu angetan, einer solchen Angleichung Vorschub zu leisten.

Die Betriebsleitung wird daher voraussichtlich auch in Zukunft bestrebt sein, den Einblick des Betriebsrats in die Finanzgebarung des Betriebes auf solche Ergebnisse zu beschränken, an deren Geheimhaltung sie kein unbedingtes Interesse hat, und sie wird demgemäß auch zukünftig in der Form des Gesetzes nach Möglichkeiten suchen, um dieses Streben durchzusetzen.

Mit einem Fortfall der Hemmungen, die der Bilanzeinsicht des Betriebsrats aus der ablehnenden Haltung der Betriebsleitung erwachsen, ist also in absehbarer Zeit nicht zu rechnen, und ein freiwilliges, übergesetzliches Entgegenkommen der Betriebsleitung muß dementsprechend erst recht als unwahrscheinlich bezeichnet werden.

Auf seiten der Arbeiterschaft wird die Wirksamkeit der Bilanzvorlage in erster Linie durch die unzulänglichen Fähigkeiten des Betriebsrats gehemmt. Es ist anzunehmen, daß die bilanzkritischen Fähigkeiten des Betriebsrats mit der Sammlung und Verarbeitung der praktischen Erfahrungen und der möglichen Vervollkommnung des Schulungswesens eine gewisse Weiterentwicklung, besonders hinsichtlich der Technik des Bilanzlesens, erfahren werden, und daß der Betriebsrat mehr als bisher in die Aufgaben der Bilanzkontrolle hineinwachsen wird. Daß der Betriebsrat diesen Aufgaben jedoch in absehbarer Zeit gewachsen sein wird, und daß er aus der Bilanz und der Gewinn- und Verlustrechnung in absehbarer Zeit annähernd das herauslesen kann, was er nach der Ideologie des Gesetzes und nach der Ideologie der Arbeiterbewegung aus beiden herauslesen soll, dafür sind die Aussichten sehr gering. Auch eine Betriebsräteschulung, die gegenüber dem heutigen Zustand wesentlich vervollkommnet ist, würde nicht in der Lage sein, dem Betriebsrat die zu einer wirksamen Bilanzkritik erforderlichen Fähigkeiten zu vermitteln, denn diese Fähigkeiten setzen, wie dargelegt, langjährige Vorbildung und langjährige praktische Erfahrungen voraus. Auf beide wird der Betriebsrat wie jetzt, so auch in Zukunft verzichten müssen. Zudem erscheint es in hohem Grade zweifelhaft, ob die Schulung des Betriebsrats in absehbarer Zeit tatsächlich eine wesentliche Vervollkommnung erfahren wird, denn der Mangel an Geldmitteln, die Zersplitterung des Schulungswesens, die geringe Vorbildung des Schülermaterials, die starke Inanspruchnahme des Betriebsrats durch seine unmittelbar praktischen Aufgaben und die starke Fluktuation der Betriebsratsmitglieder werden diese Schulung auch zukünftig in starkem Maße beeinträchtigen. Die Wirksamkeit der Bilanzvorlage wird daher voraussichtlich auch in Zukunft dadurch gehemmt werden, daß die Fähigkeiten des Betriebsrats den gestellten Aufgaben nicht gewachsen sind.

Neben den ungenügenden Fähigkeiten des Betriebsrats wird die Wirksamkeit der Bilanzvorlage durch den fehlenden, bezw. häufig gestörten psychologischen Kontakt zwischen Betriebsrat und Belegschaft gehemmt. Auch diese Hemmung wird sich nicht immer in gleicher Stärke bemerkbar machen, auch sie wird grundsätzlich jedoch stets vorhanden sein. Daß die erhofften sozialpsychischen Wirkungen der Bilanzeinsicht durch den Betriebsrat nur unvollkommen vermittelt werden können, liegt, von den sonstigen Hemmungen abgesehen, sowohl in der Natur des Betriebsrätewesens als Repräsentativsystem, als auch in den führersoziologischen Reibungsflächen zwischen Betriebsrat und Belegschaft begründet. Die Natur des Betriebsrätewesens als Repräsentativsystem ist grundsätzlich nicht aufzuheben. Die Reibungen zwischen Betriebsrat und Belegschaft sind zwar bis zu einem gewissen Grade zeitlich bedingt, und in wirtschaftlich und politisch ruhigeren Perioden wird das Verhältnis von Betriebsrat und Belegschaft voraussichtlich reibungsärmer gestaltet sein, die Reibungsflächen als solche sind jedoch typisch aus der Stellung und den Tätigkeitsbedingungen des Betriebsrats erwachsen und daher grundsätzlich nicht zu beseitigen.

Ein zusammenfassender Überblick über die Hemmungen, die der Wirksamkeit der Bilanzvorlage entgegenstehen, ergibt also, daß Aussichten für eine graduelle Milderung zwar bei allen Hemmungen vorhanden sind, daß die Hemmungen als solche jedoch spezifisch mit der Struktur der bestehenden Wirtschaftsordnung und der Struktur des Betriebsrätewesens verknüpft sind und daher als bleibende Wirksamkeitshemmungen gewertet werden müssen. Die Aussichten für eine zukünftige Wirksamkeit der Bilanzeinsicht, insbesondere für eine Wirksamkeit im Sinne der Ideologie des BRG., können demgemäß nicht als besonders erfolgversprechend beurteilt werden.

In engem Zusammenhang mit dem Recht des Betriebsrats, in die Rechnungslegung des Betriebes Einsicht zu nehmen, steht sein Recht über alle die Belegschaft berührenden Vorgänge des Betriebes Aufschluß zu verlangen, und vierteljährlich einen Bericht der Betriebsleitung über die wirtschaftliche Lage des Betriebes und die Lage des Gewerbes im allgemeinen entgegenzunehmen[1]. Die diesbezüglichen Befugnisse des Betriebsrats stellen gleichsam die praktische Ergänzung seiner Bilanzeinsicht dar, sie sind im Gegensatz zu der überwiegend sozialpsychischen Ideologie der Bilanzeinsicht in erster Linie darauf zugeschnitten, dem Betriebsrat denjenigen Überblick über die Verhältnisse des Betriebes zu vermitteln, dessen er zur Erfüllung seiner arbeitspolitischen Aufgaben bedarf. Demgemäß hat das Gesetz die diesbezüglichen Befugnisse des Betriebsrats ausdrücklich mit seinen Aufgaben der Interessenvertretung verknüpft und die Auskunftspflicht der Betriebsleitung vornehmlich auf solche Vorgänge des Betriebes erstreckt, die den Dienstvertrag oder die Tätigkeit der Belegschaft berühren, bezw. hat es bei der Erstattung des wirtschaftlichen Lageberichts, insbesondere die Berichterstattung über die Lage des Betriebes und ihre Einwirkung auf den zu erwartenden Arbeitsbedarf hervorgehoben.

Mit dieser Hervorhebung der Zwecksetzung ist jedoch nicht eine entsprechende Begrenzung der Kontrollbefugnisse des Betriebsrats verbunden. Aus den einschlägigen Bestimmungen des Gesetzes läßt sich praktisch vielmehr ein Kontrollrecht des Betriebsrats über alle Vorgänge des Betriebes,

---

[1]) Vgl. BRG. § 71.

sowohl über die Vorgänge des Werkbetriebes, als auch über die Vorgänge des Wirtschaftsbetriebes folgern[1]), denn neben den arbeitspolitischen und technischen sind es letztlich gerade die wirtschaftlichen und finanzpolitischen Vorgänge des Betriebes, von denen das Schicksal und die Tätigkeit der Belegschaft entscheidend beeinflußt wird. Durch die Auskunfts- und Berichterstattungspflicht der Betriebsleitung ist dem Betriebsrat also die Möglichkeit einer Kontrolle auch über die Wirtschaftsführung des Betriebes gegeben.

Die sachlichen Vorbedingungen dieser Kontrolle sind insofern günstig gestaltet, als der Betriebsrat über konkrete, im Bereich seiner Interessensphäre befindliche Vorgänge Auskunft verlangen kann und nicht, wie bei der Bilanzkontrolle, darauf angewiesen ist, aus einem so abstrakten und schwierigen Stoff, wie der betrieblichen Rechnungslegung, selbständige Schlußfolgerungen über die wirtschaftliche Entwicklung des Betriebes und ihre arbeitspolitischen Auswirkungen zu ziehen. Wenn der Einblick des Betriebsrats in den Aufbau und die Wirtschaftsführung des Betriebes auch auf diesem Wege bisher unvollkommen geblieben ist, so sind die Ursachen hierfür fast ausschließlich in den persönlichen Hemmungen einer ablehnenden Haltung der Betriebsleitung und einer diese Haltung begünstigenden Politik des Betriebsrats zu suchen.

Die Betriebsleitung ist zwar im allgemeinen bereit, dem Betriebsrat über die arbeitspolitischen Vorgänge des Betriebes Auskunft zu erteilen und ihm unter Umständen auch diesbezügliche Unterlagen vorzulegen, sie gibt in ihrer Berichterstattung zwar häufig ein anschauliches Bild der wirtschaftlichen Lage und der Konjunkturgebundenheit des Betriebes, nur selten ist sie jedoch geneigt, dem Betriebsrat über die internen Wirtschaftsvorgänge des Betriebes Auskunft zu erteilen oder in ihrer Berichterstattung über einen allgemeinen Lagebericht mit vorwiegend arbeitspolitischer Orientierung hinauszugehen[2]). Dieselben Motive, die für das Geheimhaltungsstreben der Betriebsleitung auf dem Gebiet des Bilanzwesens maßgebend sind, und die teils als

---

[1]) Vgl. hierzu auch Flatow, Komm. zum BRG. Anm. zu § 71.

[2]) Charakteristisch ist folgendes Urteil aus dem Jahresbericht des Gesamtbetriebsrats des S.-Konzerns: „Den von der Firma gegebenen Bericht fanden wir jedesmal sehr unübersichtlich und unbefriedigend. An die Firma gestellte Fragen wurden meist nur summarisch beantwortet, wurden Fragen gestellt die der Firma unangenehm waren, wurde eine nichtssagende Antwort gegeben oder man stellte sich ununterrichtet". S. 54.

inhärenter Bestandteil jeder konkurrenzorientierten Wirtschaft, teils als spezifische Folgeerscheinung des Betriebsrätewesens dargelegt wurden, begründen auch hier den Widerstand der Betriebsleitung gegen einen tiefergehenden betriebswirtschaftlichen Einblick des Betriebsrats. Dieser Widerstand ist für die Betriebsleitung unschwer durchzuführen, da sie in ihrer Auskunftserteilung und Berichterstattung an keine buchmäßig kontrollierbaren Unterlagen gebunden ist und ihr demgemäß bezüglich des Umfanges und der Art der Auskunfterteilung ein weiter Spielraum zur Verfügung steht. Zudem bietet das Gesetz der Betriebsleitung durch die Möglichkeit der Auskunftsverweigerung bei der Gefährdung von Betriebs- und Geschäftsgeheimnissen eine vielfach brauchbare Handhabe, um unangenehmen Auskünften zu entgehen und die Unterrichtung des Betriebsrats auf allgemeine wirtschaftliche Gesichtspunkte zu beschränken.

Das Recht des Betriebsrats, über die Vorgänge und die wirtschaftliche Lage und Entwicklung des Betriebes Auskunft zu verlangen, hat daher für die Betriebsleitung keinen merkbaren Eingriff in ihre Funktionen, insbesondere keinen merkbaren Eingriff in ihre Funktionen der wirtschaftlichen Betriebsführung bedeutet.

Für die Belegschaft liegt die Bedeutung dieses Rechts zunächst in der Tatsache, daß der Betriebsrat hierdurch seine betriebswirtschaftlichen Kenntnisse in mancher Beziehung erweitern kann. Wenn die Werksleitung in ihrer Auskunftserteilung die internen Vorgänge des Betriebes auch meist erfolgreich übergeht, so hat sie doch kein Interesse daran, die Betriebsvorgänge und die wirtschaftliche Lage des Betriebes etwa grundsätzlich vor dem Betriebsrat zu verschleiern. Ihre Berichterstattung ist daher in der Mehrzahl der Fälle durchaus geeignet, dem Betriebsrat einen allgemeinen betriebswirtschaftlichen Überblick zu vermitteln und ihn insbesondere die Konjunkturgebundenheit des Betriebes und Gewerbes erkennen zu lassen. Der Betriebsrat gewinnt damit sowohl im Einzelfall für die Taktik seines Vorgehens unter Umständen brauchbare Anhaltspunkte, als auch wird er in gewisser Weise dazu erzogen, sein Vorgehen den Verhältnissen des Betriebes und den Bedingungen der jeweiligen Wirtschaftslage elastischer anzupassen. Auf diesen Wirkungen liegt praktisch der Schwerpunkt der einschlägigen Kontrollbefugnisse des Betriebsrats, während der Kontrolle als solcher nur geringe Bedeutung zukommt.

Die Kontrolle über die lohn- und tariftechnischen Unterlagen ist insofern praktisch belanglos, als sich diese Unterlagen entweder im Besitz der am Tarifvertrag beteiligten Verbände befinden, oder aber dem Betriebsrat bereits durch seine Mitwirkung bei der Regelung des Lohn- und Akkordwesens zugänglich sind. Auch die Berichterstattung über die wirtschaftliche Lage des Betriebes und ihre Auswirkung auf den zu erwartenden Arbeitsbedarf bietet der Belegschaft kaum praktische Vorteile, da der vierteljährliche Intervall dieser Berichterstattung zu lang ist, um mehr als allgemeine Perspektiven zu geben, und die Unterrichtung des Betriebsrats über konkret bevorstehende Einstellungen und Entlassungen zudem durch Spezialbestimmungen gesichert ist[1]. Die erhaltene Auskunft aber in anderer Beziehung auszunützen und etwa betriebsegoistische oder konsumorientierte Forderungen daran anzuknüpfen, ist dem Betriebsrat durch die vorsichtige Zurückhaltung der Betriebsleitung in den meisten Fällen verwehrt. Soweit derartige Forderungen im Zusammenhang mit bestimmten Vorgängen des Betriebes auftauchen, stützen sie sich ähnlich wie bei der Bilanzvorlage weit mehr auf den *in der Praxis* erworbenen Einblick des Betriebsrats, als auf *die offizielle Berichterstattung* der Betriebsleitung.

In sozialpsychischer Hinsicht erscheint die Auskunftspflicht der Betriebsleitung und die regelmäßige Berichterstattung über die wirtschaftliche Lage und Entwicklung des Betriebes zwar als ein geeigneter Weg, um in der Belegschaft ein erhöhtes Betriebszugehörigkeitsgefühl und eine erhöhte Arbeitsfreude zu erwecken, die geringe sozialpsychische Wirksamkeit des Betriebsrätewesens ist jedoch auch auf diesem Wege bisher nicht merkbar beeinflußt worden. Auch hier sind es in erster Linie die persönlichen Hemmungen einer mißtrauischen Zurückhaltung auf seiten der Betriebsleitung, einer einseitig interessenpolitischen Einstellung auf seiten von Betriebsrat und Belegschaft und eines vielfach gestörten psychologischen Kontaktes zwischen Betriebsrat und Belegschaft, auf die diese geringe Wirksamkeit zurückzuführen ist. Wie bei der Bilanzkontrolle bereits dargelegt, sind diese persönlichen Hemmungen überwiegend spezifischer und darum kontinuierlicher Natur.

Die zukünftige Wirksamkeit der Auskunfts- und Berichterstattungspflicht der Betriebsleitung ist daher in realpolitischer wie in sozialpsychischer Hinsicht mit ähnlicher

[1]) Vgl. BRG. § 74.

Skepsis zu beurteilen, wie die zukünftige Wirksamkeit der Bilanzeinsicht und das, trotzdem die sachlichen Vorbedingungen hier wesentlich günstiger gestaltet sind.

2. Es entspricht sowohl dem Drängen von Partei und Gewerkschaft, als auch dem eigenen Streben des Betriebsrats, daß dieser bemüht ist, seine Kontrolle über die Wirtschaftsführung des Betriebes nicht auf die Bilanzeinsicht und die Auskunft und Berichterstattung der Betriebsleitung zu beschränken, sondern daß er diese Kontrolle über den Rahmen der ihm gesetzlich verliehenen Kontrollbefugnisse hinaus zu erweitern sucht.

Der Betriebsrat stützt sich dabei teilweise auf die programmatischen Bestimmungen des § 1 und des § 66, 1, indem er seine Forderung nach einer weitergehenden Kontrolle mit „der Sorge für die Wirtschaftlichkeit des Betriebes" und mit der „Unterstützung der Betriebsleitung" begründet, teilsweise aber auch sucht der Betriebsrat diese weitergehende Kontrolle durch Ausfragen der Angestellten und der Belegschaft und durch Sammlung des ihm jeweils zugänglichen Materials auf indirektem Wege durchzuführen [1]). Eng verbunden mit diesem Streben nach einer erweiterten Kontrolle ist vielfach das Bestreben des Betriebsrats, einen aktiven Einfluß auf die Wirtschaftsführung des Betriebes auszuüben. Da weder die Bestimmungen über die Bilanzvorlage, noch die Bestimmungen über die Berichterstattung rechtliche Anknüpfungspunkte für ein derartiges Einflußstreben bieten, kann der Betriebsrat sein Vorgehen auch hier nur auf die programmatischen Bestimmungen des § 1 und des § 66, 1 stützen, falls er nicht auf eine rechtliche Begründung seines Vorgehens ganz verzichtet und lediglich machtpolitische Argumente zu seiner Unterstützung heranzieht.

Wenn das Streben des Betriebsrats, seine Kontrolle und seinen Einfluß auf dem Gebiet der wirtschaftlichen Betriebsführung zu erweitern, agitatorisch und versuchsweise auch unverkennbar hervortritt, so sind die Verwirklichungsversuche dieses Strebens von rationeller Planmäßigkeit im allgemeinen doch weit entfernt. Die Kontrolle, die der Betriebsrat auf indirektem Wege auszuüben sucht, er-

---

[1]) Charakteristisch ist z. B. folgende Stelle aus einer Rede des Betriebsratsvorsitzenden des S.-Konzerns: „Wenn jeder Buchhalter und Kalkulator über seine Buchführung und Kalkulation an den Betriebsrat Auskunft gibt, können die Gestehungskosten und damit auch die Preise durch den Druck der Gewerkschaften ganz erheblich herabgesetzt werden." Entn. a. d. Sitzungsprotok. d. S.-Konzerns.

schöpft sich häufig in sporadischen Einzelversuchen, die auch bei qualifizierten und gut organisierten Betriebsräten nur selten in systematischem Zusammenhang miteinander stehen und nur selten kontinuierlich fortgeführt werden. Auch die Versuche auf dem Wege über die Bestimmungen des § 1 und § 66, 1, einen tiefergehenden Einblick in die Wirtschaftsführung des Betriebes zu gewinnen, bezw. einen aktiven Einfluß auf diese Wirtschaftsführung auszuüben, tragen meist nur den Charakter impulsiver und unzusammenhängender Vorstöße, die jeweils durch besondere Vorgänge des Betriebes oder durch besondere wirtschaftliche und politische Spannungsverhältnisse ausgelöst werden.

Die Betriebsleitung begegnet diesen Versuchen des Betriebsrats seine wirtschaftliche Kontroll- und Einflußsphäre über den Rahmen seiner diesbezüglichen Spezialbefugnisse hinaus zu erweitern im allgemeinen mit scharfer Abwehr. Zu den Motiven, die ihre ablehnende Haltung gegen eine wirtschaftliche Kontrolle des Betriebsrats bereits bei der Bilanzeinsicht und Berichterstattung begründen, tritt hier der Widerstand gegen das meist ungesetzliche Vorgehen des Betriebsrats und die Befürchtung, durch Nachgiebigkeit Präzedenzfälle für eine diesbezügliche Erweiterung des Betriebsrätewesens zu schaffen. Ebenso wie der Betriebsrat ist auch die Betriebsleitung in der Lage, ihren Standpunkt auf die dehnbaren Bestimmungen des § 1 und § 66, 1 zu stützen und unter Ausnutzung der ganz allgemein gehaltenen Fassung dieser Bestimmungen, die wirtschaftlichen Kontroll- und Einflußversuche des Betriebsrats erfolgreich abzulehnen.

Gegen die indirekten und gleichsam unter der Oberfläche wirkenden Kontrollversuche des Betriebsrats hat sich die Betriebsleitung dadurch verhältnismäßig wirksam geschützt, daß sie die internen Vorgänge des Betriebes von ausgewählten Angestellten bearbeiten läßt, die diesen Kontrollversuchen unzugänglich sind, und daß den übrigen Angestellten, wie den Belegschaftsangehörigen überhaupt, nur ein eng begrenzter Teileinblick zur Verfügung steht. Der Versuch einer betriebswirtschaftlichen Synthese dieser Teileinblicke durch den Betriebsrat muß selbst bei planmäßiger und kontinuierlich fortgeführter Arbeit notwendig lückenhaft bleiben, er muß um so lückenhafter bleiben, als eine derartige Arbeit vom Betriebsrat, wie dargelegt, nur selten geleistet wird.

Die interne Wirtschaftsführung des Betriebes ist damit im allgemeinen auch den indirekten Kontrollversuchen des Betriebsrats verschlossen, in Sonderfällen allerdings kann diesen Versuchen durch Indiskretion einzelner Angestellter ein gewisser Erfolg beschieden sein. Die Möglichkeit derartiger Indiskretionen von Angestellten ist zwar auch unabhängig von dem Betriebsrätewesen gegeben, eine spezifische Wirkung des Betriebsrätewesens ist es jedoch, daß nunmehr ein verstärkter Anreiz für solche Indiskretionen besteht, und daß die Möglichkeit ihrer Verwertung auf dem Wege über den Betriebsrat in vieler Beziehung erleichtert ist. Die Kontroll- und Einflußversuche des Betriebsrats bedeuten damit für die Betriebsleitung stets eine gewisse Gefahrenquelle, als ernsthafte Gefahr oder als einschneidender Eingriff in die Funktionen der wirtschaftlichen Betriebsführung sind diese Versuche vermöge ihres sporadischen Auftretens und ihrer durchschnittlichen Erfolglosigkeit jedoch kaum zu werten.

Ob in einer zukünftigen Entwicklung des Betriebsrätewesens für den Betriebsrat diesbezüglich größere Erfolgsmöglichkeiten begründet liegen, ist eine Frage, die in erster Linie, und in wesentlich höherem Maße noch als die Frage der Erfolgsaussichten des Betriebsrats überhaupt, von der Gestaltung der sozialen Machtverhältnisse abhängig ist.

3. Zu den bisher untersuchten Erscheinungsformen der wirtschaftlichen Betriebsdemokratie, wie sie in der Bilanzkontrolle des Betriebsrats, in seinen über das Gesetz hinausgehenden Kontroll- und Einflußversuchen und in der Berichterstattungspflicht der Betriebsleitung zum Ausdruck kommen, tritt als bedeutsamste und in vieler Beziehung besonders gestaltete Erscheinungsform die Teilnahme des Betriebsrats an den Funktionen des Aufsichtsrats.

Die Sonderstellung, die die Demokratisierung der Aufsichtsratsfunktionen im Rahmen der Betriebsdemokratie einnimmt, prägt sich zunächst darin aus, daß der Kreis der dieser Demokratisierung unterworfenen Betriebe gegenüber dem Kreis der von der Betriebsdemokratie überhaupt erfaßten Betriebe wesentlich eingeengt und auf solche Betriebe beschränkt ist, für die ein Aufsichtsrat besteht. Wann und in welchen Betrieben im Sinne des Betriebsrätewesens ein Aufsichtsrat besteht, hat das Gesetz ausdrücklich festgelegt, indem es bestimmt, daß ohne Rücksicht auf die Bezeichnung im Gesellschaftsvertrage alle im HGB. als Aufsichtsrat bezeichneten Organe der A.G., der A.K.G., der G. m. b. H., der eingetragenen Genossenschaft des Versicherungsvereins a. G. und der bergrechtlichen Gewerkschaft als Aufsichtsrat anzusehen sind [1]).

Es scheiden damit für die Demokratisierung des Aufsichtsrats oder aufsichtsratähnlicher Einrichtungen sowohl alle nicht in Gesellschaftsform betriebnen Unternehmungen, als auch wichtige Typen der Gesellschaftsunternehmung, wie die O.H.G, die K.G., der rechtsfähige Verein und die Gesellschaft des BGB. von vornherein aus [2]). Diesen Unternehmungsformen kommt aber trotz der überragenden Stellung, welche die A.G., das primäre Anwendungsgebiet der Aufsichtsratdemokratie, im Wirtschaftsleben einnimmt, eine erhebliche Bedeutung zu. Abgesehen davon, daß beispielsweise die Einzelunternehmung, die O.H.G. und die K.G. quantitativ einen starken Prozentsatz der gewerblichen Unternehmungen stellen, [3]), sind diese Unternehmungsformen, ebenso wie die Gesellschaft des BGB. und der rechtsfähige Verein als qualitativ einflußreiche Faktoren des Wirtschaftslebens zu werten.

Die K.G., die Gesellschaft der BGB. und der rechtsfähige Verein finden speziell in der modernen Konzentrationsbewegung mannigfache Verwendung, da sie in vielen Fällen die rechtliche Ausdrucksform für die Dachgesellschaften der Wirtschaftskonzerne, für die Interessentengemeinschaften, Kartelle und Syndikate [4]) bilden. Gerade in diesen Dach- und Syndikat-Gesellschaften und ihren aufsichtsratähnlichen Institutionen der Verwaltungsräte oder Beiräte wird häufig die hohe Politik der Unternehmung gemacht, in ihnen läuft die Finanzgebarung des Konzerns zusammen, und von ihnen werden die grundsätzlichen Wirtschaftsdispositionen getroffen. Selbst dort aber, wo die Dach- und Syndikats-Gesellschaften die Rechtsform einer A.G. oder einer G. m. b. H. besitzen und damit unter die Bestimmungen des Aufsichtsratsgesetzes fallen, ist die Arbeiterschaft als solche an der Demokratisierung des betreffenden Aufsichtsrats nur mittelbar durch den „Angestelltenbetriebsrat" der betreffenden Dachgesellschaft beteiligt. Die Betriebsräte der Untergesellschaften, d. h. der eigentlich produzierenden Unternehmungen, können kraft Gesetzes keinen Vertreter in den Aufsichtsrat ihrer kaufmännischen

---

[1]) Vgl. Aufsichtsratgesetz § 1.

[2]) So auch Dersch, Betriebsratmitgl. im Aufsichtsrat Anm. 3 zu § 1.

[3]) Vgl. hierzu Liefmann, Die Unternehmungsformen S. 27 ff.

[4]) Bei Verkaufssyndikaten, die nach dem System der Doppelgesellschaft errichtet sind, ist die eigentliche Syndikatgesellschaft meist eine Gesellschaft des BGB. während die Verkaufsstelle als solche durchschnittlich als G. m. b. H. oder als A.-G. errichtet ist.

Dachgesellschaft entsenden[1]). In der Praxis erfährt der Kreis der von der Aufsichtsratsdemokratie erfaßten Unternehmungen dadurch noch eine weitere Einschränkung, daß die in Form einer G. m. b. H. errichteten Unternehmungen ihren ja nur fakultativen Aufsichtsrat mit Rücksicht auf das Betriebsrätewesen stellenweise eingehen lassen, und daß die bergrechtlichen Gewerkschaften des preußischen Bergrechts nicht unter die Bestimmungen des Aufsichtsratgesetzes fallen, da das preußische Bergrecht für diese Gewerkschaften weder einen obligatorischen, noch einen fakultativen Aufsichtsrat vorsieht[2]).

Die Vertretung der Arbeiterschaft in den Kontroll- und Verwaltungsorganen der Privatwirtschaft ist also nicht nur quantitativ sehr begrenzt, sondern auch qualitativ recht lückenhaft, da wichtige und einflußreiche Gebilde des Wirtschaftslebens für diese Vertretung ausscheiden.

Im Gegensatz zu dem begrenzten Kreis der von der Aufsichtsratsdemokratie erfaßten Unternehmungen ist die Demokratisierung des Aufsichtsrats in den erfaßten Unternehmungen eine verhältnismäßig weitgehende. Auch in dieser Tatsache kommt die Sonderstellung, welche die Aufsichtsratsdemokratie im Rahmen der Betriebsdemokratie einnimmt, deutlich zum Ausdruck. Auf dem Gebiet der wirtschaftlichen Betriebsdemokratie ist dem Betriebsrat sonst nur ein Kontroll- und Beratungsrecht zugebilligt und die autokratische Stellung der Betriebsleitung so gut wie gar nicht beschränkt. Auf dem Gebiet der arbeitspolitischen Betriebsdemokratie ist dem Betriebsrat zwar ein gewisses Mitbestimmungsrecht gewährt, der Betriebsrat ist der Betriebsleitung jedoch auch auf diesem Gebiet durchaus untergeordnet, da seine gleichberechtigte Mitbestimmung sich nur auf einzelne Dispositionen der Betriebsleitung erstreckt, und da die Ausführung aller getroffenen Dispositionen allein der Betriebsleitung zusteht.

Diesen abgeschwächten Formen der Demokratisierung gegenüber zeigt die Demokratisierung des Aufsichtsrats insofern ein grundsätzlich anderes Gepräge, als dem Betriebsrat bezw. seinen in den Aufsichtsrat delegierten Mitgliedern hier eine völlig gleichberechtigte Stellung eingeräumt ist. Das Aufsichtsratgesetz bestimmt im § 3, daß auf

---

[1]) So auch Dersch, a. a. O. Anm 10b, I zu § 1.

[2]) Die Definition des § 1 Aufsichtsratgesetz setzt irgendeine gesetzliche Regelung durch die Fassung: „Aufsichtsrat ist .... das in den Berggesetzen als Aufsichtsrat bezeichnete Organ" aber notwendig voraus.

die in den Aufsichtsrat entsandten Betriebsratsmitglieder dieselben gesetzlichen Bestimmungen Anwendung finden, welche für die übrigen Aufsichtsratmitglieder gelten. Damit sind die Rätemitglieder zu Bestandteilen des Aufsichtsrats mit grundsätzlich gleichem Aufgabenkreis wie die Satzungsmitglieder gestempelt[1]), und damit ist die auf Grund des § 70 BRG. entstandene Streitfrage[2]), ob die Rechtsstellung der Rätemitglieder im Aufsichtsrat auf eine Vertretung der Arbeitnehmerinteressen beschränkt sei, im Sinn einer unbeschränkten Gleichberechtigung der Rätemitglieder gelöst.

Inhaltlich bedeutet das zunächst, daß dem Betriebsrat bezw. seinen in den Aufsichtsrat delegierten Mitgliedern hier erstmalig eine aktive Mitbestimmung in der obersten Leitung der Unternehmung zusteht, denn als Mitglieder des Aufsichtsrats wirken die Betriebsratsdelegierten an allen Beschlüssen des Aufsichtsrats, insbesondere also auch an den Beschlüssen, die sich mit der organisatorischen, finanziellen und personalpolitischen Leitung der Unternehmung befassen[3]), voll stimmberechtigt mit.

Abgesehen von dieser Möglichkeit, in der obersten Leitung der Unternehmung mitzuwirken ist dem Betriebsrat durch die Teilnahme an den Aufsichtsratfunktionen aber auch zum erstenmal die Möglichkeit gegeben, den wirtschaftlichen Aufbau und die Geschäftsführung der Unternehmung uneingeschränkt zu kontrollieren. Während die Kontrollmöglichkeiten des Betriebsrats bei der Einsichtnahme in die Bilanz und bei der Berichterstattung der Betriebsleitung nur sehr beschränkt und lückenhaft sind, ist das Kontrollrecht der in den Aufsichtsrat delegierten Betriebsratmitglieder, ein außerordentlich weitgehendes, da es sich in vollem Umfange mit den Aufgaben und Kontrollbefugnissen des Aufsichtsrats deckt. In ihrer Eigenschaft als Mitglieder des Aufsichtsrats nehmen die Betriebsratdelegierten an der Überwachung der Geschäftsführung in allen Zweigen der Verwaltung teil[4]), sie nehmen teil an der Kontrolle über die

---

[1]) So auch Dersch, a. a. O. Anm. 2a u. Anm. 3a, I B zu § 3.

[2]) Die Streitfrage knüpft an folgenden Passus des § 70 an: „Um die Interessen und Forderungen der Arbeiter sowie deren Wünsche hinsichtlich der Organisation des Betriebes zu vertreten" . . . werden Betriebsratmitglieder in den Aufsichtsrat entsandt.

[3]) Das Schwergewicht der Aufsichtsratfunktionen ist von einer bloßen Kontrolltätigkeit in der Praxis meist zu Gunsten einer weitgehenden Einflußnahme auf die wirtschaftliche und organisatorische Leitung der Unternehmung verschoben.

[4]) Vgl. § 246 HGB. und die analogen Vorschriften in den handelsrechtlichen Nebengesetzen.

Bücher und Schriften, über die Waren und Kassenbestände der Gesellschaft, sie nehmen teil an der Prüfung der Jahresrechnungen, der Bilanzen und Dividendenvorschläge, sie erhalten ebenso wie die übrigen Aufsichtsratmitglieder die Orientierungsberichte und Erläuterungen des Vorstandes und sie sind zu allen satzungsgemäßen Kontrollfunktionen des Aufsichtsrats, auch soweit diese über die gesetzliche Pflichtkontrolle hinausgehen, heranzuziehen[1]).

Neben dem eingeschränkten Kreis der erfaßten Unternehmungen und der erweiterten Form der Demokratisierung ist es schließlich die besondere soziologische Position der in den Aufsichtsrat delegierten Mitglieder des Betriebsrats, durch welche die Sonderstellung der Aufsichtsratdemokratie gekennzeichnet wird. Die Eigenart dieser soziologischen Position liegt darin begründet, daß nicht der Betriebsrat als solcher oder wenigstens der fünfköpfige Betriebsausschuß Träger der Aufsichtsratdemokratie ist, sondern daß, aus nochmaliger interner Wahl hervorgegangen, im Höchstfall zwei Mitglieder des Betriebsrats[2]) die Rechte der Aufsichtsratdemokratie wahrnehmen. Diese Beschränkung in der Zahl, verbunden mit der doppelten Auslese, bedeutet auf der einen Seite zwar eine erhöhte Arbeitsfähigkeit der betreffenden Betriebsratsmitglieder, sie bedeutet auf der andern Seite jedoch eine Verschärfung der führersoziologischen Entfremdungsmomente, die von Natur aus in dem Verhältnis von Betriebsrat und Belegschaft eingeschlossen liegen. Da die Aufsichtsratdelegierten in ihrer Eigenschaft als solche nicht von der Belegschaft selbst, sondern indirekt von dem Betriebsrat bezw. von der Gesamtheit der Betriebsräte einer Unternehmung gewählt werden[3]), ist ihre psychologische Distanzierung zur Belegschaft größer als die der übrigen Betriebsratmitglieder und da nur zwei, der gegenseitigen Kontrolle der Amtskollegen damit so gut wie entzogene Mitglieder das schwierige und scheinbar anfechtungsreiche Amt der Aufsichtsratdelegierten wahrnehmen, sind dem latenten Mißtrauen der Belegschaft verstärkte Anklammerungspunkte geboten. Es kommt hinzu, daß den Aufsichtsratmitgliedern des Betriebsrats durch den überwiegend vertraulichen Charakter ihrer Tätigkeit eine weitgehende Schweigepflicht, sowohl dem Betriebsrat als auch der Belegschaft gegenüber, auferlegt ist, ein Umstand, der

[1]) So auch Dersch, a. a. O. Anm. 3a, I B zu § 3.
[2]) Vgl. Aufsichtsratgesetz § 4.
[3]) Vgl. Aufsichtsratgesetz § 5 und Dersch, a. a. O. Anm. 2a und 2b zu § 5.

die schwierige, belegschaftssoziologische Stellung dieser Aufsichtsratmitglieder noch weiterhin erschwert.

Während die Aufsichtsratsdemokratie somit in formeller wie in belegschaftssoziologischer Hinsicht erhebliche Abweichungen von der sonstigen Gestaltung der Betriebsdemokratie aufweist, zeigt die psychologische Einstellung des Aufsichtsrats und der in den Aufsichtsrat delegierten Betriebsratmitglieder weitgehende Analogien zu der Einstellung, mit der Betriebsleitung und Betriebsrat einander sonst auf dem Gebiet der Betriebsdemokratie gegenüberstehen. Wie die Betriebsleitung der Teilnahme des Betriebsrats an der betrieblichen Wirtschaftsführung mit Ablehnung begegnet, so nimmt auch der Aufsichtsrat[1]) gegen die Teilnahme des Betriebsrats an seinen Funktionen, besonders aber gegen die umfassende und uneingeschränkte Form dieser Teilnahme, eine überwiegend ablehnende Haltung ein, und er wird hierin durch seine Komplimentärorgane Vorstand und Generalversammlung meist wirksam unterstützt.

Diese ablehnende Haltung gegen die Aufsichtsratszugehörigkeit des Betriebsrats und gegen seine, den Satzungsmitgliedern völlig adäquaten Befugnisse liegt grundsätzlich in denselben Motiven begründet, die für die Ablehnung einer wirtschaftlichen Kontrolle und Betätigung des Betriebsrats überhaupt maßgebend sind, den erweiterten Befugnissen des Betriebsrats und der erhöhten Bedeutung des Aufsichtsrats entsprechend, machen sich diese Motive hier jedoch in gesteigertem Maße geltend. Neben der Befürchtung, durch eine unsachgemäße und nicht lediglich wirtschaftlich orientierte Behandlung der schwebenden Fragen an der rationellen Erledigung seiner Geschäftsführung gehindert zu werden, ist es vor allem die Befürchtung, durch Preisgabe interner Betriebs- und Vermögensangelegenheiten konkurrenzwirtschaftliche oder politische Nachteile zu erleiden, die den Aufsichtsrat zu weitgehender Zurückhaltung gegen seine Betriebsratmitglieder bestimmt.

Das der privaten Unternehmung eigentümliche, bei der Bilanzvorlage und Berichterstattung bereits zutage tretende, Geheimhaltungsstreben erscheint hier besonders scharf ausgeprägt, da einerseits der Aufsichtsrat die indiskretionsempfindlichste Stelle der modernen Gesell-

---

[1]) In der Gegenüberstellung zum Betriebsrat wird unter „Aufsichtsrat" immer nur die satzungsgemäße Körperschaft ohne ihre Betriebsratmitglieder verstanden."

schaftsunternehmung ist, und da andererseits, und damit korrespondierend, die gemeinwirtschaftlichen und unternehmungsfeindlichen Tendenzen innerhalb der Arbeiterschaft in starkem Maße gerade auf die Aufsichtsratdemokratie konzentriert sind. In welchem Maße letzteres der Fall ist, ist im Rahmen der Gewerkschaftsbewegung, wie im Rahmen der Betriebsrätepolitik bereits dargelegt worden, es ist dargelegt worden, daß ein Großteil der Arbeiterschaft in der Aufsichtsratdemokratie eine um des Prinzips willen bedeutsame Etappe auf dem Wege zur proletarischen Selbstverwaltung sieht, daß die Arbeiterbewegung von der Aufsichtsratmitgliedschaft des Betriebsrats ebenso statistisch und propagantistisch wertvolle Kontrollergebnisse, wie einen gemeinwirtschaftlichen Einfluß auf die Leitung der Unternehmung erhofft, daß die Arbeiterbewegung durch diese Mitgliedschaft die sozialistischen Wirtschaftsführer der Zukunft heranbilden will.

Der Aufsichtsrat muß daher mit psychologischer Notwendigkeit[1]) die Mehrzahl der Betriebsratsdelegierten als Fremdkörper in seinem Organismus empfinden, als Fremdkörper, der auch in der Stellung der interessenpolitisch verschieden orientierten Satzungsmitglieder keine Parallele findet. Diese interessenpolitisch verschieden orientierten Satzungsmitglieder werden durch ihre gemeinsame Wirtschaftsauffassung, durch ihre gemeinsame Unterwerfung unter die Regeln der kaufmännischen Sitte und durch ihre gemeinsame Gesellschaftssphäre doch zu homogenen Bestandteilen desselben Organs gestempelt, während die Betriebsratsmitglieder mit ihrer grundsätzlichen Kampfstellung gegen die bestehende Wirtschaftsordnung, mit ihrer bewußten Nichtachtung oder unbewußten Nichtkenntnis der kaufmännischen Sitte und mit ihrer andersartigen gesellschaftlichen Herkunft und Vorbildung ihren Charakter als Fremdkörper in einem spezifisch auf die Erfordernisse der Privatwirtschaft zugeschnittenen Organ kaum verleugnen können.

Die Reaktion des Aufsichtsrats gegen den ihm zwangsweise einverleibten Fremdkörper der Betriebsratsdelegierten äußert sich teils, so bei der Verschärfung des Geheimhaltungsstrebens, in der sachlich begründeten Tendenz, die

---

[1]) Charakteristisch ist, daß diese psychologische Zwangsläufigkeit auch von der Arbeiterschaft selbst anerkannt wird. So schreibt z. B. der Vorwärts: „Es ist nicht verwunderlich, wenn die kapitalistischen Kräfte sich jetzt bemühen, diesen Fremdkörper (die Betriebsratmitglieder des Aufsichtsrats) nach allen Regeln der Kunst einzukapseln". Nr. 227 v. 15. 5. 22.

schädlichen Wirkungen dieses Fremdkörpers vorbeugend zu paralysieren, teils löst diese Reaktion aber auch Motive des Widerstandes aus, die mehr prinzipieller als sachlicher Natur sind. Es ist mit das prinzipielle Bestreben, dem machtpolitischen Vordringen der Arbeiterschaft einen Damm entgegenzusetzen und die machtpolitisch wichtige Position der Betriebsratdelegierten eben um ihrer Wichtigkeit willen zu einer praktisch bedeutungslosen herabzudrücken, das die Abwehrstellung des Aufsichtsrats gegen seine Betriebsratmitglieder begründet, es ist gerade bei den prominenten und einflußgewohnten Aufsichtsratmitgliedern vielfach das Gefühl verletzten und in seiner ureigensten Sphäre gehemmten Herrentums, das diese Mitglieder zu einem ablehnenden Verhalten gegen die Betriebsratdelegierten bestimmt.

Die Maßnahmen, deren sich Aufsichtsrat und Betriebsleitung bedienen, um die erwähnten Wirkungen der Aufsichtsratdemokratie nach Möglichkeit zu umgehen, bezw. abzuschwächen, sind außerordentlich mannigfach. Einleitend ist bereits darauf hingewiesen worden, daß Gesellschaften mit fakultativem Aufsichtsrat, so vor allem die in Form einer G. m. b. H. errichteten Gesellschaften, ihren Aufsichtsrat vielfach wieder abschaffen und für die Wahrnehmung bestimmter Aufgaben besondere Verwaltungsorgane bilden. Derartige Organe sind den Bestimmungen des Aufsichtsratgesetzes und damit dem Einfluß des Betriebsrätewesens insoweit entzogen, als ihnen nicht Aufgaben übertragen sind, die sich im Sinn der Mußvorschriften des § 246 HGB. als spezifische Aufsichtsratfunktionen darstellen[1]). Bei Gesellschaften, für die ein obligatiorischer Aufsichtsrat besteht, vor allem also bei Aktiengesellschaften, wird häufig eine ähnliche Taktik befolgt. Eine Abschaffung des Aufsichtsrats als solchem ist hier zwar nicht möglich, wohl aber werden nicht selten die fakultativen, über den gesetzlichen Pflichtrahmen hinausgehenden Befugnisse des Aufsichtsrats weitgehend abgebaut und auf besondere Organe übertragen[2]) [3]). So sind beispielsweise die dem Aufsichtsrat vielfach obliegenden personalpolitischen Befugnisse, wie die

---

[1]) So auch Dersch, a. a. O. Anm. 3b II zu § 1.

[2]) Vgl. hierzu u. a. die Zusammenstellung in der Soz. Prax. Nr. 36 Jahrg. 1922, ferner d. Ber. d. Korr.-Bl. in Nr. 22 v. 3. 6. 22 u. d. Ber. d. Vorwärts in Nr. 227 v. 15. 5. 22.

[3]) Über die rechtlichen Zulässigkeit derartiger Maßnahmen vgl. auch Dersch, a. a. O. Anm. 3a I B zu § 3, analog der Handelsteil der Frankfurter Ztg. v. 7. 1. 22 ferner: Jakustel, Der Ausschluß der Betriebsratsvertreter von Aufsichtsratsgeschäften in Arbeitsrecht, II. Jahrg., Heft 12.

Anstellung von Vorstandsmitgliedern, Direktoren und Prokuristen in zahlreichen Fällen auf ad hoc gebildete Verwaltungsräte übertragen worden, ebenso wie häufig ein besonderer Verwaltungsrat neben den Aufsichtsrat getreten ist, um von diesem ein satzungsgemäßes Vetorecht gegen einzelne Geschäfte des Vorstandes oder ein sonstiges satzungsgemäßes Einflußrecht auf die Geschäftsführung der Gesellschaft zu übernehmen.

Weniger umständlich und vor allem weniger geräuschvoll, als derartige offizielle Satzungsänderungen, ist die von vielen Aufsichtsräten geübte Praxis durch internen Geschäftsführungsbeschluß den Schwerpunkt ihrer Tätigkeit von dem Plenum ihrer Körperschaft in einzelne Ausschüsse zu verlegen. Auf diese Weise wird einerseits das Odium einer absichtlichen Umgehung des Aufsichtsratgesetzes leichter vermieden, andererseits können die Betriebsratdelegierten auf diese Weise auch von den nicht abbaufähigen Pflichtfunktionen des Aufsichtsrats bis zu einem gewissen Grade ausgeschlossen werden, da sie nur auf demselben geschäftsordnungsmäßig bestimmten Wege, wie die Satzungsmitglieder in die Ausschüsse des Aufsichtsrats gelangen können. Werden die Betriebsratsdelegierten unter Beobachtung der Abstimmungsvorschriften nicht in die Ausschüsse des Aufsichtsrats gewählt, bietet das Aufsichtsratgesetz keine Handhabe, um ihnen eine Teilnahme an diesen Ausschüssen, etwa durch öffentlich-rechtliche Delegation zu ermöglichen[1]. Die Wirksamkeit der Betriebsratdelegierten ist in derartigen Fällen fast ausschließlich auf die Vollversammlungen des Aufsichtsrats beschränkt. In diesen Vollversammlungen nehmen die Betriebsratdelegierten an den formellen Abstimmungen über die Ausschußanträge teil, sie können auch die für die Abstimmung erforderlichen Unterlagen zur Besprechung bringen und Bericht über die Tätigkeit der Ausschüsse verlangen, von der eigentlich bedeutungsvollen, die internen Einzelheiten der Geschäftsführung berührenden Kleinarbeit der Ausschüsse sind die Betriebsratdelegierten jedoch ausgeschlossen.

In ähnlicher Weise ist die Wirksamkeit der Betriebsratdelegierten beschränkt, wenn wichtige Funktionen des Aufsichtsrats auf einzelne Aufsichtsratmitglieder oder auf den Aufsichtsratvorsitzenden übertragen sind. Die auch unabhängig von der Einwirkung des Betriebsrätewesens vielfach geübte Praxis, besondere Aufgaben, wie beispielsweise die Kontrollfunktionen, durch einzelne vom Aufsichtsrat

---

[1] So auch Dersch, a. a. O. Anm. 3a, II C aa zu § 3.

beauftragte Mitglieder ausüben zu lassen, hat unter der Einwirkung des Betriebsrätewesens eine beträchtliche Erweiterung erfahren, und der Aufsichtsrat als Gremium ist nicht selten zu einer bloßen Staffage geworden[1]).

Die geringe Bedeutung des Aufsichtsrats als Gremium tritt ferner darin zutage, daß die Zahl der offiziellen Aufsichtsratsitzungen vielfach auf ein Minimum reduziert ist, und daß der praktische Wert dieser Sitzungen unter der Einwirkung des Aufsichtsratgesetzes und unter der Einwirkung des Betriebsrätewesens im allgemeinen stark zurückgegangen ist. So werden in den offiziellen Sitzungen häufig rein formale Fragen behandelt, oder die Aufsichtsratmitglieder beschränken sich auf kurze Andeutungen, wo längere Darlegungen am Platze wären, sie stimmen ab, ohne ihr Votum zu begründen, und sie suchen überhaupt durch konzentrierte stichwortartige Behandlung des Stoffes ein kritisches Verstehen und Folgen der Betriebsratdelegierten nach Möglichkeit zu verhindern. Die materiell wichtigen Beratungen werden demgegenüber in inoffiziellen, privaten Charakter tragenden Besprechungen erledigt, und die Satzungsmitglieder werden über die internen Angelegenheiten der Gesellschaft durch persönliche Informationen unterrichtet.

Der Gefahr, daß die Stimmen der Betriebsratdelegierten bei irgendwelchen Beschlußfassungen des Aufsichtsrats den Ausschlag geben können, haben die Gesellschaften dadurch vorgebeugt, daß sie erforderlichenfalls die Zahl der Satzungsmitglieder erhöht haben. Da unabhängig von der Größe des Aufsichtsrats, im Höchstfall zwei Betriebsratdelegierte dem Aufsichtsrat angehören[2]), ist das Stimmenübergewicht der Satzungsmitglieder auf diese Weise weitgehend gesichert und auch die Möglichkeit einer Zufallsmehrheit der Betriebsratdelegierten so gut wie ausgeschlossen worden.

Neben den bisher skizzierten Maßnahmen, die sämtlich darauf abzielen, durch Veränderung des Aufsichtsrates, seiner Struktur, seiner Funktionen und seiner Geschäftsführung ein möglichst geringes Angriffsfeld für die Tätigkeit der Betriebsratdelegierten zu bieten, werden von Aufsichtsrat und Betriebsleitung vielfach auch die zahlreichen Mittel einer persönlichen Beeinflussungspolitik angewendet,

---

[1]) Charakteristisch in dieser Beziehung ist z. B. das Beschwerdematerial, das die V. S. P. D. bei der Etatsberatung des Reichsarbeitsministeriums vorlegte. Teilweise abgedruckt in der Betriebsrätezeitschrift für Funktionäre der Metallindustrie Nr. 11 v. 26. 5. 23.

[2]) Vgl. Aufsichtsratgesetz § 4.

um der Aufsichtsratdemokratie ihre gefährlichen Schärfen zu nehmen. So suchen Aufsichtsrat und Betriebsleitung beispielsweise durch entsprechende Beeinflussung des Wahlkörpers auf die Wahl gemäßigter Betriebsratmitglieder zu Aufsichtsratsdelegierten einzuwirken, sie suchen die gewählten Mitglieder sowohl durch persönlich liebenswürdige, als auch durch beruflich bevorzugte Behandlung für eine entgegenkommende Haltung zu gewinnen, oder sie sind bemüht, besonders radikale Mitglieder durch geschickte Ausnützung der von Natur aus vorhandenen Entfremdungsmomente von dem übrigen Betriebsrat und von der Belegschaft zu isolieren.

Zusammenfassend läßt sich feststellen, daß den Gesellschaften eine ganze Anzahl zweckentsprechender Mittel zur Verfügung steht, mit Hilfe deren sie die unangenehmen und gefahrvollen Wirkungen der Aufsichtsratdemokratie umgehen und die Tätigkeit der in den Aufsichtsrat delegierten Mitglieder des Betriebsrats zu einer verhältnismäßig harmlosen gestalten können. Die Gesellschaften haben von diesen verschiedenen Mitteln zwar häufig, aber keineswegs immer Gebrauch gemacht, und in vielen Fällen vollzieht sich die Aufsichtsratdemokratie, teils infolge eines opportunistischen Entgegenkommens auf beiden Seiten, teils infolge der Bedeutungslosigkeit und der geringen Aktivität der Betriebsratdelegierten reibungslos und ohne planmäßige Abwehrpolitik auf seiten der Gesellschaften. Für die Beurteilung der Aufsichtsratdemokratie ist das entscheidende Gewicht jedoch auf die Tatsache zu legen, daß die Gesellschaften eine wirksame Abwehrpolitik jederzeit zur Anwendung bringen können, sofern sie eine solche Politik für nötig halten.

Dem Kontroll- und Einflußstreben des Betriebsrats, bezw. darüber hinaus der Aufsichtsratdemokratie als solcher, stehen damit häufig planmäßige Widerstände entgegen, und wie auf dem Gebiet der wirtschaftlichen Betriebsdemokratie überhaupt, so wird die Überwindung dieser Widerstände auch hier durch die Schwierigkeiten der Aufgabe an sich und durch die geringen wirtschaftlichen Fähigkeiten der meisten Betriebsräte gehemmt. Wenn den Betriebsratmitgliedern durch ihre Teilnahme an den Kontrollfunktionen des Aufsichtsrates ein fruchtbarer Einblick in den Gang und den internen Aufbau der Gesellschaft vermittelt werden soll, wenn von der Zusammenarbeit der Betriebsratdelegierten mit den Satzungsmitgliedern des Aufsichtsrats weitgehende erziehliche und psychologische Wirkungen erwartet werden und wenn durch die Teilnahme an den Abstimmungen des

Aufsichtsrats der positive Einfluß des Betriebsrats auf die Leitung der Unternehmung wirksam zur Geltung kommen soll, so sind das Aufgaben und Erwartungen, die den Rahmen des Erreichbaren zum Teil weit überschreiten[1]).

Die Kontrollfunktionen des Aufsichtsrats stellen bei dem Umfang der meisten Unternehmungen, bei den komplizierten buch- und bilanztechnischen Beziehungen zwischen den einzelnen Abteilungen und Betrieben einer Unternehmung und bei der Verflechtung der Unternehmungen untereinander schon an die wirtschaftlich geschulten Satzungsmitglieder des Aufsichtsrats Anforderungen, denen diese Mitglieder keineswegs immer gewachsen sind, noch viel weniger jedoch sind die fast ungeschulten Betriebsratmitglieder in der Lage, diesen Anforderungen zu genügen und die Kontrollfunktionen des Aufsichtsrats zur Erweiterung ihres betriebswirtschaftlichen Überblicks, bezw. im Sinn der Arbeiterbewegung, zur Ausübung einer gemeinwirtschaftlich orientierten Kontrolle auszunutzen. Dieselben Mängel einer in kurzen Kursen und im Studium der Betriebsrätepresse erworbenen theoretischen Halbbildung und einer fast stets fehlenden praktischen Vorbildung, die bereits die Wirksamkeit der Bilanzeinsicht und Berichterstattung ungünstig beeinflussen, machen sich im Rahmen der Aufsichtsratdemokratie in verstärktem Maße bemerkbar. Hier stellen die wesentlich weitergehenden Kontrollbefugnisse, sowie die größere Selbständigkeit und Bewegungsfreiheit der in den Aufsichtsrat entsandten Mitglieder des Betriebsrats an die Sachkenntnis, die Urteilsfähigkeit und die persönliche Initiative dieser Mitglieder sehr viel höhere Anforderungen, als sie sonst an den Betriebsrat gestellt werden, und der Mangel derartiger Fähigkeiten übt dementsprechend hier einen besonders hemmenden Einfluß auf die Wirksamkeit der Demokratisierung aus[2]).

In engem Zusammenhange mit dieser mangelnden Qualifizierung der Betriebsratmitglieder steht die Tatsache, daß die Teilnahme an den Sitzungen und Beratungen des Aufsichtsrats und die Zusammenarbeit mit den Satzungsaufsichtsräten für die Betriebsratmitglieder im allgemeinen weder besonders instruktiv, noch sozialpsychisch besonders eindrucksvoll ist. Von der bewußten Zurückhaltung, die sich die Satzungsmitglieder im Beisein der Betriebsratsmitglieder häufig auferlegen, ganz abgesehen, gehen die

---

[1]) Dieselbe Ansicht vertritt auch Heyde im Bulletin a. a. O. S. 54.

[2]) Über diesen hemmenden Einfluß vgl. u. a. den Gewerbeaufsichtsber. f. Württemb. 1922, abgedr. i. d. Soz. Prax. XXXII. Jahrgang Nr. 29.

Sitzungen und Beratungen des Aufsichtsrates meist in so konzentrierter Form vor sich, die Berichte, die der Aufsichtsrat anhört, die knappen Debatten die er führt, sind durchschnittlich so auf eingehende Kenntnis der Zusammenhänge und auf schnelles Verarbeiten des Vorgetragenen zugeschnitten, daß die Betriebsratmitglieder den behandelten Stoff nur selten in sich aufnehmen können, und daß der Aufsichtsrat für sie, die von elementarer Bildungsstufe aus in die Kunst der Unternehmungsleitung eindringen sollen, als wenig geeignete Lehrstelle erscheint. Die Betriebsrat mitglieder können von den Aufsichtsratsitzungen daher auch nur schwer das Gefühl einer wirklichen Befriedigung mitnehmen, sie können sich durch die Teilnahme an diesen Sitzungen kaum innerlich mit der Unternehmung verbunden fühlen, und sie sind selbst bei gutem Willen nur selten in der Lage, aus diesen Sitzungen einen Maßstab für die richtige Bewertung der Unternehmerleistung zu gewinnen [1]. Ihre Bewertung der Unternehmerfunktionen muß dabei um so unvollkommener bleiben, als die dispositiven Funktionen der Unternehmungsleitung meist gar nicht von *der Körperschaft* des Aufsichtsrats geleistet werden. Der weitgehende Einfluß, den der Aufsichtsrat vielfach auf die Leitung des Unternehmens ausübt, geht vielmehr fast stets von *einzelnen Persönlichkeiten* aus und tritt in den eigentlichen Aufsichtsratssitzungen kaum zutage. Die Zugehörigkeit zu der Körperschaft des Aufsichtsrats und die Teilnahme an ihren Abstimmungen, ist daher auch keineswegs gleichbedeutend mit einem aktiven Einfluß auf die Führung der Unternehmung, und selbst wenn sich die Betriebsratmitglieder nicht ausnahmslos in Stimmenminorität befänden, würde ihr Einflußstreben in der körperschaftlichen Tätigkeit des Aufsichtsrats nur geringe Anknüpfungspunkte finden.

Aus der Abwehrpolitik der Gesellschaften, aus der Struktur und den Funktionen des Aufsichtsrates, und aus der mangelnden Vorbildung und Befähigung der Betriebsratdelegierten erwachsen der Demokratisierung des Aufsichtsrats damit Hemmungen, durch die in erster Linie die wirtschaftliche und sozialpsychische Wirksamkeit der Aufsichtsratdemokratie beeinflußt wird.

In arbeitspolitischer Hinsicht sind diese Hemmungen von verhältnismäßig geringerer Bedeutung und die Vor-

---

[1] Nach dem Scheitern der übrigen Hoffnungen wird gerade diese Erwartung neuerdings stark in den Vordergrund gestellt, vgl. auch Heyde im Bulletin a. a. O. S. 54.

bedingungen für eine diesbezügliche Wirksamkeit der Aufsichtsratdemokratie sind dementsprechend relativ günstig gestaltet. Die Gesellschaften, bezw. der Aufsichtsrat selbst, setzen der arbeitspolitischen Betätigung der Betriebsratdelegierten kaum Widerstand entgegen, nicht selten begünstigen sie eine solche Betätigung sogar, um die Betriebsratmitglieder von einer störenderen Beschäftigung mit wirtschaftlichen Fragen abzuhalten und ihnen eine gewisse Kompensation für ihre Kaltstellung auf anderen Gebieten zu gewähren. Dazu kommt, daß der Aufsichtsrat für die Behandlung wichtiger arbeitspolitischer Fragen stellenweise geeigneter erscheint, als der Vorstand oder die Betriebsleitung. Während der Vorstand und erst recht die Betriebsleitung jederzeit die Möglichkeit haben, sich der Belegschaft gegenüber hinter ihre „Instruktionen" und ihre Stellung als ausführende Beamte der Gesellschaft zu verschanzen und dadurch einen unpersönlichen, für die Belegschaft nicht erreichbaren Willen vorzuschieben, ist diese Möglichkeit des Zurückweichens für den Aufsichtsrat in sehr viel geringerem Maße gegeben. Der Aufsichtsrat nimmt vermöge seiner Struktur und seiner Funktionen, wenn auch nicht de jure, so doch de facto die Stelle eines obersten Willensorganes der Gesellschaft ein, er übt selbst dem Vorstand gegenüber in vieler Beziehung Vorgesetztenfunktionen aus, und er kann sich, soweit er die Selbstverantwortung scheut, höchstens mit den Beschlüssen der Generalversammlung decken, eine Deckungsmöglichkeit, die jedoch gerade auf arbeitspolitischem Gebiet häufig versagen wird. Der Betriebsrat ist also durch seine Vertretung im Aufsichtsrat jederzeit in der Lage, mit seinen Wünschen und Beschwerden unmittelbar vor die oberste und meist erfolgreichste Instanz der Gesellschaftsunternehmung zu gelangen, er ist in der Lage, mit diesen Wünschen und Beschwerden an eine Instanz zu appellieren, die aus der eigentlichen Arbeitspolitik des Werkes und der Sphäre des täglichen Kleinkampfes herausgehoben, in arbeitspolitischer Hinsicht vielfach zu einer entgegenkommenderen Haltung geneigt ist, als der Vorstand und die Betriebsleitung.

Die Vorbedingungen für eine arbeitspolitische Wirksamkeit der Aufsichtsratdemokratie sind schließlich dadurch relativ günstig gestaltet, daß sich die Anforderungen, die in dieser Beziehung an die Vorbildung und die Fähigkeiten der Betriebsratdelegierten gestellt werden, durchaus im Rahmen des Möglichen halten. Sowohl die Verhandlungsgeschicklichkeit und die rednerische Gewandtheit, die zur Vertretung der Belegschaftsinteressen vor dem Aufsichtsrat erforderlich sind, als auch die natürliche Intelligenz und Kombinationsfähigkeit, die aus dem Verhalten und der allgemeinen Tätigkeit des Aufsichtsrats gewisse arbeitspolitische Schlußfolgerungen ableiten kann, werden bei den Aufsichtsratsdelegierten des Betriebsrats meist vorhanden sein. Das doppelte Wahlverfahren und die Beschränkung des Wahlkörpers wirken in dieser Beziehung als Ausleseprozeß, aus dem zwar keineswegs Aufsichtsratdelegierte hervorgehen, die den an sie gestellten Aufgaben gewachsen sind, durch den aber in der Mehrzahl der Fälle doch die qualifizierten Mitglieder des Betriebsrats zu Aufsichtsratdelegierten erhoben werden.

Soweit von der Demokratisierung des Aufsichtsrats daher im gegenwärtigen Entwicklungsstadium des Betriebsrätewesens überhaupt positive Wirkungen ausgehen, liegen diese Wirkungen in erster Linie auf arbeitspolitischem und nicht der Ideologie des Gesetzes gemäß auf wirtschaftlichem oder sozialpsychischem Gebiet.

Für den Aufsichtsrat und darüber hinaus für die Gesellschaft als solche bedeutet diese beschränkte Wirksamkeit der Demokratisierung zunächst eine Beschränkung der mit der Aufsichtsratdemokratie verbundenen Gefahren. Durch die Tatsache, daß die Betriebsratdelegierten trotz ihrer Zugehörigkeit zum Aufsichtsrat und trotz ihrer Teilnahme an den Aufsichtsratfunktionen im allgemeinen nicht in der Lage sind, einen Einblick in die Geschäftsgeheimnisse und den internen Aufbau der Unternehmung zu gewinnen oder gar eine ernsthafte Kontrolle über die Geschäftsführung der Unternehmung auszuüben, sind die Gesellschaften vor Indiskretionen der Betriebsratdelegierten verhältnismäßig geschützt. Dieser Schutz ist auch hier, ähnlich und aus denselben Gründen wie bei der Bilanzeinsicht, praktisch wesentlich stärker als die gesetzliche Schweigepflicht der Betriebsratdelegierten, und auch hier ist die Tatsache, daß die Gesellschaften durch Indiskretionen der Arbeitnehmeraufsichtsräte nur in Ausnahmefällen zu leiden hatten, im allgemeinen mehr auf den mangelnden Einblick, als auf die Diskretion der Betriebsratdelegierten zurückzuführen.

Neben dem relativ weitgehenden Schutz vor Indiskretionen bedeutet die geringe Wirksamkeit der Aufsichtsratdemokratie für die Gesellschaften aber vor allem eine weitgehende Sicherung vor einer störenden Beschränkung ihres Satzungsaufsichtsrats. Da die Mitbestimmung der Betriebsratdelegierten bei der Stimmenunterlegenheit derselben kaum zur Geltung kommt, kann sich der Wille der Satzungsmitglieder in den Beschlüssen des Aufsichtsrats fast unbeschränkt durchsetzen, und auch dort, wo der Einfluß des Aufsichtsrats nicht von einzelnen Persönlichkeiten, sondern von der Körperschaft als solcher ausgeht, spiegelt dieser Einfluß meist ausschließlich den Willen der Satzungsmitglieder wieder. Die Wirkungen der Aufsichtsratsdemokratie sind für den Aufsichtsrat und für die Gesellschaft daher bis jetzt harmloser, als ursprünglich befürchtet. Bei der geringen Wirksamkeit der Demokratisierung liegen die unerwünschten Wirkungen derselben weniger in einer Gefährdung der Gesellschaft und in einer Beschränkung des Aufsichtsrats, als vielmehr in den Umwegen und Hemmungen, die als indirekte Folge vielfach in die Geschäftsführung und die Tätigkeit des Aufsichtsrats eingeschaltet sind.

Statt des einheitlichen Aufsichtsorgans bestehen nunmehr vielfach mehrere Organe, deren Funktionen künstlich geteilt sind, nebeneinander, an die Stelle klärender Aussprachen und abschließender Beratungen sind in den Aufsichtsratsitzungen häufig verklauselierte Andeutungen getreten, die meist noch einer Ergänzung durch private Besprechungen und Informationen bedürfen, die konzentrierten, privatwirtschaftlichen Diskussionen des Aufsichtsrats sind nicht selten durch weitschweifige Debatten mit den Betriebsratdelegierten unproduktiv in die Länge gezogen, selbst kleine Aufsichtsräte, die früher körperschaftlich handelten, sind unter der Einwirkung der Aufsichtsratdemokratie vielfach in Ausschüsse aufgelöst und handeln nunmehr in der umständlichen Form einer vorbereitenden und berichtenden Ausschußtätigkeit und einer beschließenden Tätigkeit des Plenums, die Zahl der Satzungsmitglieder des Aufsichtsrats ist unter dem Gesichtspunkt der Stimmenmajorität häufig über das privatwirtschaftlich zweckmäßige Maß hinaus erhöht, kurz die Geschäftsführung des Aufsichtsrats ist in mannigfacher Beziehung schwerfälliger und unrationeller geworden.

Wenn die geringe Wirksamkeit der Demokratisierung für die Gesellschaft auch in erster Linie eine Vergrößerung ihrer Bewegungsfreiheit und eine Minderung der mit der Aufsichtsratdemokratie verbundenen Gefahren bedeutet, so liegen in dieser geringen Wirksamkeit hier, wie auf den meisten Gebieten der Betriebsdemokratie doch auch gewisse Nachteile für die Gesellschaft begründet. Ein Nachteil für die Gesellschaft ist es, daß die erhoffte positive Mitarbeit der in den Aufsichtsrat delegierten Mitglieder des Betriebsrats bis jetzt in den meisten Fällen ausgeblieben ist, und daß die schöpferischen Kräfte und Fähigkeiten der Belegschaft auch durch die Vertretung der Belegschaft im Aufsichtsrat nicht befruchtend und stimulierend in den Dienst der Unternehmung gespannt werden konnten[1]). Ein Nachteil für die Gesellschaft ist es aber vor allen, daß auch die Demokratisierung des Aufsichtsrats, diese erweiterte und qualifizierte Form der Betriebsdemokratie, es bis jetzt nicht vermocht hat, ein engeres Band der Gemeinschaft um Unternehmung und Belegschaft zu schlingen. Die Betriebsratdelegierten selbst, haben befangen in ihrer politischen Weltanschauung, ihren Aufgaben nur ungenügend gewachsen, und in ihrer Tätigkeit vielfach lahmgelegt, verhältnismäßig selten ein gesteigertes Gefühl der Gemeinschaft aus ihrer Zugehörigkeit zum Aufsichtsrat gewonnen. Dort aber, wo die Betriebsratdelegierten selbst eine veränderte Einstellung zur Unternehmung gewonnen haben, hat sich diese Einstellung so gut wie nie auf die Masse der Belegschaft übertragen lassen, und die Belegschaft, auf deren seelische Erfassung es ankommt, steht der privaten Unternehmung trotz Betriebs- und trotz Aufsichtsratdemokratie unverändert fremd gegenüber.

Daß die Unternehmungen, die die Möglichkeit sozialpsychischer Erfolge im allgemeinen skeptisch beurteilen, diese mit der geringen Wirksamkeit der Demokratisierung verbundenen Nachteile, gegenüber den Vorteilen, die ihnen aus der größeren Sicherheit und der größeren Bewegungsfreiheit erwachsen, meist bereitwillig in Kauf nehmen, ist bei der Bilanzeinsicht bereits dargelegt worden.

Für die Belegschaft und darüber hinaus für die Arbeiterschaft überhaupt liegt die Bedeutung der Aufsichtsratdemokratie vor allem in der Tatsache, daß ihr wirtschaftliches Mitbestimmungsrecht in der Demokratisierung des Aufsichtsrats eine außerordentlich weitgehende Anerkennung findet und daß die Vertretung des Betriebsrats im Aufsichtsrat eine um des Prinzips willen bedeutsame Etappe in der proletarischen Emanzipationsbewegung darstellt. Unter diesem Gesichtspunkt ist die Demokratisierung des Aufsichtsrats in wesentlich höherem Maße noch als das Recht der Bilanzeinsicht als entscheidender machtpolitischer Erfolg der Arbeiterschaft zu werten. Die praktische

---

[1]) Heyde schreibt im Bulletin: „Gewiß stimmen alle aufrichtigen und brauchbaren Berichte darin überein, daß für den Augenblick ein solches Versagen tatsächlich vorliegt . . ." und bescheiden in der Hoffnung auf eine Besserung fährt er fort: „Aber es läßt sich nicht übersehen, ob nicht doch in ruhigeren Zeiten die Mitwirkung der Betriebsräte an . . . . und an der Steigerung des Ertrages der Arbeit sich etwas (!) fruchtbarer gestalten wird" a. a. O. S. 54 ff.

Bedeutung der Aufsichtsratdemokratie ist dagegen für die Belegschaft bis jetzt verhältnismäßig gering.

Wohl bedeutet es einen gewissen Vorteil für die Belegschaft, daß sie nunmehr mit ihren Wünschen und Beschwerden unmittelbar vor die oberste und meist einflußreichste Instanz der Gesellschaftsunternehmung gelangen kann, wohl bedeutet es einen gewissen Vorteil für sie, daß sie durch ihre Vertretung im Aufsichtsrat einen, wenn auch eng begrenzten, Einblick in die wirtschaftliche Lage und die Verflechtung der Gesellschaft gewinnt und nicht lediglich auf die diesbezügliche Berichterstattung der Gesellschaft angewiesen ist, wohl ist durch die genauere betriebswirtschaftliche Orientierung des Betriebsrats die arbeitspolitische Position der Belegschaft stellenweise eine stärkere geworden, im Vergleich zu der weitgehenden Ideologie des Gesetzes, wie im Vergleich zu den Hoffnungen und Erwartungen, die die Arbeiterschaft an die Demokratisierung des Aufsichtsrats knüpfte, spielen diese tatsächlichen Vorteile der Aufsichtsratdemokratie jedoch eine recht untergeordnete Rolle.

Der Ideologie des Gesetzes gemäß sollte der Belegschaft durch die gleichberechtigte Mitbestimmung der Betriebsratdelegierten das Gefühl gegeben werden, daß sie wirksam an der obersten Leitung der Unternehmung beteiligt sei. Diese Ideologie ist bei der eng begrenzten und häufig wenig fruchtbaren Betätigungsmöglichkeit der Betriebsratdelegierten und bei der weiten psychologischen Distanzierung zwischen Betriebsratdelegierten und Belegschaft nur selten verwirklicht worden, und von der Arbeiterschaft wird die Aufsichtsratdemokratie im allgemeinen als praktisch wenig bedeutsame Form der wirtschaftlichen Mitbestimmung empfunden. Nach der Ideologie des Gesetzes sollte die Teilnahme des Betriebsrats an den Aufsichtsratfunktionen der Belegschaft einen vertieften und sozialpsychisch fruchtbaren Einblick in die wirtschaftlichen Zusammenhänge und die wirtschaftliche Leitung der Unternehmung vermitteln. Bei den beschränkten Einblicks- und Kontrollmöglichkeiten der Betriebsratdelegierten, bei ihren unzulänglichen wirtschaftskritischen Fähigkeiten und bei dem häufig gestörten psychologischen Kontakt zwischen Betriebsratdelegierten und Belegschaft ist auch d i e s e Ideologie in der Hauptsache unerfüllt geblieben, und auch durch die Aufsichtsratmitgliedschaft des Betriebsrats ist die Belegschaft keinen merkbaren Schritt auf dem Wege der Erkenntnis und dem Wege des Verstehens der privatwirtschaftlichen Grundlagen der Produktion vorwärts gedrungen.

Wie der Ideologie des Gesetzes die Verwirklichung bis jetzt überwiegend versagt geblieben ist, so haben sich auch die Hoffnungen und Erwartungen, die die Arbeiterschaft an die Demokratisierung des Aufsichtsrats knüpfte, bisher nur zum geringen Teil durchsetzen können. Die Belegschaft ist weder in der Lage gewesen, auf dem Wege über die Aufsichtsratdemokratie einen irgendwie ins Gewicht fallenden Einfluß auf die Leitung der Unternehmung ausüben, noch hat sie auf diesem Wege die Wirtschaftsführung der Unternehmung wirksam kontrollieren können. Damit hat sich die Erwartung der Belegschaft, durch die Vertretung des Betriebsrats im Aufsichtsrat materielle Vorteile zu erlangen, im wesentlichen als unerfüllbar erwiesen und übrig geblieben sind lediglich die skizzierten arbeitspolitischen Erleichterungen. Damit ist die Absicht durch die Vertretung des Betriebsrats im Aufsichtsrat einen gemeinwirtschaftlich und konsumorientierten Einfluß in der Wirtschaftsführung der Unternehmung zur Geltung zu bringen, in der Hauptsache gescheitert, und damit ist den Tendenzen, durch die Kontrolltätigkeit der Aufsichtsratdelegierten partei- und gewerkschaftspolitisch wichtiges Material zu sammeln, der Boden in starkem Maße entzogen.

Die bisherigen Wirkungen der Aufsichtsratdemokratie sind für die Belegschaft daher durchaus unbefriedigend und haben in ihr mit psychologischer Notwendigkeit eine starke Enttäuschung ausgelöst, eine Enttäuschung, die um so stärker ist, als die Aufsichtsratdemokratie vermöge der Bedeutung des Aufsichtsrats und der weitgehenden Form der Demokratisierung von der Belegschaft mit hochgespannten Erwartungen empfangen wurde. Die Merkmale dieser Enttäuschung treten teils in der Unzufriedenheit der Belegschaft mit der Tätigkeit und den Erfolgen der Betriebsratdelegierten und dementsprechend in zahlreichen Reibungen zwischen Betriebsratdelegierten und Belegschaft zutage, teils sind sie aus dem unveränderten, ja vielfach verschärften Mißtrauen der Belegschaft gegen die wirtschaftsführung der Unternehmung, aus den Äußerungen des Unwillens über die Unzulänglichkeit des Gesetzes und über die Abwehrpolitik der Gesellschaften und aus dem abnehmenden Interesse, das die Belegschaft der Aufsichtsratdemokratie entgegenbringt, deutlich zu erkennen.

Um die Aussichten für die zukünftige Wirksamkeit der Aufsichtsratdemokratie beurteilen zu können, ist zu unterscheiden, welche der bestehenden Wirksamkeitshemmungen nur zeitlich bedingt erscheinen und welche dieser Hemmungen voraussichtlich dauernden Charakter tragen.

Bis zu einem gewissen Grade zeitlich bedingt erscheinen zunächst die Hemmungen, die auf die Unzulänglichkeit der gesetzlichen Regelung zurückzuführen sind. Es liegt durchaus im Bereich der Möglichkeit, daß die bereits vor dem Kriege als revisionsbedürftig anerkannten Bestimmungen des HGB., die sich mit der Tätigkeit und den Funktionen des Aufsichtsrats befassen, in absehbarer Zeit und vielleicht im Zusammenhange mit der wahrscheinlichen Neuregelung anderer Materien des Aktienrechts eine Änderung und Erweiterung erfahren werden, und daß bei dieser Neuregelung der Aufsichtsratmaterie die Belange des Betriebsrätewesens eine stärkere Berücksichtigung finden werden[1]).

Es ist anzunehmen, daß der Abwehrpolitik der Gesellschaften dann ein beschränkterer Spielraum zur Verfügung stehen wird und daß beispielsweise die Übertragung bisheriger Funktionen des Aufsichtsrats auf besondere Verwaltungsräte, die Verlegung der materiell wichtigen Funktionen vom Plenum des Aufsichtsrats in die Ausschüsse, der Abbau bestehender fakultativer Aufsichtsräte und anderes in dem bisherigen Umfange nicht mehr möglich sein wird. Eine Erweiterung und schärfere Begrenzung der Pflichtfunktionen, strengere Bestimmungen über den körperschaftlichen Charakter und die körperschaftliche Handlungspflicht des Aufsichtsrats und die Einführung obligatorischer Aufsichtsräte auch für die G. m. b. H. und die bergrechtliche Gewerkschaft würden die Abwehrpolitik der Gesellschaften in dieser Beziehung wesentlich beschränken und die Position der Betriebsratdelegierten dementsprechend stärken.

Diese im Bereich der Möglichkeit liegende Neuregelung der Aufsichtsratmaterie würde den Gesellschaften zwar wichtige Mittel ihrer Abwehrpolitik aus der Hand nehmen, die Abwehrpolitik als solche würde jedoch damit keineswegs unterbunden werden und wird sich auf dem Wege der gesetzlichen Regelung auch kaum unterbinden lassen. In der Art der Berichterstattung und der Debatten, in der Handhabung der Kontrolle, in den privaten Besprechungen der Satzungsmitglieder und in der Schwierigkeit der Materie sind den Gesellschaften so viele, für den Gesetzgeber nicht erreichbare Möglichkeiten des Ausweichens und der Abwehr gegeben, daß sie eine unerwünschte Betätigung und Kontrolle der Betriebsratdelegierten bis zu einem gewissen Grade stets paralysieren können. Lediglich eine gesetzliche

---

[1]) Vgl. hierzu auch die Ausführungen des Reichsarbeitsministers anläßlich der Etatberatung seines Ministeriums, abgedr. i. d. Betriebsrätezeitschrift f. Funktionäre der Metallindustrie Nr. 11 v. 26. 5. 23.

Festlegung des Stimmenverhältnisses derart, daß den Stimmen der Betriebsdelegierten ausschlaggebende Bedeutung bei den Beschlüssen des Aufsichtsrats zukäme, würde die Abwehrpolitik der Gesellschaften stark beeinträchtigen und eine wesentliche Wandlung in der Wirksamkeit der Aufsichtsratdemokratie herbeiführen können. Eine derartige gesetzliche Regelung ist bei der Zweischneidigkeit einer solchen Maßnahme und bei den starken machtpolitischen Widerständen, die sie auslösen würde, aber als wenig wahrscheinlich anzusehen. Die Unzulänglichkeiten der gesetzlichen Regelung können daher hier, wie auf andern Gebieten der Betriebsdemokratie voraussichtlich bis zu einem gewissen Grade gemildert werden, grundsätzlich zu beseitigen sind diese Unzulänglichkeiten jedoch kaum, und insofern kommt ihnen in wesentlichen Punkten doch die Bedeutung dauernder Wirksamkeitshemmungen zu.

Diese sich aus der Form des Gesetzes ergebenden Wirksamkeitshemmungen tragen jedoch nur akzessorischen Charakter, denn zur Hemmung wird die Unzulänglichkeit der gesetzlichen Regelung erst dadurch, daß der Wille der handelnden Subjekte mit der Ideologie des Gesetzes nicht übereinstimmt und in der Form des Gesetzes nach Möglichkeiten sucht, um sich durchzusetzen. Die Beseitigung dieser Wirksamkeitshemmungen hängt damit in erster Linie von einer Änderung in der Willensrichtung der handelnden Subjekte ab, und die Wahrscheinlichkeit einer solchen Willensänderung ist im Hinblick auf die zukünftige Wirksamkeit der Aufsichtsratdemokratie zu untersuchen.

Der Wille der Gesellschaften ist darauf gerichtet, die internen Angelegenheiten der Unternehmung vor den Betriebsratdelegierten geheim zu halten und dem Aufsichtsrat trotz der Mitbestimmung der Betriebsratdelegierten ein möglichst großes Maß von Bewegungsfreiheit zu bewahren. Dieses Streben der Gesellschaften braucht sich zwar nicht immer in voller Schärfe auszuwirken, und es ist durchaus möglich, daß sich im Laufe der Entwicklung gewisse Schärfen abschleifen werden, daß mit zunehmender wirtschaftlicher Einsicht der Betriebsratdelegierten auch ein vertrauensvolleres Entgegenkommen auf seiten der Gesellschaften Platz greifen wird, eine grundsätzliche Wandlung in der Willensrichtung der Gesellschaften ist jedoch auch bei Eintritt dieser Möglichkeiten nicht zu erwarten. Wie mehrfach dargelegt, sind sowohl das Geheimhaltungsstreben als auch das Streben nach wirtschaftlicher Bewegungsfreiheit spezifische Folgeerscheinungen einer an dem

Prinzip des Erwerbes und der freien Konkurrenz orientierten Wirtschaftsordnung und in ihrer Auswirkung gegen jeden gerichtet, der nicht als homogenes Glied in den Organismus der Unternehmung eingefügt ist. Die Voraussetzung für den Fortfall dieses Strebens dem Betriebsrat gegenüber wäre also auch hier eine Angleichung von Arbeiterschaft und privater Unternehmung bis zu dem Grade, daß der Betriebsrat als homogenes Glied in der Unternehmung aufgeht. Da eine derartige Angleichung in absehbarer Zeit nicht zu erwarten ist, werden die Gesellschaften auch in Zukunft bestrebt sein, diejenigen Angelegenheiten, an deren Geheimhaltung sie ein Interesse haben, der Kenntnis der Betriebsratdelegierten zu entziehen und die aktive Mitbestimmung der Betriebsratdelegierten auf ein möglichst geringes Störungsmaß zu beschränken.

Somit sind auch die Hemmungen, die der Wirksamkeit der Aufsichtsratdemokratie aus der ablehnenden Haltung der Gesellschaften erwachsen, nur zum geringen Grade vorübergehender, in der Hauptsache dauernder Natur.

Auf seiten der Arbeiterschaft wird die Wirksamkeit der Aufsichtsratdemokratie teils durch die ungenügenden Fähigkeiten der Betriebsratdelegierten, teils durch die soziologischen Reibungsflächen zwischen Betriebsratdelegierten und Belegschaft gehemmt. Es ist damit zu rechnen, daß die Hemmungen, die in den ungenügenden Fähigkeiten der Betriebsratdelegierten begründet liegen, eine allmähliche Milderung erfahren werden, wie bei der Bilanzeinsicht bereits dargelegt wurde, besteht jedoch keine Aussicht dafür, daß diese Hemmungen in absehbarer Zeit in Fortfall kommen werden. Die Schulung der Betriebsratdelegierten wird bei dem Umfang und der Schwierigkeit des Lehrstoffes, bei der Kürze der Zeit und bei der geringeren Vorbildung des Schülermaterials auch in Zukunft notwendig unvollkommen bleiben, sie wird unter dem Mangel an Geldmitteln und Lehrkräften, unter der Zersplitterung des Schulungswesens und unter dem geringen Interesse der Arbeiterschaft noch auf Jahre hinaus zu leiden haben. Die Betriebsratdelegierten werden durch ihre Aufgaben auf dem Gebiet der Interessenvertretung und durch ihre politische und gewerkschaftliche Tätigkeit auch in Zukunft so in Anspruch genommen sein, daß sie für ihre wirtschaftliche Fortbildung nur unzureichende Zeit aufbringen können, sie werden im allgemeinen der höheren kaufmännischen Praxis ebenso entbehren wie jetzt[1]), sie werden bei ihrer schwierigen, beleg-

[1]) Von den Einzelfällen, in denen qualifizierte Angestellte als Betriebsratdelegierte im Aufsichtsrat sitzen, ist hier abgesehen.

schaftssoziologischen Stellung ihr Amt auch in Zukunft selten öfter hintereinander ausüben können und damit nur ausnahmsweise in der Lage sein, die fehlende Vorbildung durch mehrjährige Einarbeit zu ersetzen.

Die Anforderungen aber, die im Rahmen der Aufsichtsratdemokratie an die Betriebsratdelegierten gestellt werden, werden auch in Zukunft kaum eine Minderung erfahren. Weder ist zu erwarten, daß den Betriebsratdelegierten ihre Tätigkeit durch Entgegenkommen auf seiten der Gesellschaften in nennenswertem Umfange erleichtert werden wird, noch ist anzunehmen, daß die Aufgaben des Aufsichtsrats mit der fortschreitenden effektenkapitalistischen Entwicklung eine Vereinfachung erfahren werden.

Die Aussichten dafür, daß die Betriebsratdelegierten ihren Aufgaben in absehbarer Zeit gewachsen sein werden, sind bei dem umfassenden Aufgabenkreis der Aufsichtsratdemokratie daher nicht sehr günstig zu beurteilen und die unzulänglichen Fähigkeiten der Betriebsratdelegierten müssen somit als grundsätzlich auch in der Zukunft wirksame Hemmungen der Aufsichtsratdemokratie gewertet werden.

Dieselbe Prognose ist für die Hemmungen zu stellen, die der Aufsichtsratdemokratie aus den soziologischen Beziehungen zwischen Betriebsratdelegierten und Belegschaft erwachsen. Auch diese Hemmungen werden sich zwar allmählich abschleifen und in weniger krisenhaften Zeiten weniger stark in Erscheinung treten, auch diese Hemmungen werden jedoch in Zukunft die Wirksamkeit der Aufsichtsratdemokratie stets in gewissem Maße beeinträchtigen. Es ist im Laufe der Arbeit mehrfach dargelegt worden, daß die erhofften sozialpsychischen Wirkungen der Demokratisierung durch ein Repräsentativsystem wie das Betriebsrätewesen nur unvollkommen erreicht werden, daß der mangelnde psychologische Kontakt zwischen dem Betriebsrat als Führer und der Belegschaft als Masse eine typische führersoziologische Erscheinung ist, und daß in der soziologischen Struktur der Betriebsdemokratie somit spezifische und darum dauernde Hemmungen für die Wirksamkeit der Demokratisierung begründet liegen. Als Teilgebiet der Betriebsdemokratie ist auch die Aufsichtsratdemokratie diesen Hemmungen unterworfen, den eingangs aufgezeigten Besonderheiten ihrer Struktur entsprechend zeigt die Aufsichtsratdemokratie diese Hemmungen jedoch in verschärfter Form. Die doppelte Auslese der Aufsichtsratdelegierten, der überwiegend vertrauliche Charakter ihrer Tätigket und ihre schwierige Kontrollierbarkeit, die enge Begrenzung ihrer

Erfolgsmöglichkeiten und die übertriebenen Erwartungen der Belegschaft bedingen eine Verschärfung der führersoziologischen Entfremdungsmomente. Die Hemmungen, die der Wirksamkeit der Aufsichtsratdemokratie aus den soziologischen Beziehungen zwischen Betriebsratdelegierten und Belegschaft erwachsen, sind daher noch schwerer zu beseitigen als die Hemmungen, die der Betriebsdemokratie sonst in dem Verhältnis von Betriebsrat und Belegschaft entgegenstehen, sie tragen in noch ausgeprägterem Maße als diese Hemmungen kontinuierlichen Charakter.

Ein zusammenhängender Überblick über die Wirksamkeitshemmungen der Aufsichtsratdemokratie ergibt, daß sämtliche Hemmungen zwar Aussicht für eine graduelle Milderung bieten, daß mit dem grundsätzlichen Vorhandensein der bestehenden Hemmungen jedoch auch in der zukünftigen Entwicklung der Aufsichtsratdemokratie zu rechnen ist. Bis zu welchem Grade die bestehenden Hemmungen eine Milderung erfahren werden, das hängt in erster Linie von dem Grad der Lockerung des sozialen Spannungsverhältnisses, von der zukünftigen sozialen Machtverteilung und von der wirtschaftlichen Entwicklung ab. Soweit diese Verhältnisse zu übersehen sind, lassen sie eine wesentliche Milderung der bestehenden Hemmungen in absehbarer Zeit nicht erwarten. Die Aussichten für die zukünftige Wirksamkeit der Aufsichtsratdemokratie sind daher recht skeptisch zu beurteilen und insbesondere die Ideologie des Gesetzes scheint von ihrer Verwirklichung noch weit entfernt.

Zusammenfassend ist über die Demokratisierung des Wirtschaftsbetriebes folgendes zu sagen:

Der Demokratisierung des Wirtschaftsbetriebes, die in der Hauptsache auf der Bilanzeinsicht des Betriebsrats und auf der Mitgliedschaft des Betriebsrats im Aufsichtsrat fußt, stehen nachhaltige Hemmungen entgegen. Diese Hemmungen liegen in den natürlichen Schwierigkeiten der Aufgabe, in dem Widerstande der Unternehmungen, in den unzureichenden Fähigkeiten des Betriebsrats, in dem mangelnden Kontakt zwischen Betriebsrat und Belegschaft und in der vielfach einseitigen Wirtschaftseinstellung der Arbeiterschaft begründet. Es sind im wesentlichen dieselben Hemmungen, denen auch die Demokratisierung des Werkbetriebes unterworfen ist, den erhöhten Schwierigkeiten der Aufgabe und dem gesteigerten Widerstande der Unternehmungen entsprechend, machen sich diese Hemmungen hier jedoch in verschärftem Maße bemerkbar. Die Demokratisierung des Wirtschaftsbetriebes hat infolge dieser

Hemmungen bis jetzt kaum positive Wirkungen gezeitigt und die an sie geknüpften Erwartungen sind zum großen Teil unerfüllt geblieben.

Die sozialpsychische Stellung der Belegschaft ist durch die Demokratisierung des Wirtschaftsbetriebes nur unbedeutend beeinflußt worden, dementsprechend ist auf seiten der Belegschaft bisher weder eine merkbare Steigerung der Arbeitsfreude, noch eine Stärkung des Betriebszugehörigkeitsgefühls als Auswirkung dieser Demokratisierung in Erscheinung getreten. Die arbeitspolitische Stellung der Belegschaft ist durch die Demokratisierung des Wirtschaftsbetriebes zwar in gewisser Beziehung verbessert worden. Dieser Verbesserung kommt jedoch sowohl absolut, als auch im Verhältnis zu der eigentlichen Zwecksetzung der wirtschaftlichen Betriebsdemokratie nachgeordnete Bedeutung zu.

Die Beziehungen zwischen Betriebsleitung und Belegschaft sind durch die Demokratisierung des Wirtschaftsbetriebes nur in Ausnahmefällen günstiger gestaltet worden, nur in Ausnahmefällen ist es möglich gewesen, der Belegschaft auf diesem Wege ein erhöhtes Verständnis für die privatwirtschaftlichen Lebensbedingungen des Betriebes zu vermitteln, nur in Ausnahmefällen ist auf seiten der Belegschaft der Versuch gemacht worden, positiv an der wirtschaftlichen und organisatorischen Vervollkommnung des Betriebes mitzuarbeiten, nur in Ausnahmefällen ist eine derartige Mitarbeit auf seiten der Betriebsleitung ernsthaft erstrebt worden.

Den geringen positiven Wirkungen entspricht auf der andern Seite eine verhältnismäßig harmlose Gestaltung der negativen und unerwünschten Wirkungen. Die Geschäftsgeheimnisse der Unternehmung sind durch die Kontrollbefugnisse der Betriebsrats nur selten gefährdet worden, und die Freiheit der wirtschaftlichen Disposition ist für Betriebsleitung und Aufsichtsrat trotz der Mitbestimmung des Betriebsrats so gut wie unbeschränkt geblieben. Die nachteiligen Wirkungen der Wirtschaftsdemokratie liegen nicht so sehr in einer Gefährdung der Unternehmung, als in der Tatsache, daß die wirtschaftliche Führung des Betriebes durch die Demokratisierung in vieler Beziehung schwerfälliger und unrationeller geworden ist.

Die Zukunftsaussichten der Demokratisierung werden in erster Linie durch die Entwicklung des sozialen Spannungsverhältnisses bestimmt. Eine Lockerung des sozialen Spannungsverhältnisses würde auch die Bedingungen für die Wirksamkeit der Wirtschaftsdemokratie wesentlich günstiger gestalten.

Die Lockerung des sozialen Spannungsverhältnisses ist also gleichzeitig Ziel und Voraussetzung der Wirtschaftsdemokratie und die für das Betriebsrätewesen typische Erscheinung, daß das erstrebte Ziel in Umkehrung des Kausalzusammenhanges zur Voraussetzung und conditio sine qua non wird, tritt hier charakteristisch hervor.

Zusammenfassung.

Als Gesamtergebnis der vorliegenden Arbeit, deren Aufgabe es war, den bisherigen Verlauf und die Entwicklungstendenzen des Betriebsrätewesens zu untersuchen, ist folgendes festzustellen.

Das Betriebsrätewesen hat sich bisher nicht als geeignet erwiesen, in den Beziehungen zwischen Kapital und Arbeit eine grundsätzliche Wandlung herbeizuführen. Der sozialreformatorischen Ideologie entsprechend, sollte das industrielle Arbeitsverhältnis durch das Betriebsrätewesen auf eine neue Grundlage gestellt werden und die Arbeiterschaft sollte auf dem Wege über die Betriebsdemokratie wieder organisch in den Produktionsprozeß und die bestehende Wirtschaftsordnung eingegliedert werden. Dieser Ideologie ist die Verwirklichung bisher überwiegend versagt geblieben.

Das Betriebsrätewesen hat nicht vermocht, die Wirkungen der arbeitsteiligen, großbetrieblichen Produktion merkbar zu mildern und die Arbeiterschaft wieder innerlich mit ihrer Arbeit und mit der Unternehmung, der Organisations- und Verwertungsform ihrer Arbeit zu verbinden. Die überwiegende Mehrzahl der Arbeiterschaft steht ihrer Arbeit vielmehr nach wie vor ohne innere Anteilnahme gegenüber und fühlt sich mit der Unternehmung bestenfalls interessenpolitisch, selten jedoch innerlich verbunden.

Das Betriebsrätewesen hat nicht vermocht, die Herrschaftsstruktur des Betriebes demokratisch umzubilden und in der Arbeiterschaft das Gefühl zu erwecken, daß sie einen tatsächlichen Einfluß auf die Gestaltung ihres Arbeitsverhältnisses und auf die Leitung des Betriebes besitze. Die überwiegende Mehrzahl der Arbeiterschaft empfindet ihr Arbeitsverhältnis vielmehr nach wie vor als drückendes Abhängigkeitsverhältnis und strebt nach Befreiung aus dieser Abhängigkeit.

Das Betriebsrätewesen hat **nicht** vermocht, die sozialistische Orientierung breiter Arbeiterschichten zu wandeln und diese Arbeiterschichten aus ihrer grundsätzlich feindlichen Einstellung zu der bestehenden Wirtschaftsordnung und zu der privaten Unternehmung, als der Repräsentantin dieser Wirtschaftsordnung, herauszulösen. Die überwiegende Mehrzahl der deutschen Arbeiterschaft steht der privaten Unternehmung vielmehr unverändert ablehnend gegenüber und kämpft nach wie vor für eine sozialistische Gestaltung der Wirtschaft.

Das Betriebsrätewesen hat **nicht** vermocht, dem Kampf um die soziale und ökonomische Macht seine Schärfen zu nehmen und die Formen dieses Kampfes in nennenswertem Maße zu mildern. Das Betriebsrätewesen ist vielmehr als Kampfmittel in diesen Kampf eingeschaltet und nicht selten sogar zum Brennpunkt dieses Kampfes geworden.

Ob die zukünftige Entwicklung des Betriebsrätewesens unter dem Gesichtspunkt der sozialreformatorischen Ideologie größere Erfolgsaussichten in sich birgt, ist zweifelhaft. Der bisherige Verlauf des Betriebsrätewesens bietet jedenfalls keine Anhaltspunkte für die Annahme, daß mit dem Betriebsrätewesen ein Weg beschritten worden ist, dessen konsequente Weiterverfolgung eine grundsätzliche Wandlung der kapitalistisch-proletarischen Beziehungen und die Anbahnung einer sozialen Harmonie erwarten ließe.

Die Differenzierung der Gesellschaft in soziale Klassen und der Kampf dieser Klassen um die soziale und ökonomische Macht erscheint als soziologische Zwangsläufigkeit und die endgültige Beilegung dieses Kampfes daher als utopisches Ziel. Das Ziel des Betriebsrätewesens kann demgemäß nur darin liegen, die Formen dieses Kampfes zu mildern und die soziale Differenzierung graduell auszugleichen bezw. zu überbrücken.

Es ist zwar anzunehmen, daß das Betriebsrätewesen auch in Zukunft als Kampfmittel in den Kampf der Arbeiterschaft um die soziale und ökonomische Macht eingeschaltet sein wird und daß es infolgedessen nicht geeignet ist, die Schärfe dieses Kampfes grundsätzlich zu mildern. **Wie jede Organisierung einer bisher amorphen und handlungsunfähigen Arbeitermasse, so wird jedoch auch die Organisierung der Belegschaft durch das Betriebsrätewesen im Laufe der Zeit versachlichend auf die Formen des sozialen Kampfes einwirken.**

Dem Ausgleich der sozialen Differenzierung dient das Betriebsrätewesen insofern, als es die Machtposition der

Arbeiterschaft stärkt, aber es dient dem **Ausgleich** der sozialen Differenzierung nur so lange, als die Position der Arbeiterschaft gegenüber der Position des Unternehmertums tatsächlich eine unterlegene ist.

Der Überbrückung der sozialen Differenzierung soll das Betriebsrätewesen durch eine Neugestaltung des industriellen Arbeitsverhältnisses dienen. Es ist jedoch auch für die Zukunft nicht zu erwarten, daß das Betriebsrätewesen zu einer derartigen Neugestaltung führen wird. Die diesbezügliche sozialreformatorische Ideologie wird vielmehr auch in Zukunft daran scheitern, daß die Masse der Arbeiterschaft den Aufgaben der Betriebsdemokratie nicht gewachsen ist, sie wird auch in Zukunft daran scheitern, daß der Demokratisierung des Betriebes durch die Erfordernisse einer rationellen Wirtschaftsführung verhältnismäßig enge Schranken gezogen sind, und daß die Unternehmungen bestrebt sind, störende Wirkungen des Betriebsrätewesens zu paralysieren, sie wird auch in Zukunft daran scheitern, daß das Betriebsrätewesen ein Repräsentativsystem ist und daß zwischen Repräsentant und Masse, zwischen Betriebsrat und Belegschaft zahlreiche Reibungsflächen bestehen, und sie wird vor allem auch in Zukunft daran scheitern, daß das Betriebsrätewesen nur ein Surrogat sein kann, da es die Wurzel des Überls, die großbetriebliche Produktion als solche, gar nicht angreift.

Eine inhaltliche Wandlung des industriellen Arbeitsverhältnisses wird erst dann zu erwarten sein, wenn die soziologische Struktur der Produktion als solche sich ändert, d. h. wenn an die Stelle der großbetrieblichen Produktion, an die Stelle der Anhäufung großer Arbeitermassen auf räumlich begrenzten Gebieten dezentralistische Produktionsformen treten. Es erscheint durchaus im Bereich der Möglichkeit liegend, daß das Wirtschaftsleben derartige Produktionsformen aus sich selbst heraus entwickelt und daß mit der zunehmenden Ausnutzung der Elektrizität als Kraft- und Wärmequelle und mit der zunehmenden Emanzipation von der Kohle die heutigen großbetrieblichen Produktionsformen auch vom wirtschaftlichen Standpunkt aus überlebt sein werden. Es erscheint durchaus im Bereich der Möglichkeit liegend, daß die einzelnen Produktionsstätten dann von einem Gürtel anbaufähigen Landes umgeben sind und daß die Arbeiterschaft, auf diesem Lande ansässig gemacht, eine der wichtigsten Voraussetzung ihrer Proletarisierung verliert. Es erscheint durchaus im Bereich der Möglichkeit liegend, daß innerhalb der verkleinerten Produktionsstätten die Arbeiter gruppenweise zu „Werk“-Gemeinschaften zusammengefaßt werden und daß damit der Zusammenhang der Einzelarbeiten im Bewußtsein des Arbeiters wieder hergestellt wird, es erscheint durchaus im Bereich der Möglichkeit liegend, daß die persönliche Fühlung zwischen dem Unternehmer bezw. dem Leiter der Produktionsstätte und der Arbeiterschaft dann wieder eine engere wird, und daß als Ergebnis dieser soziologisch grundlegend veränderten Produktionsstruktur das soziale Spannungsverhältnis wesentlich an Schärfe verliert.

Wenn das Betriebsrätewesen es bisher nicht vermocht hat, das industrielle Arbeitsverhältnis auf eine neue Grundlage zu stellen, und wenn das Betriebsrätewesen auch für die Zukunft nicht als der geeignete Weg erscheint, um dieses Ziel zu erreichen, so ist doch andererseits nicht zu verkennen, daß das Betriebsrätewesen die Lage der Arbeiterschaft in vieler Beziehung verbessert und die machtpolitische Position der Arbeiterbewegung gestärkt hat.

Durch den wirksamen Entlassungsschutz des BRG., durch die Tätigkeit des Betriebsrates als Beschwerdeinstanz, durch das häufige Hineinziehen außerbetrieblicher Schlichtungsstellen und durch die Verpflichtung der Betriebsleitung, über alle wichtigen Fragen des Arbeitsverhältnisses mit dem Betriebrat zu verhandeln, ist die Belegschaft vor einer willkürlichen Behandlung seitens der Betriebsleitung und vor allem seitens der unteren Betriebsorgane verhältnismäßig weitgehend geschützt, und im Gegensatz zu früher ist der Belegschaft nunmehr jederzeit die Möglichkeit gegeben, mit ihren Wünschen und Beschwerden unmittelbar vor die obersten Stellen der Werksleitung zu gelangen. Innerhalb dieses begrenzten, sozialpolitischen Rahmens hat das Betriebsrätewesen ohne Frage vielfach günstige Wirkungen gezeitigt, es ist unter diesem Gesichtspunkt gleichsam als Ergänzung der Arbeiterschutzgesetzgebung zu werten.

Für die Arbeiterbewegung und insbesondere für ihre wichtigste Erscheinungsform, die Gewerkschaftsbewegung, bedeutet das Betriebsrätewesen trotz seiner revolutionären Restbestände eine erhebliche Stärkung ihrer machtpolitischen Position. Die Restbestände des revolutionären Betriebsrätewesens bilden zwar eine latente Gefahrenquelle für die Gewerkschaften und zwingen diese vielfach, ihr Verhalten an den radikalen und oft taktisch falschen Forderungen der Betriebsräte zu orientieren. Diese Gefahren treten jedoch gegenüber den Vorteilen, die der Arbeiterbewegung und speziell der Gewerkschaftsbewegung aus dem Betriebsrätewesen erwachsen, im allgemeinen zurück. Die

Betriebsräte sind gleichsam als in die Betriebe vorgeschobene Posten der Arbeiterbewegung zu werten, sie sind vermöge ihrer rechtlich gesicherten Stellung, vermöge ihrer Befugnisse und vermöge ihrer Freistellung weit wirksamer als die gewerkschaftlichen Funktionäre in der Lage, die Interessen der Arbeiterbewegung wahrzunehmen und Partei und Gewerkschaft innerhalb der Betriebe wertvolle Unterstützung zu leisten.

Es kommt hinzu, daß das Betriebsrätewesen in vieler Beziehung geeignet ist, die Basis der gewerkschaftlichen Führerschulung zu werden, und daß damit gleichzeitig die Möglichkeit gegeben ist, wirtschaftlich und verwaltungstechnisch bis zu einem gewissen Grade geschulte Kräfte für den Ausbau der proletarischen Selbstverwaltung heranzubilden.

Sofern man eine, im Sinn der sozialistischen Ideologien gestaltete Wirtschaftsordnung überhaupt als erreichbares Ziel ansieht, ist die Bedeutung des Betriebsrätewesens für die planmäßige Vorbereitung einer solchen Wirtschaftsordnung primär in dieser Tatsache zu suchen. Die allmähliche Heranbildung einer wirtschaftlich und verwaltungstechnisch wenigstens graduell geschulten Führerschicht erscheint bisher als der einzige Weg, auf dem das Betriebsrätewesen der Vorbereitung der sozialistischen Wirtschaftsordnung und der Durchführung der proletarischen Selbstverwaltung positiv dienstbar gemacht werden kann. Weder der Weg der Produktionskontrolle, noch der Weg der Zurückdrängung der Unternehmerfunktionen hat sich bisher als erfolgreich erwiesen, und auf der Grundlage der bestehenden gesellschaftlichen Machtverteilung werden die Betriebsräte voraussichtlich auch zukünftig nicht in der Lage sein, eine wirksame Produktionskontrolle auszuüben oder die Unternehmerfunktionen zu Gunsten der proletarischen Selbstverwaltung in nennenswertem Umfange zurückzudrängen. Die Bedeutung des Betriebsrätewesens für den sozialistischen Typus der Arbeiterbewegung ist daher auf seine Bedeutung als Grundlage der Führerschulung, auf die Tätigkeit der Betriebsräte im Rahmen der Propaganda und des Klassenkampfes und auf die allgemeine machtpolitische Stärkung der Arbeiterbewegung beschränkt.

Es entspricht der begrenzten Wirksamkeit des Betriebsrätewesens, daß die soziologische Struktur der Unternehmung durch das Betriebsrätewesen nur unbedeutend gewandelt ist und daß den Unternehmungen die Freiheit ihrer Dispositionen trotz der Betriebsdemokratie in weitgehendem Maße geblieben ist.

Wohl ist den Unternehmungen die Möglichkeit arbeitspolitische Dispositionen zu treffen, in vieler Beziehung erschwert, wohl bedeutet das Betriebsrätewesen für die Unternehmungen nicht selten eine Verschärfung der arbeitspolitischen Lage, wohl stellt das Betriebsrätewesen für die Unternehmungen meist eine starke Zeit- und Kostenbelastung dar, in ihren grundsätzlich wichtigen, insbesondere in ihren wirtschaftlichen Dispositionen sind die Unternehmungen jedoch nach wie vor unbeschränkt, und auch auf arbeitspolitischem Gebiet sind die Unternehmungen meist in der Lage, den eventuellen Widerstand des Betriebsrats zu überwinden, beziehungsweise diesen Widerstand zu umgehen.

Die Befürchtung, daß die Bilanzkontrolle und die Mitgliedschaft des Betriebsrates im Aufsichtsrat die privatwirtschaftlichen Grundlagen der Unternehmung gefährden würde, hat sich ebenfalls als übertrieben erwiesen, und in der überwiegenden Mehrzahl der Fälle sind die Unternehmungen in der Lage gewesen, störende Kontrollversuche des Betriebsrates zu paralysieren.

Eine Erleichterung der arbeitspolitischen Situation bedeutet das Betriebsrätewesen für die Unternehmungen nur insofern, als ihnen statt der amorphen, unverantwortlichen und nicht verhandlungsfähigen Belegschaftsmasse nunmehr in dem Betriebsrat eine personal begrenzte und relativ verantwortliche Verhandlungsinstanz gegenübersteht und als sie unter besonders günstigen Umständen durch den Betriebsrat auf die Belegschaft einen gewissen Einfluß ausüben können.

Zieht man das Fazit aus der bisherigen Entwicklung des Betriebsrätewesens, so ergibt sich, daß die Wirksamkeit des Betriebsrätewesens fast ausschließlich auf sozial- und arbeitspolitischem Gebiet liegt und voraussichtlich auch in Zukunft auf dieses Gebiet beschränkt sein wird. Im Vergleich zu den produktionswirtschaftlichen und sozialpsychischen Zielen des Betriebsrätegesetzes und im Vergleich zu den Ideologien, die dem Betriebsrätewesen zu Grunde liegen, muß diese Wirksamkeit als recht bescheiden bezeichnet werden. Als Fundament einer neuen Wirtschaftsverfassung begrüßt, ist das Betriebsrätewesen in seiner praktischen Bedeutung mehr oder minder auf den Wirkungsbereich der früheren Arbeiterausschüsse zusammengeschrumpft.

Literaturverzeichnis

I. Buchliteratur.

1.

A m m o n , Objekt und Grundbegriffe der theoretischen Nationalökonomie. 1916.

B r e n t a n o , Das Arbeitsverhältnis in den privaten Riesenbetrieben. Verhandlungen des Vereins für Sozialpolitik. 1905.

B r e n t a n o , Der Unternehmer. Volkswirtschaftliche Zeitfragen, 1908 Heft 1.

L i e f m a n n , Zur Lehre von der Unternehmung. Die private Unternehmung und ihre Betätigungsformen. 1. Heft, Leipzig, 1914.

L i e f m a n n , Unternehmungsformen. Stuttgart, 1912.

P o h l e , Der Unternehmerstand. Leipzig, 1910.

S c h u m a c h e r , Unternehmertum und Sozialismus. Schmollers Jahrbücher, 43. Jahrg. 2. Heft.

S c h u m p e t e r , Theorie der volkswirtschaftlichen Entwicklung, 1912.

S o m b a r t , Der moderne Kapitalismus. 3. Aufl. Tübingen. 1922.

S o m b a r t , Der kapitalistische Unternehmer. Archiv für Sozialwissenschaften und Sozialpolitik, Bd. 29. 3. Heft.

W i e d e n f e l d , Das Persönliche im modernen Unternehmertum. Leipzig, 1911.

2.

C a s s a u , Die Gewerkschaftsbewegung, ihre Soziologie und ihr Kampf, Halberstadt, 1925.

E r k e l e n z , Unternehmer und Arbeitnehmer in der neuen Wirtschaft. Berlin, 1921.

G i e r k e , Die Wurzeln des Dienstvertrages. Berlin, 1914.

F r e e s e , Die konstitutionelle Fabrik. Jena, 1909.

H e r k n e r , Die Arbeiterfrage. 7. Aufl. Berlin, 1921.

H e r k n e r , Probleme der Arbeiterpsychologie. Schriften des Vereins für Sozialpolitik Bd. 138.

H o r n e f f e r , Die große Wunde. Psychologische Betrachtungen zu dem Verhältnis von Kapital und Arbeit. München-Berlin, 1922.

K e l s e n , Vom Wesen und Wert der Demokratie. Archiv für Sozialwissenschaften und Sozialpolitik, Bd. 47, 1. Heft.

K o c h , Arbeiterausschüsse. M.-Gladbach, 1907.

K o l l e r , Das Massen- und Führerproblem in den freien Gewerkschaften 1920.

L e B o n , Psychologie der Massen. (Deutsch von Eisler) Stuttgart, 1922.

L e d e r e r , Vom sozialpsychischen Habitus der Gegenwart. Archiv für Sozialwissenschaften und Sozialpolitik. Bd. 46, 1. Heft.

M a r r , Proletarisches Verlangen, Zur Psychologie der Massen. Jena, 1921.

M i c h e l s , Zur Soziologie des Parteiwesens in der modernen Demokratie Leipzig, 1910.

N a u m a n n , Neudeutsche Wirtschaftspolitik. 1906.

P o t t h o f f , Die sozialen Probleme des Betriebes, Berlin, 1925.

S i m m e l , Soziologie. München-Berlin, 1922.

S i n z h e i m e r , Grundzüge des Arbeitsrechts. Jena, 1921.

S o m b a r t , Das Proletariat. Rütten und Löning, 1905.

S o m b a r t , Soziologie. Berlin, 1923.

Steinbach, Genossenschaftliche und herrschaftliche Verbände. Wien, 1901.
Stoltenberg, Sozialpsychoolgie. 1. Teil: Sozialpsychologie. Berlin, 1914. II. Teil: Psychosoziologie. Berlin, 1921.
Weber, Adolf. Der Kampf zwischen Kapital und Arbeit. Tübingen, 1923.
Weber, Max. Wirtschaft und Gesellschaft. 1. Teil: Grundriß der Sozialökonomik. 3. Abt. Tübingen, 1921.
v. Wiese, Einführung in die Sozialpolitik. Leipzig, 1921.
Willichs, Die Psychologie des Arbeiters und seine Stellung im industriellen Arbeitsprozeß. Berlin, 1917.
Wundt, Die sozialen Gesetze. Logik der Geisteswissenschaften, Stuttgart 1908.

3.

Ammon, Hauptproblem der Sozialisierung. Leipzig, 1920.
Bauer, Otto, Der Weg zum Sozialismus. 1919.
Beck, Wege und Ziele der Sozialisierung. Verlag Neues Vaterland. 1921.
Cole, Gildensozialismus. (Deutsch von Eva Schumann). Verlag von Caden & Co., Dresden.
Kautzky, Die proletarische Revolution und ihr Programm. Berlin 1922.
Lederer, (Über den Syndikalismus.) Archiv für Sozialwissenschaften und Sozialpolitik. Bd. 34, 35, 36.
Leubuscher, Sozialismus und Sozialisierung in England, Jena, 1921.
Marx, Das Kapital. 1. Bd. Volksausgabe von Kautsky. Stuttgart, 1914.
Schumacher, Gegenwartsfragen und Sozialismus. Schmollers Jahrbuch. Bd. 44.
Sombart, Sozialismus und soziale Bewegung, Jena 1919.
Steimann-Bucher, Sozialisierung. Berlin, 1919.

4.

Alle Macht den Räten. Herausgegeben von der K. P. D.
Die Parteien und das Rätesystem. Berlin, 1920.
Diehl, Die Diktatur des Proletariats und das Rätesystem. 1920.
Friters, Räte, Selbstorganisation und Reichsverfassung. 1919.
Gutmann, Das Rätesystem. Seine Verfechter und seine Probleme. München, 1922.
Herrfahrd, Das Problem der berufsständischen Vertretung. Stuttgart, 1921.
Kautzky, Die Sozialisierung und die Arbeiterräte. Sozialistische Bücherei, Heft 5.
Sinzheimer, Das Rätesystem. Frankfurt, 1919.
Schürholz, Entwicklungstendenzen im deutschen Wirtschaftsleben zur berufsständischen Organisation. M.-Gladbach, 1922.

5.

Bösche und Müller, Das Betriebsbilanzgesetz, Berlin, 1921.
Brauer, Betriebsrätegesetz und Gewerkschaften. Jena, 1920.
Brauns, Das Betriebsrätegesetz. M.-Gladbach, 1920.
Dersch, Kommentar zum Betriebsrätegesetz. Mannheim/Berlin/Leipzig, 1921.
Dersch, Betriebsräte und Aufsichtsrat. Mannheim/Berlin/Leipzig, 1922.
Feig und Sitzler, Kommentar zum Betriebsrätegesetz, Berlin, 1920.
Flatow, Kommentar zum Betriebsrätegesetz. Berlin, 1922.
Flatow, Betriebsvereinbarung und Arbeitsordnung. Berlin, 1921.

Heyde, Die Betriebsräte in der deutschen Industrie. Bulletin der Internationalen Vereinigung für gesetzlichen Arbeiterschutz. Heft 2/3. Jena, 1923.
Gumpert, Die Bildungsbestrebungen der freien Gewerkschaften, Jena, 1922.
Hoffmann, Die Betriebsversammlung. Eine arbeitsrechtliche Studie. Leipzig, 1922.
Kaskel, Das neue Arbeitsrecht. Berlin, 1920.
Krantz, Die Wirksamkeit der Betriebsräte im deutschen Bergbau, Bulletin der Internationalen Vereinigung für gesetzlichen Arbeiterschutz. Heft 2/3. Jena, 1923.
Plauth, Entstehung, Wesen und Bedeutung des Whitleyismus. Jena, 1921.
Potthoff, Unternehmer und Betriebsräte. Berlin, 1920.
Schippel, Arbeitsgemeinschaften, Betriebsräte und Gewerkschaften in England. Dresden, 1920.
Winschuh, Betriebsrat oder Gewerkschaft. Essen, 1922.
Winschuh, Praktische Werkspolitik. Berlin, 1923.
Wirtschaftliches Kampfbuch für Betriebsräte. Buchverlag Rätebund. Berlin, 1920.
Woldt, Wirtschaftliche Schulungsarbeit und gewerkschaftliches Führertum. Leipzig, 1921.
Zwing, Gewerkschaftliche Probleme. Beiträge zu den neuen Aufgaben der Gewerkschaften. Stuttgart, 1921.

II. Zeitschriften, Drucksachen und Zeitungen.

1. Zeitschriften.

Arbeiterrat
Arbeitgeber
Betriebsrat
Betriebsrätezeitung.
Betriebsrätezeitschrift für Funktionäre der Metallindustrie.
Deutsche Arbeitgeberzeitung.
Deutsche Industrie.
Correspondenzblatt des A. D. G. B.
Koalitionen und Koalitionskampfmittel. Arbeitsrechtliche Seminarvorträge.
Mitteilungsblatt des Schlichtungsausschusses Großberlin.
Neue Zeitschrift für Arbeitsrecht.
Reichsarbeitsblatt.
Soziale Praxis.
Sozialistische Monatshefte.
Schlichtungswesen,
Wirtschaftliche Nachrichten aus dem Ruhrbezirk.

2. Drucksachen.

Geschäftsberichte der Nordwestlichen Gruppe des Vereins Deutscher Eisen- und Stahlindustrieller,
Geschäftsberichte der Vereinigung Deutscher Arbeitgeberverbände,
Jahresberichte der Gewerbeaufsichtsbeamten.
Jahresberichte des Metallarbeiterverbandes.
Mitteilungen des Vereins für die bergbaulichen Interessen im Oberbergamtsbezirk Dortmund,
Protokoll der Verhandlungen des ersten Reichsbetriebsrätekongresses. Verlag des A. D. G. B.
Protokoll der Verhandlungen des 11. Deutschen Gewerkschaftskongresses. Verlag des A. D. G. B.

Stenographische Berichte über die Verhandlungen der deutschen Nationalversammlung. 136/140. Sitzung.
Unterrichtsverzeichnis der Großberliner Betriebsräteschule, 1921. Verlag des A. D. G. B.

3. Zeitungen.

a)

Bergarbeiterzeitung.
Deutsche Bergwerkszeitung.
Der Deutsche Metallarbeiter.
Der Textilarbeiter.
Metallarbeiterzeitung.

b)

Bergische Arbeiterstimme.
Deutsche Allgemeine Zeitung.
Dortmunder Zeitung.
Essener Arbeiterzeitung.
Frankfurter Zeitung.
Freiheit.
Klassenkampf.
Kölnische Zeitung.
Rheinische Zeitung.
Rote Fahne.
Der Tag.
Tägliche Rundschau.
Vorwärts.
Vossische Zeitung.

FSC
www.fsc.org
MIX
Papier | Fördert
gute Waldnutzung
FSC® C083411

Kolibri 360 GmbH
Ferdinand-Jühlke-Straße 7
99095 Erfurt, Deutschland
produktsicherheit@kolibri360.de